大数据应用启示录

主　编　陈海滢　郭佳肃
参　编　张　爽　陈利人　阮郑福　刘岩岩　马鸿飞
　　　　沈　洋　王小康　苏　波　任士勇　邵菁芃

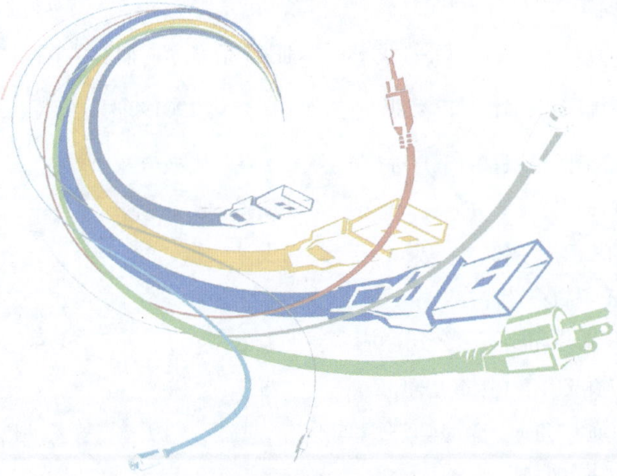

机 械 工 业 出 版 社

本书在对大数据的概念特征及发展现状进行了梳理的基础上，列举了近20个不同行业中大数据应用的经典案例，以点带面，展现了各行业实战中体现出的大数据新思维，并以充足的实例为基础，提炼出大数据应用思维的新常态，给出了大数据应用的切实建议。为读者，特别是向位于政府或企业决策岗位的读者全面展现了大数据的应用行业图景。

本书适合企业管理者、信息化部门和营销部门人员、投资行业、金融行业的从业者、数据分析师以及其他有意了解大数据应用的各界读者阅读，同时对于电子、计算机、经济社会类专业的大学生、研究生及高校教师来说，本书也是良好的阅读材料。

图书在版编目（CIP）数据

大数据应用启示录/陈海滢，郭佳肃主编. —北京：机械工业出版社，2016. 9

ISBN 978-7-111-54534-7

Ⅰ. ①大…　Ⅱ. ①陈…　②郭…　Ⅲ. ①信息学 - 研究　Ⅳ. ①G201

中国版本图书馆 CIP 数据核字（2016）第 190192 号

机械工业出版社（北京市百万庄大街 22 号　邮政编码 100037）

策划编辑：吕　潇　　责任编辑：吕　潇

责任校对：周文龙　樊钟英　封面设计：张　静

责任印制：李　洋

北京新华印刷有限公司印刷

2017 年 1 月第 1 版第 1 次印刷

184mm × 240mm · 21. 5 印张 · 426 千字

0001— 4000 册

标准书号：ISBN 978-7-111-54534-7

定价：69.00 元

凡购本书，如有缺页、倒页、脱页，由本社发行部调换

电话服务　　网络服务

服务咨询热线：010-88361066　　机 工 官 网：www. cmpbook. com

读者购书热线：010-68326294　　机 工 官 博：weibo. com/cmp1952

010-88379203　　金 书 网：www. golden-book. com

教育服务网：www. cmpedu. com

推荐序一

随着大数据在我国被确定成为国家战略，“大数据”成了时下的热词。很多场合，很多领域，很多人的口中言必称“大数据”的现象已屡见不鲜。但即便是在关心大数据的人群中，也存在着这样或那样的迷茫：听了不少大数据神奇的故事，可总无法与自己的工作联系在一起？在着力搞好大数据基础建设（IDC、网络带宽、WIFI 全城覆盖等）之后，一些地方政府和企业也有同样迷茫：下一步大数据产业走向何方？

大数据的生态圈或产业链大致可分为三种业务：数据采集、数据加工和数据应用。大数据公司可以是单一业务，也可以是三种业务的任意组合。借用台湾宏碁集团创办人施振荣先生 1992 年提出的“微笑曲线”，大数据的三种业务也符合“微笑曲线”的特征。

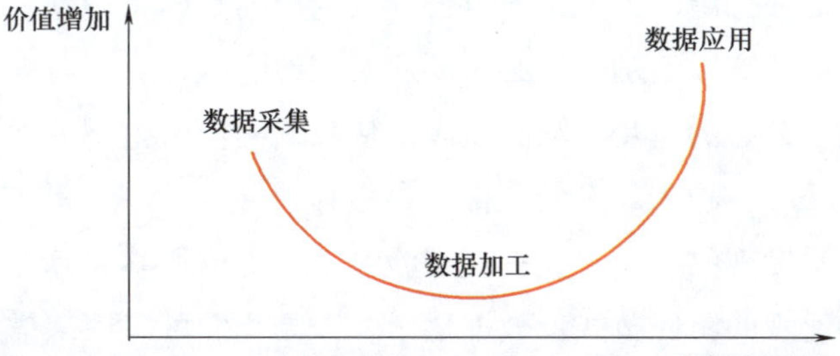

数据加工（特指数据的传输、存储和计算）部分当然也有很大的技术挑战，但其符合摩尔定律，性能不断提高，成本不断降低，这个环节的附加值相对较低；数据采集（特指传感器部署，可穿戴设备的普及，网络行为数据的采集等）部分的产业附加值相对高一些；右“嘴角”更加上扬说明最有价值的是数据应用（特指数据挖掘、BA、BI、AI 和机器学习等）部分。而且有了应用，可以让采集更有目的，加工更有意义。

由于我国 IT 基础相对薄弱，一些大数据基础设施建设工作最早进入人们的视线也是自然而然的，从各地争相建设大数据云计算中心即可窥见一斑。只是完成了这些基础设施的建设，仅仅是解决了“方便传”“能够存”“可以算”的问题，是产业链中附加值相对低的部分，仍然没有解决“传什么”“存什么”“算什么”的核心问题。即便是全城 Wi-Fi 覆盖，摄像头密布，大量数据在实时产生，完成了数据的采集工作，也还是要回答：这些数据怎么用，有什么价值？这是我们迫切需要解决的问题。大数据产业的核心价值在于应用，大数据产业的出路也在于应用。

大家都为大数据产业发展寻找出路时，《大数据应用启示录》一书应运而生。通观本书内容，作者从厘清大数据的概念开始，为读者介绍了大数据发展的缘由、推动力、现状和前景。在此基础上，本书横跨各个行业，囊括了近百个国内外具有代表性的大数据行业应用，将“大数据”这个概念充分实体化了。这就犹如让大数据自己来发声，逐一“证明”它的特性和它所具备的巨大潜能，因此反而具有更强的真实性和说服力。

在国内，目前大数据应用的先行者多数是互联网公司和 IT 基础较好的传统企业，因为他们有数据，意识又相对超前。特别是一些直接面对消费者的行业，个性化服务，精准营销的应用已经开始，书中的国内案例多集中在这些领域。当然有些例子并非符合“大咖”们定义的“大数据”，但它们简单实用容易理解，并且有很好的可复制性，不失为数据应用的优秀案例。内容丰富的外国案例更展示了大数据的应用前景。多数国外的案例都是可以直接为我所用的，即便是一些不适合中国国情的案例，也可以为我们提供借鉴参考。书中的不少案例都是从想解决一个实际生活或工作中的小问题开始的，运用了大数据的思想方法，挖掘自己采集的数据或其他数据源，甚至是来自公开数据源的数据，得到了解决问题的新思路新手段。我们推动大数据的应用，确实不必非要从宏大的问题开始，着眼于身边的小问题，用数据把它解决了，就是最好的起步。只有让人们从数据的价值挖掘中尝到甜头，才会有越来越多的人参与其中，才会有越来越多的数据源参与其中。

人类在经历了科学发现的三个范式——实验科学、理论科学、计算科学——之后，在大数据时代迎来了科学发现的第四范式：数据科学。今天我们可以用来描述这个世界的数据维度越来越多，相信在浩瀚的数据间呈现出来的某些现象与关系可能超出人类现在的想象。这无疑为今后的科学探索和科学发现提供了新的方向。很多大数据的价值就是在对数据探究中，不经意发现的。本书中，除了在第十一章重点介绍了基础科学领域的大数据应用外，贯穿全书的多个案例也都是科学发现第四范式的佐证。

大数据的经典案例中，“啤酒与尿布”的例子常常会被提及。本书几个扩展阅读的精彩之处在于不迷信这些“经典中的经典”，提出了自己的观察。不论是对“啤酒与尿布”案例的思考，还是对“人体情绪热量图”的质疑，都是在帮助读者辨识大数据营销中的“善意谎言”。其实，虽然“啤酒与尿布”和“人体情绪热量图”的案例在是否符合科学规律，是否可以被反复应用、反复验证方面不禁推敲，极有以讹传讹的可能，但在提示和引领人们从数据中发现相关性，在发现叠加新维度后产生新现象等方面，这些案例已经完成了它们的使命。《大数据应用启示录》中的扩展阅读部分对“经典案例”的辩疑告诉我们，大数据时代的确让我们和过去相比对这个世界多了解了很多，但是我们未知的世界依旧很大。对“经典案例”的辩疑还告诉我们，一个新相关性的发现如果不能被验证，不能被应用，它的意义会大打折扣。

在本书的结尾，作者提出了“大数据应用新思维”。篇幅不长，但却是这些实例中精炼得出的思维方式，正是本书最具精华之处。今天，大数据技术固然面临很多挑战，但观念的束缚和机制的制约仍然是中国大数据产业的相对缓慢发展的主要因素。也就是说，有相当一部分人不是“不会做”，而是“不想做”。此时，观念的更新与机制的突破就尤为重要。

作为国内第一部以大量应用事实为主体的大数据书籍，本书独有的实用性和趣味性也令人耳目一新。不仅适于普通读者拓展知识领域，也适合大数据技术的研究与实践者用于作为参考。

大数据可以应用的领域十分广阔，尽管本书内容已经十分丰富详实了，也仍然有很多领域尚未涉及。没有政府治理（反恐、打拐、整治套牌车也许可以算子领域的应用）方面的案例是本书的一个缺憾。希望在没有涵盖的那些领域中从事工作的读者能够触类旁通，从本书中获得启发，运用大数据的思想方法和工具手段于自己的领域中，创造出自己领域的成功应用案例。

从 1980 年著名未来学家 Alvin Toffler 在《第三次浪潮》提出“大数据——第三次浪潮的华彩乐章”之后，对大数据的定义和大数据的特征描述一直有众多的版本。用几个“V”能够完整定义大数据，抑或“全量数据替代抽样数据”、“只关心相关性不关心因果性”等是不是涵盖了大数据的特征，都不那么重要。重要的是：数据（大数据，还有不合乎大数据定义的那些数据）能不能被用起来，能不能对经济发展、社会进步以及人们生活产生越来越大的价值。

大数据的应用应该遵循如下“三部曲”：

一、不拘泥于大数据的概念，用好现有的数据；

二、有意识采集更多、价值密度更高的数据，以利再用；

三、放眼留意其他维度的数据，数据互通，使数据应用的价值进一步释放。

应用，应用，还是应用，重要的事情说三遍。我们关心、重视和推动大数据应用之日，必将是美丽的大数据之花绽放之时。

韩亦舜

清华大学数据科学研究院

执行副院长

2016 年底

推荐序二

“大数据”已经成为近年来备受关注的热词，越来越多的人逐渐意识到，大数据将是新一轮产业革命的新动力、新引擎。当各行各业中潜藏的数据陆续觉醒，行业的先行者能够借助大数据分析推动行业的发展时，新一轮产业革命的高潮便来临了。当今，已经有一批生活服务领域的先行者抓住了“信息时代”中计算机和互联网技术的巨大潜力，与计算机专业人才一同开发了包括电商网站、餐馆点评、网络约车等一系列成功的产品，成为生活服务领域新一轮产业革命的带头人。

作为生活服务领域重要的组成部分，餐饮行业大数据的应用目前正如火如荼展开。无论是前期的选址、装潢，中期的运营、备货，还是后期的口碑营销、客户聚拢，大数据的应用在每一个环节中都展现出它的巨大潜力。然而餐饮行业大数据的应用面临着巨大的挑战，获取餐饮行业的大数据具有几个难点：首先，是这个行业企业数量庞大但组织化程度很低，搜集数据十分困难；其次，是行业的非结构化数据占比较大，消费者消费行为留下的痕迹复杂多样，其表现出的评价和反馈包罗万象；第三，是线下的数据随意性较强，标准不一，采集、处理和分析更加困难。

面对这些困难，餐饮界人士需要借鉴各行业的先进经验，与信息技术领域专家一起共同努力，加快从数据向决策转变的进程，让大数据尽快成为行业发展与变革的新一代引擎。来自屏芯科技的郭佳肃先生，潜心创作的《大数据应用启示录》这本书，为我们借鉴其它行业的经验提供了大量案例。这本数十万字的作品，内容横跨多个领域，从商业领域专业的个性化消费行为大数据归纳，到金融领域牵动人心的股市行情预测；从制造行业的助力安全生产，到人工智能万众瞩目的围棋对战；从交通拥堵的大数据分析，到空气污染的大数据监控；从公共安全的大数据反恐，到体育比赛的大数据“制胜”……充分体现了“大数据”概念的应用范围以及外延的广泛性，对有志于大数据应用的人们获取跨界启示提供了难得的资料来源。

我相信无论是各行各业的从业者还是大数据技术的研究者，或者没有任何大数据技术基础的读者，都能够从本书极为丰富的内容中找到自己的兴趣点，增加对大数据应用价值的了解与认知，获得大数据应用中那仿佛“灵机一动”般的启示。希望本书作为推进行业发展的重要大数据经典案例诠释，发挥它应有的作用，不仅在大数据技术领域激发研究人员的兴趣和动力，更能够得到各行各业“掌舵人”的欣赏，特别是能对餐饮行业如何搜集大数据，分析大数据，应用大数据有所帮助，为大数据理念的实体化、产业化，为新一轮产业革命作出贡献。

中国烹饪协会会长　姜俊贤

2016. 8. 3

前言

当面对宇宙中难以计数的群星时，人们会感到难以用语言描述的震撼，以及对人类力量有限的认知。同样，庞大的尺度或是巨大的数量往往会令人们惊叹。“大数据（big data）”这一平实的词汇，或许也表明了人们在意图描述这一现象级概念时的无力感。

数百万年以来，人类首次面对如此巨大而驳杂的数据之海，以致于无法在经验里找到相应的词汇，能够准确描述其中蕴藏的复杂力量。可见，理解“什么是大数据”也并不像想象中那样容易。仅凭“顾名思义”，人们很难立刻理解或把握大数据的内涵，而把它作为一个独特的概念，与其他传统数据处理区分开来。

国内外研究者们在大量的大数据相关著述中，条分缕析、抽丝剥茧，正是为了将这一具有广泛外延的概念解释清楚，让人们能够在理解大数据概念的基础上，发现大数据的巨大潜能，从而善用大数据技术推进行业发展或是帮助决策。

本书编著者的目的也并不例外。事实上，理解和运用大数据，需要比信息时代更为深刻的思维转型，这一过程不仅需要专精的大数据技术人才作为支撑，更需要各个领域专家的推动和引领。尤其是在一些传统领域，只有跳出长期运转的固定模式，才能以崭新的大数据思维来达到更高效、更安全、更透明的行业目标。而这一切都建立在对大数据概念与潜能充分理解的基础上。

本书特殊之处在于，我们在追寻大数据“为什么”富有价值的因果逻辑之前，用横跨15个行业和领域的百余个真实案例，为大家展示了大数据和它的应用价值究竟“是什么”。

这一构思源于作者在行业工作中多年的积累。作为将物理世界的数据进行采集、传输和应用的实践者，我们深刻感受到大数据在揭示客观规律、推动行业进步方面的潜能。尽管在不同的领域，海量数据的产生方式、类型、含义以及积累的厚度存在不同的侧重点，人们希望利用海量数据达到的目标也千差万别。然而，在考察大量实践案例之后，我们不得不说，大数据的魅力或许就在于，你可以尽情发挥想象力来设定你的目标，无论它有多么不可思议，大数据或许都可以用更为不可思议的方式来为你实现它。

在本书中我们可以看到，大数据已经在各个行业中发挥重要的作用。在这个大数据时代里，奇思妙想比以往任何时代都更容易成为现实。我们衷心希望，无论你是哪个领域的从业者，或是关注该领域的研究者，甚至是并没有大数据基础而仅抱有兴趣的读者，都可以从本书中找到具有启发性的章节。

在翔实的案例之外，编著者还针对大数据的应用价值、工具和思维方法做出了总结和建议，作为读者进一步运用大数据的参考。总体而言，本书不仅适于大数据企业以及政府机构等从事大数据应用、规划和推广的人士阅读，对各行业的大数据应用和潜在应用有着直接的借鉴意义，也可供大数据相关专业的教师和学生作为参考。

感谢清华大学数据科学研究院和清华大数据产业联合会给予本书的大力帮助和支持。

同时也对参与本书编校的刘丽娜、李世鹏、梁晓东、何汝星、李丹等人做出的工作表示衷心的感谢！

欢迎对本书内容及大数据产业抱有兴趣的各界朋友与我们共同探讨。

陈海滢　郭佳肃

2016 年 5 月

于北京恒升科创科技有限公司

目 录

CONTENTS

中篇　数据之力——行业实战

商业

工业

第八章 制造行业

第九章 工程建造与项目管理领域

第十章 人工智能领域

第十一章 基础科学领域

第十二章 环境与气象领域

科技

第十三章 医学与心理学领域

科技

第十四章 交通行业

第十五章 公共安全领域

第十六章 餐饮及服务行业

民生

第二十章 大数据的应用工具——数据可视化

第二十一章 大数据的应用思维

第二十二章 大数据应用中的隐私与信息安全

第二十三章 大数据的应用建议

参考文献

上 篇

数据之观——概念、特征与发展

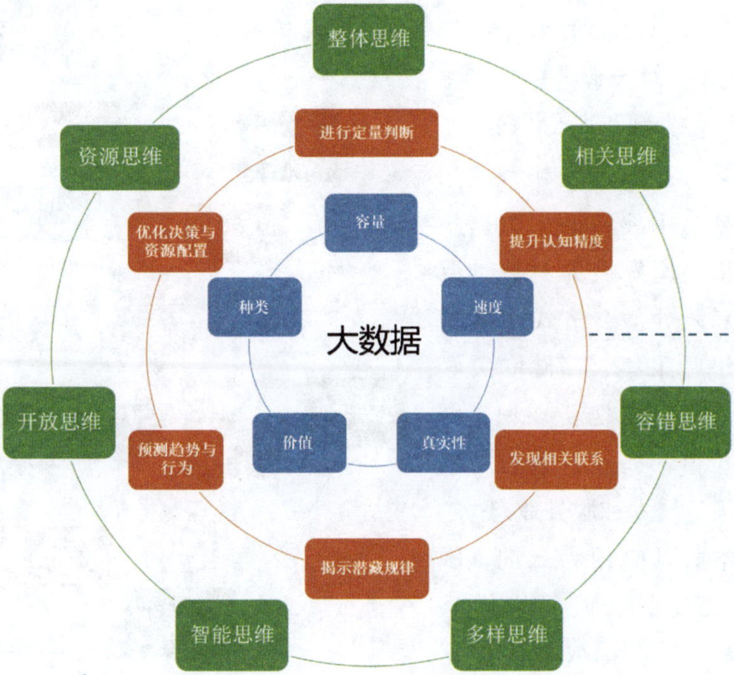

第一章
大数据的概念与特征

一、大数据的概念

根据大数据领域先驱者们最初赋予大数据的定义，大数据（Big Data）这一概念是指：在可承受的时间范围内，无法用传统数据库系统和常规软件工具对内容进行获取、存储、管理和分析的大量而复杂的数据集合。

2015 年 8 月 31 日国务院印发的《促进大数据发展行动纲要》，对大数据进行了正面定义：大数据是以容量大、类型多、存取速度快、应用价值高为主要特征的数据集合，正快速发展为对数量巨大、来源分散、格式多样的数据进行采集、存储和关联分析，从中发现新知识、创造新价值、提升新能力的新一代信息技术和服务业态。

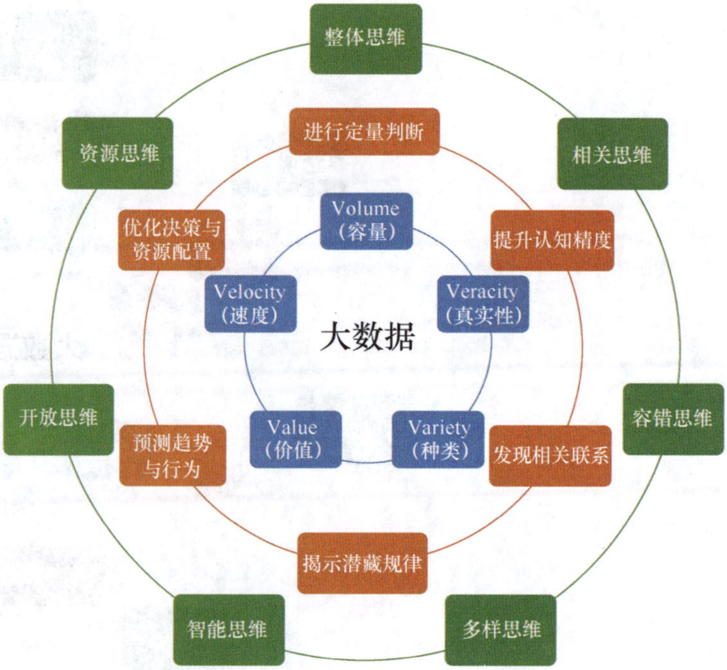

图 1-1　大数据价值思维模型

本书以应用为导向，围绕着大数据价值思维模型（见图 1-1），抽取了大数据的基本特征、归纳了大数据的应用价值和思维方式。

二、大数据的特征

通常而言，大数据具有以下五个特征：

1. 容量（Volume）：数据量巨大

如图 1-2 所示，2014 年，全球产生的数据量已达到 4ZB[⊖]；预计至 2020 年，这一数字将倍增至 35ZB，是中国国家图书馆所有馆藏图书数据量（约 1EB）的 3 万倍以上。

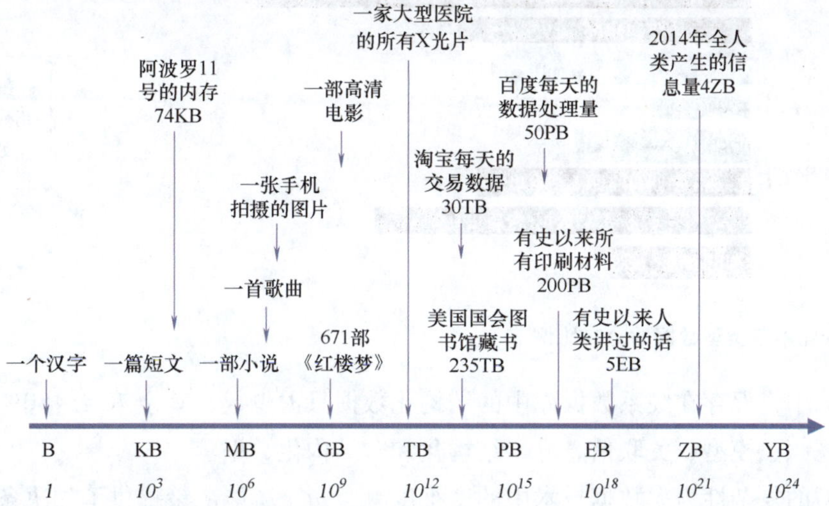

图 1-2　传统数据规模与大数据的比较

前所未有的数据规模构成了大数据的巨大矿床，如何挖掘出其中宝贵的潜藏价值，也成为数据处理技术所面临的前所未有的挑战。

2. 种类（Variety）：数据类型复杂多样

来自物联网、互联网以及各行业专有的各类型数据都可以纳入大数据的范畴。如图 1-3

⊖ ZB 即泽字节，1ZB 为十万亿亿字节量级，等于 1024EB。EB 即艾字节，1EB 为百亿亿字节量级，等于 1024PB。PB 即拍字节，1PB 为千万亿字节量级，等于 1024TB。TB 即太字节，1TB 为万亿字节量级，等于 1024GB。GB 即吉字节，1GB 为十亿字节量级，等于 1024MB。MB 即兆字节，1MB 为百万字节量级，等于 1024KB。KB 即千字节，1KB 为 1024 字节。

所示，不同行业中各类型数据的分布比例不同，其中传感器、社交网络和媒体等来源为大数据注入了类型丰富的数据流。

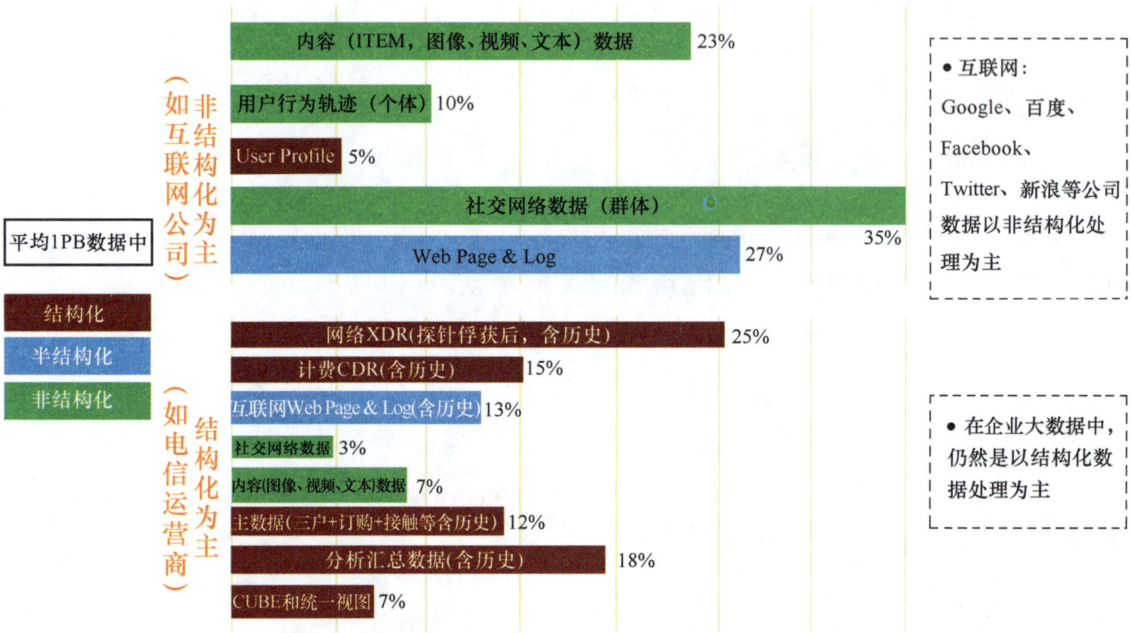

图 1-3　不同行业中各类型数据的分布比例

这些数据中，保存在关系数据库中的结构化数据只占少数，其余 70%～80% 的数据为图片、音频、视频、模型、关联信息等半结构化和非结构化数据。

数据类型的复杂性为大数据技术中的多维度融合乃至智能决策提供了先决条件，也对人们处理与分析数据的能力提出了更高要求。

3. 速度（Velocity）：快速甚至实时地采集、处理数据并做出正确反馈

大数据的速度特征，体现在实时采集、实时传输、实时分析和实时反馈这个快速流程的每一个环节中。对于许多大数据应用而言，需要在获得数据的 1 秒内得出正确答案，否则处理结果就变成了过时和无效的作废信息。以争分夺秒的金融市场为例，目前金融技术公司已经能够在1 秒内分析和关联 500 万条市场消息，然后以 30 微秒的平均延迟，超高频地执行算法期权交易，充分诠释了“一寸光阴一寸金”的现实意义。

实时数据流处理的要求，是大数据应用与传统数据仓库技术及商业智能技术的关键区别之一。快速实时的特征，赋予大数据技术更高的价值内涵，令大数据技术成为货真价实的点金之术。

4. 价值（Value）：价值密度低

大数据以整体性和容错性思维，海纳百川般汇聚着巨细靡遗的所有数据，其中单位数据量的价值密度被稀释到很低的水平。所以挖掘大数据的价值犹如沙里淘金，只有不断改进处理方式，才能从海量数据中提取出稀疏而珍贵的信息。

因此，如何将更为优质的元数据收入囊中，以及如何通过机器算法更迅速地完成数据的价值“提纯”，成为大数据实现更高价值的重要手段。

5. 真实性（Veracity）：数据判断准确可靠

由于大数据中单位数据量的价值密度低，因此无法直接基于元数据进行判断和决策，需要融合各个维度的数据才能得出结论。不同来源的元数据在此过程中互相印证和筛选，最终得出的结论更趋近于事物和规律的真实面貌，避免了决策受到虚假元数据影响的可能。真实性也由此成为大数据技术的一个珍贵的附加价值。

以上五个特征被统称为“5V”，它们不仅描述了大数据所具有的独特性质，同时也界定了大数据的范畴。“5V”特征使人们能够对大数据技术与其他数据处理技术进行区分，同时也是运用大数据技术进行分析决策的牢固基石。

第二章
大数据引领信息化新时代

信息技术的整体演进推动了大数据的产生和发展，也为大数据思维的形成奠定了物质基础。

信息社会中，传感器和社会网络是产生数据的重要来源，云计算和数据中心则提供了大数据的存储能力，传统互联网和移动互联网的发展支撑着大数据的传输，人工智能和机器学习提升了大数据的处理能力和速度。

大数据技术的发展，不仅对信息社会的数据采集和处理能力提出了更高的需求，海量数据的价值也反哺着信息技术，促进了包括人工智能在内各项技术的飞跃式发展。大数据与信息技术相辅相成、互为助力，共同汇成了不断涌动的大数据浪潮。

一、设备与信息“爆炸”式增长

如图 2-1 所示，各个行业的信息数据正呈现爆炸式增长，汇聚成巨大的数据量。现在，每两天新增的数据量就约等于 2003 年以来人类积累的全部数据。

传感器和以其为基础的物联网正飞速发展，成为大数据变革的一大助力。传感装置不仅环绕、嵌入了各种机器，更通过监控装置、智能手机等载体广泛渗透于社会生活之中。据相关人士预计，至 2020 年，全球传感器的节点数量将突破 500 亿个，这些节点向大数据的海洋中源源不断地输出着巨量的数据。

同时，互联网尤其是移动互联网的广泛普及，令每个人日常产出的数据出现成倍增长，包括图片、文字和语音在内的社交数据、定位数据以及个人生活消费数据等。在社交媒体方面，研究机构 We are social 的数据报告显示：全球社交媒体的持续增长，使活跃用户达到全球人口的 29%；各个国家最活跃社交网络月的活跃用户（MAU）为 20.8 亿人，全球用户平均每天使用社交网络和相关应用的时间达到 2.5 小时。人们通过智能手机，可以随时将各类

图 2-1　爆炸式增长的信息数据

型的个人数据用移动互联网上传到云端。其中仅每天上传到社交网站的照片就超过 3 亿张。粗略估算，目前一个家庭一年产生的数据，可能达到半个中国国家图书馆藏书的数据量规模。

“爆炸”式增长的数据，是孕育大数据的温床。如何挖掘出这些数据中的价值，更是大数据技术发展需要担起的责任与最终抵达的目标。

二、存储的云端革命

在互联网络的运行和维护过程中，经常会发生一些难以预料的事件，可能导致数据的丢失，如天灾人祸、硬件毁损、操作失误等。在美国 911 事件中，世贸大厦 800 多家公司和机构的数据就遭到毁坏，包括金融巨头 Morgan Stanley。然而该公司竟奇迹般地宣布全球营业部第二天可以照常工作，因为它在美国新泽西州的 Teaneck 市建有一个远程数据备份系统，保护了最重要的数据免于毁坏。数据备份和远程容灾系统在这时挽救了 Morgan Stanley，同时也在一定程度上挽救了全球的金融行业。

所以，根据数据的特性对数据及时备份非常重要，能够在特殊需要时迅速恢复数据。

但是，大数据所产生的数据规模通常可达 PB 以上量级，其中大部分为非结构化数据，存储这些数据需要大容量的基础设备以及数据存储系统的扩展能力。而大数据处理的实时性要求，则需要设备具有高性能和高吞吐率。传统信息存储建立在关系数据模型之上，对硬盘的读写速度慢、效率低，使得数据库很难进行横向扩展，灵活性较差。不仅如此，数据容量的增长是无上限的，为此不断购买相应的存储设备，无疑会大大增加存储成本。因此，为了适应这些需求，云存储应运而生。

云存储是一种新兴的网络存储技术，是在云计算概念上延伸和发展出来的一个新概念。它通过集群应用、网络技术或分布式文件系统等功能，将网络中各种不同类型的存储设备通过应用软件集合起来协同工作，共同对外提供数据存储和业务访问的功能。与传统存储设备不同，云存储不仅是一组硬件设备，更是一个由网络设备、存储设备、服务器、软件、接入网络、用户访问接口以及客户端程序等多个部分构成的复杂系统。该系统以存储设备为核心，通过应用层软件对外提供数据存储和业务服务。云存储利用虚拟化技术避免了存储空间的浪费，提高了存储效率，自动重新分配数据的功能更提高了存储空间的利用率。

云端存储进一步降低了单位数据量的存储成本，为大数据技术的广泛使用创造了条件。而大数据存储和处理的需求，又进一步推动了云存储和云计算的发展，共同构成了大数据技术的基础要素。

三、网络的高速泛在

对于传统互联网、物联网以及移动互联网而言，“互联成网（Networking）”是最基本和最具价值的功能之一。

在孤立的单一节点上，即使能够不断生成数据，如果这些数据不能通过网络立即汇入海量数据之中，它们在产生的同时就会迅速贬值，片刻之间就成为断裂而片面的历史陈迹。“互联”的魔力在于，当节点连接入网络之后，会不可避免地与其他节点接触并相互作用，由此产生“1+1>2”的倍增效应。例如社交网络中，发表一个状态会引来大量点赞和回复，甚至可能带动起一个小范围的风潮。在相互连接的节点的互动之中，不仅产生了更多且更有价值的联动数据，同时各个节点产生的数据也聚沙成塔，成为大数据巨大体量中不可或缺的组成元素。

当前，“互联网络”已经连接起巨量的人群甚至机器，且带宽借助基础设施建设的发展而不断扩大，使得其中的数据流速不断加快。至2014年底，全球互联网活跃用户已突破30亿，全互联网的传输速度约达167TB/s，带宽以超过30%的速度快速增长。在物联网方面，2015年全球物联网渗透到智能交通、环境保护、政府工作、公共安全和个人生活等多个领域，装机量增至132亿，由RFID（射频识别）、视频监控、M2M（机器对机器）日志以及传感器等来源产生的数据传输至物联网中，为各个行业提供了大量的即时数据。

广泛的联网不仅点燃了信息“爆炸”式增长的导火线，更为海量数据的采集和融合提供了传统数据记录方式无法比拟的“即时”优势。只有在网络高速路上畅流无阻的数据，才能满足大数据技术即时反馈的需求。

四、计算能力的快速增长

1946 年，当第一台通用计算机 ENIAC 诞生时，这个占地面积 170 平方米、重 30 多吨、耗电量 150 千瓦、造价 48 万美元的“巨婴”，每秒仅能执行 5000 次加法运算。从那时起到现在，在如图 2-2 所示的摩尔定律㊀支配下，电子计算机中央处理单元（CPU）的性能提高了 10000 倍，内存的价格下降至 1/45000，硬盘的价格下降至 $1/3.6\times10^6$。

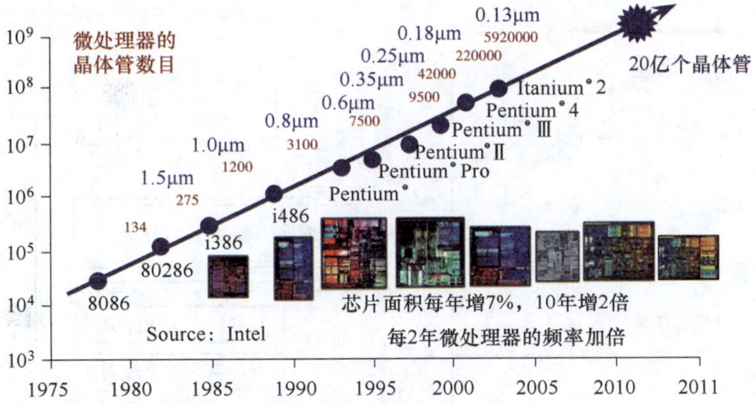

图 2-2　摩尔定律与计算机处理能力的提升

例如我国的超级计算机中心：天河二号计算机，根据 Linpack 测试软件的测试，天河二号在第 43 次、每年两次的“世界最强超级计算机排名”中，运算速度达到了 33. 86Pflop/s（百万的四次方每秒，即 1 千万亿每秒），连续三次在评测中成为世界第一的计算机系统。天河二号 1 小时的计算量，足够全中国 13 亿人一起用计算器连续不断地算 700 年。

这意味着，在硬件提供的计算能力飞速提升的同时，单位时间的计算价格正迅速“平民化”。于是，人们现在可以用更低的价格，购买到更强大的计算能力。这对于需

㊀ 摩尔定律：当价格不变时，集成电路上可容纳的元器件的数目，每隔约 18 ~ 24 个月便会增加一倍，性能也将提升一倍。

要运用复杂的算法、快速处理海量数据的大数据技术来说，无疑是一个再好不过的喜讯。

如果说信息的“爆炸”式增长令大数据喷涌而出，存储的云端化令大数据汇流入海，泛在的高速网络为大数据充能蓄势，那么单位价格计算能力的倍增，就如同一声春雷，为大数据技术渗透和滋养每一个行业，吹响了进军的号角。

五、大数据为物联网和云计算提供新视角

在物联网、互联网、云存储和云计算发展的基础之上，大数据技术已经蔚然成风，逐步成熟起来。如图 2-3 所示，它与前者的联动关系，也进入了良性的互动循环。

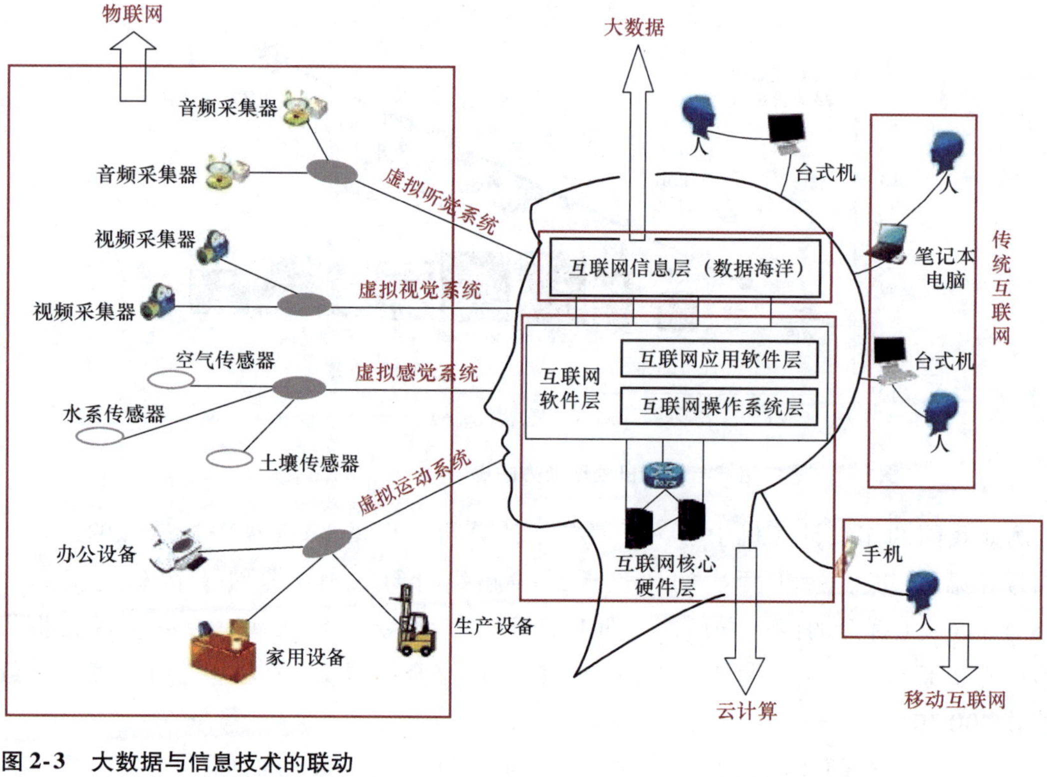

图 2-3　大数据与信息技术的联动

如果将物联网视为信息社会的感觉和运动神经系统，云计算作为核心硬件层和软件层的集合，相当于中枢神经系统，大数据则代表了互联网的信息层（数据海洋），是互联网智慧和意识产生的基础。物联网、传统互联网、移动互联网在源源不断向大数据层汇聚数据的同时，也通过大数据技术接收各种优化的决策和数据模型，借此不断迭代自身技术，推动向更

高层面的发展。

作为信息化社会的产物，大数据技术能够对信息资源的优化配置和充分利用产生极大助力，不仅推动了信息技术的进一步发展，也为人们社会生活水平的改善做出贡献。大数据开启了一次重大的时代转型，正在改变人们生活以及理解世界的方式；新的机遇和挑战，将会成就未来社会和技术发展的壮阔前景。

第三章
大数据的发展与机遇

一、从数到大数据的发展历史

大数据独有的特征和价值并非无本之木。回顾数据的发展历史，人们可以发现，无论是数据还是大数据，都内秉着“数”这一概念本身的客观属性。

“数”作为一个抽象概念，随着人类对自然现象认知水平的发展，从生产实践中产生。当人类文明从“多”与“少”的比较中意识到非同类事物之间数量的其他共同点，才诞生了“数”的概念。在此基础上，人们逐渐建立起“数字”“数制”“序数”乃至“数学”等一系列围绕着“数”的完备体系。其中，作为能够客观反映事实的数字和资料，对“数据”的分析成为近代科学数理研究方法的基础，“数据”也随之成为自然科学研究的基本要素。

随着科学研究中积累了越来越多的数据，人们开始利用统计学原理挖掘和提取观测数据中的内在规律，数据科学应运而生。数据科学通过数据的收集、分析和建模开展科学研究，它的产生再次推动了科学研究范式的变革：由理论推演的第二范式进化为数据驱动的第三范式。

在漫长的发展过程中，数据一直作为事物客观性和人类主观性的纽带，是人类认识世界的桥梁。借助数据分析这一工具，人们不断试图理解和逼近真实世界的客观规律，并随着这一过程中持续增加的复杂度，而不断发展更新着数据分析的方法。在大数据出现之前，人们已经能够熟练掌握手中的数据，将它作为客观规律的体现进行分析，并运用于从宏观的天文学到微观的基本粒子等大量科学研究中。这种认为客观世界是可知的，并坚持探究世界本源的动力与好奇心，正是人们在面对海量数据时不致迷失，而仍然保有客观可知的信念，从而能够从数据时代跃入大数据时代的驱动力之源。

随着信息化的深入发展，越来越多的数据呈井喷之势涌现。2008 年 9 月，《自然》杂志出版“big data”专刊，使“大数据”这一概念在学术界得到认可和广泛使用。至此，我们所熟悉的轰轰烈烈的大数据时代，正式拉开了序幕。

二、理解数据的捷径：可视化

数据体现的客观规律，无论多么清晰确定，都不能直接左右决策，而只能通过影响决策者来间接地引导决策的方向。在这一过程中，如果面对着无法理解数据科学的决策者，数据的理论分析和结论往往并不像人们想象的那样富有说服力。

作为视觉动物，人类天生更容易被图案打动，而不是抽象的数据理论。因此，无论凭借的是传统数据科学还是大数据技术，如何将数据分析的客观结论转化为可视的图案，从而对决策者产生深刻的影响，就成为那些希望利用客观规律改善人类社会的人们达到目的的绝佳方式。这种数据可视化的例子，在历史上也并不少见。

1. 伦敦霍乱地图

1831 年开始，一种史无前例的传染病在英国伦敦爆发：号称新一代黑死病的霍乱让数以万计的人失去生命，使这个刚刚工业化的城市遭受严重打击。尤其是 1854 年秋季爆发的霍乱，让伦敦在 10 天内死亡 500 多人。由于死亡的人主要居住在布罗德大街，所以有人认为霍乱与黑死病一样，是由于呼吸了带有毒气的空气才引发的，也有人认为是由病原菌引起。大家众说纷纭，没有人能确定霍乱究竟通过哪种途径传播。

此时，一位名叫约翰·斯诺的医生认为，霍乱可能是由食物或者水引起的，因为症状不像当时的其他传染疾病那样，首先表现为寒颤、头痛或高烧，而都是从消化道开始。为了证明这一论断，斯诺从伦敦死亡登记中心得到了 500 多位因病去世的人的详细住址，把每个死者地址都用一个黑点表示，登记在一张如图 3-1 所示 1∶6500 比例的“伦敦城区霍乱图”上，同时还标记出了该地及其附近的供水站的位置。完成这幅图之后他发现：几乎所有死者的住址都离布罗德大街与牛津街交汇处的一个水井不远，而极少数的人虽然不在布罗德街水井附近住，但也都喝过此水井的水。

线索指向了布罗德街的水井。经斯诺调查发现，在霍乱大规模爆发前，住在布罗德街 40 号的一个小男孩出现了霍乱的症状，家里人把为他洗尿布的水倒在了离布罗德街水井不远的排水沟里，而这个排水沟与水井并未完全隔离，导致水井被污染。市政府得知后迅速组织撤走该水井的抽水机，停止使用该井，不久就发现，不仅发病人数迅速减少，死亡人数也不再增加了。

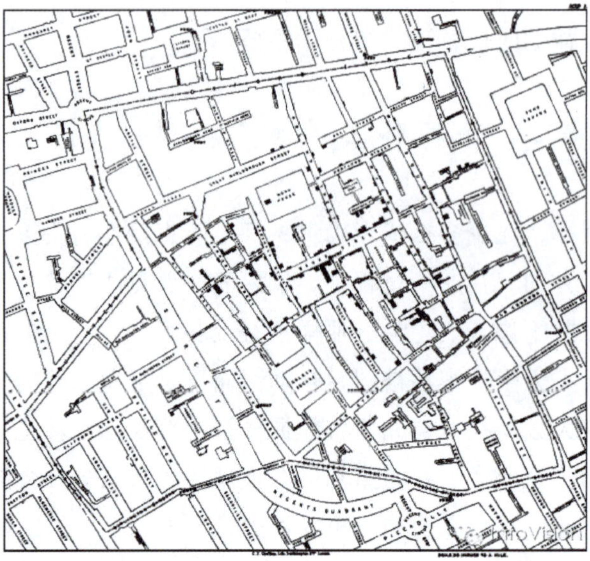

图 3-1 伦敦霍乱地图

虽然当时斯诺并没有发现霍乱弧菌，但他利用空间统计学，将大量数据进行统计，然后通过可视化地图表示出来，凸显出了“霍乱集中于水井抽水机附近”的现象，成功揭示了传染病的污染源，充分表明水源在病菌传播中所起到的媒介作用，这些仅靠数据本身是无法体现的。

伦敦霍乱地图开创了数据可视化的先河。尽管斯诺用的是传统统计学的方法，但是他在制作地图时运用地理标记技术，将空间分布与地图结合起来，用可视化的方法来表示，既令人信服，又形象生动。斯诺将统计学、可视化以及传染病研究相结合，用科学的方法、理性的态度应对传染病，以数据来解释疾病，实现了数据的实际价值。

2. 南丁格尔玫瑰图

在 1855 年争夺巴尔干半岛控制权的克里米亚战争中，英国在与俄国作战的同时，还在与严酷的疾病斗争。由于当时英军的医疗救护条件非常恶劣且伤兵没有得到妥善照顾，伤员的死亡率达到 42%。为此，弗洛伦斯 · 南丁格尔（Florence Nightingale）带领护士团到达克里米亚，通过及时护理和改善医疗条件，使伤员的死亡率从 42% 迅速下降至 2%，大大减少了伤员的死亡。

南丁格尔不仅在护理方面很有天分，在视觉表现和统计图形方面也有着极高造诣，她在克里米亚战争中发现，战斗中阵亡的士兵数量少于因受伤又缺乏治疗而死亡的士兵数量。为了挽救更多士兵的性命，她绘制了如图 3-2 所示的《东部军队（战士）死亡原因示意图》，又称“南丁格尔玫瑰图”，也被称作“极区图”或者“鸡冠花”，并于 1858 年发表。

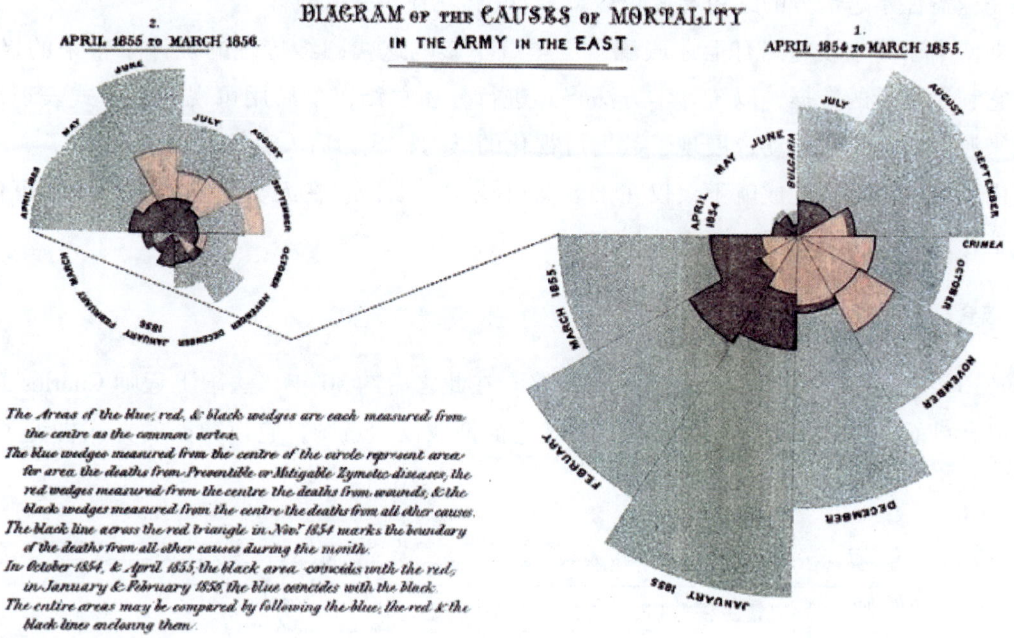

图 3-2　南丁格尔玫瑰图

这张图描述了在克里米亚战争中士兵的死亡情况，右图代表 1854 年 4 月 ~ 1855 年 3 月，左图代表 1855 年 4 月 ~ 1856 年 3 月。图中每个战区角度相同，用半径及扇区面积来表示每个月因各种原因死亡的人数。其中用蓝、红、黑三种颜色表示三种不同的情况：蓝色代表可预防、缓解的疾病，由于治疗不及时而造成的死亡，红色代表战场阵亡，黑色代表其他死亡原因。

由图可知，1854 ~ 1855 年，因医疗条件差造成的死亡人数远远大于战死沙场的人数：英法联军于 1854 年 9 月登陆克里米亚时因医疗条件差造成的死亡人数（蓝色区）与战死的人数（红色区）相比更多，直到 11 月南丁格尔奔赴前线，并在其到达克里米亚战地医院大约一年后，即 1855 年底至 1856 年初以后，伤员的死亡率才得以降低。这张图充分表明，医疗条件对士兵死亡有很重要的影响；改善医疗和护理条件，能极大地减少伤兵的死亡率。

南丁格尔玫瑰图生动有力地说明了在战地开展医疗救护和促进伤兵医疗工作的必要性，并因此打动了当局者，不仅增加了战地医院，还改善了军队医院的条件，为挽救士兵生命做出了巨大的贡献。

但仔细查看南丁格尔玫瑰图，能够发现它并不像人们想象中的那么完美。它以面积作为可视化变量来表示死亡人数，但人眼在某种程度上习惯于比较单一的长度或宽度而非面积。此外，这张图把三种颜色叠放在一起：红色区域的下面，掩盖了一部分蓝色区域，而黑色区域则完全盖住了这部分的红色与蓝色区域。这也会引起一些误解。

即使南丁格尔玫瑰图有上述瑕疵，也丝毫不影响这幅图给传统的统计学带来的极大震撼。它利用大量的数据，以统计学方法将其进行分析总结，最后用可视化的方式表现出来，数据来源可靠且形象生动，展现了数据可视化的魅力，成为后人竞相模仿的对象。

南丁格尔玫瑰图的成就不仅仅在于数据可视化方面，它在人类历史上的价值不可估量，因为这张图表挽救了成千上万人的生命。

3. 拿破仑征俄示意图

1813 年，征俄战争以拿破仑惨败而告终。在此之后约 50 年，法国工程师 Charles Joseph Minard绘制了如图 3-3 和图 3-4 所示的拿破仑征俄战役示意图，它以数据的方式告诉了世人战争的残酷性。

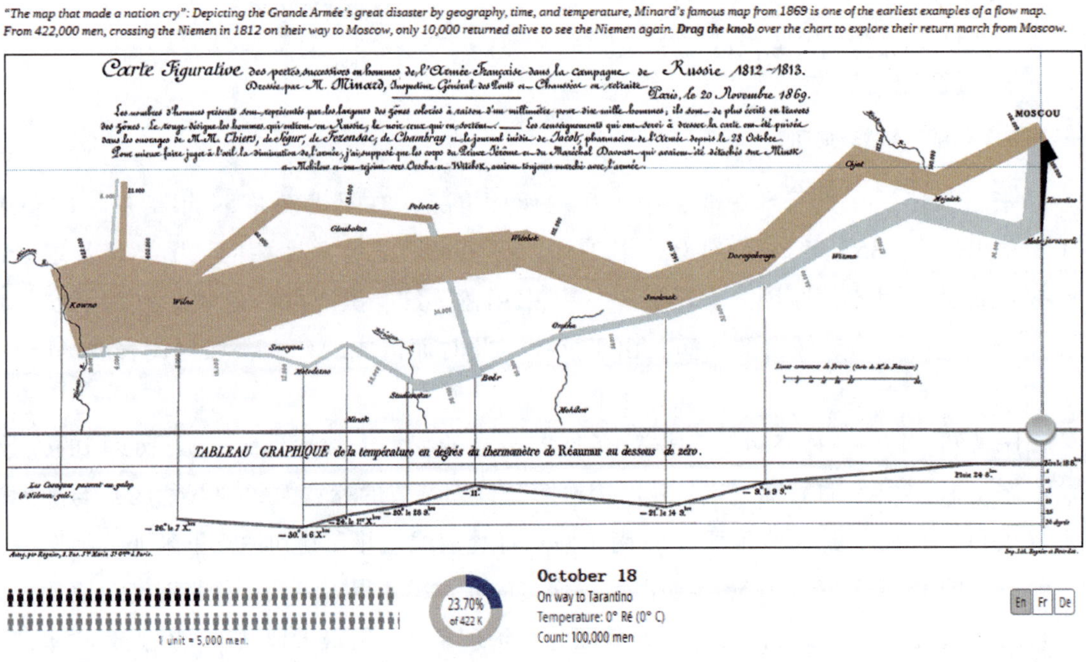

图 3-3　拿破仑征俄战争示意图——到达莫斯科

Charles 遍寻对战争有考证的人或者随军参加过战争的人的记录，比如军队中的药剂师 Jacob 未公开的日记等，从中统计战争的相关数据，而后以统计的数据为基础，用图表的形

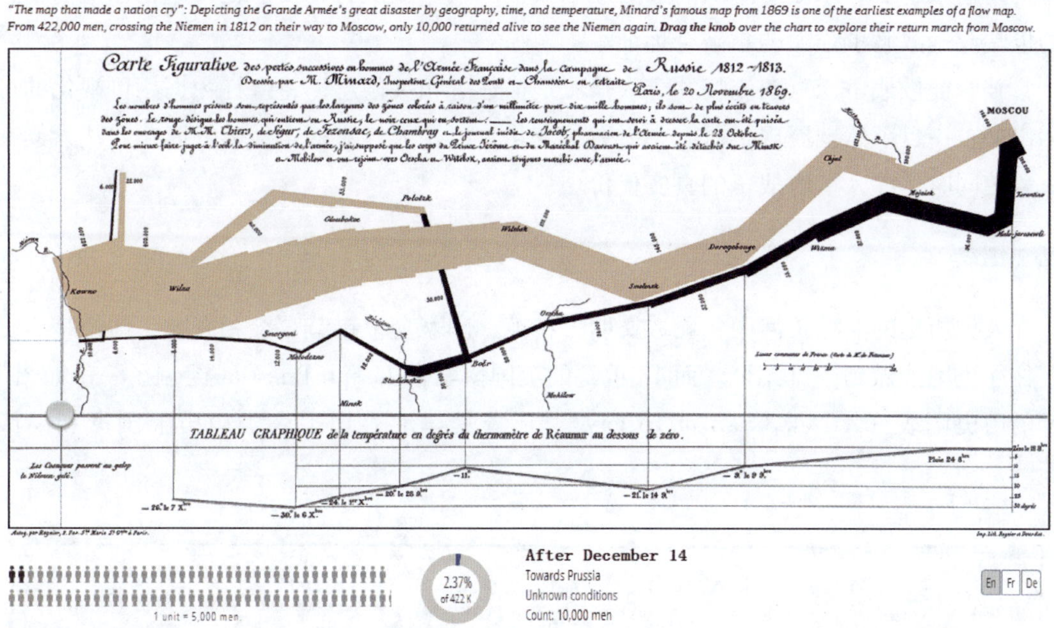

图 3-4　拿破仑征俄战争示意图——撤退出俄国

式表现拿破仑大军从莫斯科撤退的人数变化以及其影响因素，其中包括温度、时间、地点、经纬度、前进人数和撤退人数等。图中曲线的宽度代表军队实时规模（实际尺寸 1mm 代表 10000 人），整个线条的位置表明军队移动中所到之处的经纬度，不同的颜色区分了军队移动的方向（棕色表示前进，黑色表示撤退）。而且图中还标出了军队在某些特定日子的所在地点以及不同时间的温度变化。

通过该图可以看出，拿破仑所率领的大军在 1812 年登陆涅曼河进入俄国时共有 422000 人，在 1813 年撤退出涅曼河时人数减少到 10000 人，为原来的 2.37%。图 3-3 显示当拿破仑远征军一路前进抵达莫斯科时，人数已经减少到 100000 人，是原出发时人数的 23.7%。这是由于当时是夏季，而俄国的夏季经常有暴风雨，这让拿破仑军队不得不扔掉拉重型武器的马车以及粮草，以致断了后勤供给，且夏季的炎热让很多士兵感到疲惫，再加上俄国人采用了敌进我退的战术，每离开一座城便放火烧城，使得法国军队无法获得任何粮草衣物，从而导致了法国士兵的大量死亡。而当他们到了莫斯科之后，却发现那里已经化为灰烬。拿破仑清楚知道俄国沙皇并无意投降，于是在 10 月 18 日下令撤退。但在撤退的过程中，俄国最冷的冬季来临，气温从 0℃ 下降到 -30℃，法国军队由于没有防寒的衣服和可供食用的粮食，大约有 90000 人在撤退中死亡，如图 3-4所示，只有剩下的 10000 人活着离开俄国。

拿破仑军队惨败的重要原因是受天气的影响，在 Charles 制作的图中可以清楚看到这点：

随着气温越来越低，拿破仑军队的人数逐渐减少。俄国人没有花费一枪一炮，以他们得天独厚的极端天气战胜了强大的拿破仑远征军。

拿破仑征俄战争示意图流畅并令人信服地描述了相关信息，将统计数据用可视化的形式表示出来，一目了然地展现了军队中人数的变化，以及天气对战争失败的影响，让人们在反思战争的同时，深入了解战争的真实代价。

4. 历史图表

在人类历史的浩瀚长河中，无数文明、精英、国家盘根错节、交相辉映，即使是历史学家，往往也不能做到一览无余。而 18 世纪的英国博学家 Joseph Priestley 绘制了一份如图 3-5 所示的历史图表（A New Chart of History），形象具体地表现了人类历史上国家和民族的变迁。

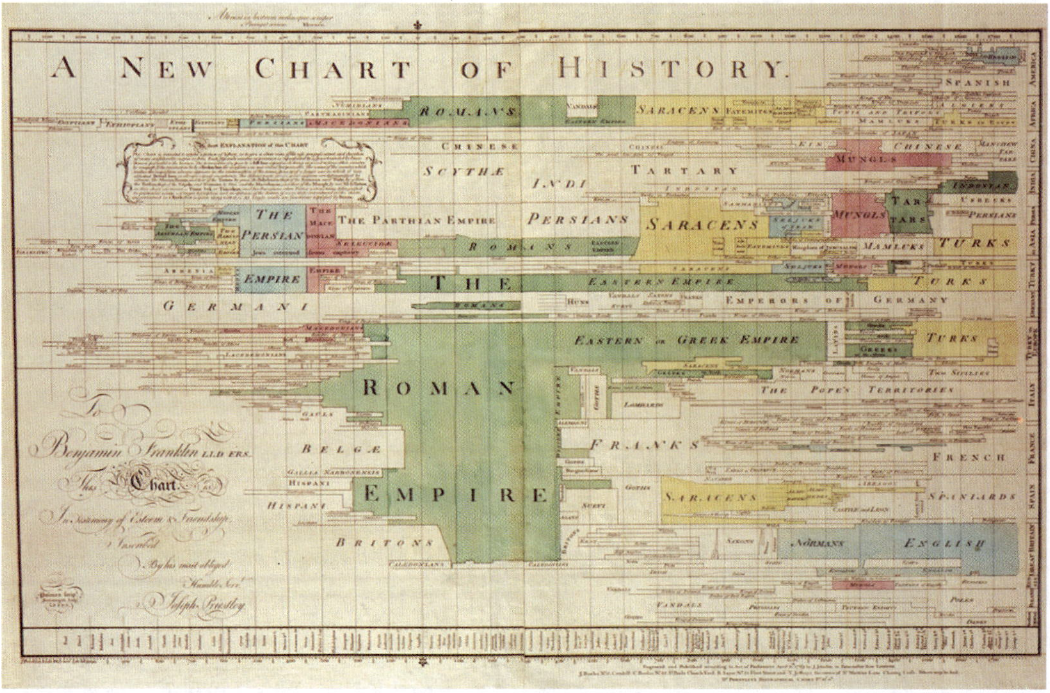

图 3-5　Joseph Priestley 绘制的历史图表 A New Chart of History

Priestley 创作的人类文明历史图表描述了不同朝代历史的更替，详细绘制出从公元前 1200 年到公元 1769 年间各个国家的统治时间和版图。具体如图 3-5 所示，从左到右表示公元前到公元后的时间更替，以及英国各个王室在位的情况；从上到下表示按照地理分布的各大地区，包括美洲、非洲、中国、印度、波斯、德国、土耳其（欧洲和亚洲部分）、意大利、法国、西班牙、英国、俄罗斯、波兰和斯堪迪纳维亚半岛等地区。

Priestley 将图分成 106 个独立的区域，不同的区域代表不同的国家朝代。其中用特殊颜色标记出来的是当时统治的霸权国家：首先蓝色表示的是波斯帝国，从公元前 540 年左右开始一直持续到公元前 470 年左右，版图扩张到非洲、波斯和亚洲，是第一个横跨亚、非、欧三大洲的帝国；紧接着是马其顿帝国（红色标记）成为取代波斯帝国霸权的下一个超级帝国，它不仅控制着原波斯帝国的所有领土，还控制着土耳其在欧洲的部分领地，即巴尔干半岛。随后出现了另一霸权国家，即用绿色表示的古罗马帝国。它在公元前 30 年左右兴起，并于公元 400 年左右消亡，统治长达 500 年左右，其版图之大也达到了前所未有的程度，横跨亚欧大陆以及非洲北部。在公元 640 年左右出现一直统治到公元 1200 年左右的阿拉伯帝国（以黄色标记），疆土包括非洲、亚欧大陆、西班牙等，是继波斯帝国、马其顿帝国、罗马帝国之后地跨亚、欧、非三洲的大帝国。接下来在 17 世纪时，土耳其、法国、西班牙和英国等欧洲强国开始统治世界，并侵略各个大洲，包括美洲、非洲和亚洲等。

图表中横、纵坐标所代表的含义不同。水平横轴表示国家的名声、影响力以及统治权。纵轴表示同时代国家的政治理念、发生的重大事件以及统治的疆土面积和人口数。不同区域的密集度表示不同时代的繁荣程度。图表中的空白处表示黑暗时代，比如在公元 476 年到 1000 年间的中世纪欧洲。

Priestley 将历史事件用可视化的方式表示出来，既清楚明了，也方便查找不同时期国家的情况。而且 Priestley 用不同的颜色表示出不同时期的世界霸权国家，使得国家统治情况更加清晰，便于分析理解。这幅生动的图像取代了枯燥乏味的统计数据，不仅让当时的学生可以清晰了解历史进程，也展示了数据可视化的魅力。

作为数据可视化历史上为数不多的多维可视化图表，这幅图为此后的数据处理带来全新的启示：收集到足够详细的数据，再将数据分解到不同的维度，然后分析不同维度下数据的变化，最后将分解后的数据用图表的形式表示出来，使复杂的数据统计变得简单明了。借鉴此图表的方法，应用在可视化处理的过程中，可以让数据更加鲜活有力。这幅 200 多年前手绘出的历史图表不仅让人叹为观止，至今仍然指引着未来数据可视化的发展之路。

三、大数据发展的时代意义

大数据不仅是数据科学的崭新阶段，更是信息化时代发展的必经之路。

大数据对经济、社会、人类日常生活产生的影响不仅限于技术层面，对管理理念、运作方式都将产生巨大影响。大数据使人的思维方式、行为模式、管理理念发生全方位变革，引发了全球范围内深刻的行业调整，体现了国家治理中的战略价值。

1. 行业制高点

大数据巨大的体量通常涉及以行业为单位的全局数据，从而通过大数据的分析，能够洞察行业的发展规律、趋势和利润增长点。率先掌握这些信息的企业或部门，将在时代的快速变化中拥有先发优势，占据行业制高点。

这一机遇并非仅由大型企业所独有。如前文所述，大数据技术的发展，使单位计算能力的价格大幅度降低。中小企业无需布局从硬件到软件的全流程设备，即使资金有限，仍然可以通过租用灵活的云端计算和存储服务实现大数据分析。

大型企业的优势在于可以凭借雄厚的积累，在数据采集和交换等环节以较小的成本获得更大规模的数据。然而另一方面，在大型企业里，将大数据技术渗透到所有环节中指导运行，或以大数据为基础推行决策，这一过程与中小企业相比所需时间更长，阻力也更大。

因此，在大数据的浪潮中，各行业不同规模的企业或部门在同样的机遇面前，各有不同的困难需要克服。谁能率先登上行业制高点，成为未来的最大赢家，关键的因素在于是否能够始终持有大数据的思维习惯，在正确认识大数据的内涵、价值和运用方式的基础上，以未来为导向，坚定地推行大数据策略。

2. 国家竞争支点

大数据不仅能在一个行业中创造领先优势，对于国家之间的竞争而言，它同样可以发挥类似的作用，为国家的发展趋势指明方向。利用大数据提升国家整体的竞争力，正是各国政府纷纷在这一领域发力的主要目的。

掌握更高水平的大数据技术，能够在各个方面优化国家的资源战略和发展策略，使国家作为一个整体在更低的消耗水平上创造更大的价值，同时提高社会的运转效率，增强国家的影响力和竞争力。未来，大数据技术的发展水平，将显著影响国家之间竞争力的强弱转换。

以德国政府为例，在 2013 年 4 月德国推出了工业 4.0 战略，推进以物联网和大数据为基础的智能制造革新，从而在国家层面上优化资源配置，提升竞争力。

工业 4.0 是以智能制造为主导的第四次工业革命或革命性的生产方法，包含了由集中式控制向分散式增强型控制的基本模式转变。在这一过程中，通过制造过程的全面信息化，以各个环节利用物联网产生的海量数据为基础，促进工业的智能化。如图 3-6 所示，工业机器产生的海量数据通过采集和存储进入工业数据系统中，基于机器算法和数据分析方法对大数据进行分析，将处理分析的数据通过互联网共享，并提炼出最优的模型信息和生产策略，然后返回工业机器中，用于指导生产各个环节的优化调整。

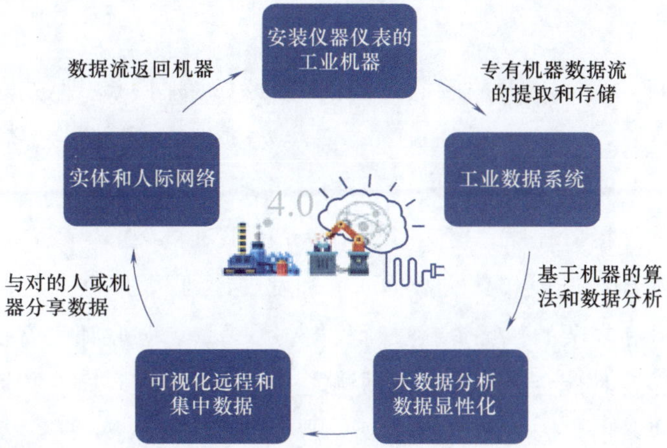

图 3-6　工业 4.0 的数据循环体系

在这种模式下，传统的行业界限渐渐消失，出现各种新的活动领域和合作形式，创造新价值的过程也在发生改变，产业链分工将被重组。利用大数据的工业 4.0 蓝图颠覆了传统制造业，不仅可以监控和保障工业生产过程中各个环节的安全和高效，让工业生产过程更加灵活、动态并适时优化和自我组织，更能够在工业智能化的过程中迅速积累大数据建设与应用的基础设施和经验。通过推行工业 4.0，德国政府令工业智能化的经济成就惠及全国，同时强化了国家在工业领域的领先优势，塑造了国家的高科技形象，大幅提升了在国际社会中的竞争力。

大数据技术具有待开发的巨大潜能，为行业企业带来了更多商机，赋予了每个企业抢占行业制高点的机会。同时可以预见，未来大数据技术的发展水平，将显著影响国家之间竞争力的强弱转换。一个国家所拥有的数据规模和运用数据的能力将成为综合国力的重要组成部分，是国家提高国力和国际竞争力的重要支点。总体而言，善用大数据资源和技术，在当前时代具有无可取代的重要意义。

四、世界各国的大数据推进政策

大数据的广泛应用和覆盖范围的全球化，逐渐引起了社会结构的深层调整。全球各国纷纷将开放数据纳入国家的发展战略。截至目前，全球 193 个联合国成员中有 130 多个国家政府已经逐步实现数据共享开放，很多国家都在包括教育、医疗、社会服务、环境保护等公共领域制订了数据开放集和数据开放目录，促进政府的治理方式向数据转变，为大数据的发展扫清障碍、点燃引擎。

1. 美国

2009 年，美国政府发布“开放政府计划”，以原始数据、地理数据和数据工具三个门类，作为大数据的前奏，推出了 Data. gov 公共数据开放网络。截至 2012 年 11 月底，Data. gov共开放了超过 40 万个原始数据集和相关的地理空间数据集，包括一些政府的应用程序、开发程序、软件接口程序，覆盖了全国各个领域和部门。

2012 年 3 月，美国政府发布《大数据研究和发展计划》，成立大数据高级指导小组，该计划旨在通过对海量和复杂的数字资料进行收集、整理，增强联邦政府收集海量数据、分析萃取信息的能力，提升对社会经济发展的预测能力。这是美国政府在政策层面上将大数据上升到国家意志的重要举措，影响极为深远。

2012 ~ 2013 年间美国国家安全局（NSA）、联邦调查局（FBI）及中央情报局（CIA）等联邦政府机构大量采购亚马逊的云服务，以支撑其大数据的分析和应用。

2014 年 5 月，美国发布《大数据：把握机遇，守护价值》白皮书，对美国大数据应用与管理的现状、政策框架和改进建议进行了集中阐述。该白皮书表示，在大数据发挥正面价值的同时，也要警惕大数据应用对隐私、公平等长远价值带来的负面影响。美国政府更为看重大数据为经济社会发展带来的创新动力，对于可能与隐私权产生的冲突，则以解决问题的态度来处理。

2. 欧盟

2011 年 11 月，欧盟数字议程采纳欧盟通信委员会《开放数据：创新、增长和透明治理的引擎》报告，开始推进开放数据战略。此后欧盟专门在 2014 年发布了《数据驱动经济战略》，大数据有望成为欧盟经济单列行业，为欧盟恢复经济增长和扩大就业做出贡献。

欧盟在大数据方面的活动主要涉及两方面内容：一是研究数据价值链的战略计划；二是资助“大数据”和“开放数据”领域的研究和创新活动。上述战略计划不仅研究包括公共资讯在内的高质量数据的广泛获得性，也在寻求个人潜在的隐私问题与其数据再利用潜力之间的适当平衡，同时赋予公民以其希望的形式使用与自己相关数据的权利。

3. 英国

英国可以说是大数据的积极拥抱者，它将大数据列为战略性技术，给予高度关注。无论是政府、研究机构，还是企业都为抢占“数据革命”先机纷纷做出了回应。英国政府紧随美国之后，推出了一系列支持大数据发展的举措。

首先，给予研发资金支持。英国政府于 2012 年 5 月注资 10 万英镑，支持建立了世界上首个开放式数据研究所（Open Data Institute，ODI）。ODI 作为非营利性组织，旨在将人们感兴趣的所有数据融会贯通，使每个行业和领域所产生的数据都能相互共享。英国政府通过利用和挖掘公开数据的商业潜力，为英国公共部门、学术机构等方面的创新发展提供“孵化环境”，同时为国家可持续发展政策提供进一步的帮助。2013 年 1 月，英国政府向大数据技术提供 1.89 亿英镑的资金，大数据成为获得政府资金最多的领域。

其次，促进政府和公共领域的大数据应用。英国政府建立了有“英国数据银行”之称的数据网站 Data. gov. uk，通过这个公开平台发布政府的公开政务信息，将公众关心的政府开支、财务报告等数据整理汇总后发布在互联网上，并对其中的热点议题和重要开支作出进一步阐释，对公众意见进行反馈。

最后，推动大数据在农业技术方面的创新，打造农业信息强国。2013 年 8 月，英国政府发布《英国农业技术战略》。该战略指出，英国今后对农业技术的投资将集中在大数据方面，目标是将英国的农业科技商业化。

4. 日本、韩国

日本政府把大数据作为提升日本竞争力的关键。2010 年 5 月，日本发达信息通信网络社会推进战略本部发布了以实现国民本位的电子政府、加强地区间互助关系等为目标的《信息通信技术新战略》。2012 年 7 月又推出了新的综合战略“活力 ICT 日本”，重点关注大数据应用，并聚焦大数据相关的社会化媒体、智能技术、新医疗技术、缓解交通拥堵等公共领域的数据开发和利用。

韩国在 2013 年建设开放大数据中心，实行“智慧首尔 2015”计划。计划指出首尔市将努力打造“首尔开放数据广场”，以促进信息技术和公共服务产业的进步和发展。目前“首尔开放数据广场”共包含 33 个数据库、880 个数据集，为用户提供十大类公共数据信息，并配有图表、数据、地图和网络链接等。

5. 澳大利亚

2013 年 8 月，澳大利亚政府发布了公共服务大数据战略，提出了大数据分析的实践指南。澳大利亚希望通过大数据分析系统提升公共服务质量，增加服务种类，并为公共服务提供更好的政策指导，保护公民隐私，使澳大利亚在该领域跻身全球领先水平。同时澳大利亚政府还开放了 Data. gov. au 数据平台，包括 114 个部门的 1103 个数据库和 18 个应用软件。

用户可以在该网站上搜索、浏览和利用国家、地区政府的公共数据。

6. 印度

2012 年，印度批准了国家数据共享和开放政策，促进政府拥有的数据和信息的共享及使用。印度仿效美国政府的做法，制定了一站式政府数据门户网站 data. gov. in，把政府收集的所有非涉密数据（包括全国人口、经济和社会信息）集中起来，在该平台上向公众公开。2013 年 1 月，印度政府公布新的科技创新政策，提出了到 2020 年跻身全球五大科技强国的蓝图。

纵观各国政策，数据开放共享是推动大数据应用的共同趋势。此外，一些政府还通过定向资金扶持，甚至政府本身主导大数据应用相关研究的方式，向大数据领域投入大量资源。这说明，各国政府都已经充分认可大数据技术的重要价值和发展意义并积极行动起来，在这一方兴未艾的前沿领域抢占高地、保证优势。

五、我国发展大数据的挑战与历史机遇

1. 挑战重重

在我国，实现大数据的广泛应用仍然有许多挑战和困难需要克服。

理念和思维方面，国内有许多信息化程度不足的领域，不仅缺乏数据，而且并未形成由数据驱动决策的理念，因此缺少主动出击、寻找大数据突破点的积极思维。

硬件与技术方面，一些企业和部门在数据库、数据仓储、智能分析软件等领域的基础积累较为薄弱，在数据采集、分析等方面的技术落后于国外先进企业。

此外，国内在部分领域的科学研究起步较晚，积累数据的时间不足，例如在环境监测方面，自 2013 年起开始监测 PM2. 5 污染物浓度数值。因此，如需对一部分针对性较强的问题进行有效和可靠的大数据分析，难度仍然较大。

同时，国内许多领域虽然积累了大量数据，但有些尚未得到信息化，且不同行业、部门之间存在信息壁垒，在交互授权使用数据方面困难重重，需要通过改革推动数据共享的进程。

最后，在大数据挖掘的开发利用和安全、隐私保护方面，我国还缺乏相应的法律保障。

针对其中的部分问题，人们已经做出了尝试和努力，在政府大力推进智能化、数据化科技发展政策的助力下，逐步解决这些问题，让大数据技术在我国落地安家。

2. 充满机遇

在面对困难的同时，我们也必须看到，挑战之中蕴藏着无穷机遇。目前，我国的大数据应用正处在起步阶段，许多行业尚在初步接触和了解大数据，还未形成竞争的风潮，因此我国的大数据领域拥有巨大的发展潜力。

首先，我国是全球传统互联网和移动互联网用户量最多的国家，巨大的网络用户基数提供了充足的数据生产和数据消费主体，尤为适合大数据技术的发展和实施。

其次，我国许多新兴行业的模式尚未固化，例如电子商务、互联网金融等领域，可以毫无负担地应用大数据模式，适于秉持大数据思维，迅速完成高端战略布局。

此外，我国许多传统行业和领域中长期积累了大量数据，这些数据大都处于“沉睡”状态，并未体现出它们应有的价值。善用这部分数据，将其有机结合至目前的信息化体系中，将成为大数据分析的宝贵财富。

3. 大数据与“中国制造 2025”

在政府导向方面，我国在 2015 年提出《中国制造 2025》行动纲领，旨在通过信息化和工业化的深度融合来引领和带动整个制造业的创新发展。其中指出，要加快推动云计算、大数据等新一代信息技术与制造技术融合发展，把智能制造作为两化深度融合的主攻方向。

“中国制造 2025”的规划，为大数据技术发挥作用提供了广阔的舞台。2015 年 8 月 31 日，国务院印发《促进大数据发展行动纲要》，进一步明确了要推动大数据的发展和应用，为未来 5 ~ 10 年打造精准治理、多方协作的社会治理新模式做好准备。在政府相关政策的支持下，公共数据的开放共享进程也开始起步，大数据技术将在各个领域获得施展的机会。

中　篇

数据之力——行业实战

商业　工业

科技　民生

第四章 电子商务行业

一、亚马逊与个性化推荐系统

1. 亚马逊与“长尾理论”

电子商务是以网络信息技术为手段，以商品交换为中心的商务活动。它使传统商业活动的各环节电子化、网络化、信息化，让消费者可以进行网上购物、网上支付，节省了客户与企业的时间和空间，大大提高了交易效率。

20 世纪 90 年代以后，电子商务企业逐渐兴起。亚马逊就是早期电子商务企业之一。它创办之初以图书销售为主，规模较小，经过 20 余年的发展，现在已是全球商品种类最多的网上零售商和全球第二大互联网企业。亚马逊能够在几十年内发展壮大，并保有如此巨大用户量的秘密究竟是什么？

2004 年 10 月，《连线》杂志主编克里斯·安德森（Chris Anderson）提出的“长尾理论”，对亚马逊及其类似网站的商业和经济发展模式进行了描述。

“长尾”实际上是统计学中幂律（Power Laws）和帕累托分布（Pareto）特征的一个口语化表达。假设在资源稀缺的前提下，传统经济属于典型的供给方规模经济，它体现的是帕累托分布的头部曲线需求：用户的购买行为并不能完全反映需求，主流产品的销量大，不等同于其需求也大，只是主流产品占据了大部分市场，限制了人们的选择权。随着整个社会经济和科技的发展，我们已步入一个“富足经济”时代，人们的生活质量不断提高。一方面，商品在无限地细分，用户的取向除了具备一些共性之外，越发追求个性化的需求，所以无论销量如何，各种商品都有存在需求的可能；而另一方面，随着技术进步和互联网的兴起，电子商务聚集了个性化产品原本分散的用户的同时，也降低了交易成本。

因此网络世界出现了另一种现象：少数热销的大众产品以及冷门的小众产品的市场份额呈现为一条带有长尾的曲线。当把尾部的所有冷门市场汇集起来，其市场能量甚至超过了少数的热销产品，形成如图4-1所示的长尾理论曲线图。长尾理论表明，只要产品存储和流通的渠道足够畅通，需求不旺或销量不佳的产品共同占据的市场份额可以与那些少数热销产品相匹敌甚至更大。

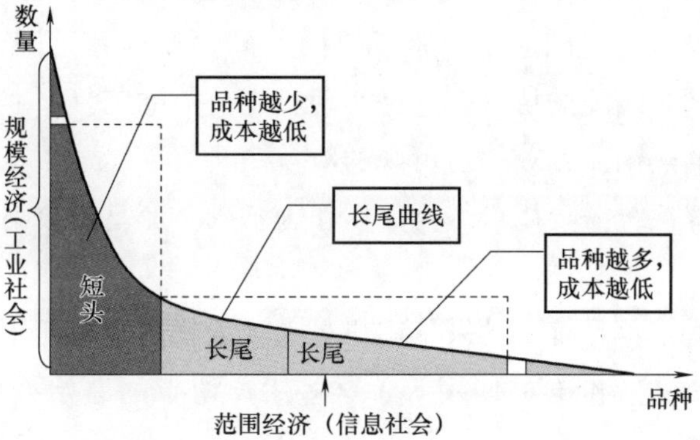

图4-1　长尾理论表现曲线

由于长尾理论统计的是销量并非利润。因此如何利用尽可能低的成本将尽可能多的长尾商品推送到客户手上是企业争取长尾的关键。这对于以成本为主要管理因素的传统企业来说是一个很难解决的问题，对产品进行备货和销售需要一定的成本，同时增加品种所带来的生产成本也要分摊。由于每个品种的利润都与销量成正比，当销量低到无法维持利润与成本的平衡时就会引起亏损，直至最后被放弃。

但电商企业有所不同。首先，其库存成本更小，保持网站流量和维护的费用也远比传统销售企业租用店面的成本更低，进一步降低了单品销售成本。其次，具有大数据运用的强大优势，在电子设备上能够即时收集用户数据。

但如果数据不成规模，即使是电商企业也无法透过表面的销售数量发现其背后的潜在价值，而成规模的数据如果不具备多样性，无法涵盖足够的长尾商品种类及其客户，也难以发掘长尾商品的市场。

亚马逊作为电商企业的先驱者，积累了规模巨大、种类多样的用户和产品数据，具备了优秀的基础，以解决长尾商品种类多样、局部销量少的难题，进而将这部分利润牢牢掌握在手里。Barnes&Noble的平均上架书目为13万种。但亚马逊有超过一半的销量都来自于排行榜上前13万名以外的图书。这就意味着那些不在一般书店里出售的图书能比摆在书店书架上的图书形成更大的市场。也就是说，我们能够摆脱资源稀缺的限制。一位前亚马逊公司员工精辟地概述了公司的长尾本质：现在我们所卖的那些过去根本卖不动的书的数量要比我们现在所卖的那些过去可以卖得动的书多得多。

2. 海量数据与个性化推荐

建立起“长尾”部分的供应能力之后，能否将其对应的商品呈现在极少数需要它们的顾客面前，以引起他们的购买兴趣，是决定长尾商品能否顺利转化为利润的关键。

亚马逊在海量规模数据基础上，构建了“向不同顾客推荐不同商品”的个性化推荐系统，作为长尾商品与顾客匹配的桥梁。它是实现长尾价值的工具，亚马逊基于该系统将长尾商品转化为用户独享的热销品，获得了可观的收益。

良好的个性化推荐系统需要用户行为数据作为基础。亚马逊收集用户行为数据的努力大致分为两个阶段：

第一阶段，亚马逊推荐系统主动采集用户行为。采集内容包括用户的浏览行为、搜索行为、购买行为、退换货和减价券的使用等，这些用户留下的原始数据，是个性化推荐的出发点。

第二阶段，亚马逊独特的 UI（用户界面）设计鼓励消费者留下更多的偏好信息。打开亚马逊广告反馈，用户可以看到如图 4-2 所示的广告反馈界面。亚马逊希望用户能够告诉自己，推荐的产品是否跟用户关系密切。

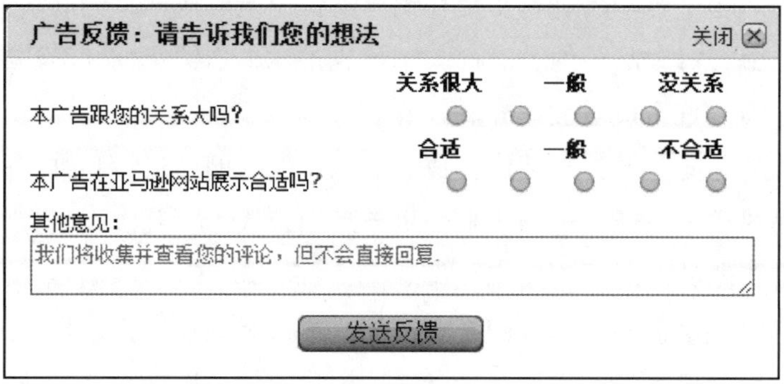

图 4-2　亚马逊广告反馈

在广告的右上方，亚马逊还设置了购物车和心愿单栏目，让顾客主动说出自己的购买意愿和喜好。

用户登录亚马逊后，它会在针对用户做出个性化推荐的“为我推荐”栏目旁，设置了如图 4-3所示的“改善为我推荐”栏目，由顾客主动展示个人喜好。

图 4-3　改善为我推荐

点击进入改善为我推荐后，会弹出如图 4-4 所示的已经拥有的产品，用户可对不感兴趣产品栏目进行打分和标记。通过打分，亚马逊可以了解用户的爱好，而标记不感兴趣的产品和已拥有产品则直接为亚马逊推荐指明了不该给用户推荐的产品。

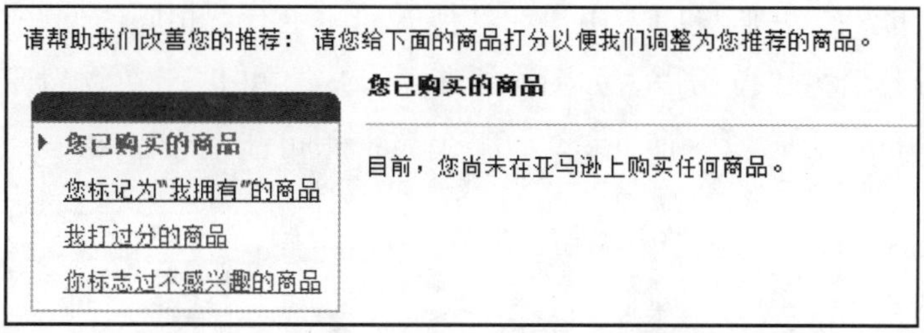

图 4-4　已经拥有的产品、用户打分和标记不感兴趣产品

截至 2015 年 7 月 6 日，亚马逊（美国站）在 28 天内的日均访问达到 3310 万，总访问量达到 9.25 亿，图 4-5 显示了亚马逊统计的访问量。亚马逊用户的平均浏览时间为 8 分 03 秒，平均的浏览页数多达 9.81 页。仅仅网页用户行为这一项，其数据换算成存储单位至少达到 TB 级别，而且这些数据还一直在飞速的刷新中不断积累。

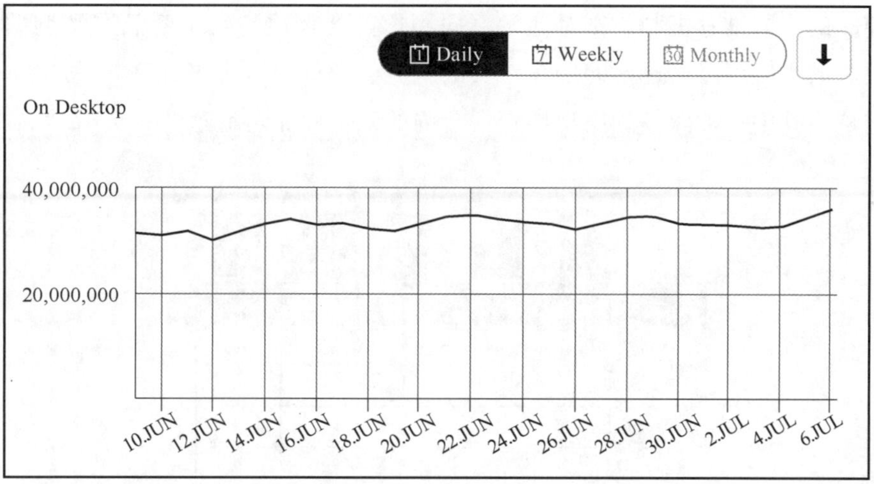

图 4-5　亚马逊（美国站）访问量统计

每天有数TB甚至更多的数据流入亚马逊，十几年来亚马逊积累了海量的用户信息，使亚马逊对用户的了解更有底气。根据这些信息亚马逊可对用户的偏好画像进行描绘，用户在一年的什么月份会购买什么商品，用户是一个品牌消费者还是性价比消费者等都能给出准确的答案。以用户行为数据作为大数据的来源，亚马逊可以在此基础上实现和优化它的个性化推荐算法。

目前，主流的推荐算法包括“协同过滤推荐”“基于内容的推荐”“基于关联规则的推荐”“基于知识推理的推荐”和“组合推荐”等。

基于用户的协同推荐机制，根据两个用户购买的商品类型或对不同商品的打分来判定他们是同类用户的可能性，并假设同类用户在其他方面一定有着相同的偏好，从而将其中一位用户喜爱的商品推荐给另一位用户。如图4-6所示，Jack和Jerry在物品评分方面极其相似，可能是同类用户，Jerry喜欢《虎胆龙威》，那么Jack很可能也会喜欢。

	骇客帝国	第五元素	第一滴血	虎胆龙威	两杆大烟枪
Tom	5	?	3	3	?
Jerry	2	3	5	5	?
Jack	2	3	5	?	?
Mike	?	?	3	3	?
Jimmy	?	?	?	?	?

图4-6　用户评分表

基于商品的协同推荐机制，则是假设不同用户都会喜欢与某个商品同类型的另一商品，商品之间关联的程度可以通过不同用户对其的打分、评价或购买来计算，挑选出同类型的商品集合，向购买其中一种商品的用户推荐集合内的其他商品。通过图4-7所示的用户评分表

	骇客帝国	第五元素	第一滴血	虎胆龙威	两杆大烟枪
Tom	5	?	3	3	?
Jerry	2	3	5	5	?
Jack	2	3	5	?	?
Mike	?	?	3	3	?
Jimmy	?	?	?	?	?

图4-7　用户评分表

发现，《骇客帝国》和《第五元素》得到的评分比较相似，而Tom很喜欢《骇客帝国》，所以也很有可能喜欢《第五元素》。

这只是一个算法和数据集都非常简单的例子，看起来有极大的可能出现偏差，而根据2007年谷歌公司Brants等人的研究，大数据集上的简单算法能产生比小数据集上的复杂算法更好的结果，当数据量达到足够大，其算法结果的精度将呈指数型上升。因此，拥有海量数据的亚马逊只需一个简单有效的推荐算法：强化的协同过滤推荐算法，就可以在保持较高精确度的基础上为用户提供更好的体验。

一方面，个性化推荐系统能够为每一位用户构建差异化的商品排列，从而巧妙地将长尾商品呈现给顾客。另一方面，这种灵活的推荐更符合用户商品偏好的方式，可以最大化挖掘用户的潜在需求，大大提高了电子商务网站由点击浏览到购买行为的转化率，极大地降低了从长尾产品到顾客购买的成本。

调研公司Forrester的分析师苏察瑞塔·穆尔普鲁称，亚马逊基于个性化推荐系统的销售转化率可高达60%，其销售额的几乎三分之一都是来自于该系统，将个性化推荐发展到了前所未有的高度。

3. 个性化的目标：提高用户黏性

个性化推荐的效益并不仅仅在于获取了长尾部分商品的利润，更重要的是，它以更贴心的用户服务，大大提升了用户的忠诚度。

精准的个性化推荐不仅缩短了用户购买产品的时间成本，减少了多余广告为用户增加的困扰。同时其定制页面也满足了用户对个性化的追求，提高了用户满意度。良好的用户体验，给亚马逊带来了越来越多的忠实用户。用户黏性的提高，不仅意味着亚马逊将可能销售更多的产品，同时也产生了更多与用户、产品相关的实时数据，这些数据进一步推动了亚马逊个性化推荐结果的优化，提升了亚马逊的推荐质量，开启了亚马逊在大数据运用中如图4-8所示的正反馈环。

根据Howmuch. net网站的统计，如图4-9所示，亚马逊的用户平均创造价值最高：截至统计时，亚马逊拥有1980亿美元的市值和2.7亿的活跃用户，平均每个活跃用户的价值高达733美元，远超谷歌和Facebook。

基于大数据的个性化推荐创造了共赢模式，让亚马逊实现了顾客、数据和企业本身三个环节在两两之间的双向互动。

除了应用个性化推荐，亚马逊还基于实时大数据提出了“预测性物流”概念：根据对用户行为的预测，在用户还没有下单之前，就将他们想要购买的物品备好并发出。如果这一

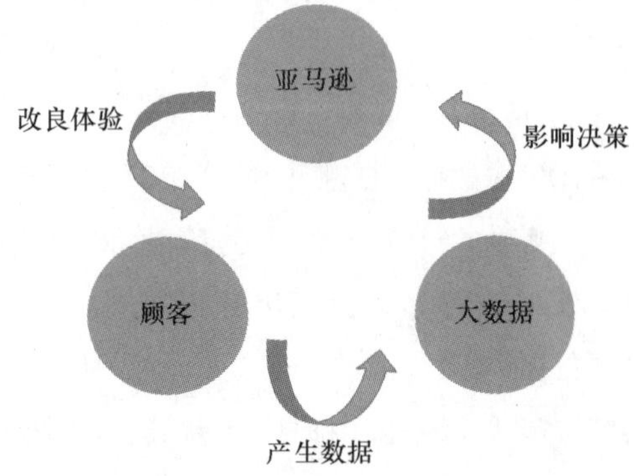

图 4-8　亚马逊正反馈环

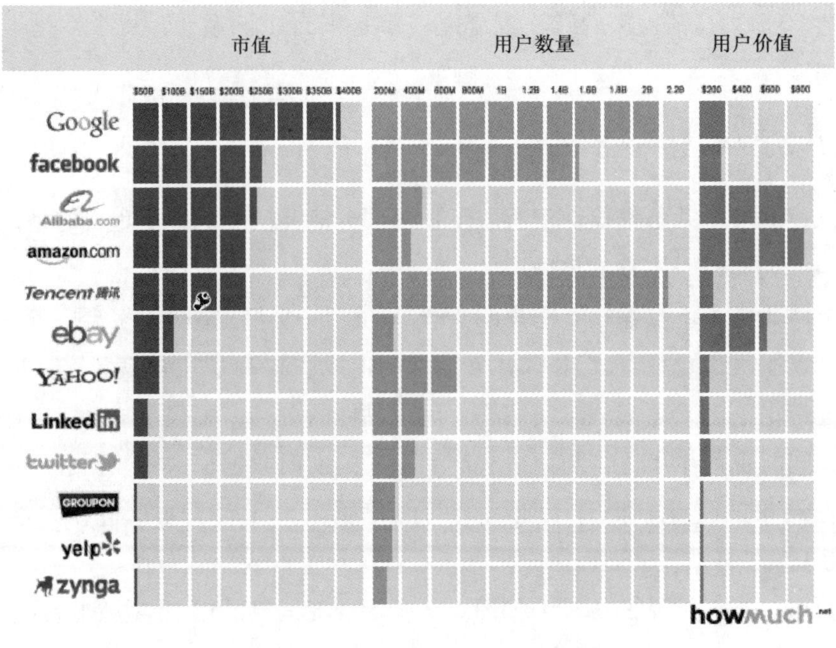

图 4-9　各科技公司的市值与用户数量和平均用户价值的比较

（图片来源：howmuch. net）

概念成功运行，将颠覆当前的商业模式，进一步提升用户体验。此外，随着大数据运用技术的越发成熟，亚马逊还提出了基于大数据的实时竞价广告服务等，以充分利用数据资源优势，在各方面扩展业务线。

4. 基于云服务的大数据业务

如今，亚马逊不仅维持着电子商务的霸主地位，同时也在向大数据服务企业转型。

如图4-10所示，可以看到2014年亚马逊的云服务AWS占全球云服务市场份额的28%，成为一家可以在云方面与微软、IBM和谷歌抗衡的公司。

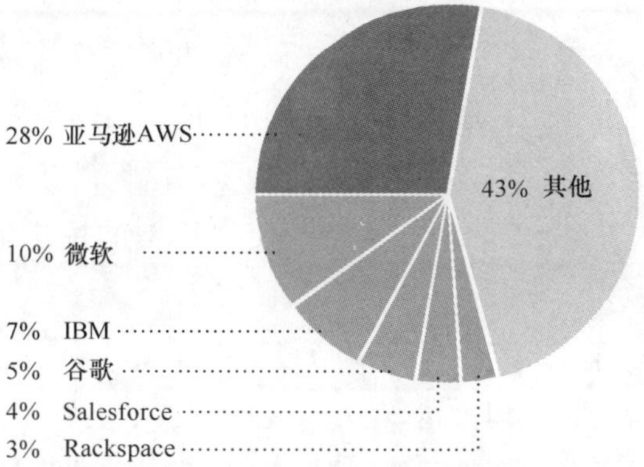

图4-10　2014年全球云服务市场份额统计图

自2006年起，亚马逊就已经开始部署云计算市场。历经十年积累，具有先发优势的AWS无论在功能、规模还是经验方面都遥遥领先。根据其内部数据，现在AWS每天增加的服务器数量，就能满足2004年整个亚马逊公司的计算需求。

亚马逊的云计算平台服务优势，源于它十几年来积累的大数据存储设备和处理能力。在美国，亚马逊会在感恩节到圣诞节的假期季迎来购物高峰，此时的销量甚至能够占据全年销量的约四分之一，但同时也需要投入大量的设备和资源搭建并扩展数据存储和处理平台。而淡季销量回落时，相应的计算能力和存储能力会大量空置。此时亚马逊有充足的余力，将其计算和存储能力“出租”给其他公司使用，进而形成了云计算平台AWS。此外，除了向其他公司提供服务，亚马逊自己也是AWS的最大客户之一，因而在这个闭环的生态系统中，它能够更深入地理解及部署云服务和大数据处理中的各种细节问题。

在2015年的最后一个季度，亚马逊来自云计算的收入高达24亿美元，比上季度增长了15%，比一年前增长了70%。云服务的运营利润为6.8亿美元，利润率接近29%。

在数据的支撑下，亚马逊已经不再是纯粹的电子商务企业，而成为一个巨大的在线业务供应商，它不仅供应零售货品，更为人们提供信息时代最有力的工具：数据处理的能力和服务。专注于大数据的亚马逊，已经成功地由电子零售商，转变成了一家大数据科技公司。

二、大数据基础上的防刷单架构

1. 电子商务防止刷单的需求

电商行业飞速发展，各种创业公司如雨后春笋般大量涌现，商家为了争取更多的消费用户，通过各种活动形式的补贴来获取用户、培养用户的消费习惯。但是这种促销和优惠的政策也促进了“羊毛党”的产生，“羊毛党”的行为距离欺诈只有一步之遥，他们的存在严重破坏了促销活动的目的，侵占了活动的资源，使得正常的用户享受不到促销活动的直接好处。

“羊毛党”通过专业团队、人员、机器形成完整的刷单团伙。这些团伙主要分布在北京、上海等经济发达的城市，全国可达 20 万人左右。“羊毛党”一般先利用自动注册获得大量的目标网站的账号，当目标网站开展促销、优惠等活动的时候，利用这些账号参与活动刷取大量优惠，最后通过淘宝等电商平台转卖获益。他们往往拥有几百个手机号码、身份证、银行虚拟卡并用来注册多个账号，不仅抢夺了原本给消费用户的奖励措施，让消费用户不能享受到商家的优惠，而且在另一方面，由于刷单造成商家的客源大量流失，破坏了商家的营销策略，也相对提高了商家的有效营销成本。更有甚者从银行及运营商处非法获取网民资料信息及银行卡信息，用于不法交易，给普通的网民带来巨大的威胁。

可见，“羊毛党”对商家的网络运营以及电商用户都有危害，防止他们刷单显得尤为重要。

下面以腾讯防刷单系统架构为例，具体介绍如何利用大数据工具防止刷单行为的泛滥。

2. 腾讯防刷单系统架构

腾讯旗下有 QQ、微信等聊天工具，腾讯新闻、QQ 空间等网站，还有腾讯视频、QQ 音乐等多种娱乐应用，这些都为腾讯防刷单系统提供了数据来源。目前，腾讯共有 8800 台单集群服务器，100PB 存储容量，每天扫描数据量为 10.5PB，日接入消息数为 20000 亿，日接入数据量为 400TB，有 10000 个并发分拣业务接口。

腾讯的数据种类也分为多种，包括用户的基础数据、行为数据、社交数据和即时数据等。用户的基础数据包括用户的注册信息，如登录 IP、使用 ID、登录时间、手机号码、设备 IMEI 码等以及用户的爱好、兴趣等方面的数据。行为数据包括用户在腾讯应用上的访问路径。社交数据包括用户与用户之间，产品与用户之间发生的互动数据。即时数据是产生的实时数据，比如刚刚发布的一个消息，包括文本、语音、图像、表情、视频等多种形式。这些大量的实时数据都为防刷单系统的构建奠定了基础。

在防刷单系统架构中，如图 4-11 所示，腾讯在利用自己的大数据之外，也利用大量的行业数据和情报数据，并把这些数据输入到大数据存储与分析平台（魔方）上，利用风险学习引擎和规则/经验模型进行异常等级评估，将评估后的结果输入到对外接口层，来进行正常和异常（刷单）IP 的判断。同时，将判断出的异常数据进行沉淀，存储在腾讯数据平台上，为实时计算做模型使用。

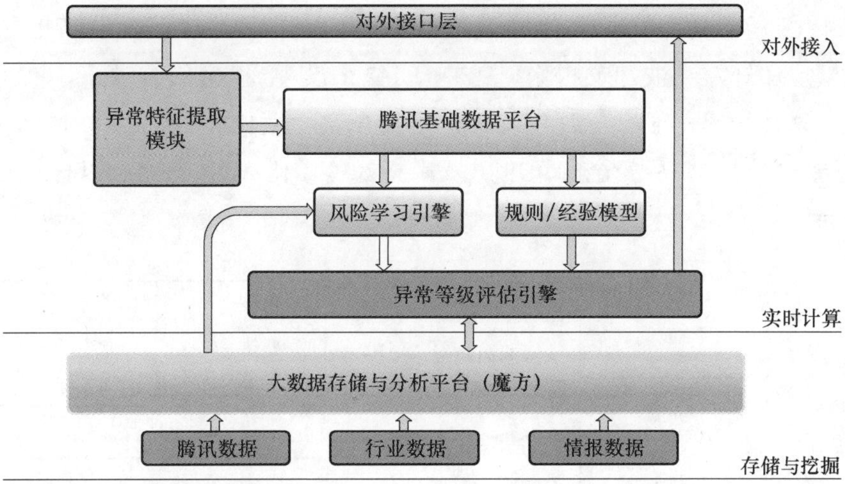

图 4-11　腾讯防刷单的技术构架

模型中的风险学习引擎如图 4-12 所示，其中采用了黑白双分类器风险判定机制，目的是为了减少对正常用户的误伤。例如，某个 IP 是个恶意的 IP，但是该 IP 上可能也会有一些正常的用户，比如大网关 IP，再比如刷单用户通过 ADSL 拨号上网，那么就会造成刷单用户和正常用户使用同一个 IP 的现象，因此这就需要将他们进行区分。而以黑分类器和白分类器相结合形成的矩阵式逻辑框架可以有效地阻止“误伤”的发生。黑分类器是根据特征、采用矩阵式逻辑框架的算法来判断本次请求异常的概率，区分虚假用户。白分类器就判断属于正常请求的概率，识别正常用户。

对于那些恶意数据则可以使用用户画像的方法进行标记。用户画像的意思就是给账号、设备等打标签，标签的类别和明细，可以分为地理位置、性别、年龄、收入消费水平、个人关注等许多维度。这里主要从安全的角度出发来打标签，比如 IP 画像，会标注 IP 是不是代

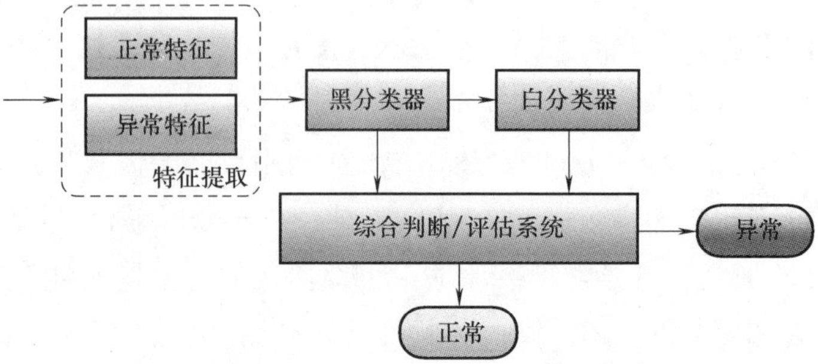

图 4-12　风险学习引擎中的黑白双分类器风险判定

理 IP。以图 4-13 所示的 QQ 画像为例，一个 QQ 只登录 IM，却不登录其他的腾讯业务，不聊天、频繁地加好友、被好友删除、QQ 空间要么没开通、要么开通了 QQ 空间但是评论多回复少，这种号码一般会标注为 QQ 养号（色情、营销），类似地，也会给 QQ 打上其他标签。防刷单时主要从安全的角度出发来打标签，比如 IP 画像、以标注该 IP 是不是代理 IP。

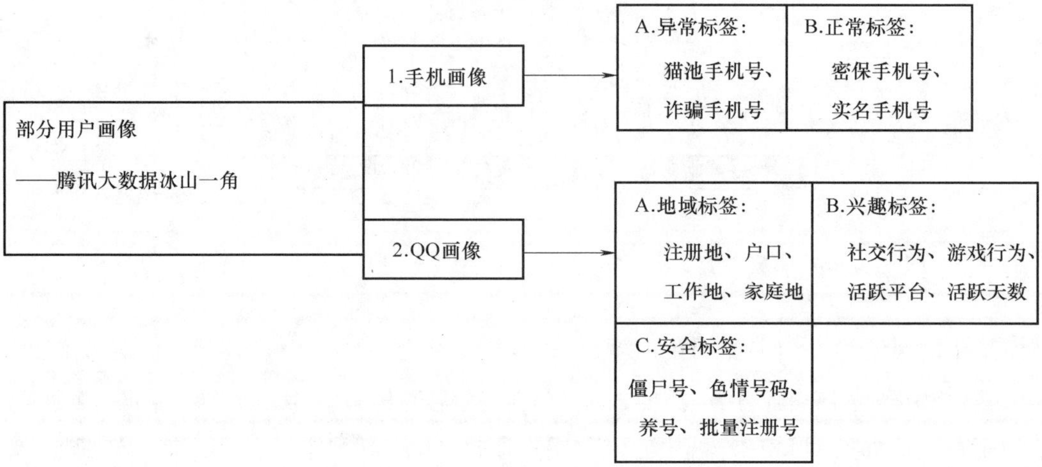

图 4-13　腾讯部分用户画像

经过风险学习引擎以及用户画像标记，就可以分析出用户的恶意程度。恶意程度用恶意指数表示，分为 4 个等级，其中 0 为无恶意，1 为轻度恶意，2 为中度恶意，3 为重度恶意。应用腾讯防刷单系统架构的电商就可以根据恶意指数做出风控措施，比如，恶意指数为 0 的用户，可以正常访问、抢券、下单；指数为 1、2 的用户，弹出验证码进行验证；而对于指数为 3 的用户就会弹出语言验证码、进行人工核实或者后台直接取消订单等方法进行防控。

上述系统充分利用了大数据的实时性，参与活动的数据在产生时就可以通过模型进行实时性分析，并得出结果。即时分析用户的恶意指数，让电商可以提前预知用户的情况，进行有效的防控。

3. 防刷单系统的效用

随着防刷单系统的投入使用，不少电商都获得了显著的效益。

例如，某次活动中聚美优品为了回馈粉丝发起了“免费送”零元购，刚开始时受到了大量的刷单人员的扰乱，一度导致消费用户无法正常参与活动。聚美优品立即决定接入腾讯防刷单系统，以便在注册及活动中及时识别并清理恶意账号。随后，聚美优品的数据资料通过防刷单模型成功识别出绝大多数的恶意账号，并在其后的优惠活动中发挥了作用。如图4-14所示，聚美优品利用腾讯防刷单系统发现并识别恶意账号的准确度近90%。聚美优品根据防刷单系统的检测结果，进行了严格的审单，取消了恶意账号的重复下单，保障真正的用户能够享受到优惠。

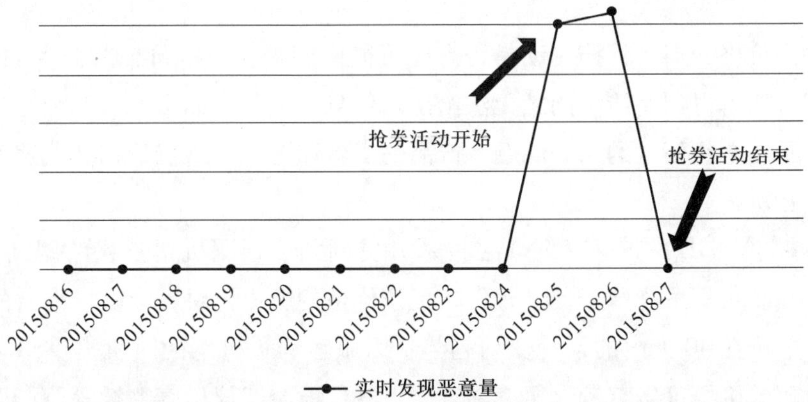

图4-14　聚美优品利用腾讯防刷单系统发现恶意账号示意图

目前，虽然各种防刷单系统还处于不断尝试完善的阶段，但是其应用效果已经非常显著。防刷单系统不仅可以使正常用户在商家促销时获得优惠，同时也避免了“羊毛党”利用商家促销而获取大量非法利益，造成商家的损失。

对于淘宝网等第三方分类网站，也可采用大数据技术来防止一些商家进行虚假的刷单，制止那些为了获得单品或店铺较好的搜索排名而采取的销售作假行为。在这方面，应用大数据的特点并与安全措施相结合可以尽可能有效地防止刷单带来的危害。

三、比较和预测商品价格

1. 动态价格：消费者该怎么选

20 世纪 90 年代，航空公司和酒店引入的动态价格模式将营销带入了一个新领域。如今，这一模式正在逐渐深入到消费经济的每一个角落，尤其是电子商务领域。为了争夺搜索结果的榜首位置，零售商们正以小时甚至分钟为单位进行着价格攻防战。且在每年的假日购物季都会达到巅峰，面对此情此景，消费者双眼放光之余却也一筹莫展。

事实上，消费者的困扰远不止此。这款产品哪里卖得更便宜？好不好用？什么时候买合适？要出新款了吗？其他人怎么看？同类产品怎么样？对于消费者满脑的疑问，包括 Google Shopping、Nextag、PriceGrabber 和亚马逊产品搜索在内的比价网站都只解决了最基础的价格问题。

2. 电商导购：Decide. com

既然是动态价格，那么价格变动是否有迹可循，能否在下次价格升高前做出购买行为？这是目前消费者期盼得到而传统网站无法给出的信息。电子产品市场有两个特点，同时也是电子产品价格预测必须面对的两个问题：产品的更新速度快；市场价格变化速度快。而这正是大数据的优势所在。

2003 年，奥伦・埃齐奥尼联合众多技术人员创办了预测机票价格的网站——Farecast。截至 2012 年，Farecast 系统基于近十万亿条机票价格的历史记录，能够以专有的预测算法分析美国国内各航班在 40 天内的票价变动趋势，为旅客购买机票的时机提供参考。例如，算法预测某次航班的机票价格有较大概率在未来下跌，就会建议旅客继续等待；而如果预测机票价格未来将会上涨，则会建议旅客尽早购买。经过数次优化，Farecast 对票价预测的准确度高达 75%，使用该工具购买机票的旅客，平均每张机票可节省 50 美元。

2008 年微软收购了 Farecast，奥伦・埃齐奥尼由此离开，并于 2011 年创办了 Decide. com。这一网站沿用并优化了专有的价格预测算法，通过综合考虑上亿条价格波动信息和超过 40 个不同的价格影响因素（包括新品发布周期、新闻报道、公司公告等），来对价格做出全面预测。

首先，Decide 搭建了一种“线性分析模式”，将大量电子产品加入到了自己构建的数据库中。

其次，收集综合数据。Decide 收集了数百万对电子产品评论的综合数据，除了来自网络中的专家评测、谷歌和 Bing 购物引擎，还包括了亚马逊、百思买、消费者报告、CNET 以及其他网络来源的价格数据、用户购买数据、促销活动信息等。

此外，Decide 还拥有核心算法。该算法使用其专有的推荐技术，能使用户的评论正常化，显示诸如丑闻、年代过长、过时等负面评论。

3. 分析数据预测价格

数据的魔力就是揭露感性认识的缺陷，还原市场的真实面貌。当消费者还保有新品发布前上一代产品会降价的认知时，Decide 从分析的近 400 万产品的 250 多亿条价格信息中发现了一些怪异现象，例如，在新产品发布时，前一代产品并非如人们想象的那样立刻降价，而是会经历一个短暂的价格上浮。

用户登入 Decide. com 后，只需在搜索框中输入关键词，Decide 便会根据自己专有技术给用户反馈预测：应当购买或是等一等。

例如三星的一款液晶电视，如图 4-15 所示，通过对大量数据的监测和市场状况的收集，

图 4-15　价格变化趋势示意图

Decide向用户展示了从3月27日到5月22日该款液晶电视机的价格变化趋势，并建议顾客等待两周。它不仅提出了购买建议，还给出了“信心指数”，使得用户了解新品在未来一段时间内上市的可能性。最后用户得知该款产品有87%的可能将在半个月后减价92美元。这种直观的价格预测，将给消费者带来全新的购物体验，不仅是更加省钱，而且更加节约时间。

数据显示，Decide以影响定价的100种不同因素为基础，能够帮助消费者决定了300万种商品的最佳购买时机，其准确率可达80%。

而在我国，比价网站可分为两类：电子商务企业主导型和第三方独立型。对于电子商务企业旗下的比价网站来说，既当裁判又当运动员的模式难以让人信服。独立成长的第三方比价网站生存混乱，我国电商市场已经进入高度集中化的寡头时代，淘宝、京东、苏宁易购等占据了90%以上的市场份额，此种强势地位让比价搜索网站很难通过提供相关服务向电商企业收取费用，但比价网站又难以拥有Decide的强大技术让消费者买单，生存压力之下恶意排名现象屡禁不止，陷入恶性循环。

因此，与Decide的技术驱动和用户导向相比，国内相应产品的存在仍然只是一个雏形，成为“中国版Decide”仍需进一步的积累。

第五章
传统零售行业

一、沃尔玛与购物篮分析

1. 购物篮分析

商品在卖场中不是孤立的，不同商品在销售中会形成互相影响的关系，比如，咖啡的销量会影响到咖啡伴侣、方糖的销量，碳酸饮料、矿泉水的销量与天气温度有很强的相关性等。购物篮分析就是零售业者在大量顾客的购物活动中，对其所购买商品组成的相关性进行研究的方法学。任何零售企业都可以通过购物篮分析，增进对顾客的了解，同时对商品的关联陈列、促销等具体工作作出指导。

作为美国传统零售业的领军企业，沃尔玛在美国《财富》杂志 2015 年评选的全球最大 500 家公司排行榜中位居第一，它同时也是世界上最大的私人雇主，雇佣员工超过 200 万。对于规模巨大的沃尔玛而言，一个卖场面积就可高达上万平方米，且商品种类在 10 万种以上。每天，沃尔玛从全美 4300 家卖场获得 3600 万美元收入，同时每六小时就从上百万位顾客收集超过 2. 5PB 非结构化数据。在这里，每小时产生的数据相当于美国国会图书馆所有书籍数据的 167 倍。

巨大的流量带来的购物篮信息，由沃尔玛通过分析转化为“二次陈列”和其他实用的销售策略，为沃尔玛的销量增长提供可靠的依据。

2. 从大数据中进行关联商品“二次陈列”

二次陈列是商品的跨部门陈列，是指通过相关性分析计算出在数据上具有相关性的商品，并把它们就近或组合排列，因此同一种商品会出现在多个货架区。

从1994年开始，为了与数万个供应商进行及时、有效的商品数据交流，沃尔玛建立了一个基于互联网的零售数据交流平台（Retail Link 系统）。该系统拥有数据量极大、种类丰富且实时性强的大数据。它涵盖了标准店6万种、超市中心10万种以及全国4294家连锁店在内的65周的大量单品POS机实时销售数据，其中包括不同门店、不同商品的在库数据、配送中心内的库存数据、在途商品数据、退货数据以及补货订货所需要的数据等。此系统不仅可以帮助沃尔玛的供应商及时制订商品的生产、配送、定价和促销等一系列活动，还能帮助沃尔玛调整出售产品组合，进行相关商品的“二次陈列”，在降低成本的同时提高效益。

在此基础之上，沃尔玛还利用了智能货架，帮助商家实时追踪存货数量。

根据图5-1所示的射频技术工作原理可以看出，智能货架上的读卡器通过扫描货架上摆放商品的电子标签（电子标签会发出射频波），来检测商品的出售情况、货架位置等信息，如果某种商品的存货数量销售较快或者某层货架上的商品销售较快，智能货架就会将该信息发送到计算机系统上，作为商品“二次陈列”的数据。

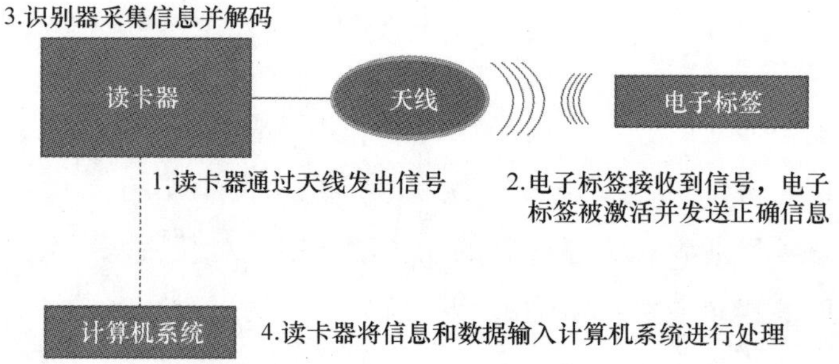

图5-1　射频技术工作原理

举例来说，比如湿巾和烧烤用品。沃尔玛通过Retail Link系统分析销售数据得知，在每年的4月底到5月初，客户购买Wet Ones湿巾的频率明显加快，同时烧烤用品的销量也明显增多。按照美国人的习惯，这个时间段是很多家庭进行野外烧烤的高峰期，Wet Ones湿巾是许多美国家庭在烧烤时用来清洁的必备商品，因此将湿巾和烧烤用品放在一起销售，可以取得很好的收益。

不仅如此，沃尔玛还利用大数据帮助供应商改进商品包装的规格。通过购物篮分析得知，美国果汁饮料生产企业“Welch”的10盎司（约300毫升）饮料在卖场中经常4瓶一起出现在同一个购物篮中，因此沃尔玛建议“Welch”企业生产一种多件包装的果汁饮料产品。此后“Welch”的6瓶包装果汁饮料走上了沃尔玛的货架，“Welch”企业和沃尔玛均从这种6瓶包装的果汁饮料产品身上获得了巨大成功。除此之外，数据的结果还显示了商品的销量与货架位置、时间、季节、温度等关联信息。商家利用这些大数据可以有效地对相应的产品进行调整分配，达到最好的销售效果。

商场为了吸引更多的消费者，需要及时分析消费用户的购买情况，并要求反馈的实时性。一般的传统统计要从消费者的购买商品开始调查，且需经过无数次的重复验证才能确定其购买规律，既耗时又耗力。大数据统计在很多方面代替了人工统计，利用计算机在短时间内就能自动完成大数据量的统计，通过研究事物的相关性而非因果性，能快速发现传统统计方法所遗漏的相关性商品，为商品的“二次陈列”提供了依据，这也是人们经常在沃尔玛商场货架上看到一些貌似不相干的产品放在一起的原因。

3. 大数据使杂志进入超市

沃尔玛在大数据的应用方面取得的卓越成就，也让其他超市有了可以效法的先例。

以美国的一个连锁超市为例，它对60万个家庭中的购买数据进行调查分析，发现其中购买杂志的家庭数量约14万。进一步的购物篮分析显示，这些家庭去超市的次数以及购买的商品，与是否购买杂志、购买哪种类型的杂志有显著的相关性。

分析结果表明：①购买杂志的客户要比不购买杂志的客户每年去超市的次数多44%。②购买杂志的客户的购物数量要比不购买杂志的客户平均每年多10件。③购买杂志的客户购买的均为毛利较高的商品，而不购买杂志的客户则是毛利较低的商品，且购买杂志的客户的消费金额高出很多。④经常看不同类型杂志的客户也会购买不同种类的商品。比如，经常购买食品类杂志的客户也会在超市中购买蔬菜、儿童类杂志与药品、照相类商品等。

是否购买杂志与购买超市商品的习惯具有的这些相关性，可能是因为经常阅读杂志的客户通过杂志上相关商品的广告而引起了相应的兴趣，大大增加他们在超市里进行相应消费的概率。因此，在超市里摆放杂志并将相关杂志在卖场的不同区域与相关商品做共同的“二次陈列”十分可行，这家超市也成功地利用购物篮分析让杂志进入卖场，并促进了卖场货物的销售。

扩展阅读：啤酒加尿布营销辨疑

无论是书籍、杂志、媒体报道甚至是厂商文宣，只要能跟商业智能、数据分析或数据挖掘稍微扯上关系或想搭上热潮的，都一定要跟经典案例中的经典——啤酒与尿布致敬一下。这个传奇故事版本莫衷一是，但大致上都会提到知名零售商沃尔玛。沃尔玛内部人员自行分析了多年来的事务数据，发现在周末晚上啤酒与尿布常常被一起购买，因此改变了商品陈列的方式，将这两项商品放在一起。结果是，啤酒与尿布的销量大增。

或许是故事剧情实在够好莱坞、够戏剧化，才能让这个故事“传唱”多年历久不衰。

不过如果认真检视，会发现流传的版本每一个环节都似是而非。这个传奇的故事本身是什么面貌呢?

时间回到1992年6月，为了推销当时最先进的数据库分析产品，Teradata（当时还是NCR）的Thomas Blischok团队找上美国连锁零售店Osco Drug做概念验证（POC），取得了25家分店90天共1200万笔的POS数据。透过数据库查询分析，发现20多种商品有特殊关联性，其中一项就是每天下午5点至7点，许多顾客的购物篮内都买了啤酒与尿布(其实咳嗽糖浆跟果汁也是其中一项发现，只是没这么好用来讲故事，所以鲜为人知)。

那么，Osco Drug的人有因此把尿布陈列到啤酒旁吗? 没有! 有把咳嗽糖浆堆到果汁隔壁吗? 没有! 事实上，Osco Drug的人根本没有让任何具有关联性商品靠在一起，而是利用他们在商品销售分析（Merchandising）的专业，自行找出5000个滞销的品项，并从架上移除，让顾客可以更快地找到他们需要的商品。

比较追根究底的人们，从现实生活中就能判断出这一传奇的真假：不管是沃尔玛的美式或本地卖场，商品陈列依旧是按照类型摆放，如啤酒跟红酒、烈酒放在酒精饮料区，尿布跟卫生纸或婴儿用品放在同一区，即使网络商店也不曾见过买尿布加价送啤酒等促销活动。

因此，与其说“啤酒与尿布”是经典的大数据成功案例，不如说它是最经典的营销案例，而且流传至今经久不衰。

二、农夫山泉：海量照片提升销量

1. 农夫山泉储备大数据

农夫山泉作为国内知名的饮用水生产企业，也曾遭遇过增长瓶颈。2004～2007年，农夫山泉的销售额一直维持在20亿元人民币，增长极度缓慢。但是从2008年起，农夫山泉却以每年30%～50%的速度增长，2015年销售额已达到150亿元人民币。这一成绩不仅证明农夫山泉产品和营销策略的成功，更与“数据驱动决策”的思维密不可分。

农夫山泉在全国拥有七个生产基地、数十家工厂、300多个办事处、100多万客户，并且业务涉及生产、销售、计划、调度、物流、市场营销等多个方面，在每个环节时刻产生着大量的数据，为了保持其领先的销售地位，就需要对这些数据进行实时、准确的挖掘，从而对千变万化的市场做出准确的判断，并据此进行科学的决策。

2. 照片像雪片般飞入机房

农夫山泉拥有超过150万家销售门店以及一万多名的业务员，每名业务员每天都要拿着移动终端按照一定的线路拜访 15 个销售门店，在每家门店用移动终端拍摄 10 张照片，如图 5-2所示。业务员需按照规定在下班之前将这些照片传回杭州总部。通过这些照片，主要观察的就是各个销售点的摆放方式、位置发生的变化及其原因，以及怎样摆放有助于销售、不同年龄段的购买量、气温变化对购买行为的影响、竞争对手的新包装如何等对经营带来直接指导作用的信息。

图 5-2　农夫山泉业务员在商店中所拍摄的照片

每名业务员每天都会生产出 10MB 数据，而农夫山泉在全国拥有 1 万多名业务员，这样每年就能产生 36TB 非结构化数据，其他结构化数据的体量就更为庞大。

拍摄的门店照片所蕴藏的数据能够用于进行商品的相关性分析。照片拍摄到的除了农夫山泉还有其他品牌。将农夫山泉与邻近矿泉水进行相关性分析，结合它们的价格、包装数据，就可知道消费者更加喜欢哪种包装、价位的矿泉水，以及农夫山泉与什么品牌的矿泉水摆放在一起更能促进销售。

矿泉水摆放的高度也会影响消费者的购买。通过照片数据统计分析可以看到哪一高度的矿泉水销量最好。通过对出现在照片中的不同消费者的性别、年龄进一步分析，不仅能得到男性、女性以及不同年龄层次的消费者购买矿泉水的比例，而且通过消费者的穿着，还能看出季节变化与矿泉水销量的关联性，甚至可以根据拍摄当天的气温计算出其对销量的影响。

农夫山泉在大数据分析中采用海量信息的实时分析系统，将业务员汇报到总部的信息形成数据报表，并把照片信息放在 Hadoop 上，通过提取照片上的排面数量、水堆数量、长宽高等数据后进行分析，生成报表。报表最后会被呈现给管理层，用于后续产品的调整。

如此大规模的数据用传统统计方法需要很长的时间才能完成，而实时分析系统几乎做到了实时计算，它可使同等数据量的计算速度从过去的 24 小时缩短至 0. 67 秒，大大节省了分析处理数据的时间，使得以前由于数据运算速度而影响业务正常运行的问题得到解决，还可以令总部实时了解到不同门店以及竞争对手的情况，尽快做出生产、运输和销售等方面的改善调整，赢得市场先机。

此外，利用相应的工具对不同门店的销售情况进行分析，还可以预测哪些门店需要补充货源或者需要做促销活动。

三、ZARA：数据之快

1. ZARA 以“快”制“胜”

1975 年设立于西班牙的 ZARA 隶属于 Inditex 集团，它既是专营 ZARA 的服装品牌，也是连锁零售品牌。虽然较为年轻，但它的发展极其迅速。作为全球排名第三、西班牙排名第一的服装商，ZARA 在世界各地 86 个国家内，设立了超过 2000 多家的服装连锁店。2012 年 ZARA 全球营业收入达到 159.46 亿欧元，保持着每年 10.9% 的增长率。

虽然 ZARA 平均每件服饰价格只有 LV 的四分之一，但其 23.6% 的毛利率却高于 LVMH 集团，这些显著的收益与 ZARA 利用大数据以“快”制“胜”的经营管理模式及其供应链的快速反应有着密切的关系。

2. 把消费者声音转化成数字

ZARA 取得成功的基础在于其拥有独特并广泛的信息数据收集以及数据反馈系统。它的信息采集体系遍布全球，包括指派专人在大学校园、迪斯科舞厅和其他集会场所观察记录年轻时尚群体的穿着打扮，以及从专业机构、行业协会、时装发布会和其他专业媒体中广泛收集各种时尚信息等。其他数据来源主要包括流行地带、买手模式以及门店反馈等方面。这些信息为 ZARA 造就了数量庞大、种类丰富的数据来源。

ZARA 在世界各地的专卖店不仅仅通过信息系统输送销售和库存信息。店内的柜台和各角落都装有摄像机，门店经理随身带着 PDA。当客人向店员反映：“这个衣领图案很漂亮”“我不喜欢口袋的拉链”等时，店员会将顾客对款式、面料或花色的一些想法和建议，甚至是光顾 ZARA 的顾客身上穿的可模仿的元素等各种信息记录下来，向门店经理汇报，而后经理通过 ZARA 内部全球资讯网络，每天至少向总部设计人员传递两次资讯，由总部做出决策后立刻传送到生产线，改变产品样式。

门店向总部汇总的数据既包括各种时尚款式、细节特点、面料、颜色、销售情况等可以“看到”的数据，也包括顾客的建议、喜好等这些可以“听到”的数据。基于巨大而且复杂的数据量，ZARA 能从各个方面了解市场需求，并通过对搜集获得的大数据进行处理分析，得出统计结果，以便设计师将有关产品细节的建议进行整理和归类用于指导进一步的产品设计和改善。

但是仅仅拥有庞大的数据量还不足以给 ZARA 带来更高的销量，决定成功的关键是它利用了反馈数据的实时性，对商品的生产进行快速调整和反馈。

大多数服装零售商的商品从设计到上架需要 6 ~ 9 个月甚至更长，所以他们都不得不努力去预测几个月后的流行样式以及销量，而提前期越长，预测误差也就越大，最后往往是滞销商品堆积，畅销商品缺失，大好的销售机会从眼前流逝。而 ZARA 从设计到产品上架只需要 10 ~ 15 天，而且各专卖店每天把销售信息发回总部，并且根据当前库存和近 2 周的销售预期每周向总部发两次补货订单。总部通过拿到的各专卖店的销售、库存和订单消息来判断各种产品是否畅销，如果滞销则取消原定计划生产，以此把预测风险控制在最低水平。消费行业盈利的秘诀就是缩短周期，生产速度比对手快是非常重要的关键。而 ZARA 利用大数据建立了快速有效的反馈系统，使生产周期得以缩短。

总体来说，ZARA 对服装市场有着准确的预测性。在搜集各种时尚数据和消费者喜好的同时，也获得了消费者的购买标准，提前按照这些信息进行生产促成了 ZARA 对流行的准确预测，产品卖出好的销量也就成了必然。

现在，消费行业商家云集，竞争也永无休止，而制胜的关键却在于企业是否与时俱进。在大数据时代，衡量与时俱进的程度就在于对大数据的应用和处理能力。

ZARA 的成功正好说明了这点。它采用了消费者至上的方针，从消费者的喜好上进行数据采集，并将采集到的大数据进行快速实时的分析，迅速做出措施来改进其产品。通过快速、实时、准确的大数据分析及预测保证了销量。

四、价格预测协力家电布局

1. 家电行业的行业背景分析

家电行业主要指生产各种电气和电子器具，并提供给家庭及类似场所使用的各种企业或组织群体的集合。家电产品使人们从繁重、琐碎、费时的家务劳动中解放出来，已成为现代家庭生活的必需品。

我国给予了家电行业强有力的政策支持，但在 2015 年，家电行业的整体市场需求动力不足，使得消费者对节点促销的敏感度大幅度下降，我国家电市场面临的环境不容乐观。奥维云网（AVC）整合的如图 5-3 所示的历年家电销售额变化数据表明，2015 年上半年我国家电市场整体零售额有所增长，但幅度甚微。而且互联网技术、PC 及移动终端的发展和普及应用，使得家电商品的线上销售爆发式增长，这种趋势进一步挤压了家电商品的线下空间，由于家电市场持有量饱和、部分需求透支等因素的影响，如今家电市场整体趋势增长缓慢。

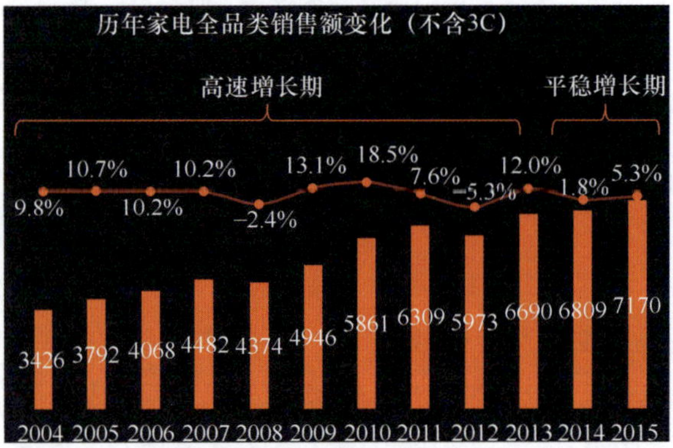

图 5-3　历年家电销售额变化图

2. 家电行业指示器——区域价格

家电业迈向大数据营销时代，价格在营销过程中扮演着重要的角色。无论是新产品的定价，还是已有产品的实时调价，都在企业的整个营销流程中占据重要位置。价格具有明显的区域化特征。不同区域由于其经济发展、天气、市场环境等因素，对其区域的价格都有直接或间接的影响。

目前大部分家电行业仍然通过经验或者当时市场的条件，对不同区域的产品做出相应价格调整，该方法虽然具有直观性，但往往会忽视“过去”对“未来”的影响力，而做出“相对错误”的决定，另一方面，调价的区域不具备针对性、调价优先等级性，易造成营销懈怠。将大数据与家电数据相结合，让大数据在家电领域产生其应有的价值已经是大势所趋。

奥维云网是一家大数据挖掘、研究及运营服务公司。基于其拥有的完善的家电行业数据，不仅可以利用已有数据和大数据技术对不同区域价格的提前调整做出优先级预测，还可以给出不同区域价格调整的幅度。

例如，针对某种产品，利用全国的历史和实时销售数据，通过数据清洗（异常值剔除）等工作，将清洗后的数据，利用逻辑回归、神经网络等预测模型进行建模、调优，最终选取相对较好的模型进行预测，为不同产品在不同区域的定价给出了不同的优先级。图 5-4 显示了某产品在全国各省市优先调整的等级，其中，颜色越深，说明该省市较其他省市应该优先调整，图 5-5 显示了河北省对该产品应该优先调整的县市。

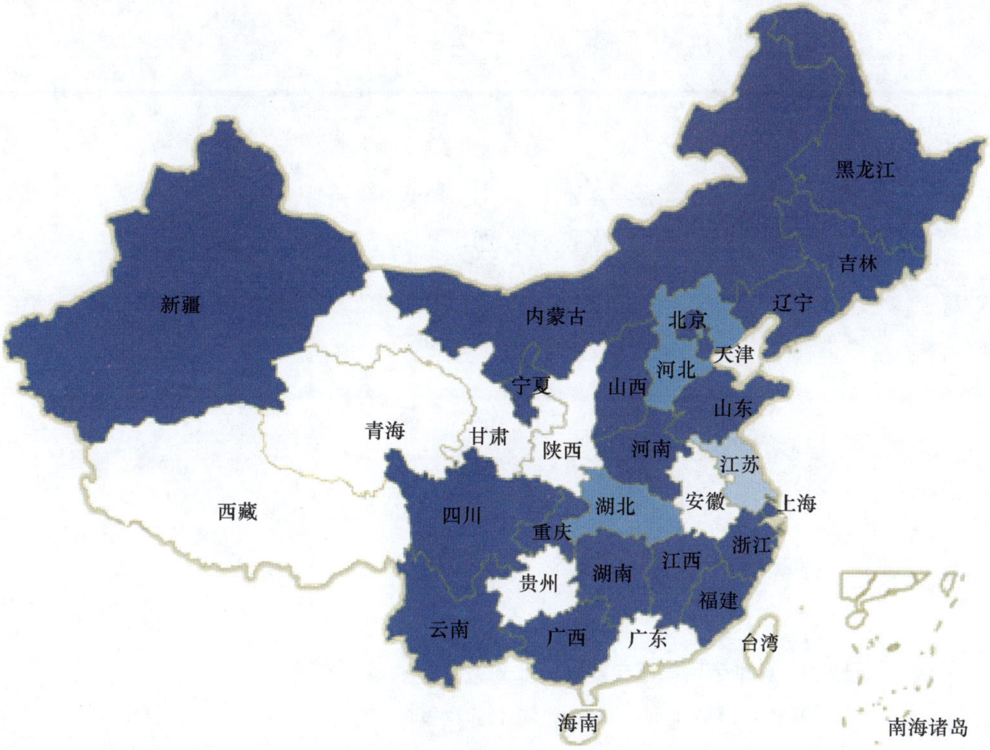

图 5-4　奥维云网某家电产品分区域优先调价分布图

（注：颜色越深，说明该区域价格调整优先级越高，白色区域说明该产品在该区域无投放）

把控区域价格调整的优先级对企业营销具有积极的意义。企业可以通过模型结果，针对不同区域采取不同的价格战略调整，以实现更好的营销效果。

3. 价格预测助力家电行业发展

奥维云网通过利用公司已有的数据库建立了价格预测模型，能够给出分周度、分区域、分渠道对产品价格的预测，对企业价格调整起着“指示器”的作用。

图 5-6 ~ 图 5-8 给出预测模型在区域、周度、渠道类型的预测误差分布，可以看出平均相对误差在 0.02 ~ 0.08 之间，预测精度很高。

家庭互联网时代的商业价值在于它最大程度抢占了大数据中的生活数据，而生活数据不

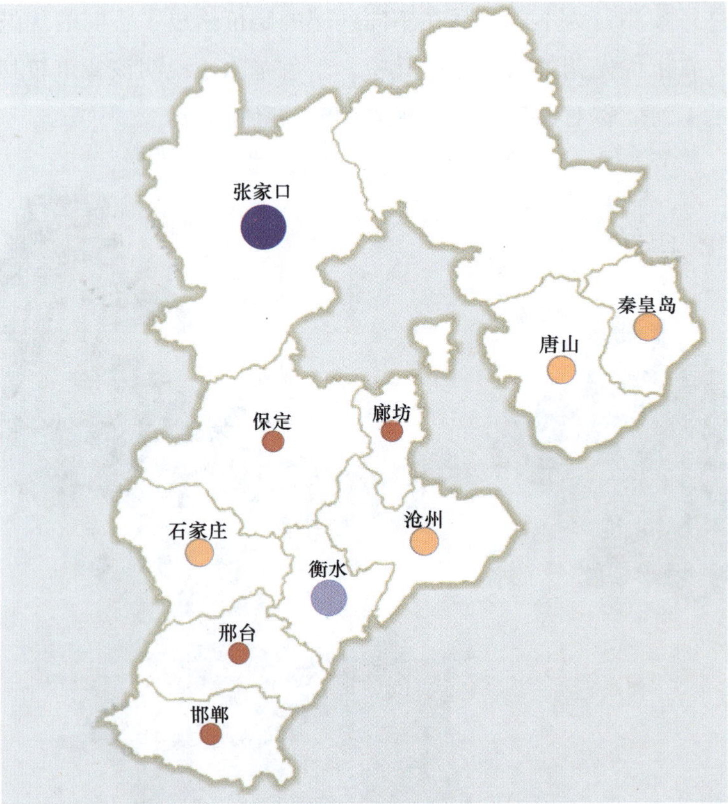

图 5-5　奥维云网某家电产品河北省分县市调价分布图

（注：图中气泡越大，说明其价格调整优先级越高，无气泡区域说明该产品在该区域无投放）

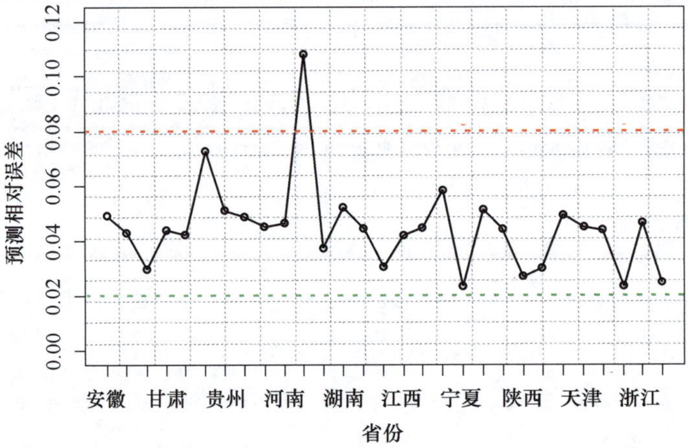

图 5-6　省份价格预测平均相对误差分布

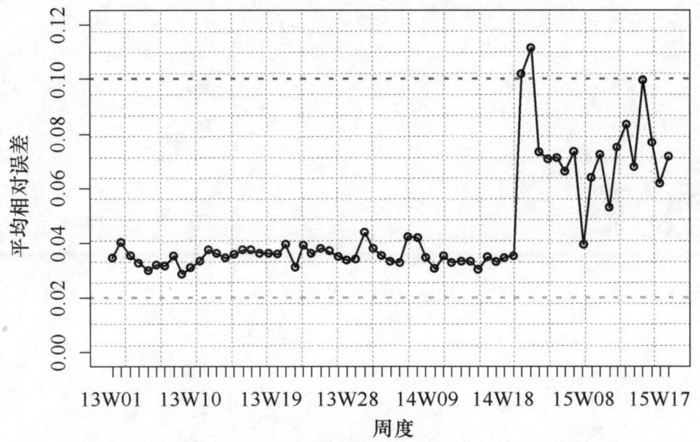

图 5-7　周度价格预测平均相对误差分布

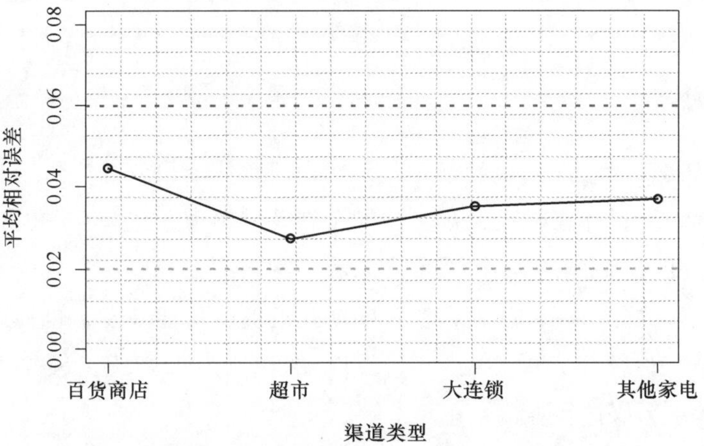

图 5-8　不同渠道价格预测平均相对误差分布

仅能为家电行业带来更多商机，也能为其他行业提供基础性的数据服务。这对于以“数据”为核心资产的大数据时代下的企业来说，无疑是意义非凡的。可以预想，以家庭互联网为平台的家电终端抢占了生活数据之后，经过一系列的数据智能分类、整理，能通过信息共享渠道将数据迅速转移、扩散，进而为更多的商家提供数据资源服务，甚至这些“生活数据”可以直接进化为有价值的“生意数据”。

由于互联网和大数据经济的发展，智能家居概念逐渐变热，转型智能家居也成为了家电行业发展的新趋势。家电企业逐步认识到数据能够创造价值，并以大数据的挖掘技术为基础，不断地利用大数据加速自身的转型，逐步向打造“智慧家庭”迈进。

第六章
互联网领域

一、互联网广告的效益最大化

1. 网络广告和大数据

网络广告，又称在线广告，顾名思义，是指在线媒体上投放的广告。在线广告不仅为广告主带来了以准确解释目标来吸引大众关注的全新营销渠道，也为互联网免费产品和媒体提供商找到了规模化变现的手段。从数据角度来看，网络广告开启了大规模自动化地利用数据改善产品和提高收入的先河。目前大数据较明朗化的商业价值开发，也在逐步进入互联网广告的精准营销领域。2014 年，中国网络广告市场的比例为 43.7%，领先于电视广告、报纸广告、广播广告等各大媒体行业。

迅速增长的网络用户、不断增加的在线时间、丰富成熟的网络媒体都促使了越来越多的广告主开始青睐互联网广告营销。如果说传统广告模式是按时间、媒体购买，那么网络广告就更讲究精准和受众。大数据带来了互联网信息时代的新变革，促使网络广告也由传统大众化的营销模式向个性化营销模式转变，进入了精准营销时代。

2. 微信广告背后的大数据

2015 年 1 月 25 日晚，微信朋友圈被宝马中国、可口可乐、vivo 智能手机等三家公司的广告刷屏，但是每人只能看到其中某一个公司的广告，如图 6-1 所示。全体微信用户瞬间被贴上了：刷出宝马广告、刷出 vivo 广告和刷出可口可乐广告三个标签。

有关消息显示，微信从 25 日晚正式上线朋友圈广告，至 27 日早晨，仅 vivo 智能手机一家的曝光量就达到了 1.55 亿人次，其中在朋友圈点击“vivo 智能手机”的 logo、对该条广告点赞和评论的行为超过 720 万次。

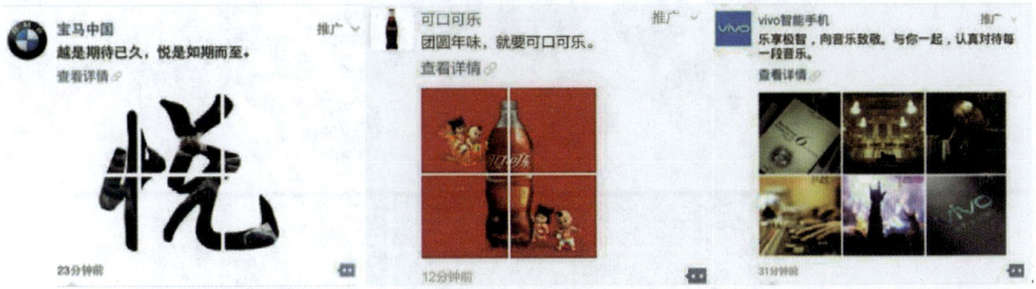

图 6-1 微信广告引爆朋友圈

微信广告采用的 FEED 流是在对用户社交大数据分析的基础上投放的，通过数据分析，自动在青少年的朋友圈中投放可口可乐品牌广告，在城市白领的朋友圈中投放 vivo 品牌广告，在科技新贵和高富帅朋友圈中则投放宝马品牌广告。目前，微信已有 11.2 亿注册用户，朋友圈的信息量达 30 亿条/天，月活跃用户为 4.38 亿，这些用户每天都在产生着海量的数据，主要包括聊天记录，朋友圈中的文字、图片、视频、音频等资源，地理位置标记和分享的链接等，同时微信还通过用户个人填写的信息、微信支付情况、关注的公众平台、使用手机的机型等信息来提取和分析用户的属性和特征，比如居住地、年龄、婚否、爱好、收入、职业等信息，制作出用户画像。通过涵盖了结构化和非结构化的数据信息进行分析并加以分类，为定位个人需求提供了便利。

如图 6-2 所示，微信广告建立了一套通过分析用户特征来提取用户画像的管理查询系统（又称斑马系统），并在此基础上建立了受众分析、精准推广和激活留存等三个模块进行微信广告和用户推广。

受众分析是在人群画像和人群聚类两方面将微信用户进行特征划分。人群画像是指将广告商家选定的人群做出统计分析之后，与微信平台上全体用户的平均水平作对比，找出最能刻画该人群的特征，同时也可以在各个维度上观察人群特征。人群聚类则可以根据用户之间的相似性，自动将具有同一属性的人群进行聚类分析。

对受众分析之后的用户进行精准人群定义和相似性扩展，能够为商家获取合适的推广用户，即精准推广。精准推广以 Lookalike Audiences 人群定向为主要策略，不仅可以对目标用户进行相似性扩展，以便对过多的定位用户按比例精选，还可以针对朋友圈人群的定向应用进行定制，使其在扩展时可以通过调节互动性参数，为扩展人群设置“精准”或“互动”的不同倾向。将商家广告推广给微信目标用户之后，如何提高用户活跃度，并防止用户流失

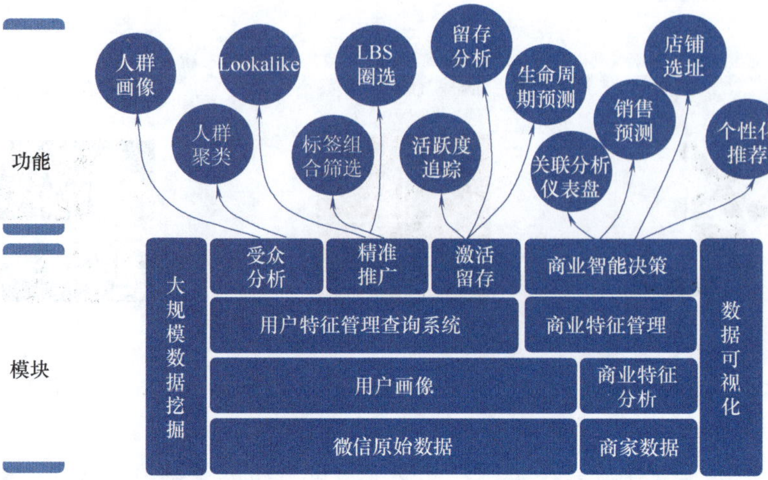

图 6-2　微信斑马系统构架

是运营的重点，也即激活留存。图 6-3 所示为微信朋友圈广告投入方法，微信朋友圈广告根据上述三个方面和朋友圈广告投放系统进行串联组合，完成人群定向投放。

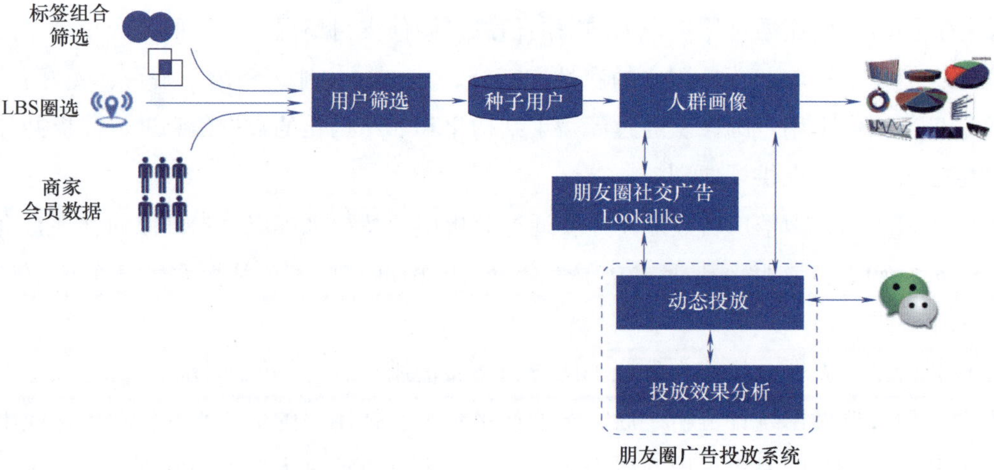

图 6-3　微信朋友圈广告投放方法

通过用户信息中包含的大量复杂的数据，准确描述出用户特征，以此作为商家投放广告的依据，这一相关性利用了微信用户画像以及机器学习算法标注的用户标签。除此之外，微信用户也有着各自的朋友圈，他们也可能有着相同的背景、经济水平、教育水平、爱好等。微信斑马系统不仅寻找具有鲜明特征的目标用户，同时也会在目标用户的朋友圈中定位相似特征的潜在用户，这样的做法大大提高了其相关性，使得推送的广告既广泛又精准。

微信朋友圈广告包含了头像、昵称、图片、文字等元素，以类似朋友圈消息的形式嵌入到朋友圈中，用户同样可以点赞、评论，这种广告形式降低了受众广告排斥度，提高了广告的阅读量。而且用户对广告点赞或评论后，都能收到好友对该条广告的最新点赞或评论的消息提醒，促使了用户与好友之间产生了有关广告内容的交流互动，甚至通过用户分享实现广告的二次甚至多次传播。本例中的宝马、vivo 智能手机、可口可乐这个三家品牌同时段选择部分用户投放的特点，不仅给微信用户带来了强烈的新鲜感、参与度和表达欲，同时也让部分收到朋友圈广告的用户采取了截图晒朋友圈甚至发微博、QQ 空间“炫耀”自己的“价值”，这些无疑都强化了广告的互动性传播效果。这也是普通形式的广告所不能达到的传播效果。

3. DSP 模式原理

与以往的互联网广告投放方式不同，大数据驱动下如图 6-4 所示的 DSP（Demand Side Platform，需求方平台）流程图模式的主要特征是精准定位目标人群。先按照投放需求来圈定目标受众，然后将其交到 DSP 系统，通过与 DMP（Data Management Platform，数据管理平台）沟通，找出条件匹配的人群，并根据竞争程度（实时竞价）、可使用的媒体资源等实际环境，来进行广告投放。

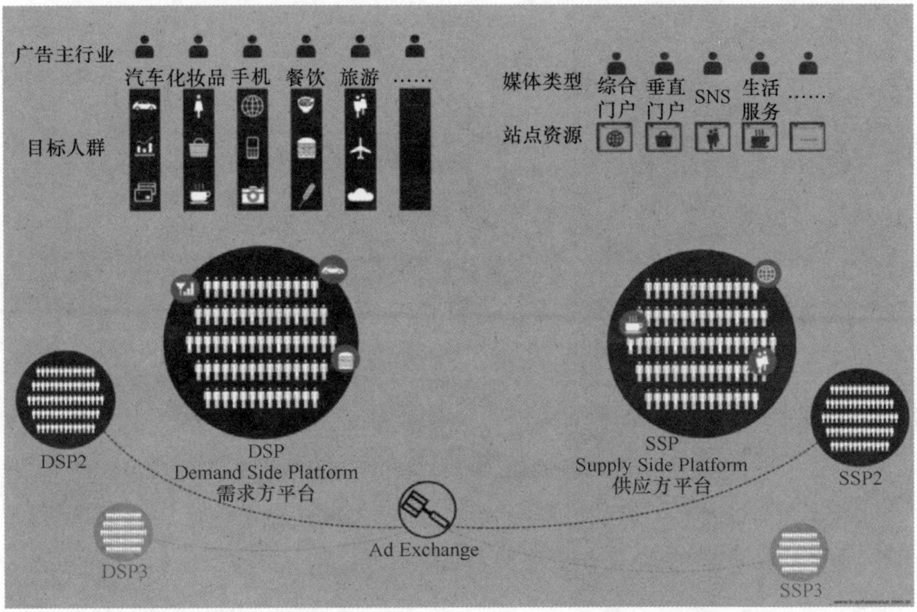

图 6-4　DSP 流程

图 6-5 所示为实时竞价流程，广告主先在 DSP 上发出广告投放需求，然后通过 DMP 把所有数据按不同属性进行粒度细分，以帮助所有涉及广告库存购买和出售的各方管理其数据（不管是第一方还是第三方），并根据需求进行数据回传，最后 DSP 把回传数据放在广告交换平台上进行竞标，竞标成功的即会对所搜取到的网民进行投放广告。整个流程的核心在于 DMP 的数据收集与处理。

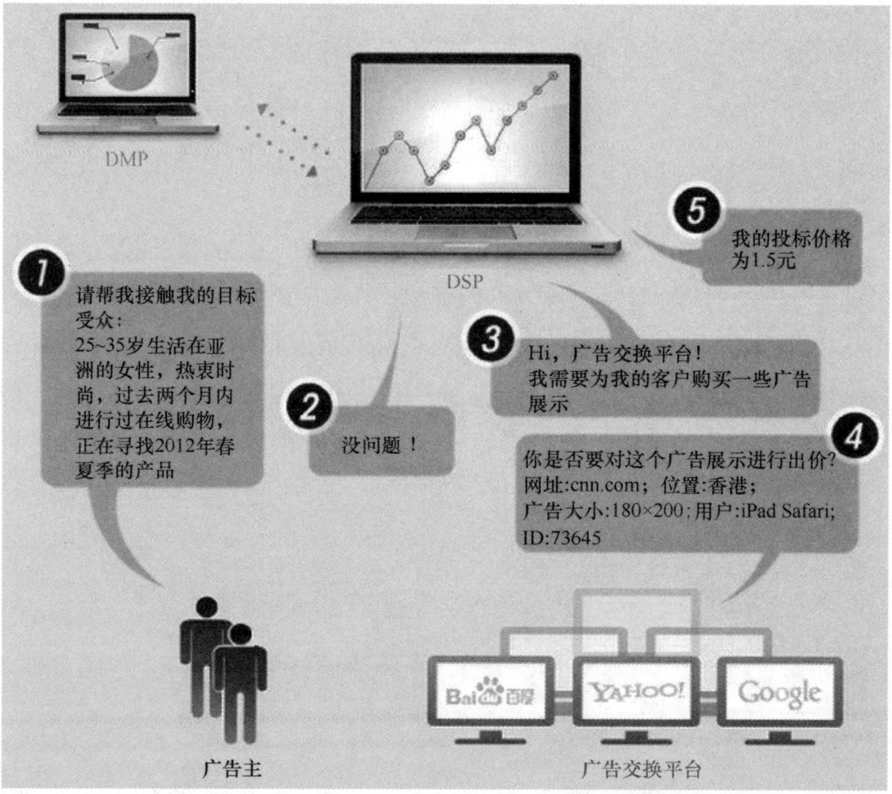

图 6-5　实时竞价流程

将采集到的难以读懂的原始数据进行集中化、结构化和标准化处理，这个过程的实现需要建立和应用行业知识库（包括产品知识库、关键词库、域名知识库、内容知识库）、基于“数据格式化处理库”衍生出来的底层库（用户行为库、URL 标签库）、中层库（用户标签库、流量统计、舆情评估）、用户共性库等信息。而后 DMP 通过多维用户标签识别用户的基本属性特征、偏好、兴趣特征和商业价值特征。

DMP 将第一方标签与第三方标签相结合，按不同的评估维度和模型算法，通过聚类方式将具有相同特征的用户划分成不同属性的用户族群，对用户的静态信息（性别、年龄、职业、学历、关联人群、生活习性等)、动态信息（资讯偏好、娱乐偏好、健康状况、商品偏好等)、实时信息（地理位置、相关事件、相关服务、相关消费、相关动作等）分别描述，形成网站用户分群画像系统。

在效果类广告为主流的中国网络广告市场，精准广告技术将成为网络广告市场的重要驱动力。360 公司的点睛系统、腾讯的广点通等以大数据为基础的新的精准广告势力正在快速崛起，其市场地位已经可以跟传统的门户相当。其中尤以游戏和电商是主要客户群。随着客户群的进一步发展，以及精准广告系统在大数据方面的进一步发力，有理由相信，以大数据驱动的精准广告势力将成为网络广告市场最为重要的变革和发展的驱动力。

二、“今晚看啥”：治好你的选择恐惧症

1. 哪部电影更合你口味

随着网络的普及，可以在网上免费观看的电影逐渐增多，越来越多人会选择在线观看电影。在成百上千的影片中，如何快速找到符合自己喜好的电影，成为很多人为之苦恼的问题。

目前，人们在互联网上发现电影的途径大致分为三种：

其一是官方推荐，这是最传统的视频电影服务模式，如搜狐、腾讯等各视频网站在电影频道中推出的推荐榜单等。其二是主动搜索，即电影爱好者已经确定了目标影片，在各视频服务网站中搜索该影片。其三是基于数据的个性化电影推荐，即服务方通过积累的数据库、用户偏好以及电影达人、好友等关系链，以算法自动判断用户可能感兴趣的电影并进行精准推荐。作为新兴的互联网模式，第三种途径能够准确对接用户与电影，成为众多电影爱好者的新选择。

2. “今晚看啥”，解决电影选择难题

由普林斯顿大学博士汪冠春和宾夕法尼亚大学博士胡一川于 2012 年 6 月共同创立的“今晚看啥”网站，正是一个通过个性化推荐为用户服务的新型影视搜索引擎。

初次使用这一网站时，如图 6-6 所示，用户只需从首页的网站影片库中选取 5 部最喜欢的电影，“今晚看啥”就会将自动推荐的其他影片展现在界面上，从而为用户发现潜在的观影偏好。

“今晚看啥”网站中每一个电影的页面都有其相关特征的描述，这种特征被称为“电影

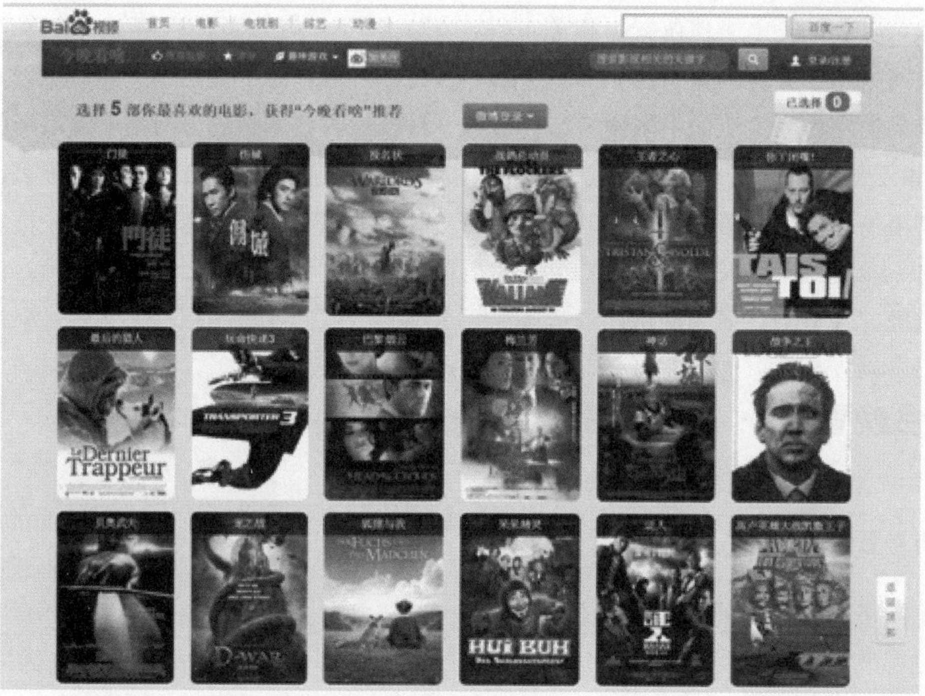

图 6-6　今晚看啥搜索图

基因”。与其他网站用于搜索的简单标签结构不同，“今晚看啥”为个性化推荐建立的电影基因库更为复杂、精密。创始团队邀请电影学院的老师和资深影评人，为各种类型的电影确定了十几个不同的维度，在每一个维度中定义近百种基因，并针对数据库中的每一部电影进行基因匹配。这些基因设定为贴近人的感性解读和思考模式，例如在“情绪”这一维度中，包含“深刻”“费解”“脱俗”“真情”“离奇”等不同基因，而在“角色”这一维度中则包含有“职业杀手”“悲情英雄”“侠客”等不同基因。

如此设定的近 2000 种基因和具备相应基因的海量影片库，是“今晚看啥”能够做出精准推荐的基础。而后，通过团队独有的数据分析聚类算法，在海量影片中实时筛选出与用户偏好相匹配的影片。此外，如果用户注册登录并建立了一定的社交关系，它还能够将用户行为和社交关系等特征数据纳入考虑范围，例如用户对电影的评分和喜爱度标注，基于这些特征可以进一步优化推荐的结果。

2012 年 5 月，“今晚看啥”团队在 Google group 的 Resys 群组中开展了双盲推荐测试，分别给出两组来自“今晚看啥”推荐引擎和“豆瓣”电影的影片个性化推荐结果进行用户满意度的对比。在 10504 次测试中，最终结果是“今晚看啥”胜出了超过 12%。

2012 年 11 月，“今晚看啥”被百度收购，相关团队将百度用户搜索的结果进行整理并构建模型，进一步提高推荐的准确性。

总体而言，在电影搜索这一垂直领域，利用大数据分析技术引入个性化推荐功能，将主动搜索与推荐系统的被动发现相结合，这已成为互联网影视领域新的发展趋势。

扩展阅读：根据点赞判断性格

你最好的朋友有多了解你？或许他们还不如 Facebook 了解你。

在美国国家科学院院刊（PNAS）上发表的一份新研究表明，如今计算机在判断你的性格上甚至要好于你的朋友、家人乃至伴侣。剑桥大学和斯坦福大学的研究人员开展了这一项目，通过算法来计算平均数量的“赞”，进而精确描述你的性格。

在研究中，有 8.62 万人通过 myPersonality 应用完成了性格调查问卷，还批准访问 Facebook“赞”的数据。计算机会基于 Facebook 的“赞”，对参与者的性格得出判断结果，然后与参与者熟人给出的判断进行对比。这些判断涉及滥用药物、政治态度和身体健康等。

结果显示，只要有足够的“赞”，计算机对参与者性格的判断就更接近于本人报告的性格，甚至比兄弟、父母或伴侣的判断还要好。

研究者说道：“计算机只需分析 10 个‘赞’，对某个对象性格的判断就好于其同事；分析 70 个‘赞’就好于朋友或室友的判断；分析 150 个‘赞’就好于家庭成员的判断；分析 300 个‘赞’就好于伴侣的判断。”

研究人员指出这些发现是计算机能力的“有力展示”。他们表示，现在人工智能通过“纯粹数据分析”就足以发现人们的心理特点，计算机比我们预想的更了解我们。

这项研究的作者之一，剑桥大学心理统计中心的工作人员 Wu Youyou 补充道：“在未来，计算机将能推断我们的心理特点并做出相应回应，从而产生具备情商和社交技能的机器。就这方面来说，像《她》这样的科幻电影也就不再遥远了。”

如今 Facebook 用户平均有约 227 个“赞”，而且这一数字正在继续增长。研究人员表示，这表明人工智能“具备比我们伴侣更了解我们的潜力”。他们还提到，之前的一项研究也得出了类似的结果，再次表明数字记录能“揭露人类的亲密细节和性格特点”。

不过新研究也进一步强化了人工智能（或机器人）未来或许会掌握强大力量的反乌托邦思想。谷歌甚至还有一个内部委员会来讨论围绕这一观点产生的恐惧。

斯坦福大学的研究人员 Michal Kosinski 博士称机器有两大关键优势：可以保存并访问海量信息的能力，以及通过算法分析这些信息的能力。他还表示这值得关注，并补充称：“我们希望消费者、技术开发者和决策者能通过支持隐私保护法律以及让人们完全控制自己数字足迹的技术来解决这些挑战。”

【来自微信公众号“大数据文摘”】

三、谷歌验证码：互联网众包思维

1. 众包是什么

“众包”一词于2006年6月的《连线》杂志上首次出现，随后一份企业调查显示，在当代企业的利润增长中，规模经济和人均资本占28%，而创新和劳动者素质的提高却占了52%，这一结论打破了规模经济和人均资本的增加是创造利润的主宰的传统思想。而众包作为一种新的商业模式，即企业利用互联网将工作分配出去，寻求创意或解决技术问题的商业平台，由于以极少的边缘成本，激发了创新和劳动者素质的成倍提升，成为席卷多个领域的新浪潮。

维基百科的诞生是第一个互联网内容领域的非商业化众包。截至2012年1月，维基百科已经创建了385万个英文版条目，在全球282种语言的独立运作版本中更是超过2100万个条目，登记用户超过3200万人，总编辑次数超过12亿次。它在全球前50大网站中排名第五，是唯一一家非营利性机构运营的网站。

2. 谷歌验证码的众包思维

很多网站都要求网民填写“证明你是人而非机器”的验证码，这项名为“CAPTCHA”的技术在2000年被发明时，是为了防止垃圾邮件和不必要的骚扰，然而随着众包概念的出现，验证码在其他方面产生了卓越的贡献。

如果人们想电子化一些从前的文档（比如19世纪的纽约时报），或依靠人力，手动输入计算机，或直接扫描。人力输入耗时费力，而软件识别扫描则无法保证其准确率，尤其是扫描或文档本身质量很差时，图6-7所示为质量比较差的文档。

计算机扫描出来后就是如图6-8呈现的乱码。

把图中的单词切割抽取出来，然后与其他组自动生成的字符混合，生成验证码，发送到各网站，图6-9所示为reCAPTCHA处理过程。

如果输入的CAPTCHA默认计算机验证字符是正确的，那么对于从文档中抽取字符的识别也应当是基本正确的，最后再通过交叉验证、重复验证等各种算法保证准确率。2009年谷歌收购CAPTCHA，并富于创造性地将填写验证码的技术用于图书扫描项目，自此全世界

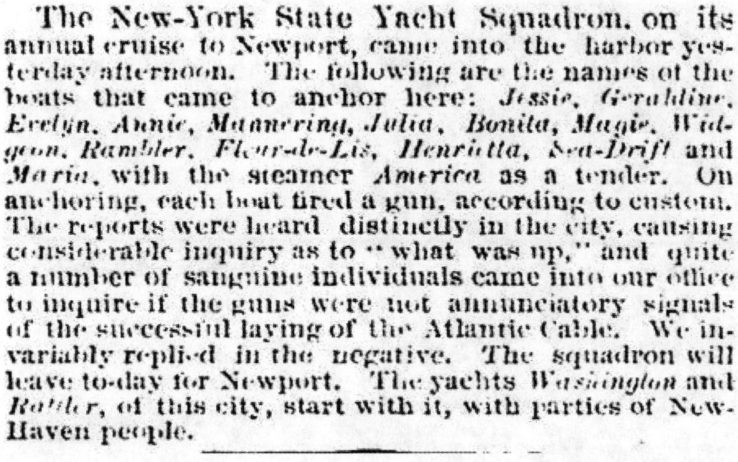
The New-York State Yacht Squadron, on its annual cruise to Newport, came into the harbor yesterday afternoon. The following are the names of the boats that came to anchor here: *Jessie, Geraldine, Evelyn, Annie, Mannering, Julia, Bonita, Magie, Widgeon, Rambler, Fleur-de-Lis, Henrietta, Sea-Drift* and *Maria*, with the steamer *America* as a tender. On anchoring, each boat fired a gun, according to custom. The reports were heard distinctly in the city, causing considerable inquiry as to "what was up," and quite a number of sanguine individuals came into our office to inquire if the guns were not annunciatory signals of the successful laying of the Atlantic Cable. We invariably replied in the negative. The squadron will leave to-day for Newport. The yachts *Washington* and *Rattler*, of this city, start with it, with parties of New-Haven people.

图 6-7　图书中质量比较差的例子

' letz-1- rrk fit: 1' . on its to Vc ,rt, cann into tlm yc H_ tcr,la, .n. 'I l; , arc ti:(h of thc 1",ats that to ltc rc: „;. , I; ., l: rel!;n. tani., , ./olio, IJuteilu, . 1!' i./_ ;lr" n. Iiam! Jr.r. F' l,nr_Z.._%i;;, „ : rt-Irn: am/ tf.rri.;, t?m steamer as a tr nW r. Uu ,tin;t, c ac?1 1",at firm/ a t;nn, accor.liu; to .t rn. 'Cl.w r. wu ru lm:nui MistinW /y in u;th, -. ink ;;,k as to "what w ax 1111, :111(I vle:iR a of ;: (,am(into, mnr r-, tm if tlm wo r(uu.i n:' of t? u : la?:Iv. \ 'c : ol in thc , ucr:atic , , Tlau ;; will h:aw tu-li.r \. ' 1'Im yap?tts Il „n an,/ I, ,rr:l. r, (,t tf,is r:ity, start witli it, with lu:rtic: ol \ 1- e:l.k.

图 6-8　扫描后呈现的乱码

的网民都成为了谷歌的免费打字员，每年为谷歌节省十多亿美元。仅仅依靠手工输入，对于人力、资金、时间的消耗无疑都是巨大的，但是借助每天的上网用户及其谷歌验证码，短时间内就完成了这项工作。而上网用户每次输入的验证码，都可能为某个图书的文档录入做出了贡献。

纽约时报就是这样借助广大网民之手，把 1851 年至今的所有报纸中共计超过 1300 万篇的文章都成功录入了计算机。

被谷歌收购后，验证码系统有了更多的作用。除了文字识别，它还能够帮助谷歌街景识别门牌码、增强谷歌的识图能力。将验证码文字识别变成一个类似众包作业的工具，使得那些被浪费掉的时间重新具有价值，而且通过帮助它们识别门牌号、路牌等，不仅修正了谷歌地图的精准度，也使用户的体验得到了提升。这样来看验证码也算是一项小小的公益事业。

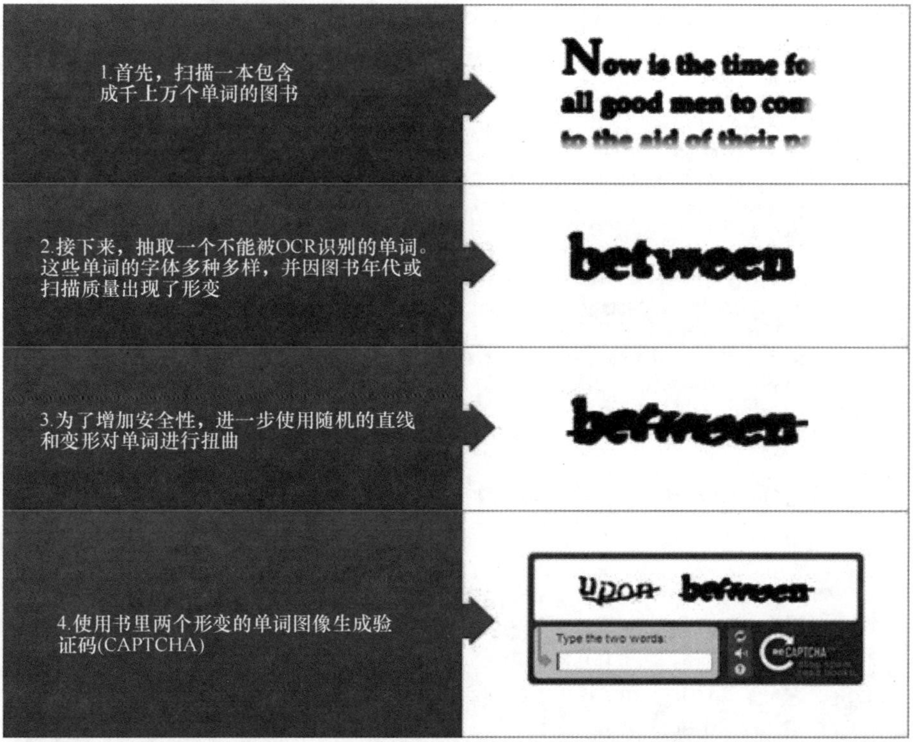

图 6-9　reCAPTCHA 处理过程

3. 更多案例

众包地图 Waze：2012 年共计有 3600 万名用户使用 Waze 应用来导航，行驶了 96.6 亿千米，分享了 9000 万份用户报告。来自 110 个国家的 65000 名地图编辑人员在 2012 年对地图做了 5 亿次编辑，并对 170 万处地图信息进行了变动更新。数据显示，系统检测出来的地图问题中有近 70% 在一个月内被解决，几乎所有由用户发现的问题都能在一周内得到处理。

Weddar：Weddar 是社会化的众包天气报告应用。该应用背后的创意非常简单：我想知道某地的天气状况，我更倾向于相信当地人的真实报告，而且我还能和报告天气状况的人取得联系以更好地提前做好衣物准备。用户可以使用自己的 Twitter 或者 Facebook 账号登录该应用，然后选择一个你认为合适的当地天气状况（该应用提供了从热死了到冻死了各种不同程度的选择），此外还可以加入一些其他相关情况（如关于云、雨、风等）的描述一起上传。

Tongal：Tongal 是向大企业提供视频广告的众包平台，将企业与作家、导演、演员、社交媒体专家以及其他内容创造者联系在一起，放在同一广告创新众包平台上。大品牌提出“创新需求”，社区成员则用他们的创新广告想法来进行竞争，获胜者可以得到赏金，大品牌则收获一个极具创新的广告。这一过程的成本之低，是以往的任何广告拍摄模式都不能匹敌的。

Mechanical Turk：这是亚马逊的众包任务平台，主要用于交易“劳动力”。任务提交者可以在平台上发起一项任务，邀请个人用户参与完成，并支付小额报酬。例如，请个人用户来选择一家商业机构最适合的配图，或填写一张简单的调查表，然后会往他的亚马逊账户打入相应的报酬。亚马逊将这类服务形容为“人工的人工智能”。

第七章
金融行业

一、量身打造信用体系

1. 信用卡信用评估

信用风险评估是信用卡业务经营管理中重要的一部分。在信用卡申领过程中，发卡机构必须确认申请人的资信状况。信用风险评估的结果不仅用于判定是否批准信用卡申请，以避免恶意欠款给发卡机构带来损失，还会作为发卡机构给予个人信用额度的重要参考指标。

信用风险评估体系可以分为对持卡人的风险防范、特约商户风险防范、发卡机构内部风险防范以及对利用信用卡诈骗的风险防范等。

例如，美国传统的信用风险评估体系 FICO 将每个人的初始信用分值设置为 850 分，信用评分模型利用信用数据从多个评分因素考察消费者的信用风险，如未能如期还款或缺乏借贷经历等，都会增加信用风险，从 850 分的基数中扣除相应的分数。

然而，图 7-1 所示的美国 FICO 评分及相应的人群分布显示，该体系覆盖人群中评分值低于 600 分的人约占 15%，他们由于信用评分太低而被自动视为风险人士，其申请信用卡的行为极有可能遭到拒绝，他们的贷款也会被惩罚性地收取更高的利率。

但这些“风险人士”的相应行为并不一定真正具有恶意，他们也可能由于移民等原因本就缺乏完整的信贷信息，或者因突发情况导致不能及时还款，比如遇到了医疗紧急事故等。由于传统信用评估体系中存在的误判风险，许多人因被“误解”而失去了获得常规金融服务的机会，金融机构也无法在为他们服务的过程中进一步拓展业务范围。

2. ZestFinance 的大数据信用风险评估

ZestFinance，原名 ZestCash，2009 年 9 月成立于洛杉矶，是美国一家新兴的互联网金

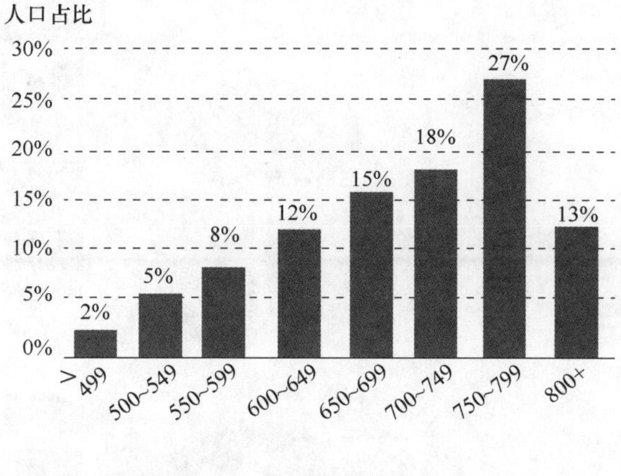

图 7-1　美国 FICO 评分及相应的人群分布

融公司，由谷歌的前信息总监道格拉斯·梅瑞尔（Douglas Merrill）和金融机构 Capital One 的信贷部高级主管肖恩·卜德（Shawn Budde）联合创办。ZestFinance 主要提供基于大数据分析的信用评估服务，旨在利用大数据技术重塑审贷过程，准确真实地为难以获得传统金融服务的个人评估信用，拓展金融机构的服务范围，同时降低个人的借贷成本。

ZestFinance 的信用风险评估可以为缺乏或无信贷记录的人群服务。首先，假定这些消费者都是具有信贷资格的“好”人，而后收集相关的海量数据，通过分析来证明信贷信息不完整人群的真实信用情况，并利用数据来评估消费者的还款能力和还款意愿，进而帮助享受正常的金融服务。

此前，传统 FICO 评估体系利用的主要数据来源是银行信贷数据，即通过将借款人过去的信用历史资料与数据库中全体借款人的信用习惯相比较，以核查借款人的发展趋势，是否跟经常违约、随意透支，甚至申请破产等陷入财务困境的借款人的发展趋势相似。在分析过程中，数据较为单一，标准也十分严苛。

而 ZestFinance 的数据来源更为丰富，不仅包括银行信贷数据等结构化数据，同时也导入了大量非结构化数据结构，包括海量的电子商务、社交网络和搜索行为等多维度消费信息，其中涵盖了能够描述消费者还款能力、还款意愿的风险特征，这些非结构化数据是客户真实的社会网络的映射，更能反映借款人的真实状态。

图 7-2 所示为细分 ZestFinance 的数据来源，首先，通过购买或交换获得的第三方数据是 ZestFinance 进行信用评估时最重要的数据，其中既包含银行和信用卡的传统结构化数据，也包括法律记录、搬家次数等非结构化数据。

其次，互联网数据，如 IP 地址、浏览器版本、计算机的屏幕分辨率，甚至用户在申请

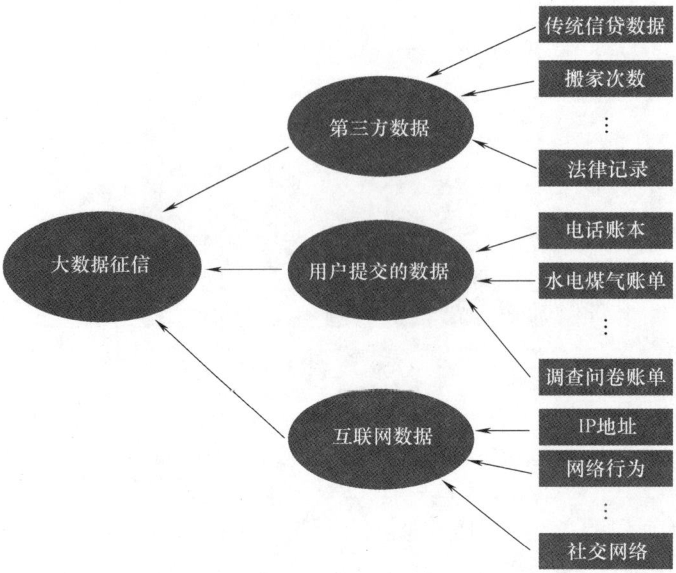

图 7-2　ZestFinance 的数据来源

信贷时输入自己姓名的方式（英文名字中的字母全部使用小写、全部使用大写还是仅首字母大写）也被纳入考虑范围，其他类似的信息来源还包括申请人在 ZestFinance 网站上停留的时间长短。任何可能与用户的性格和行为特征有关的细微信息都被纳入海量数据源中，以全面预测信贷风险。此外社交网络数据也是征信的数据源之一，被用于评估信用记录很少或者根本没有信用记录的人。

最后是由用户提交的数据。为了证明自己的还款能力，在被询问时用户会有详细、准确回答的动力，此外还会提交相关公共记录的凭证，如水电煤气账单、手机账单等。

ZestFinance 通过整合这些多维度、大量又而复杂的碎片化信息，为从不同的角度描述个人消费者，以及进一步量化信用评估体系提供了数据支撑。

获取了大量多源数据信息之后，ZestFinance 采用机器学习的预测模型和集成学习策略进行数据挖掘。如图 7-3 所示，首先将收集到的大量原始数据输入系统，寻找数据间的相关性并对其进行转换，在相关性的基础上将变量重新整合成较高水平的测量指标。这一过程涉及的数据包括每位信贷申请人超过 1 万条的数据信息，以及超过 7 万个可对申请人行为做出评估的指标，而这些无法人工整合和辨识的信息，通过机器可以在 5 秒钟之内全部完成处理。然后将中间数据输入到十余个基于机器学习的不同数据分析模型中，例如欺诈模型、身份验证模型、预付能力模型、还款能力模型、还款意愿模型以及稳定性模型等，并利用每一个模型输出的结论，按照模型投票的原则，形成最终的信用分数。

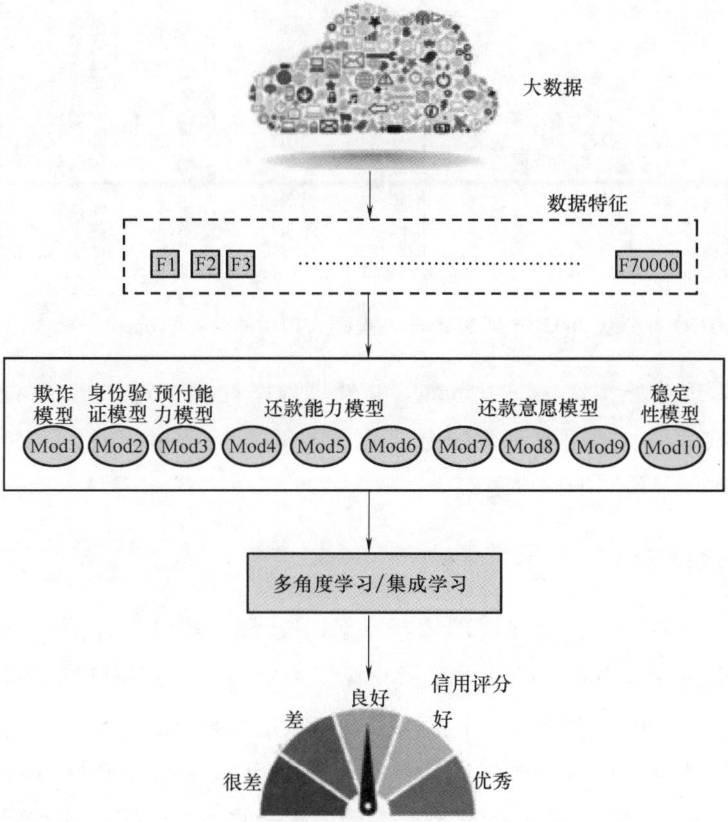

图 7-3　ZestFinance 的信用评估模型

通常，传统的信用评分模型拥有约 500 个数据项，从中提取的变量为 50 个左右，然后利用一个预测分析模型做出信用风险量化评估。由于变量较少，预测消费者信用情况的角度单一，因而预测结果出现偏差的可能性较大。由图 7-4 所示的美国人口分布情况发现，从 2005 年到 2011 年，FICO 对信用风险的评分在美国人口中的分布情况基本没有大的变化，这和 2008 年金融危机爆发之后出现大量坏账的事实情况严重不符，表明传统信用评估体系存在滞后效应。而 ZestFinance 的数据评估体系不仅使用了更多的变量，同时利用多个机器学习模型从不同的角度预测消费者的信用情况，展现了立体多维、实时可靠的信用指标，不仅提高了信用评估的决策效率，而且明显降低了风险违约率。此外，ZestFinance 基于海量数据的信用评估体系能够针对消费者的实时状态，即时完成信用预测评估，从而迅速应对不断改变的金融环境，它的高效进一步提高了预测的准确性。

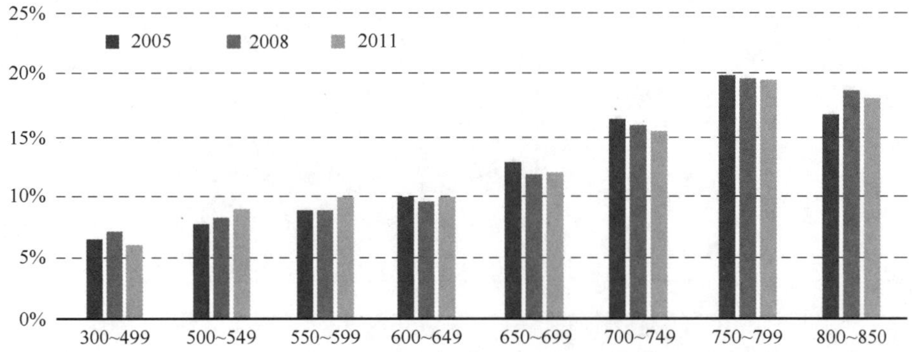

图 7-4　FICO 评分从 2005 年到 2011 年在美国人口中的分布情况

与传统信贷管理业务相比，ZestFinance 的处理效率提高了近 90%，风险控制方面的改善超过 40%。事实表明，通过掌握海量数据以及处理海量数据的能力，ZestFinance 的信用预测评估更具实效性，预测准确率更高。

3. 对我国信用卡评估的启示

南橘北枳，美国复杂的金融和信用体系是 ZestFinance 赖以生存的土壤。ZestFinance 的服务人群定位清晰，并有完善的征信体系做支撑。而在我国，只有 20% 的公民持有信用卡，金融体系尚不完善、信用风险管理水平参次不齐、从定性判断到量化决策的分析不足，也没有通行的信用机构及信用评分，这些因素体现了我国金融生态环境与美国之间的差别。因此，ZestFinance 的经验不能直接照抄照搬，需要消化吸收，结合我国的实际情况来开展相关业务。

而 ZestFinance 的实践带给我们一个重要的启示是，互联网中的海量数据可以作为征信的数据源。如何将海量庞杂、看似无用的数据，经过清洗、匹配、整合和挖掘转换成信用数据，并且提升信用评估的效率和准确性，是我国信用卡管理领域值得探讨和解决的首要问题。

二、互联网金融中的余额宝

1. 互联网金融

随着计算机及互联网通信技术的兴起和发展，金融行业也在不断改变：新兴的金融形式出现并逐渐替代传统的金融交易，形成了互联网金融（ITFIN）。它是指传统金融机构与互联网企业利用互联网技术和信息通信技术，实现资金融通、支付、投资和信息中介服务的新型金融业务模式。

互联网金融不是互联网和金融业的简单结合，而是建立在安全、移动的网络技术水平之上，被用户熟悉接受后，自然而然为适应新需求而产生的新模式及新业务。在大数据背景下发展起来的互联网金融，具有成本低、效率高、覆盖广、发展快等优点，但也有其局限性。由于互联网金融没有接入银行征信系统，不存在信用信息共享机制和类似银行的风控、合规和清收机制，容易发生各类风险问题，且相关法律法规还未完善，缺乏准入门槛和行业规范，容易诱发恶意骗贷、卷款跑路等网络金融犯罪问题。

金融业是大数据的重要产生者，无时无刻不在交易、报价、调查、新闻报道、业绩报告、消费者研究报告、官方统计数据公报等来源中产生着数据。数据作为金融的核心资产，撼动了传统客户关系、抵/质押品在金融业务中的地位。集合海量非结构化数据并对其进行实时分析，可以为互联网金融机构提供客户的全方位信息，通过分析和挖掘客户的交易和消费信息，掌握客户的消费习惯并准确预测客户行为，使金融机构和金融服务平台能够进行有效的营销和风险控制。

2. 余额宝与大数据

以余额宝为例，这是从 2013 年 6 月开始由阿里巴巴集团打造的一种余额增值服务。用户将存款转入余额宝，就相当于即时购买了相关基金公司提供的余额宝货币基金。通过余额宝，用户能够获得灵活的存贷服务，以及比银行活期存款利息更高的收益。

截至 2015 年底，余额宝拥有 2.6 亿用户，金额规模达到 6207 亿元，几乎在全国的每 5 个人中就有 1 个余额宝用户，且基本覆盖了全国的各个民族、地域、职业和年龄阶段。余额宝的海量用户平均每天产生 300GB 数据。这些数据的来源广泛，不仅包括基金交易、客户消费、宏观经济等结构化数据，还涵盖了注册信息、交易时间及地址、用户与客服对话的文字和图片等非结构化数据，一年产生的数据量相当于两个中小银行。这些种类多样的海量数据，为余额宝的用户交易分析创造了条件。

在数据的处理能力方面，余额宝采用阿里云作为底层架构，利用聚类分析、多元线性、时间序列、神经网络等多样的大数据挖掘模型，数据处理能力为百亿级以上，数据维度达到 35 个，能够迅速处理百亿条数据。比如为了分析客户流失的问题，余额宝建立了客户流失 LOGIT 模型。该模型便使用了 1 个目标变量和 16 个候选输入变量，每运行一次处理过程仅需 27 分钟，其中 356 秒就可处理 360 亿条数据，平均 1 秒可处理约 1 亿条信息，快速的数据处理能力为实时分析数据并做出方案调整提供了前提条件。

此外，场内资金的流入流出直接影响股市的流动性，目前衡量市场整体散户资金流动量变化的官方数据是银证转账记录，由中国证券投资者保护基金每周公布一次。然而由于散户数量多且分散，使得很难对他们的行为做出精准和实时的判断。余额宝针对用户情绪指数进行的研究发现，情绪指数与市场流动性之间存在明显的相关性。

如图7-5所示，2015年，余额宝情绪指数勾勒出散户的心路历程：2月初大盘第一次调整时，余额宝情绪指数逆势大幅上涨，在沪指3000点时纷纷加入抄底；2～4月，大盘持续上攻，余额宝情绪指数也随着股市一路震荡上扬；5月股市进入第二次调整，散户开始出现分歧。6月中旬，大盘在5000点附近徘徊时，散户反而对后市态度冷淡，指数出现震荡，而后股市果然出现暴跌，余额宝情绪指数也应声下跌。9月之后股市开始修复，散户也开始重拾信心。12月股市不断震荡，而散户却既忐忑又抱有期盼。

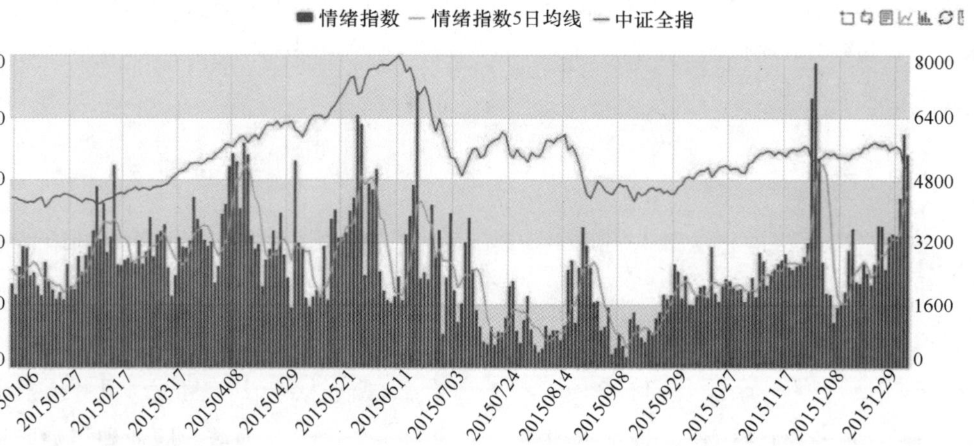

图7-5　2015年余额宝情绪指数

从兴奋地追涨到失望，再重燃希望，又陷入忐忑不安，余额宝在客户情绪指数上有着准确把握，准确性非常高。

余额宝情绪指数与银证转账数据的相关性极高，相关系数高达0.9。作为日级高频指数，余额宝情绪指数每个交易日更新一次，比用传统数据统计公布得更快，且网上查询更方便。

不仅如此，余额宝利用数据推出的2015年余额宝运行图，可以通过直观、有趣的形式揭示出一些客户特点，投资者不仅能看到哪种基金最受欢迎，还能把握大众的最新投资风向。从中可以看出，上海市是余额宝用户人数最多也是买入金额最高的城市。25～

30 岁的人为余额宝的主力军，人数和金额排名前五的都集中在 1986 ~ 1991 年出生的用户，其中，理财人数最多的是 25 岁的用户，而理财金额最多的是 28 岁用户。其中某基金在用户购买后换手最快，平均持有期限是 31 天，该基金较基准 CS 计算机指数在 2015 年涨幅最高，全年涨 91.9%。投资者可以根据这些统计数据，来决定购买基金种类、交易时间等。

互联网金融的核心在于数据。数据的规模、真实性、有效性以及数据分析应用的能力将决定未来互联网金融业的竞争力，而大数据技术正是互联网金融的重要技术支持。采用大数据方法比传统统计更快地展现客户的交易情况，准确性和相关性也更高。

虽然目前大数据分析不能完全取代传统银证转账统计方法，但通过对数据的收集、整理、挖掘、分析和深度应用，能够实现精确营销、大幅增加收益，更能进一步改变传统的营销模式，创新产品、运营和管理，这也将会成为未来互联网金融的发展方向。

扩展阅读：机器人投资顾问

理财智能化，机器人投顾切入万亿市场

互联网风潮正在全面席卷整个金融业，当然其中也包括传统金融巨头早已深耕多年财富管理板块。近年来一种以自动化、计算机算法为基础的“智能投顾”模式，在以北美为代表的发达国家市场迅速发展，并逐渐被越来越多的投资人所接受，尤其是在互联网环境中成长起来的千禧一代。

所谓智能投顾，也称机器人顾问（robot adviser）是一种在线财富管理服务，具体指根据现代资产组合理论，结合个人投资者的具体风险偏好与理财目标，通过后台算法与用户友好型界面相结合，利用交易所上市基金（ETF）组建投资证券组合，并持续跟踪市场变化，在这些资产偏离目标配置时对其进行再平衡，此外有些公司已经可以提供 tax harvesting、房贷、报税等增值服务。

虽然经过几年的高速发展，机器人顾问所管理的资产估计能达到 500 ~600 亿美元（研究机构 Aite 预测数据），但也只是占到美国近 20 万亿美元理财市场极小的一部分。而就是这点变化已然触动到华尔街传统财富管理巨头的神经，因为智能投顾模式很可能会给行业带来结构性的变革。

根据日前花旗集团发布最新研究报告称，在未来十年时间里，机器人顾问管理下的资产

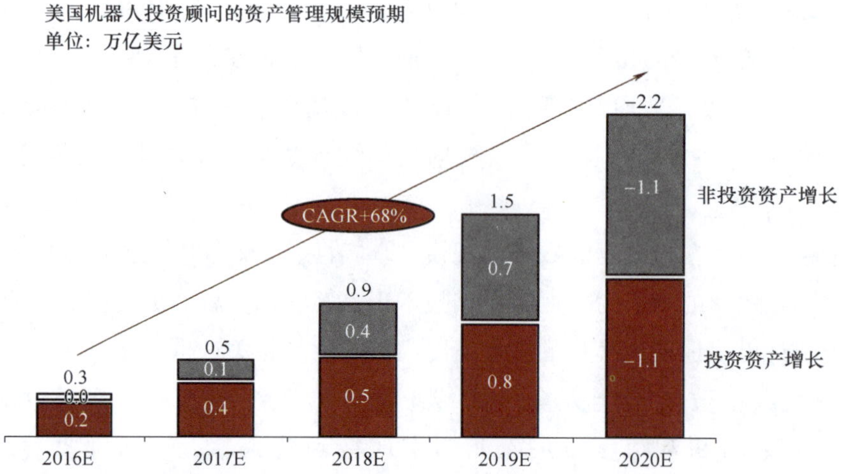

将会呈现出指数级增长的势头，总额将达到 5 万亿美元。而 AT Kearney 出具的报告则更为乐观，预测未来五年智能投顾市场复合增长率 GAGR 将达到 68%，到 2020 年资产管理规模 AUM 有望突破 2. 2 万亿美元。

值得关注的是，美国市场对智能投顾模式发展长期看好存在一个重要的市场基础，即经过近 20 年的市场发展和多个经济周期的洗礼，被动投资在美国投资人中的接受度已经较高，整体资产体量规模也已经很大，例如，被动投资金额占共同基金比例已经从 1995 年的 3% 上升到 2014 年的 16%；截至 2014 年，美国有 1375 种 ETF，净资产为 1. 8 万亿。

此外，人们认为，主要存在三大驱动因素推动智能投顾模式未来高速发展。

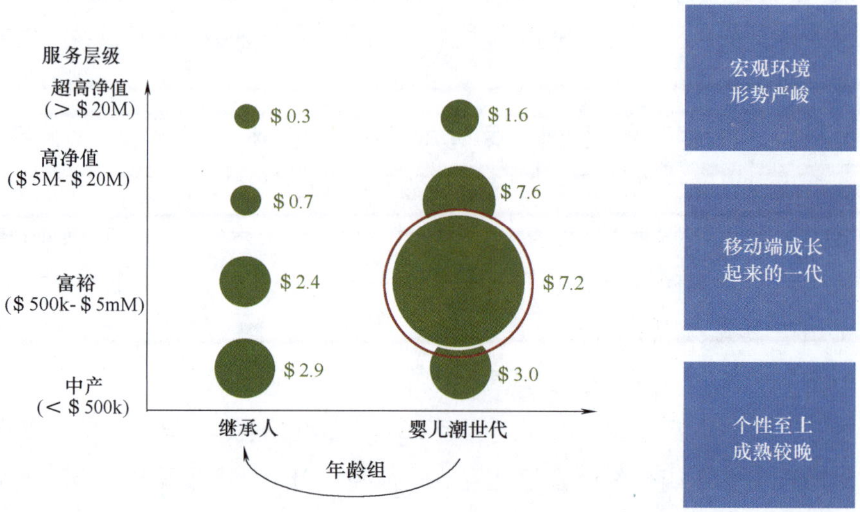

一是财富面临世代交替，而传统投顾模式对千禧一代服务严重不足，这体现在较高的资

产准入门槛，新从业者的短缺等；二是由于成长环境不同，千禧一代观念更开放，更能接受机器服务，而传统模式需要面对面交流，效率较低，且收费是智能投顾模式的3～4倍；三是智能投顾相较于传统模式，成本结构更具服务大众的优势，它不需要实体经营场所和大量线下理财顾问团队，且获客成本更低，因此经济单账户管理资产规模可以大幅降低。

事实上，在过去的一年，美国智能投顾市场经历了1.0到2.0的转变，主要体现在两个方面：

第一，整个主流财富管理领域已经认可智能投顾发展趋势，并积极投入其中，例如不久前全球最大的资产管理公司贝莱德收购机器人投顾初创公司Future Advisor，美国最大券商之一嘉信理财也已向自己数量众多的客户推荐机器人顾问，此外BMO、Vanguard、Ritholtz和TD Ameritrade都在积极布局。

第二，一些新兴的智能投顾公司作为技术提供方输出白标解决方案和软件平台，或者寻求与传统巨头的战略合作，例如Fidelity已与Betterment展开战略合作，向旗下的理财顾问导入Betterment的产品和服务。

从对智能投顾的接受度来看，全球的市场已经具备了相当不错的基础，而亚太区甚至是领跑地位。根据Capgemini和RBC WM联合发布的2015世界财富报告，全球范围内48.6%的HNWI对智能投顾产品的易用性、低费率非常认可，并表示愿意接受将自己一部分财富交由智能投顾打理，而持这一态度的HNWI在亚太区占比为76.3%，位列全球第一。

在成熟的国外市场，智能投顾领域领先的startup公司们经过几年的发展，已经具备了成长为独角兽公司的潜质，其中Wealth Front、Betterment、Personal Capital都已融资过亿，且均来自多家顶级风险投资机构。而反观中国市场，虽然目前有一些公司推出了类似的产品，但整体而言仍然处在非常早期的阶段。这其中存在一定市场原因，比如虽然一方面私人可投资资产规模快速增长，存款及现金占比较之前已明显下降但仍处高位，投资理财需求远未得到充分满足，且近年来对国外投资热情持续高涨，而另一方面多数投资人投资理财观念不成熟，往往很容易走两极，同时市场上多数财富管理机构均是后端收费，理财顾问的销

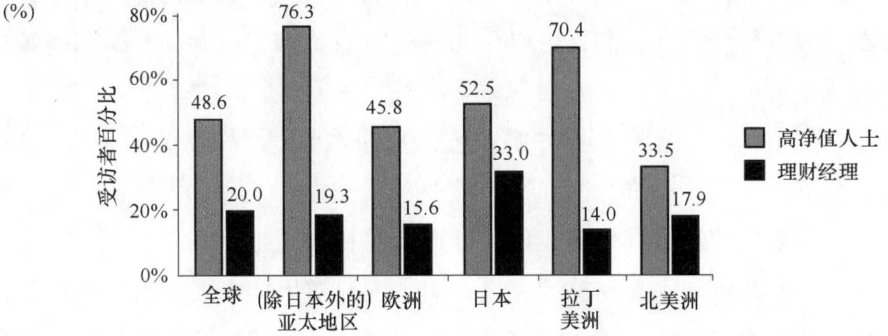

售属性很强。

但是随着国人财富的进一步积累，理财观念的日趋成熟，金融市场的进一步规范，被动投资产品的日益丰富，以及资本项下的监管政策改革种种预期，包括 QFII 2、个人换汇额度提升、人民币汇率市场化等，智能投顾未来在中国的发展存在巨大的想象空间。

【摘编自微信公众号“大数据文摘”】

三、精准打击金融犯罪

1. 洗钱与反洗钱

当前，新型的金融方式日益增多，不仅方便了普通居民的生活，同时也让一些犯罪组织有机可乘。其中，洗钱就是一类利用金融系统进行的犯罪，它是指走私、黑社会性质的组织将违法犯罪所得的收益，通过金融机构以各种手段掩饰、隐瞒资金的来源和性质，使其在形式上合法化的行为。

洗钱作为一种犯罪屏障，极大妨碍了司法公正，破坏了金融管理秩序，使金融体系遭受不良影响。随着社会的发展，现在的洗钱犯罪已经出现向信息化支付工具转移的趋势。不法分子通过网上银行等方式将资金从一个账户向另一个账户支付或转移，掩盖款项的真实来源和受益所有权关系，或者利用金融系统提供的资金保管服务存放款项。数据显示，全世界每年洗钱的非法收入占全球 GDP 总额的 2% ~5%，而 2014 年全球 GDP 总量超过 70 万亿，可想而知，洗钱所涉及的金额非常庞大，快速准确地打击洗钱行为显得尤为重要。

2. 蚂蚁金服大数据监控反洗钱

洗钱的基本过程包括放置、离析和融合三部分，反洗钱需要通过相反的过程追溯钱的来源，以及寻找围绕一笔怀疑财产的关系。在这一领域，相对于传统的监测手段，大数据通过完整的全局数据来进行分析和预测，可以更加快速有效地识别可疑交易，因此越来越受到国际领先银行的重视。

2014 年 10 月，阿里巴巴成立了“蚂蚁金融服务集团”，简称蚂蚁金服，涵盖支付宝、支付宝钱包、余额宝、蚂蚁小贷和网上银行等业务。作为一个金融服务机构，蚂蚁金服建立了反洗钱中心，用于监控反洗钱可疑案例，并向监管机构汇报。

从图 7-6 所示的蚂蚁金服交易模型可以看出，通过对黑样本的分析以及线下反洗钱积累的经验，研究人员提取出与洗钱相关的多种犯罪可疑特征，建立数据模型，而后将一个人的当前设备或行为与这些模型对比来判断他是否可信，经过两层过滤之后，进入到庞大的规模和体系中进行风险评分，将其区分为高风险、中风险和低风险中的一种。相应的智能反洗钱系统会对“高风险”的账户进行自动预警，报告其存在可疑交易的提醒信息。最后，由人工确认可疑后提交给反洗钱部门或是公安机关。

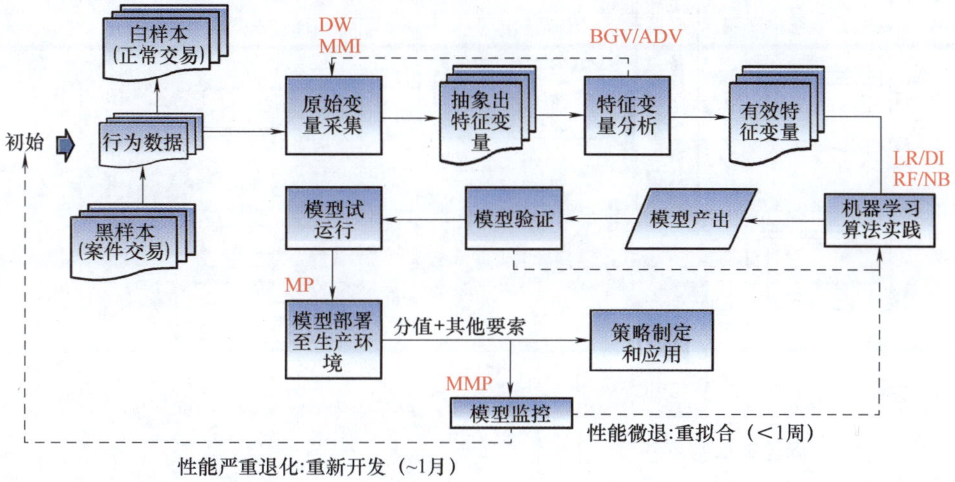

图 7-6　蚂蚁金服交易模型

在这一体系中，为了保证模型的稳定性，需要向计算系统不断灌输新的数据，让模型反复进行训练学习。

例如图 7-7 所示的网络赌博数据模型，主要特征是账户单日交易频繁，常常分散转入、集中转出；金额多为 100 元的整数倍，交易备注常包含六位数字；同一交易对象重复交易情况明显，且会有不定向返利，存在赌资返款渠道。系统通过学习建立且不断优化这一模型，并据此模型对实时数据进行筛选，如有账户交易符合上述特征，自动判定其为可疑高风险账户，进行预警并上报。

这一过程中的关键环节是客户身份识别，其基础在于导入的海量数据。各方面信息积累越多，描述就越精细，能够更加全面有效地识别可疑交易。

作为具有电子商务基因的金融服务中心，蚂蚁金服的数据来源多样、规模巨大。其中，仅支付宝就拥有过亿的实名用户，单日产生过亿条交易记录；而数据处理计算平台能够处理并发金融交易的速度达到 3 万笔/秒，千万笔支付/天，每日数据处理量超过 30PB，30 分钟内即可完成亿级账户的清算。在这一体系中，基于大数据分析采用了大量的实时变量，短时间内完成海量数据的过滤和处理，在 100 毫秒以内形成环路，做出风险决策，从而能够及时发现可疑交易。

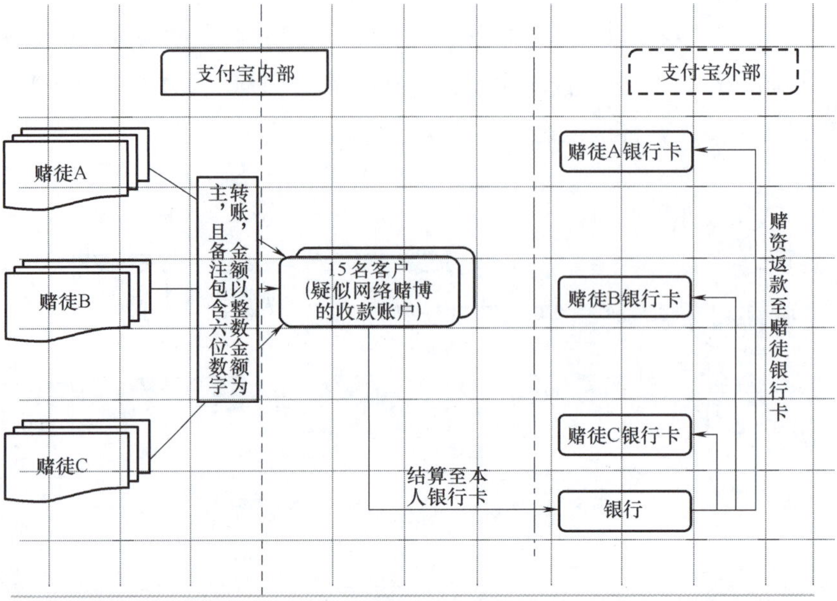

图 7-7　网络赌博数据模型

在快速的数据处理能力基础上，系统内的海量数据相互融合，可疑交易的检测识别范围从二维空间拓展至多维空间，监控体系覆盖客户属性、交易对手、资金进出等多个维度。仅半年内，蚂蚁金服已发现并报送了300多份可疑交易，其中多份已获得查实，移送公安机关。

对于互联网新金融而言，充分利用大数据技术，整合商业银行内部的海量数据，能够极大提高反洗钱工作的时效性和准确性。

银行内部存在许多分散、异构的信息系统，且技术指标各不相同，形成了一个个封闭的信息孤岛，利用传统的关系型数据库和挖掘技术构建反洗钱平台，会遇到数据量大、数据格式不一致、无法存储和处理等技术难点，拖慢反洗钱的处理速度，大大影响时效性。而应用大数据技术，不同结构的数据得到完整的利用，通过快速处理非结构化数据，高效整合了银行内部的数据资源，大幅增加反洗钱的力度和效率。

四、如何预测股市行情

1. 股市风云变化牵动人心

随着人们物质水平的不断提高，越来越多的人愿意将一部分资金用于投资股市，期望获得更多回报。然而“股市有风险，入市需谨慎”，由于股市的不稳定性，如何有效准确地预测股票市场的趋势，一直是学术界和商业界极感兴趣的问题。

根据有效市场假说理论，股票价格的变动取决于新出现的信息（新闻），而非过去或未来的股价，所以市场上新信息出现的不确定性，导致股票价格难以预测。然而，近年来出现的行为金融学等新的学术理论向有效市场假说发起了挑战，认为金融市场存在着一定程度上的可预测性，新兴的社交网络媒体中隐藏的征兆，可以用来预测经济和社会中未来信息的变化，进而预测股市变动的趋势，帮助股民、入市公司乃至政府及时做出决策，减少股市震荡所带来的影响。

2. Twitter 情绪预测股票市场

印第安纳大学和曼彻斯特大学的研究人员在这方面做出尝试，利用 Twitter 情绪变化来预测股票市场。作为全球最大的社交网站之一，Twitter 的月活跃用户总数超过 3500 万，每年产生 5 亿条推文，数据量达 133TB，这些实时的信息成为反映公众情绪的绝佳晴雨表，在预测电影票房、选举结果等方面都有杰出的表现，同时也为股票市场的情绪预测提供了数据基础。

研究人员分析了从 2008 年 2 月 28 日到 12 月 19 日这 10 个月内 270 万推友的 9853498 条推文以及发布每个推文的用户 ID、发布时间、地址等信息，如图 7-8 的①所示，将获得的这些信息输入两个不同的情绪分析模型 [OpinionFinder 和 Google-Profile of Mood States (GPOMS)]，从而抓取和分析公众的情绪变化。

其中，OpinionFinder 模型中利用的特征词汇主要来源于文献、字典、词典和 General Inquirer，共有 2718 个正性词和 4912 个负性词。它的目的是识别主观语句，并标识出这些句子中的各种主观成分。通过分析，这一模型能够自动识别文本中的情绪、观点、猜想和其他主观性内容，并将人的情绪区分为正面和负面两种模式。

GPOMS 模型则将情绪分为更细致的“平静”“警惕”“确信”“活力”“友善”和“幸福”等六类。在这一模型中，假定经常同时出现的词汇所表达的意义相似，具有相同极性的可能性较大，进而从近 1 万亿个谷歌搜索词汇中，找到出原始量表的 72 个词周围 4 ~ 5 个词汇范围之内的所有词，经过筛选最终得到了 964 个特征词，构成了 GPOMS 词库。

然后，如图 7-8 的②所示，将 OpinionFinder 和 GPOMS 模型中输出的情绪数据，与道琼斯平均指数（DJIA）进行格兰杰因果检验（Granger Causality Test）。检验结果发现，GPOMS 中“平静”这一指标与 DJIA 之间存在明显的关联关系。如图 7-9 所示前后三天的“平静”指标对比，如果将“平静”指标曲线后移 3 天，即与 DJIA 曲线惊人地一致。这意味着“平

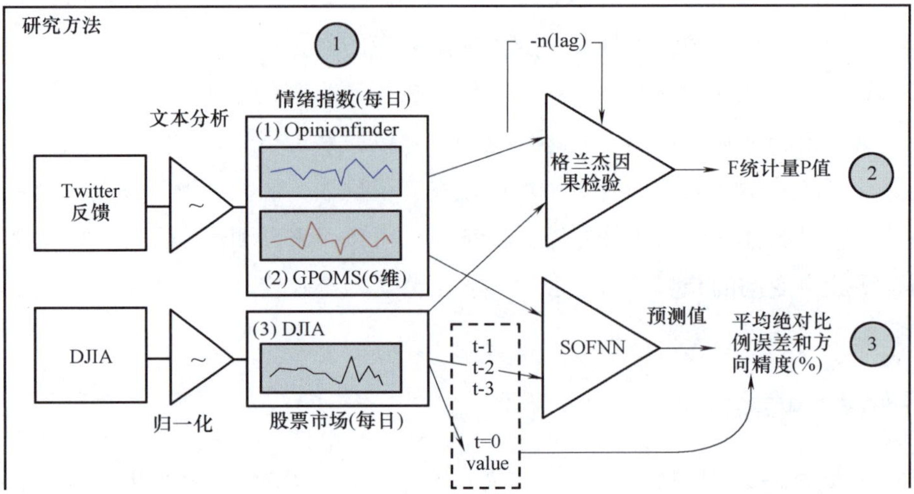

图 7-8　Twitter 情绪预测 DJIA 的试验方法

静”指标可以提前 3 天预测 DJIA 的变化。

为了进一步寻找情绪指数和 DJIA 之间的非线性映射关系，研究人员将公众情绪时间序列作为自变量，输入到图 7-8 的③所示的自组织模糊神经网络模型（SOFNN）中，通过这一改进，进一步将预测 DJIA 指数的准确率提高到 86.7%，预测失误的平均百分比也下降了 6%。

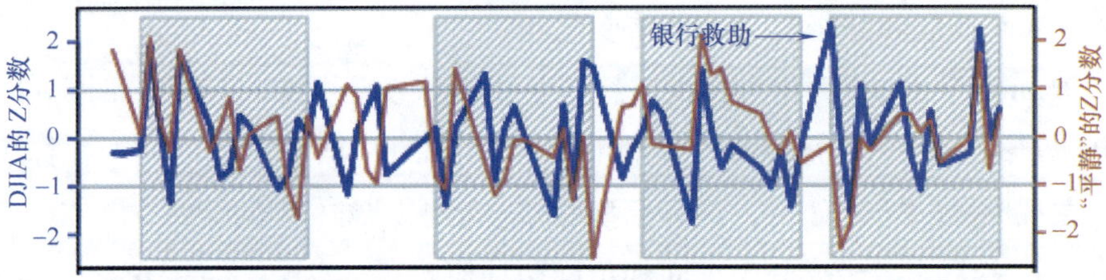

图 7-9　“平静”指标后移 3 天后与 DJIA 指标的对比

（红色曲线代表“平静”指标得分，蓝色曲线代表 DJIA）

总体而言，在应用大数据预测股市时，需要考虑以下两个因素：首先，需要海量的数据样本，样本量越大越全面，预测的准确性越高；其次，还需要专业快速的算法支持，比如英国 DataSift 公司的信息过滤算法，每秒能挖掘 12 万条推文，计算速度极快，便于处理实时产生的数据信息。

Twitter 可以提前预测股市变化的依据在于：从短期来说，股价本质上由投资者的交易行为决定，而交易行为受到投资者情绪的极大影响。过去通过调查或者人工统计分析，无法获取准确实时的公众情绪状态。而 Twitter 让这一过程更容易实现：各种类型的信息提供了足够数量的样本，相对于小样本具有更高的可信度和真实性；数据不断实时更新，不仅可以实时反映出市场的情绪变化，同时也提高了预测的准确性。

五、“车联网”与车辆保险精准定价

1. 什么是车联网

车联网即“车与信息系统之间互联的网络”，它是物联网的一种典型应用，其目标是将先进的传感器技术、通信技术、数据处理技术、网络技术、自动控制技术、信息发布技术等有机地运用于整个交通运输管理体系，从而建立起的一种实时、准确、高效的交通运输综合管理和控制系统，可以进一步分为汽车导航、RFID 设备、汽车电子、交通信息化和车联网应用等几大子业务。

实际上，车联网的应用价值不只限于交通。车辆每年形成的近千亿条“时空”“事件”以及“车、驾驶员身份特征”等信息，构成了宝贵的“涉车信息资源”大数据，它与“人口信息资源”一样，是国家宝贵的战略信息资源。如图 7-10 所示的车联网大数据，可提供面向公安、交通、城建、环保、税务、保险、车主等领域的 34 种功能和 78 项服务，包括控制交通拥堵、停车难、交通违章、肇事逃逸、套牌车、汽车尾气污染等问题的公益服务和非公益性的商业服务。

2. 车联网大数据为车辆保险解决难题

人们早已习惯的传统车险定价模式，存在相当程度的不合理性：为什么每年开车 5000 千米与 50000 千米的保费是一样的？为什么在城市上下班的通勤用车和经常出门盘山越野用车的保费是一样的？为什么刚拿驾照 2 个月的小姑娘和开车 20 年的老司机的保费是一样的？目前几乎所有保险公司的车险保费都取决于新车购置价格，但是由于驾驶地点、驾驶习惯、驾驶里程的不同，实际出险与赔付的概率都存在着巨大的差异。

UBI（Usage Based Insurance，基于用户行为的保险）是基于驾驶行为等数据进行的个性化定价。通过车主/车型信息以及历史理赔记录等基础数据，保险公司能够对车主出险的概率做出粗略的描述；而通过车载设备（车载自动诊断系统（OBD）、车机或其他设备等）收集车主驾驶行为和习惯数据后，保险公司能够基于海量驾驶数据对车主在驾车过程中的风险做出更为精确的度量，从而对每位车主的车险费率进行更合理的定价。未来 UBI 可能成为

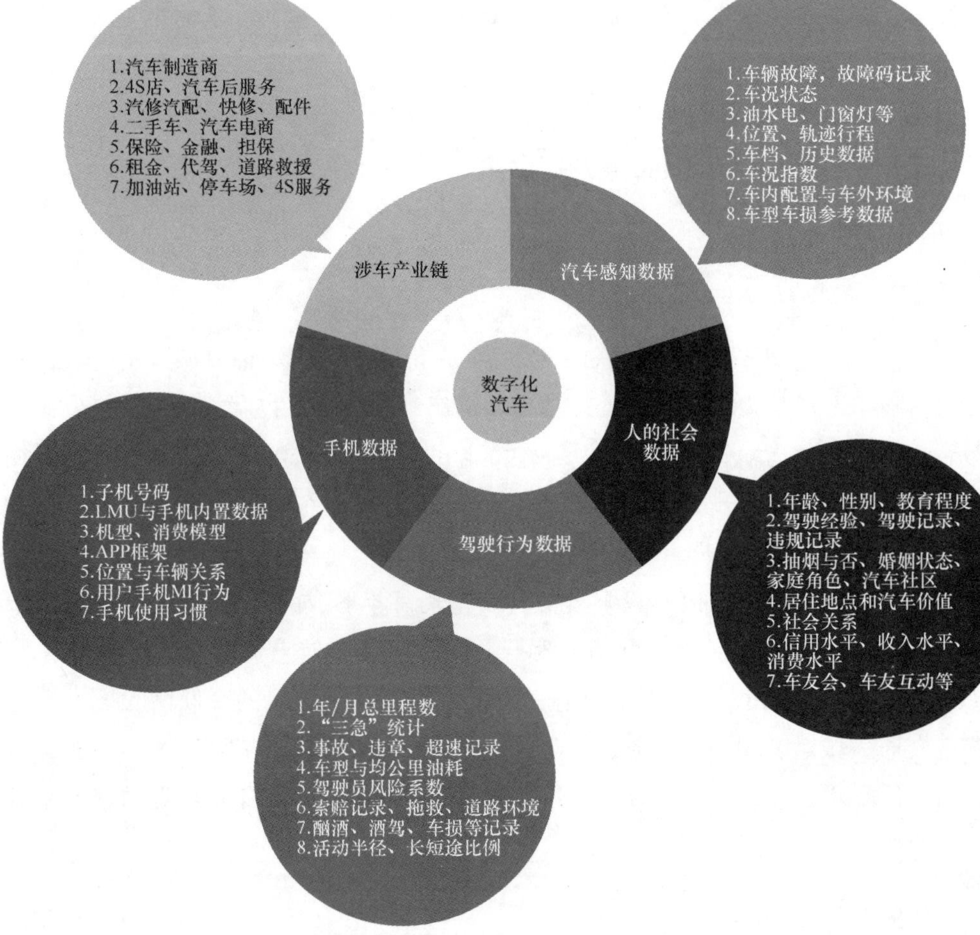

图 7-10　车联网大数据

车险定价的主流模式，车载设备记录的车主驾驶数据将获得直接的变现方式，图 7-11所示为保险公司个性定价。

图 7-12 所示为车联网大数据服务保险数据流向图，UBI 的基础是大量用户开车与驾驶行为数据、驾驶者的关联数据，如行驶轨迹、行驶路径、里程、速度、三急、事故、行车记录、维修信息等。它们的获取与积累将是保险产品成败的关键基础。

对于兼容各种车险产品的客户端来说，汽车保险已经上升到汽车生命周期服务的范畴。在整个后期服务中，各种客户需求不断呈现，因此需要能够灵活快速满足客户需求的移动应用和快速迭代能力。

“酷车保”作为一家融合无线通信、移动互联网、大数据计算等技术的科技公司，通过

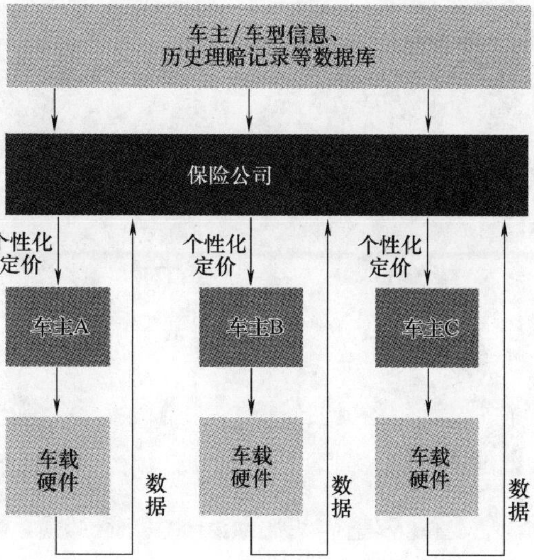

图 7-11　保险公司将根据车载硬件等数据对车险费率进行定价（资料来源：光大证券研究所）

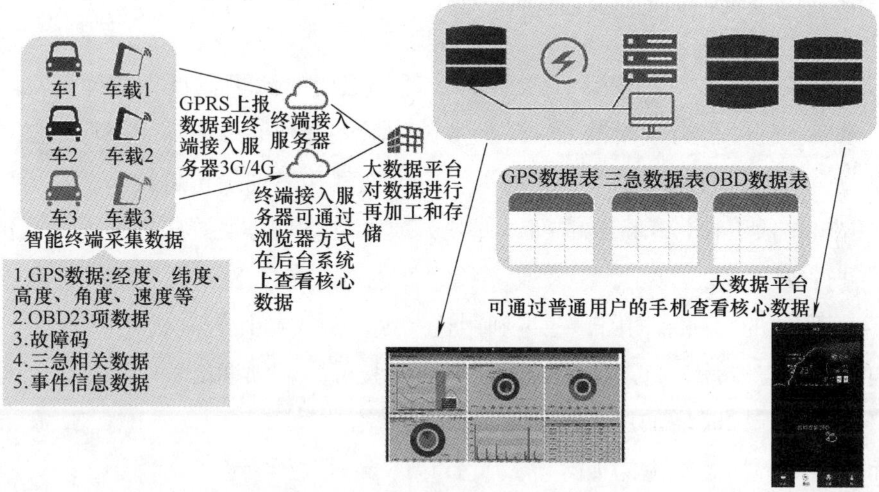

图 7-12　车联网大数据服务保险数据流向图

将物联网、位置服务和智能交通结合，挖掘并优化大数据在 UBI 中的应用模式。

如图 7-13 所示的六位一体服务体系中，首先，通过智能感知目标终端用户的存在，采集诸如位置轨迹、速度、加速度、温度、压力等汽车运动状态和工况以及驾驶员驾驶操作等人车数据。同时，收集车况、违章、保险、维修等信息，利用模块化的系统结构和 API 快速实施和部署保险策略。车辆在行驶过程中的数据，每 5 秒钟被采集一次，包括大约 30 个数

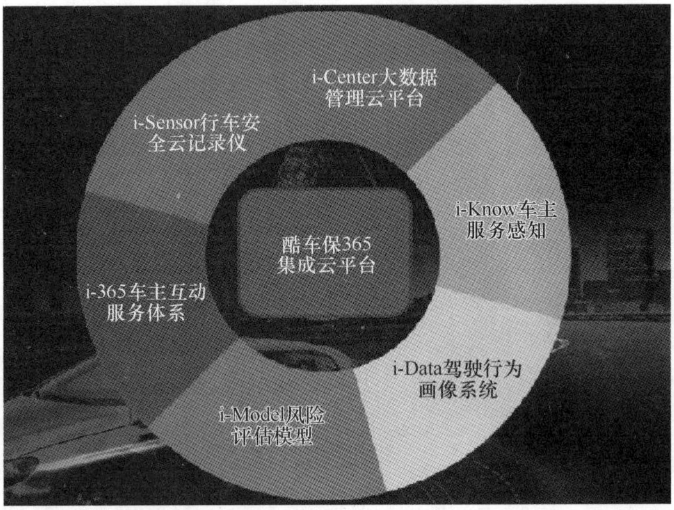

图 7-13　酷车保®六位一体大数据服务体系

据项，每 30 秒采集设备汇总一次，并通过 GPRS 发送到云端。由此，1 万辆车一年的数据采集存储量大约是 10 亿条行车数据，10 万辆车一年的数据处理量超过 100 亿条，数据涉及如图 7-14 所示的多种维度。

同时，建立基于如图 7-15 所示的大数据管理云平台的海量数据评估模型。这一模块中包括八个子模型：驾驶行为风险模型、车型故障风险模型、区域风险模型、道路等级模型、时间风险模型、车主行为风险模型、里程因子定价模型和燃油量定价模型，在历史数据和实时数据中提取出包括历程、车况、时间、驾驶天数以及驾驶习惯等多重维度的定价因子，针对相应需求进行风险算法运算。

如图 7-16 所示的网络结构图，通过利用这一模块，能够比较并优化调整多个核心参数，生成时间向量的静态统计，自动匹配索赔数据和驾驶行为，预期能够令保险公司综合赔付成本降低 20%～30%，同时增加用户粘性，提升续保率。

总体而言，大数据基础上的 UBI 需要具备以下要素：

1）**精准里程，精准油耗：**耗油不准会导致 UBI 模型偏差。

2）**平台对接能力和实战的大数据计算平台：**面对海量用户，实战的大数据平台能力将降低实施成本，提升平滑服务的能力。

3）**多人多车：**这是面向普通消费者的互联网服务的基础要求。

4）**轨迹分段、驾驶行为记录：**作为有效的 UBI 模型设计的基础。

5）**大数据挖掘能力：**这是 UBI 模型逐步完善的重要前提。

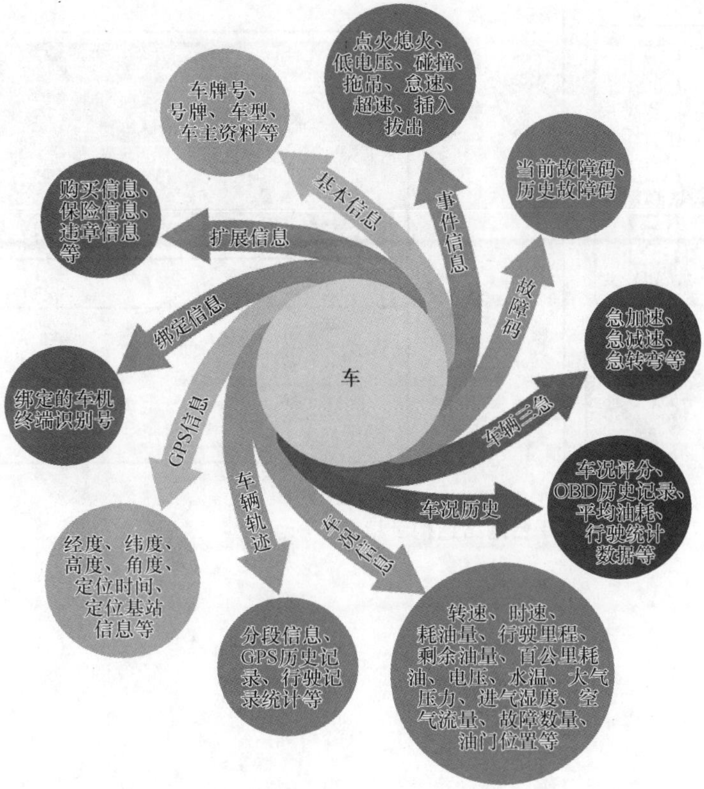

图 7-14 大数据平台存储并处理的数据

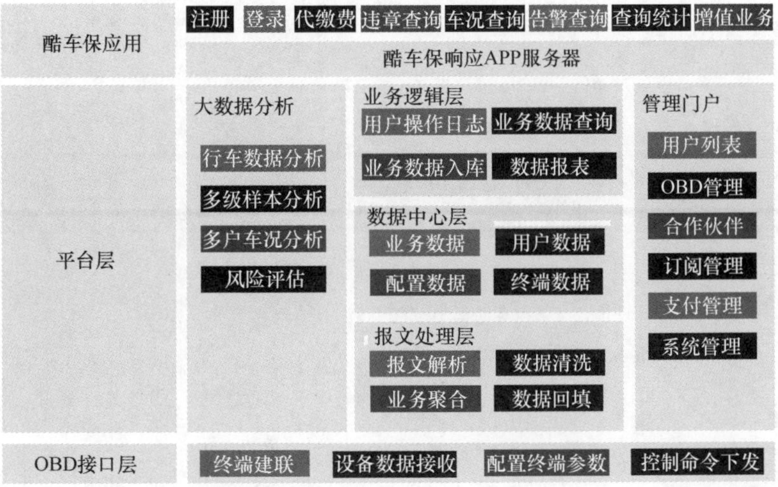

图 7-15 大数据管理云平台

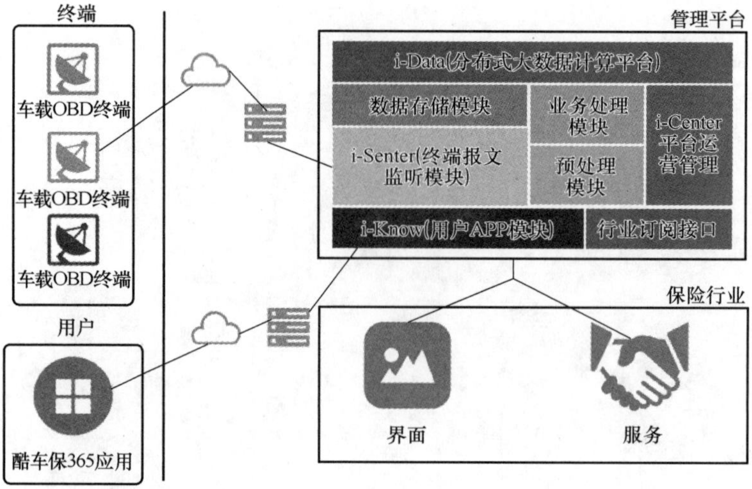

图 7-16　大数据平台网络结构示意图

第八章
制 造 行 业

一、航空发动机设备监测与故障预测

1. 航空发动机：“工业皇冠上的明珠”

飞机的动力之源——发动机（又称为引擎），因其作用重大、使用环境极端、构造复杂精密，以及涉及物理、机械、电子、材料等多种学科和多项技术的综合应用，被誉为“工业皇冠上的明珠”，是人类制造业发展历程中所孕育出最灿烂的精华之一。

经过数十年的发展，目前飞机发动机的推力已经达到约 164 千牛。一对这样的发动机，就足以将最大起飞重量高达 240 吨的空客 A330 飞机从静止快速推进到起飞时的 350 ~ 380 公里/小时，相当于推动 50 头站立不动的大象在短时间内达到音速。然而，发动机作为飞机的心脏，在产生强大动力的同时，也要具备在高空极端环境下长时间稳定工作的能力，以确保飞机飞行的安全。因此，无论生产商、运营商，还是航空公司，都非常重视对发动机工作状态的监控，并将对发动机的安全维护作为飞机正常营运的前提。

然而，由于过去发动机中配备的传感器种类和数量都非常有限，使之不能进行全面、实时的监控，同时高空飞行的飞机形成了一个相对独立的受限环境，为数据的存储、传输和实时分析带来极大困难。在软、硬件技术水平未达到一定标准时，飞机只能分别保留传感器在起飞、巡航和降落的三个阶段所采集到数据的平均值，大量实时的数据未能得到采集或留存。

因此，在相当长的一段时间内飞机发动机的维修主要通过定期检查保养的方式来完成，但这并不是万无一失的。在定期维修之外，只有当传感器发送出发动机已经出现明显的故障警示信号后，人们才能得知发动机的异常并据此进行事后维修。显而易见，事后维修所承受的风险和付出的成本都十分巨大。

2. 全面监测助力实现发动机的据情维修

幸运的是，更多种类、更为准确、体型更微小的传感器现已投入使用，通过它们形成的巨大数据流也开始得到更便捷的传输、存储和处理。

以罗尔斯罗伊斯公司在飞机发动机中装载的发动机健康管理系统（Engine Health Management System，EHM）为例，这套系统包含约 100 个传感器，这些传感器几乎不间断地采集着发动机工作中各部件任何微小的细节，包括振动、压力、温度、速度等多种参数。

除了大量精密的传感器，EHM 系统还包括信号发射、信号接收、信号分析等模块，能够在飞机起飞、爬升和巡航的各个阶段，将采集到的数据通过卫星传送到进行数据分析的计算机中，从而构成了一个分布在全球陆地和海洋上空、位置时刻高速变化的庞大数据网络。

这一巨大的网络将人们与飞行中的发动机紧密连接在一起，比亲眼观察更加精准有效地在人们眼前展示出发动机工作的每一个细节。同时，这种监测过程会产生出大量需要分析的数据。

据通用公司的统计，采用该公司发动机产品的 15000 个航班，每飞一次的数据汇总后可达 14GB。而罗尔斯罗伊斯公司对其使用中的数以万计的飞机发动机进行实时监控，每年所产生数据的总量达到 PB 量级。这些数据经过机载数据分析装置的处理，能够及时发现发动机超出预警限制的异常，并同时启动故障模式，将故障信息自动发送到地面。

EHM 系统存储的大量数据，经分析后可以作为判断发动机是否需要维修的基础。飞机降落后，机务人员可以从飞机上下载详尽的汇总数据，根据这些数据的变化规律了解发动机的情况，以此更加准确地判断发动机所需的保养措施。

图 8-1 所示的发动机高压系统振动值的变化曲线即为一例，其显示了 EHM 数据中左侧发动机高压系统振动值的变化曲线。这是由记录高压系统振动情况的传感器在发动机工作时以很小的时间间隔定时采集到的。航空公司机务人员在分析 EHM 数据时留意到这一振动值在右侧出现异常升高。尽管并未收到预置的发动机故障报警，但机务人员仍然针对这一异常情况对发动机进行了检查，发现发动机某部件出现微小损伤，而这一隐患由于过于细微，并未触发故障警报，随后厂商及时更换了这一部件，成功避免了一起可能的意外。

上百个传感器连续不断输出的大量数据中，包含着许多类似的细微信息，需要经过淘沙捡金，才能发现发动机所需维护的蛛丝马迹。过去，如此大体量的数据分析，需要大量人工长时间的工作，而现在通过大规模的计算装置和特殊设计的算法，能够更快速和准确地完成。据通用电气公司软件副总裁 Bill Ruh 透露，将所需的数据分析一遍以找到一个维修问

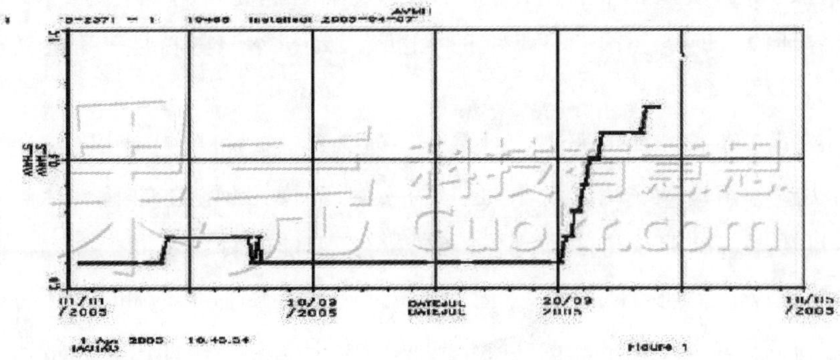

图 8-1　发动机的 EHM 数据中左侧发动机高压系统振动值的变化曲线（来自罗尔斯罗伊斯公司）

题，用传统的方法可能需要 30 天，而现在运行主要的分析可以在 20 分钟内完成。快速的反馈令发动机能够得到即时的、富于针对性的据情维修。

3. 预知部件寿命，提高安全保障

更加令人振奋的是，通过在全数据集合中实施特定的算法，能够预知发动机的警情，在发动机出现明显故障之前满足发动机的维护需求。

通用电气公司已经能够快速筛选出 2 万台喷气发动机中不易察觉的警报特征，以此来预测哪些部位需要进行维护。目前该算法能够提前一个月预测发动机的维护需求，预测准确率达到 70% 以上。

以修理费用最为昂贵的零部件之一——高压涡轮叶片为例，在发动机运行时，高压涡轮叶片将承受近千摄氏度的高温和高压气流考验。处于这一环境下，叶片一旦接触到空气中的污染物就会发生化学反应，并随着时间推移逐渐遭受腐蚀，从而造成叶片损伤。准确预测叶片需要维修的时间点，将有助于在保证安全的基础上，减少定期维修所产生的费用。

尽可能多地收集各个来源的数据，有助于扩大数据规模，完善数据集所涵盖的因素，由此才能实现准确的预测。每台发动机每次送修后对于涡轮叶片的维修报告是预测所需数据最重要的来源之一，其中包括零部件更换清单等各类信息。数据的另一来源是厂商对于每台发动机涡轮叶片的远程诊断的传感器数据，这些信息最早可追溯到 2000 年。此外，还需要综合从外部引入的数据，比如客机执飞某条航线时所处区域的空气污染情况等。

通过数据整合，为每台发动机收集到与其叶片损伤相关联的数百个参数及其相应的庞大历史数据。通过建立叶片损伤分析预测模型，将这些参数所对应的数据代入进行拟合，基于拟合的准确度来考察参数的相关性和模型的有效性。对其逐一判断后，得到相关性最高的数个参数和有效性最高的模型，以符合实际情况中发动机涡轮叶片的损伤速度。作为关键参数，不同的外界环境、航空公司的日常维护，以及发动机本身的特性，都会对涡轮叶片的寿命造成影响。

东方航空公司已经通过这种方法，对多台东航现役发动机的叶片损伤程度进行了预测，同时也对它们实施探伤检查。两者对比的结果是，依靠模型预测的准确率达到了 80% 以上。

通过在大量数据基础上获得的预测分析结果，厂商能够针对不同的发动机向航空公司提出定制化的检修建议，提前排除可能发生的故障，优化检修流程。同时，还可以通过调整航线安排，降低叶片损伤和报废率，从而降低机队的维护成本。比如由于经常执飞污染程度较高地区的航线，一架客机所配置的发动机叶片损伤程度会更高，发动机公司就会提出建议，让其改飞低污染地区的航线。

预测维修节点，不仅极大地提高了安全性，还能够科学地优化维护周期，使维护效率成倍提升，大幅度降低维护的成本。对乘客来说最切实的感受，则来自于减少的飞行延误——许多人都曾有登机前被机组通知发动机故障的经历，在维护人员的努力下这一因素的比重正逐渐降低。

由于传感器可以设置在发动机内任何合适的位置，因此工作中的发动机是 360°清晰可见的。不仅如此，观测者还能够透过表层，深入了解发动机内部各个部件的工作状态。单独部件的工作状态可以用于维修预测，当数十乃至上百个部件的工作状态都掌握在手中时，厂商终于有能力实现更大的野心：在保持发动机功率的情况下，通过优化各部件的关系而减少燃油消耗。

2014 年，全球各航空公司的燃油总支出超过 2000 亿美元，占行业总支出的约三分之一。如果能在实际使用中使燃气轮机的效能提高一两个百分点，则累积起来将可以节省巨额的开支。这看起来并不可信的期望，是通用电气目前正在实施的项目之一。通过设计合适的算法，寻找多个部件反馈的大量数据之间的关系，综合模拟出这些关系对于发动机能效的影响，数据挖掘的成果将有助于用更少的燃油产生更强的驱动力。

4. 大数据拉近机器与人之间的距离

大数据的观测和分析方法可以从飞机发动机这颗“工业皇冠上的明珠”扩展到更广的领域中。

感测和分析汽车内各部件损耗的即时信息，有助于判断是否应当进行部件更换或汽车维修；对桥梁关键部位的应力信息进行高密度的采集和即时的处理，将能够预测桥梁的安全性能，避免桥梁事故造成的巨大损失；深埋在地底的管道、电脑中封装在密闭壳体内部的电子部件……难以用人眼观测、难以用人力分析、难以得到即时反馈的各种机器，以大数据为桥梁，与人们的距离越来越近。它们更加清晰地展现在人类面前，它们的行为中的规律能够被人类更精准地掌控。这意味着，机器将为人类带来更多的助力，机器本身也将迎来长足的发展。

扩展阅读：劳斯莱斯与 Rolls-Royce

Rolls-Royce 的前世今生

1906 年，Henry Royce and Charles Rolls 在英国曼彻斯特成立了 Rolls-Royce Limited，从事豪华汽车的生产业务。1914 年，第一次世界大战爆发，在商业利益和政府需求的双重推动下，Rolls-Royce Limited 开始生产航空发动机，为英国空军提供了大量航空发动机。至此，Rolls-Royce Limited 同时拥有航空发动机和豪华汽车两个业务板块。

直到 1971 年，Rolls-Royce Limited 投入巨资为洛克希德公司 L-1011 远程宽体客机研制了 RB211 发动机，但好女嫁错郎，洛克希德 L-1011 飞机在与波音和麦道的竞争中完败，资金链断裂导致 Rolls-Royce Limited 宣布破产保护。洛克希德公司也从此退出民用飞机市场，一个型号搞倒两个顶级公司，可见航空工业不是一般国家随便玩的。但 RB211 发动机此后依然成为了世界上最成功的发动机型号之一，罗罗也因此奠定了此后在商用发动机行业的地位。

英国政府为了保护本土航空工业，将 Rolls-Royce Limited 的航空发动机业务国有化，仍称为 Rolls-Royce Limited。而原有的豪华汽车业务卖给 Vickers 公司，改名为 Rolls-Royce Motors。至此，Rolls-Royce Limited 和 Rolls-Royce Motors 已经是两个公司，但 Rolls-Royce Limited 仍握有 RR 的商标。

1987 年，撒切尔夫人推行私有化政策使得 Rolls-Royce Limited 再次私有化，并改名为 Rolls-Royce PLC，并一直沿用至今。现在，从事航空、船舶等工业动力业务的 Rolls-Royce PLC 在中国被称为罗尔斯·罗伊斯公司，简称罗罗。

1998 年，Vickers 公司选择出售 Rolls-Royce Motors，宝马和大众都参与了竞标，但大众还是由于出价更高赢得了竞标。不过由于 RR 的商标仍然控制在 Rolls-Royce PLC 手中，而当时 Rolls-Royce PLC 正在跟宝马联合研制公务机发动机（BR 系列），所以 Rolls-Royce PLC 选择将 RR 商标的使用权转让给宝马公司。大众公司只获得了车头天使吉祥物和进气格栅的使用权，而无法制造劳斯莱斯牌汽车。最后宝马还是从大众手中获得了天使吉祥物和经典进气格栅的使用权，这才有了现在的劳斯莱斯汽车。

Rolls-Royce Motors 在宝马公司旗下被继续发扬光大，这个品牌的中文名称就是家喻户晓的劳斯莱斯。

[引自知乎@胡虎关于问题“飞行器发动机制造商，通用电气、劳斯莱斯、普惠公司的实力各如何?”的回答。]

二、企业转型：搏击风口浪尖

1. 大数据助力企业转型

企业转型是指企业将长期的经营方向、运营模式及其相应的组织方式、资源配置方式进行整体性转变，以重塑企业竞争优势、提升社会价值，从而达到新的企业形态的过程。它具有系统性、跨越性、阶段性等特点，但因其变革涉及观念、组织、流程、人员能力等方面因素，单凭经验和直觉已经无法奏效，因此企业转型需要一套更为科学的方法论。

传统的工业程序大多是依靠机器大工业发展的人力操作程序，随着工业企业所产生数据量的不断增大，传统工业程序已经不能满足日益增长的巨量且复杂的数据需求，加之传感器、物联网和云计算的应用可以更加实时准确地分析数据并提高生产率，这些改变都促使着传统工业企业向新型互联网工业转变。新型互联网工业是全球工业系统与高级计算、分析、感应技术及互联网连接融合的结果，它通过智能机器间的连接最终将人机连接，并结合软件和大数据分析，重构全球工业、激发生产力，为企业和经济体提供新的机遇。传统统计方法采用历史数据收集技术，将数据、分析和决策分隔开来不同，而大数据分析将各种物理方式、行业特定领域的专业知识、信息流的自动化与预测能力和大数据技术相互结合，分析并处理实时数据，达到最大程度利用所有全局数据的目的。

2. 通用电气集团的企业转型

美国通用电气公司（GE）自 1878 年创立至今已走过 100 多年的时间，在经历一个多世纪风风雨雨的过程中历久不衰。它能够取得成功的秘诀在于其凭敏锐的嗅觉紧跟时代发展的趋势，并作出适时的调整。

20 世纪，GE 公司成为世界上最大的电器和电子设备制造公司，产品数量规格超过 25 万多种，设备数量数以亿计，从生产消费电器、工业电器到飞机发动机、导弹系统及宇宙火箭等应有尽有。在电子设备制造方面取得了巨大的成功。

进入 21 世纪后，互联网时代拉开了序幕，物联网、云计算等技术开始出现并逐渐发展成熟，且产生了大量数据。仅仅依靠机械化生产的传统制造工业无法适应这个信息量爆炸的时代，因此 GE 公司于 2012 年提出工业互联网概念，并开始逐步从传统电子设备制造向数据型企业转变。而其产品设备产生的所有数据就是进行企业转型的基础。

相对于其他工业公司来说，GE 的优势在于它本身就是很多机器和设备的制造商，GE 在约 20 亿台与互联网连接的工业设备中嵌入传感器、人工智能科技及数据软件，以此收集海量数据并对其加以分析，而后用于指导客户的工业机械使用效能的提高，GE 公司的工业互联网模型如图 8-2 所示。

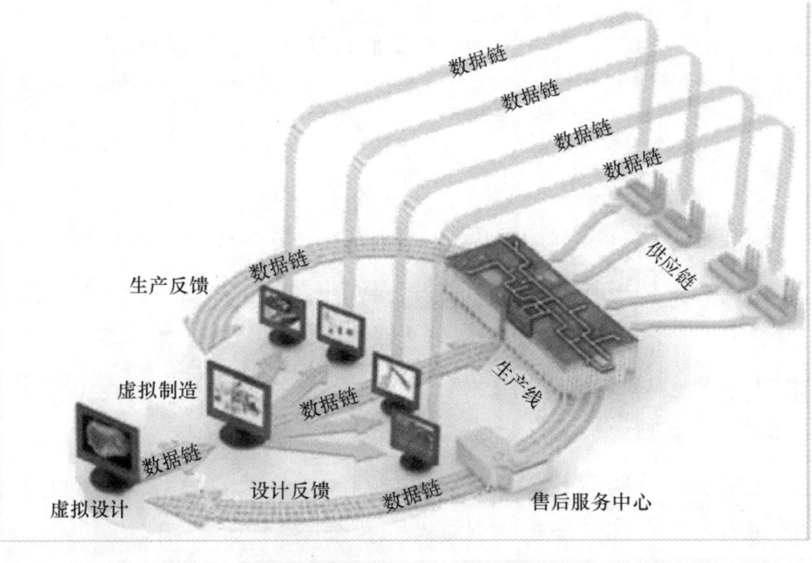

图 8-2　GE 公司的工业互联网系统

其中，GE 与亚洲航空公司的合作就是成功的案例之一。

在航空领域，燃油费价格和天气变化的风险越来越大，因此要求飞机能够有效地操控并削减燃油成本，以便提高飞机的运行效果并吸引更多的顾客。因此，GE 为亚洲航空公司部署了飞行效率服务（FES），在超过 160 个飞机上安装传感器，监测每年超过 34 万次航班的飞行数据，然后将这些大量复杂的数据通过互联网进入 Predix 软件平台，根据提供的资产性能管理（APM）进行处理分析，精准地给出飞机更为理想的操控方式，从而削减燃油成本。

比如飞机着陆时，通过调整主翼上襟翼的控制方法，可以减少燃油消耗；通过改变下降时的速度，可以进一步提高燃效。此外，FES 还可以帮助亚航优化交通流量管理、飞行序列管理及飞行路径设计等。此方法使得亚航在马来西亚航线的一次飞行就可以减少 60 千克的燃油消耗。预计到 2017 年，GE 将帮助亚航节省高达 3000 万美元的燃油开支。

为了提高飞机飞行效率，减少飞行事故及燃油消耗，传统工业制造业倾向于研究更加高效、低能耗的机器，但同时带来了研发成本偏高、产品更新速度偏慢的弊端，在经历天气等不可预知因素的影响时飞机的情况亦不可操控，风险较高。而安装传感器并对产生的大量数据进行实时联网监控汇总和分析，一方面减少了研发新发动机的时间，另一方面也可以根据当时的飞行情况及时地作出调整，减少燃油消耗，提高飞行效率，降低意外发生的风险。同时，Predix 软件平台会将每次航班的实时飞行数据进行存储，并将所有航班的数据汇总之后加以分析总结，用来预测在相同航线和飞行条件下航班可能遇到的情况，提前预防并加以改善，可以提高飞行效率并减少损耗。在减少油耗费成本的同时，飞机票的价格也要相应降低，这样可以吸引更多顾客购买低价机票，提高航空公司效益。

据报道，GE 公司的成功转型为公司每年增加了 10 亿多美元的营收，提高了企业的创新力和竞争力。

3. 对中国企业的启示

GE 推进工业互联网发展的战略方法，对中国企业具有重要启示作用。虽然 GE 并不擅长信息技术，但它拥有着如思科、IBM 和英特尔等信息技术领域的众多合作盟友，使它与其他企业“高度互补”，促进了 GE 数据分析能力的进步。

反观中国工业企业和互联网企业的关系，互联网企业虽然发展迅速，但也仅仅停留在商品流通和服务领域，并未与工业真正结合。

不仅如此，通用拥有着明确的企业目标，时刻保持旺盛的活力，在变化中求生存，有预见和适应竞争的能力；从内部的经营能力来看，一个庞大的 GE 用企业文化、管理创新、组织改造、人才技术保证了公司大而不乱、决策灵敏、执行力强。这些都是值得我国企业学习和借鉴的宝贵经验。

三、事故征候与安全生产

1. 防患未然：海因里希安全金字塔

工厂或工程中的故障和事故，轻则妨碍生产，造成经济损失；重则损伤人体，造成人身伤害。因此，无论是制造工厂还是工程施工项目，“安全第一”都是最高的法则。如何避免事故发生，提高安全保障，是制造和施工业中主要的研究课题。

50 多年前，美国安全工程师海因里希（Herbert William Heinrich）将有纪录的55 万件机械事故进行了统计和分类，发现其中死亡或重伤与轻伤及无伤害事故的比例为 1∶29∶300，由此得出一个重要推论：当一个企业存在 300 个隐患或违章（或被称为未遂先兆）时，将有很大概率发生 29 起轻伤或故障，且其中将有一场较大概率的重伤、死亡或重大事故，呈现如图 8-3 所示的海因里希金字塔分布。

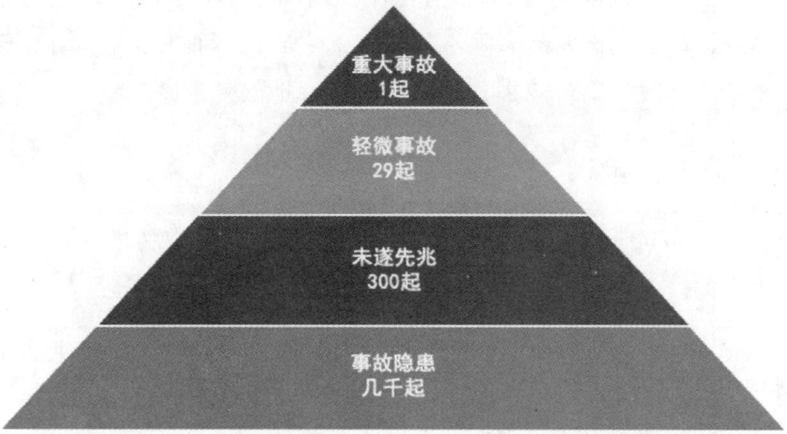

图 8-3　海因里希安全金字塔

对于不同生产过程、不同类型的事故，上述比例关系不一定完全相同。但是该统计规律说明，很多微小无伤害的事故都包含着重大伤亡事故的隐患。理论上来讲，如果能在事故发生前，抓住时机及时消除不安全因素或发现隐藏的事故征候，那么许多影响生产效率和安全的事故都是可以避免的。

2. 现代工厂中的复杂数据源

过去在工厂中，人们一直试图收集数据，以更多地掌握生产过程中设备和人员的运行情况，避免重大事故的发生。随着传感技术的进步，数据也在成倍增长。然而，制造工厂面临的困难不仅在于数据的规模庞大，而且数据的来源也十分驳杂。

以工厂中的一个压力探测点为例，过去的气动变送器每 30 秒采样一次，且当压力超出警戒点时，就会输出一个“高压”警告信息。替换为智能变送器后，大大提高了压力的采样频率，1 秒即可采样一次，相应的数据信息量增加了 30 倍。且与之连接的分布式控制系统的默认警告数据包括了高、高高、低、低低、诊断信号及变化率警告等六项。此外，它还记录前次校准的时间、校准操作人员、下一次将在何时校准、压力数值超出特定值多少次、压力是否出现了浪涌等信息。而这些仅仅是现场设备中一个压力传感器产生的数据。

在控制系统方面，操作员行为、操作员日志、库存收据、调度等这些过去无法有效记录或利用的数据都可以通过信息系统收集并成为新的数据源。此外，它还可以收集包括维修工作需求、设备停机、失效记录。事故报告系统还会记录意外事件及未遂事件等用于衡量工厂工序可靠性的信息，例如误操作等。许多工厂还设有实验室，通过实验室信息管理系统收集试验样品分析数据。

总体而言，人们面对的数据量与30年前相比，增加了不止200倍。它们来自不同公司提供的不同控制系统，虽然它们安装时间不同，相互之间并不兼容，但都在源源不断地产生新的数据。如何将这些的数据整合起来，利用它们更好地保障工序的顺利和安全?

3. 提取先行指标、衡量动态风险

“NM（Near- miss Management)”是一家风险分析预测公司，致力于运用大数据分析技术，提升工业过程中的安全性和可靠性。

NM公司以工厂用于流程监控的在线传感器测量数据及报警数据为基础（其中包括实时数据和历史数据)，通过特定算法提取关键风险信息，而后生成先行指标（leading indicators)，衡量例如停产、故障、事故以及操作问题等发生的潜在风险。

系统对海量数据进行分析后，提炼出一个代表流程整体风险的指标——“动态风险因子”。它通过细分的“动作分析”“可能性分析”和“导数分析”系统，在最底层的数据层面上寻找风险的来源和性质，以便及时部署资源、安排维护，甚至能够提前数天甚至数周解决隐患问题。

例如，一个在高需求生产中突发停产的炼油厂。由于一个液体催化裂解单元在工序受到扰动影响时，自愈能力逐步失效，直至某日该扰动越过了控制系统的限制，导致突发停产。NM公司采用动态风险分析系统对其进行事后调查，分析了超过18个月的数据，发现这一失效过程数月前就开始了，但工厂现有的安全机制并未发现这一隐患。

动态分析系统（DRA）显示，数个变量在停产前都出现了风险水平的上升，说明它们与正常、长期的工作状态出现了明显背离。但这种背离无法在标准的曲线、趋势和可视化数据中发现。同时系统还发现停产前，一个立管的压差变量对先行指数影响很大。图8-4所示为作为先行指标的影响因素之一——“(超过安全限制后的）停产概率”这一指数，在几个月间逐渐增大到58%。然而由于传统的风险评定工具中存在盲区，因此工厂管理人员没有及时发现状况正在变糟。

通过对全局数据进行分析，不仅可以使人们动态地洞察风险水平的变化，从而及时发现和解决问题。还可以用来事先部署主动措施，以防止和避免运行中的问题。

DRA 分析技术的重要作用之一，在于它可以识别正常状态升级到不正常水平的可能性，并明确展现出这些风险。在另一个案例中，NM 公司研究了一个工厂发生的酸失控事故，事后工厂也未能厘清事故原因。酸失控是指在化工厂的某些化学反应中，由于参与反应的酸浓度偏离一定值时副反应加速，使酸浓度进一步偏离稳定值，造成反应失控和生产中断事故。

经 DRA 系统分析发现，该工厂事故的发生是一个渐进的事件，而非人为差错造成的突然崩溃。从图 8-5 所示的风险水平变化可以看出，在事故前数周，分析变量之一就曾显现出超过临界水平的明显趋势。曲线中能够看到明显的两个周期，表明其发生了两次未被发现的未遂事故，对应着高风险隐患事件的发生，但现有的风险评定工具并未捕捉到。如果管理者能够得知这一信息并作出相应措施，则显然能够避免事故的发生。

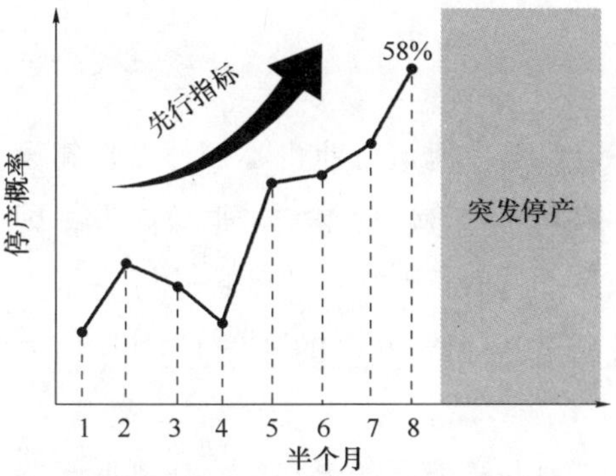

图 8-4　在停产前不断上升的先行指标影响因素：停产概率

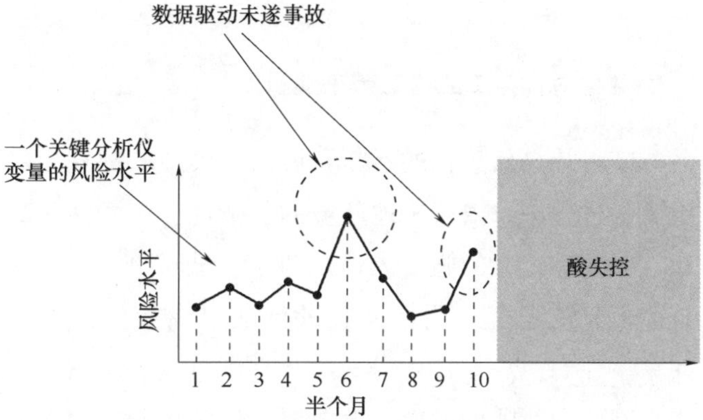

图 8-5　酸失控中先行指数指示的风险水平变化

总体而言，有许多类似酸失控的工序状态，很难通过现有的趋势分析和可视化技术检测发现。此时，大数据分析能够把这些潜在的隐患展示在人们眼前，从而体现出巨大的价值。

在大数据的洪流中，能够生成有效体现风险动态变化的指标，不仅可以使工厂避免每年由于突发事件停产而造成的上百亿美元损失，更能够为安全生产、安全施工提供有力的连续保障。

第九章
工程建造与项目管理领域

一、保障施工的高效安全

1. 大数据时代为工业施工带来契机

随着社会信息化的不断发展，许多领域都充斥着海量数据，建筑行业也不例外。在建设施工的过程中，由于工地环境的复杂性、多变性、高空作业的危险性使得安全事故频发，因此，需要有经验的施工人员从进度管理到项目变更决策，根据自己的项目经验进行决策支持。但只依靠个人项目经验进行项目决策，很难做到全过程、全方位的实时监测及信息共享。

互联网行业的发展及大数据时代的出现，为工业施工的发展带来了新契机。建筑业承载着数据量巨大且种类复杂的项目数据，外加云计算、传感器和 RFID 等技术的日益成熟，建筑行业会有一次飞跃式的发展，实现信息化、精细化管理，将会成为工业工程发展的新方向。

2. 智慧工地助力建筑大数据

智慧工地又称全国智慧工地大数据云服务平台，是由湖北恒信国通信息产业有限公司研发的大数据服务平台。智慧工地的整体架构如图 9-1 所示。施工现场装有智能传感设备，用来采集包括粉尘数据、噪声数据、升降机数据、塔吊数据、温湿度数据、RFID 数据和其他传感数据在内的所有结构化或非结构化数据以建立数据库。施工现场安装了两百多万台用以记录工程监督、项目进度、设备及人员安全等情况的高清网络摄像机，同时也是施工数据的重要来源。想要快速处理这些大量复杂的数据并发挥其作用就需要高内存的存储系统及高效

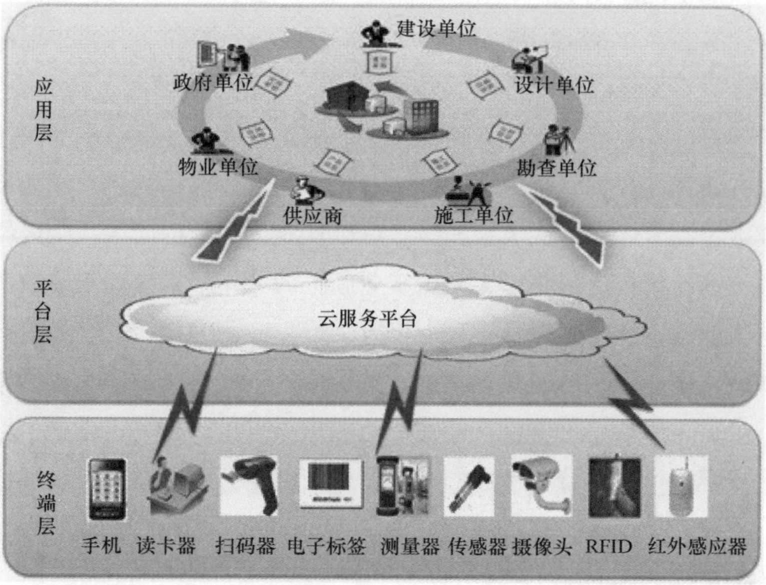

图 9-1　智慧工地的整体架构

率的运算平台。

采用云存储系统，不仅可以支持海量的数据存储并应用集中存储的管理方式，保障存储的安全性、稳定性和可扩展性，且在存储的过程中通过对数据进行智能提取和浓缩分析，可节约存储空间和成本。此外，云分析平台还可以将大量种类复杂的数据以云的方式进行存储、二次深度分析及预测判断结果。通过大量的分布式计算机，施工时可以按需访问计算机和存储系统。

经过云计算处理的数据最终利用建筑信息模型 BIM 进行设计并投入应用。BIM 技术是一种应用于工程设计建造管理的数据化工具，通过参数模型整合各种项目的相关信息，并进行传递和共享，使施工人员对各种建筑信息作出正确理解和高效应对，提升项目生产效率和建筑质量，缩短工期、降低建造成本，实现项目现场的智慧化管理。

综上所述，智慧工地主要利用技术、商务和生产三条业务管线，来实现项目的开源节流。通过商务管线的智慧应用提高项目二次经营的收入和能力，不仅有效控制了材料支出，进而加快工程进度，控制成本，同时也提升了工作效率，降低了不合理设计带来的返工和变更。

建筑行业被称为仅次于采矿作业的第二危险行业，如何安全应对事故多发地的工程施工，做好施工现场管理、控制事故发生频率是施工企业和政府部门最关注的问题之一。应用智慧工地安置的大量不同类型的传感器，实时收集复杂多样的工地数据，以及利用其实时性特点，在无人干预的情况下对其实现全天候的智能环境监控、工程车辆监控、现场人员监控、特种设备管理等，并在第一时间对危险、违规情况进行报警，保障工地施工顺利进行和施工人员的安全。

此外，由于项目的系统性和负载性，使得工业施工普遍存在低效率的问题，而应用大数据分析技术可以有效提高数据管理效率。以工业施工的绩效评估为例，绩效评估常常出现指标过多、评价成本过高等问题，而大数据技术可以从庞大的数据库中找到最符合项目要求的绩效指标，即关键绩效指标，这将大大减少工业施工的工作量，提高管理效率。

同时，传统工业施工方法在质量管理上以人工检查监测为主，它容易造成各个部门的信息沟通不畅，使得建造速度和质量参差不齐，且易产生不合格产品。大数据的应用能够对技术要求高、施工难度大的某个工序重点监控，例如操作人员、材料、设备、施工工艺等，并且针对质量通病或容易产生不合格产品的工序，提前制定有效的措施，重点控制。

二、施工中项目管理科学化

1. 工程项目管理的发展

项目管理是第二次世界大战后期发展起来的重大新管理技术之一，起初由美国军方应用于实现关键性途径方法（CPM）及项目评估和反思（PERT）技术。这些传统项目管理带来了工程项目的巨大发展，使得各项工作有条不紊地进行。20 世纪 70 年代以后，各类项目日益复杂、规模也逐渐增大，项目外部环境的变化莫测，这些改变使得传统的项目管理方式不能满足于不断增大的项目需求量。

20 世纪 80 年代后，项目实施者投入大量的人力和物力去研究和认识项目管理的基本原理、开发和使用项目管理的具体方法。在这种背景下，项目管理逐渐形成了自己独特的理论和方法体系。主要分为三大类：一是以欧洲为首的体系 ICB，由国际项目管理协会（IPMA）编制；二是以美国为主的体系 PMBOK，由美国项目管理协会（PMI）编制；三是以英国为主的体系 PRINCE，由英国政府商务部（OGC）开发。这些体系通过应用计算机技术来解决项目中琐碎问题的查找和归类，实现有序的项目管理，同时有效提高了工程项目的管理效率。

但是，纵观目前工程管理现状，计算机应用技术在工程项目管理上的运用还存在着诸多问题。首先，管理数据的不断增多使得在计算机硬件上的资金投入增加，给企业造成很大的负担。其次，市场上的工程项目管理软件数不胜数，而且由于项目之间的差距，很多软件并不能很好地适用于所需项目。最后，计算机技术的应用，需要知识面广、受过专业培训的技术操作人员，才能不断应对日益复杂的计算机技术操作。在此背景下，大数据方法开始应用于工程管理，并为企业带来崭新的前景。

2. 卡特彼勒诠释工程管理大数据

卡特彼勒（Caterpillar）是一家全球性的重型机械制造商，以稳重、规矩而著称。但面对网络时代的快速发展，卡特彼勒也做出了积极的调整以迎合数据发展的需要。卡特彼勒在工厂投放了数十亿台无线设备和感应器，这些设备在配件制造流水线中的几乎每一个环节都会产生庞大繁杂的系统数据，其被采集之后，以分类的形式安全存储在卡特彼勒数据创新实验室里，为公司提供有效的数据管理方案。

首先，它们能够帮助流水线的监管者透过数据来优化生产效率，调整人员配置，改善物流配送流程并进一步降低设备的保有和运营成本。比如，在采用卡特彼勒的数据管理方案之后，一家面包公司宣称每天能够多生产出 18 万磅面包（是之前产量的 2 倍），且可以通过互联网分析历史数据和实时数据来监控生产状况。此外还有卡特彼勒帮助客户打造未来矿山，利用物联网控制重型设备，同时获取重要的使用数据，并以此优化设备运行路径、减少停机时间。这使客户公司的成本与靠人力操控的矿山相比大约减少了 13%，而产量却增长了 14%。

其次，卡特彼勒在 2015 年推出的 MAI（Marine Asset Intelligence）系统为船舶行业设备提供全面监测、分析、诊断和建议方案。一旦发现受监测设备中的某个参数有所偏离，系统就会将相应的数据报告分析及时反馈给船舶负责人，通过及时沟通，指导现场故障排除和维护工作。

利用数据的实时性，卡特彼勒可以实时监控工程中各个环节，在发生系统错误或员工问题等传统工程管理所无法预料的情况时，能在第一时间了解到并做出应对措施，将损失降到最低。通过数据报告分析，可以准确地判断出现问题的环节步骤并对其进行提前预测，使问题得到有效的解决，同时给予日后维护保养的建议，帮助企业快速有效率地进行工程项目管理。

3. 法国电力集团大数据运营方案

法国电力集团（EDF）成立于 1946 年，是一家国有综合性跨国能源公司，在核电、水电和可再生能源等清洁能源领域具有较强的国际竞争力，是欧洲最大的电力生产体系，服务的国内客户约 3000 万，海外客户超过 1500 万。庞大的客户群会产生大量的信息，如何对这些蕴含丰富内涵的信息进行分析成为EDF在企业运营分析管理中亟待解决的主要问题。

在客户关系管理的数据库中，职能服务型的运营分析中心通过对用户进行包括客户名称、电费计价方式、客户用电行为特点等在内的信息进行全面搜索，收集分析所需的相关数据。然后，对其内部数据进行清理，对外部数据进行整合，并采用神经网络、聚类、回归分析等方法对数据进行按需分析，预测电力需求侧的变化、区分客户群特点及消费规律。在全面了解客户情况的基础上，按照客户的忠诚度、利润率、生命周期价值及新推出产品的相关性对客户进行打分，为销售、营销和财务控制在内的六个业务部门提供客户行为分析支撑，以改善部门的服务质量并实现客户留存的最大化。图9-2所示为法国电力数据运营分析框架。

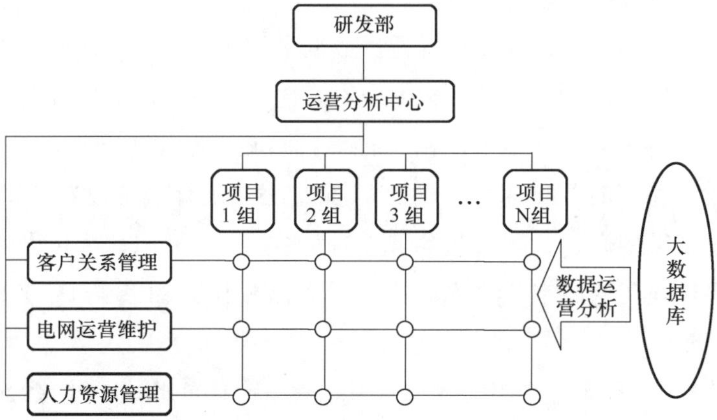

图9-2　法国电力数据运营分析框架

法国电力集团采用数据方法进行各部门的管理，取得了良好的销售业绩。

一是为相关部门提供一致的业绩指标（KPI），按照客户领域和销售渠道预测各类一级市场和大众市场内的中小企业及家庭用户的电力消耗和需求趋势，从而帮助营销部门更为精准地寻找目标客户，推出更具盈利性的新产品，进而保留客户并扩大市场份额。通过评分，法国电力营销部门把营销工作的重点对准那些对新产品比较感兴趣的客户，以更低的成本赢得高达15%的新客户。

二是根据客户的要求对产品和服务进行改进，为新的商业活动更好地分配资源、改善服务。例如，通过对来自客户的问题进行区分，确定哪些问题比较重要或耗时，从而使呼叫中心的相应速度提高10%。

三是借助分析型研究成果对客户的服务方法实现本地化，通过为客户提供更好的商业信息来实现地区服务自治，提高法国电力在商业运作上的灵活性。

法国电力认识到其 IT 部门在面对整个组织等跨专业、全局性问题时有一定的能力局限性，因此利用各个部门所产生的巨大且种类复杂的数据进行集中处理，打破了传统方法的局限性，促进了数据管理经验的分享及规避个人处理能力的不足。同时利用实时产生的数据也可以针对不同地区的销售情况进行调整，以便更好地分配资源、改善服务。

4. 给工程项目管理的启示

数据研究和分析是企业适应市场需求变化的重要基础手段，上述成功的工程项目管理案例对中国其他企业进一步挖掘数据资源价值，提升企业效益提供了如下启示。

强化数据资产经营管理理念。企业在长期运营和向消费者提供服务的过程中，积累了大量的数据资源，因此需要实现紊乱的数据资源向有效数据资产的转化，加强数据资产的利用与管理。

建立数据资产专业管理机构。独立的组织机构是强化数据资产管理的重要基础，国内大部分企业目前对数据资产管理尚偏于分散，缺乏数据资产的统一管理规范、管理标准与管理职责，数据资产价值的发掘有待增强。

提升数据分析处理能力。数据分析处理能力是挖掘数据资产价值的关键。实现有效的数据分析处理需要良好的数据基础和有效多样的数据处理模型与方法，这就需要企业建立统一规范的数据标准和全面及时的数据库。

促进数据资产价值增值。通过对市场变动与消费者行为等大数据的深层次分析，为企业拓展业务领域、创新盈利模式、推进企业转型升级提供有效决策支撑，使企业在获得直接经济效益的同时增加企业的潜在价值。

第十章
人工智能领域

一、随时候命的机器翻译

1. 机器翻译的诞生和发展

机器翻译是指不依靠人力，而是利用计算机把一种自然语言转变为另一种自然语言的过程。

机器翻译起源于冷战时期，当时美国需要迅速翻译所掌握的大量苏联资料，但缺少翻译人员，这一需求推动了机器翻译的诞生。1954 年，IBM 以 250 个词语、6 条语法规则为基础，将 60 个俄语词组翻译成了英语，取得了机器翻译的巨大突破。然而不久之后研究人员发现，机器翻译比预想要困难得多：不仅要让计算机理解语言的常用规则，还必须教会它应对各种特殊的语言情景，在当时，这种没有边界的情景穷举很难实现。20 世纪 80 年代，IBM 提出了一个新的想法：与向计算机输入语言规则和词汇不同，他们试图让计算机自己估算，为了翻译另一种语言中的某个词 A，英语中的某些词 B、C、D 能够分别表示其准确含义的可能性，然后将最可能的词选定为翻译的对等词。这一思路把翻译问题变成了一个基于数据库的数学问题，使机器翻译的能力在短期内产生了质的飞跃。随后，IBM 在名为 Candide 的项目中花费了约十年时间，成功将 300 多万句英语资料译成了法语。然而，由于计算能力、数据集和算法的限制，当时机器翻译未能达到“智能”水平，没有走进主流的翻译领域。

2. 谷歌翻译开创大数据翻译时代

2001 年，谷歌（Google）公司开始研究机器翻译，跳出了两种语言互相对等匹配的传统文本翻译思路，不再仅依靠两种语言之间严格对应的语法词法联系，而是用算法代替语言学家，用数据代替语言本身。

谷歌将不同种类的语言视为具有内在相关性的“数据”，而不是一个个孤立的语法组织。基于全球互联网中海量的多语言资料，谷歌构建了更大、更庞杂的语料数据库，以此为基础进行数据之间的“匹配”。2006 年，谷歌发布了包含上万亿条信息的各类语言翻译的语料库，规模达到此前其他语料库的数百万倍，总量相当于950 亿句英文。在这一语料库中，包含了从互联网中搜集到的各种语言“细节”和平行文本。

由于自然语言超乎寻常的复杂程度，难以构建一个完备的规则体系来高效地进行语义转换，因此谷歌诉诸于统计学和机器学习理论，以上万亿条的巨大语料库作为基础，利用分布式的强大计算能力，设计统计模型并进行机器训练，令机器翻译在效率和准确度方面再次产生飞跃式发展。

机器翻译时，利用算法来比较各种平行文本作为翻译结果的可行性，甄选最贴近真实情况的文本，从而最大限度地反映语言的本意。图 10-1 所示为基于海量数据的机器翻译的训练与翻译过程，在这个过程中，机器学习算法通过训练得到模型，在语料库中搜索其他语言中可能与翻译目标句相互匹配的句子，通过模型判断匹配程度，将匹配度最高的句子作为翻译结果。通过这样的方式，谷歌以一个通用的算法，就可以在全世界各种语言中互相翻译，而不需要为每一种两两语言的互译，分别请语言专家来描述规则和编写系统。

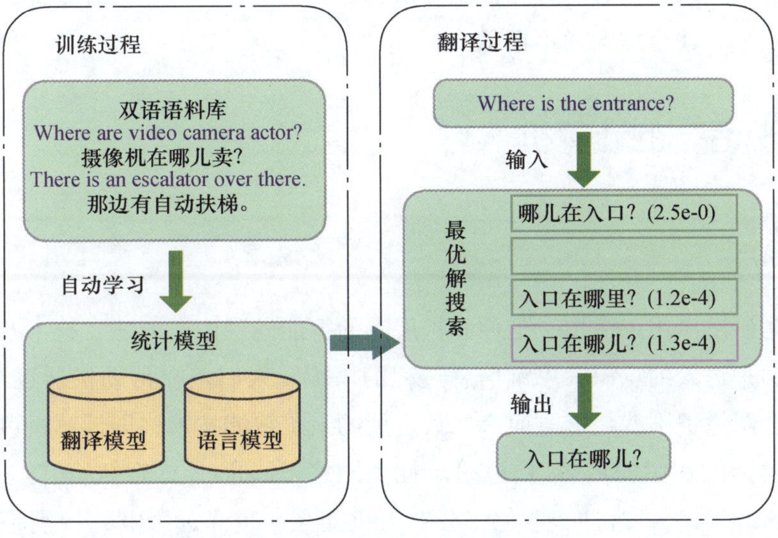

图 10-1　基于海量数据的机器翻译的训练与翻译过程

谷歌语料库的来源是未经过滤的网页内容，其中包含许多不完整的句子、拼写错误、语法错误等，且没有详细的人工纠错后的注解，那么如何产生精准正确的翻译结果呢？事实上，根据大数定律，当随机取样的样本量足够大时，误差将缩小至可以忽略不计。因此尽管谷歌的语料库输入源庞杂，包含很多错误的资料，但数据集合的样本量越大，翻译的精度就越高。

为了提升这一数据库的规模，谷歌吸收它能找到的所有翻译资料：各种语言的公司网站上出现的对译文档、联合国和欧盟等国际组织发布的官方文件中的各语言译本、速读项目中的书籍翻译，甚至互联网中的一些废弃内容都囊括在内。与 IBM 的 Candide 相比，谷歌的语料库更大的不同点在于动态更新。除了已掌握的使用不同语言翻译、质量参差不齐的数十亿页文档外，互联网中正源源不断地产生新的语料和翻译资源，谷歌能够从中汲取新的内容，不断提升语料库的规模。

目前谷歌翻译可以提供 80 余种语言之间的即时翻译，甚至包括网络上极罕见的孟加拉语、巴斯克语、意第绪语及世界语。

3. 机器翻译的未来：让沟通不再困难

虽然现在可以通过一些实用技术让机器模拟人的智能活动及人们对语义的理解，但与真正的智能翻译之间还有一段相当长的距离。真正成熟的机器翻译能够让不同语言的人实现无障碍沟通。

大数据时代的到来对于各行各业都是一次革命，在翻译领域也同样如此，这会使翻译领域达到更高的水平，让全球沟通不再困难。

二、“看图说话”的计算机

1. 让电脑看懂图片

人工智能是研发出用于模拟、延伸和扩展人的智能的理论、方法、技术及应用系统的一门新技术科学，是对人的意识、思维信息过程的模拟。人们正在帮助机器逐渐看见、看懂、理解这个世界。图像识别就是这方面有重大进展的人工智能技术，即计算机可以用通俗易懂的语言向用户解读图片中的内容【注 2】。社交网络 Facebook 首席执行官马克·扎克伯格（Mark Zuckerberg）认为，这种智能化将会对人机交互产生深远影响，特别是对那些存在视力障碍的人来说大有帮助。

2. 深度学习模型下的图像识别

据美国验光学会研究，婴儿在5个月大的时候开始识别颜色和聚焦小型物体，说明人类在孩童时期就已经懂得分辨出图片中的主要角色。但对于人工智能领域中的图像识别来说，这是相当艰巨的任务，它除了需要将视觉和自然语言结合外，还要让机器了解什么是视觉焦点。

过去几年，来自多伦多大学、蒙特利尔大学、斯坦福大学及谷歌的研究团队在人工智能项目上取得了重大进展，他们以图片识别算法为基础，利用人工智能程序观察图片，来获取图片的主要信息，并用精确而清楚的语言描述它。比如 Google Images 和其他面部识别软件，它们不仅可以识别物体，还能将这个物体置入周围环境中，并对其进行描述。

以蒙特利尔大学的约书亚·本希奥（Yoshua Bengio）等人在这方面的研究为例，他们采用的图像识别技术以海量的数据资料为基础，寻找与其要检测的图像最匹配的数据，并通过逐级检索反映图像中各个部分的关系，以达到描述图像的目的。经过 12 万张以上图片的训练之后，机器不仅可以识别物体，还可对图片进行对焦。在图 10-2 所示的机器模拟图中可以看出：每生成一个词汇，计算机识别的“注意力”就会发生变化，由此反映出图片中相关部分之间的关系。

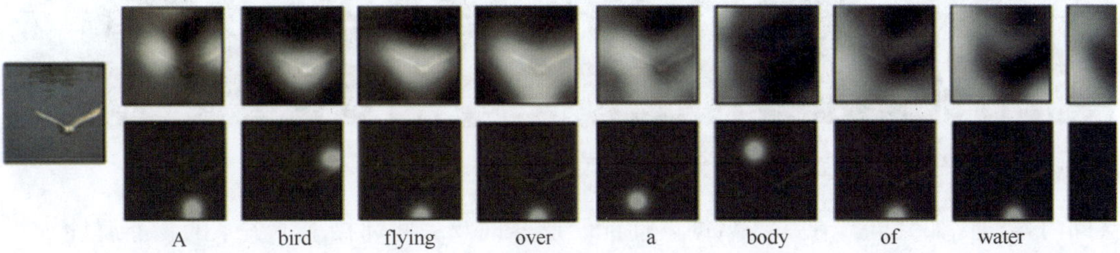

图 10-2　在模拟中机器生成每个词汇后，其注意力就会变化，从而反映出图片中相关部分之间的关系

图 10-3 所示为此机器可正确识别和描述图片中的内容。通过两幅图看出，此机器模型的使用可以明显降低图像识别的错误率。

当机器聚焦于错误目标，或图片上有多个人物，抑或是看起来较复杂时，其描述力会直线下降，不能完全准确地描述出图像。如图 10-4 所示的机器识别案例，由于错误地将女子衣服上的图标当成真正的钟表，因此将图片描述为“一名女子手里抱着钟”。

此外，微软和 Facebook 的研究人员创建了一个含有人工标记的 250 万个物品、超过 30 万张图片的大规模数据库（Common Objects in Context），并建立了深度学习神经网络的机器学习系统。在分析图片时，系统将图片分解成多个小方格碎片，然后去估测这些碎片并检测

图 10-3　机器可正确识别和描述图片中的内容（其中白色区域为参照区，划线部分为匹配的焦点词汇）

图 10-4　机器聚焦错误或面对复杂图片时的表现力

其共同内容，比如共同存在一些名词、动词、形容词及一些邻接上下关系的物品属性等。如图 10-5 所示，识别完整张图片后将一张图片中的多个物品放在一起，最后逐一进行具体描述。该项目的研究目标是“真正理解包括视频、语音、图片、文本等对象的语义”，而不是仅限在语言或颜色的表面形式上。

在人脸识别方面，Facebook 采集并使用了一个名为“户外脸部检测”的全球名人和政客的脸部照片数据库，这个数据库拥有超过 1.3 万张人物照片，他们的发型、穿着及搭配均不相同。借助这个数据库以及卷积神经网络技术，Facebook 只需要不到 5 秒的时间，就能在 800 万张照片中迅速地辨别出使用者的脸，且准确性达到 98%。

3. 理解人的情感

Facebook 的目标并不仅限于此，而是以教电脑学会识别人的情感为目的。它们使用识别

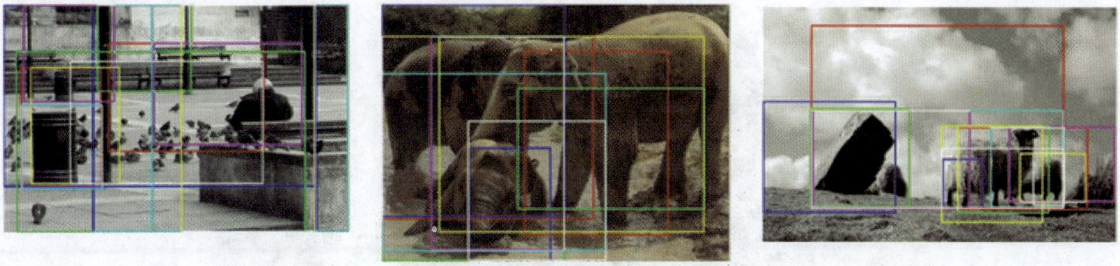

图 10-5　微软建立的系统进行图像识别

技术对不同类型的图像以不同的方法进行训练并加以区分，比如说某张照片看起来非常尴尬，Facebook 可能就会识别这一信息并及时提醒你，是否真的想把这张照片公开到网上。

三、不再遥远的人工智能

1. 智能计算机时代到来

1997 年 5 月 11 日，国际象棋世界冠军卡斯帕罗夫，与一台名叫“深蓝”的 IBM 超级计算机进行了六局规则比赛，最终拱手称臣。这个结果震惊了全世界。

图 10-6 所示的“深蓝”，是一台 IBM RS/6000 SP 32 节点的计算机，拥有当时最优秀的商业 UNIX 操作系统和惊人的计算能力，每秒可检查超过 2 亿个棋步。它创造了智能计算机战胜人脑的奇迹，也开启了人工智能时代。

而后在 2011 年 2 月 16 日，如图 10-7 所示的美国智力问答节目《危险边缘》中，IBM 研制的超级电脑“沃森（Watson）”以超出第二名两倍多分数的绝对优势，击败两名人类对手，且连续三天在比赛中大获全胜。《危险边缘》涉及广泛的学科，涵盖了诸如历史、文学、政治、艺术、娱乐和科学在内的各类主题，选手们要在很短时间内提供正确答案。更困难的是，主持人提出的问题中会包含反语、双关语、谜语和一些意思深奥微妙的表达方式，这对于计算系统是一个巨大的挑战。沃森对自然语言的理解和高速的计算，让它能够应对这种“狡猾”的试题，并最终取得胜利。

沃森是由 25 个 IBM 科学家耗费 4 年时间研制所得，它的内存达到 15TB，有 2880 个处理器，每秒运算速度达到 80T 次浮点运算。沃森收集了 2 亿页知识文本数据，并基于 Hadoop MapReduce 对集群数据进行处理和分析，采用优化的并行体系结构、优化的知识和自然语言处理算法，在 1 秒内完成对大量非结构化信息的检索（这些知识信息文本均来自不同的学科，包括文本、图像等），并实时回答知识竞赛的问答题。

图 10-6　超级计算机“深蓝”

图 10-7　沃森在《危险边缘》栏目中击败两名人类对手，在连续三天的比赛中大获全胜

沃森通过摄像头看到提示板上的文字，并将其转化成文本，然后分析句子、找到关键性的名词、动词，通过100多种运算法则以不同的方式对问题进行分析，并给出数百个可能的答案，当然，这些分析都是同时进行的。之后，对每个答案找出支持及反对的证据，因此这数百个答案中的每一个又再次引出数百条证据，并由数百套算法对这些证据支持答案的程度进行打分，评估成绩最高的答案会最终成为电脑给出的最终答案。比如，当这个答案的评分超过50%，沃森就会做出“按钮答题”的选择。而这所有的计算、选择与决策都在3秒之内完成。

2. 谷歌 DeepMind 的人工智能研究

2013年12月，谷歌 DeepMind 的团队研制的游戏 AI 首次展现了凭借不断试错学习击败人类专业玩家的成绩。虽然计算机会玩游戏已经不算稀奇，但是如果事先不告诉计算机该怎么玩，而只是给它提供控制器、显示器，要求它自我学习，那大部分的 AI 就一筹莫展了。能够自我学习的游戏电脑 AI 的出现，令许多人惊讶于人工智能的快速发展。

谷歌的研究已经报道于《Nature》杂志上【注4】。他们让 AI 通过对游戏视频的观察来寻找模式，然后操作控制器，并获得得分的反馈结果（如高分奖励），在反馈中不断调整控制方式，最后完全依靠自学学会了49种 Atari 视频游戏，其中43种游戏玩得比之前的 AI 都要好，并在23种游戏中击败了人类的职业玩家。

AI 的设计核心是如何让计算机自行发现数据中存在的模式，其解决方案是深层神经网络与强化学习等方法的的结合：用深层学习来了解游戏的状态，找出哪一种行为可使得分最高。深层学习是特征学习的一种，和大多数简单特征的学习方法不同，深层学习方法可以自动地学习一个特征的层次结构。在该层次结构中，不同底层特征和不同方式的组合，可以构建不同的高层特征。而深层神经网络是相对于单层神经网络（感知机模型）而言的。如图10-8所示的深层学习神经网络图，多层神经网络有一个输入层、多个隐藏层和一个输出层（可以是一个向量），以下一层作为输入，每一层通过一个线性或者非线性的函数获得该层的状态。使用深层神经网络可以将大量的原始像素转为输入第一层次的特征。来描述点和线。通过使用第一层次的特征，进而学习到第二层次的特征，来描述眼睛、鼻子及汽车的轮胎等更高层次的特征。通过这种方式，深层神经网络还可以进一步学习更具体的特征描述（如人脸、汽车等）。而这种深层学习的原始像素输入需要大量的数据支持，才可以达到准确的地步。

3. Alpha Go 的胜利

DeepMind 公司并未停下人工智能研究的脚步。2016年3月12日围棋大师与 Alpha Go

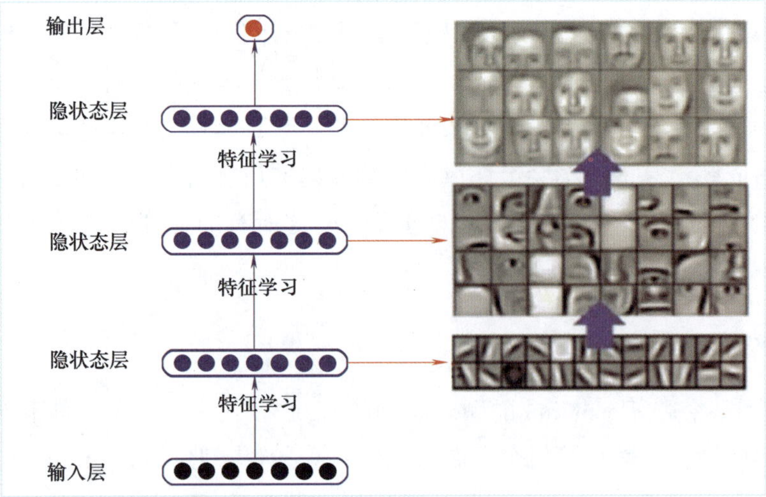

图 10-8　深层学习的神经网络

的对弈，最终 Alpha Go 以 4∶1 的战绩取得胜利，更是震惊了全球。

Alpha Go 又称为“阿尔法围棋”，DeepMind 公司为它召集了 15 ~ 20 个专家，以谷歌的大数据库为基础，提供了巨量的高性能计算资源，建立起了整个 Alpha Go 算法研究的“流水线”，并在大数据库的支持下，对流水线进行训练，促进阿尔法的不断进步。Alpha Go 曾经与其他的围棋人工智能机器人进行了较量，在总计 495 局中只输了一局，胜率是 99.8%。它甚至尝试了让 4 子对阵 CrazyStone、Zen 和 Pachi 三个先进的人工智能机器人，胜率分别是 77%、86% 和 99%。尤其 Alpha Go 曾在没有任何让子的情况下，以 5∶0 完胜欧洲围棋冠军、职业二段选手樊麾。在围棋人工智能领域，实现了一次史无前例的突破。

图 10-9 所示为 Alpha Go 原理图，它总体包含离线学习和在线对弈两个部分。

离线学习过程主要分为三个阶段。第一阶段是利用 3 万多幅专业棋手对局的棋谱来训练两个不同的神经网络“大脑”：落子选择器和棋局分析器，落子选择器即“监督学习的策略网络（PolicyNetwork）”，观察棋盘布局企图找到最佳的下一步；棋局分析器则是以整体局面判断来辅助落子的选择器，通过分类潜在的未来局面的“好”与“坏”；第二阶段是以某一轮的策略网络与训练好的策略网络互相对弈，利用增强式学习来修正和增强该轮的策略网络参数；第三阶段是通过普通的策略网络生成棋局的前 X-1 步（X 是指一个数字的随机变量），然后以随机采样的方式来决定第 X 步的位置（为了增加棋的多样性，防止过度拟合），整个过程利用增强的策略网络参数来完成后面的自我对弈过程，直至棋局结束分出胜负，最后以第 X 步的盘面作为输入特征，来判断输赢的概率。

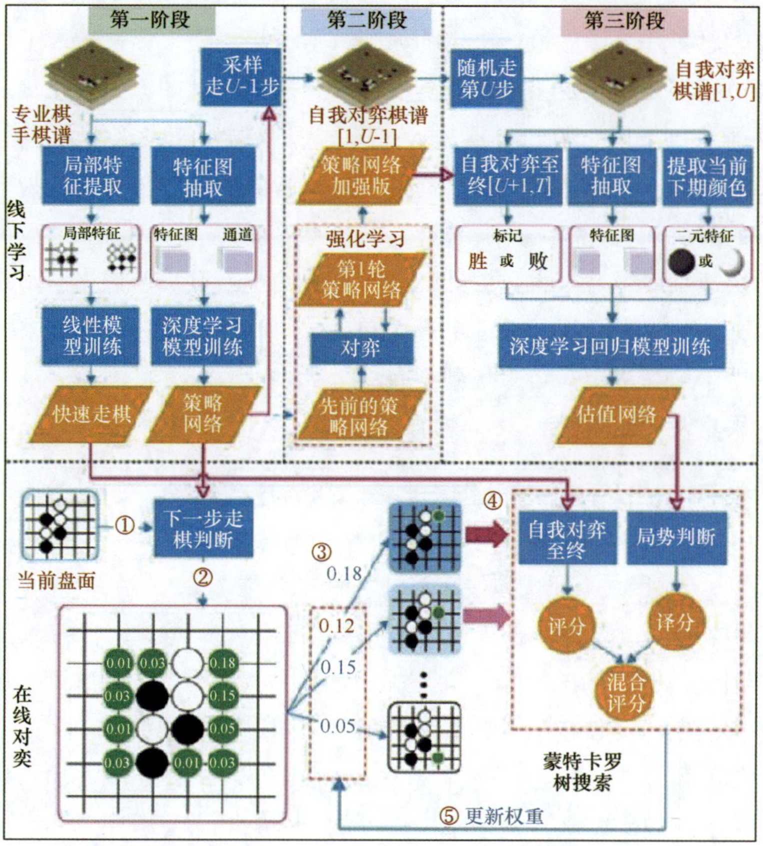

图 10-9　Alpha Go 的工作原理

（来自微信公众号“CKDD”的文章“一张图解 Alpha Go 原理及弱点”。作者：郑宇、张钧波）

在线对弈的核心思想是在蒙特卡洛搜索树（MCTS）中嵌入深层神经网络来减少搜索空间。Alpha Go 并没有具备真正的思维能力。它是通过对当前盘面的落子情况进行分析，并利用策略网络估计出棋盘空地的落子概率及落子后的发展权重，然后通过价值网络和快速走棋网络分别判断局势，最后利用两个局势的综合得分来更新之前那个走棋位置的权重（如从 0. 18 变成了 0. 12），此后以权重最大的那条边开始继续搜索和更新。

这些复杂而不断变动的神经网络系数是 Alpha Go 的独门绝技，要训练这些网络，需要比分布式版本对局时 1200 多个 CPU 多得多的大数据来计算资源。而且这个复杂神经网络的建立，是以大数据的样本量大为前提的，在大数据库的背景下，谷歌可以对其进行任何随机性的数据实验。

在人类进入21世纪之后，计算机研究有了跨越式的进步。人类越来越希望计算机能够拥有像人类一样能思考并可以做最佳决定的大脑，这种想法极大促进了人工智能的发展。各大互联网巨头公司相继开始涉足于人工智能领域，利用其庞大的大数据及复杂的算法，研制出比“深蓝”更强大的智能计算机，促进人工智能领域的快速发展。人工智能是社会发展和自然科学发展的必然。大数据更是大大促进了人工智能的形成与发展，为未来的文化挖掘提供了一个很好的契机。

人工智能的快速发展得益于大数据的发展和算法的不断升级。数据量不断增大，数据种类也越来越复杂，这使得大数据的处理更真实和有效。深层学习算法作为人工智能目前最重要的算法，而深层学习算法也需要采集到拥有充分大的标注且数据维度和足够高的大数据，因此，大数据的采集及运用就是人工智能成功与否的关键因素之一。

扩展阅读：腾讯用机器人写新闻稿

今天（9月10日）8月CPI数据公布，腾讯财经用机器人Dreamwriter生成了一条关于这件事的消息稿。Dreamwriter是腾讯财经开发的自动化新闻写作机器人，根据算法在第一时间自动生成稿件，瞬时输出分析和研判，一分钟内将重要资讯和解读送达用户。

在此之前，美联社已经使用机器人编辑WordSmith写稿超过一年了。目前在国外比较有名的机器人编辑有两个。一个是美联社和雅虎在用的Automated Insights（AI）公司的WordSmith；一个是《纽约时报》数字部门开发的Blossom。

美联社主要使用WordSmith编发企业财报。在采用WordSmith之前，美联社需撰写约300家公司的财报文章，可想而知这并不是个轻松的工作量。在使用机器人WordSmith之后，美联社每季度可以出3000家公司财报，虽然其中仍有120篇需要人力更新或添加独立的后续报道，但显然它替人类编辑承担了绝大部分的工作量。

美联社之所以选择让机器人编辑承担财报工作，是因为该类文章内容往往单调枯燥，并且对数据的准确度和文章速度要求很高，这些都是人类的弱项。

所以美联社与AI公司达成合作，使用他们的WordSmith平台自动生产财报报道的内容，以便让人类编辑可以集中精力到更有深度的采访中。

AI公司的公关经理James Kotecki称，WordSmith平台每周可以写上百万篇文章，系统每秒甚至能生产2000篇文章。他们的合作伙伴还包括有美国好事达保险公司（Allstate）、美国最大的有线电视运营商康卡斯特（Comcast）和雅虎，其中雅虎的足球报道就是由WordSmith自动编写的。

在系统试行前期，每篇自动撰写的报道都会再经过人工处理润色，错误的地方会记录下来并反馈给 AI 公司作调整。但目前系统已经能够不经人工辅助，全自动生产内容。而听说目前机器人所撰写的文章，比以前人工编写的错误更少。

其实，目前 WordSmith 的写作任务主要集中在一些客观的数据类报道，就如上文中美联社的财报和雅虎的体育报道，因为目前机器人还不能够编写出像人类写的生动稿件。尽管如此，仍有人类编辑想要挑战以证明人类的价值。NPR 的驻白宫记者，前任商业记者 Scott Horsley 就与 WordSmith 进行了一场较量。

比赛规则是：Horsley 和 WordSmith 一起坐等 Denny’s 餐饮公司出财报，两“人”同时开写一篇短报道，主要比稿件的速度和质量。

最终结果是速度上机器人胜：机器人 2 分钟完稿，Horsley 7 分钟完稿；质量上人类胜：机器人的文章获得 912 票支持，而 Horsley 的文章获得了 9916 票的支持。

有兴趣的朋友们可以简单感受一下机器人和人类的文风差异（左侧为机器人版，右侧为人类版）。

Story #1

▶ Denny's Corporation on Monday reported first-quarter profit of 8.5 million dollars. The Spartanburg, South Carolina-based company said it had profit of 10 cents per share. The results beat Wall Street expectations. The average estimate of four analysts surveyed by Zacks Investment Research was for earnings of 9 cents per share. The restaurant operator posted revenue of $120.2 million in the period, also beating Street forecasts. Three analysts surveyed by Zacks expected $117.1 million. Denny's shares have risen nearly 6 percent since the beginning of the year. In the final minutes of trading on Monday, shares hit $10.90, a climb of 61 percent in the last 12 months.

Story #2

▶ Denny's Corporation notched a grand slam of its own in the first quarter, earning a better-than-expected ten cents a share, as restaurant sales jumped by more than 7-percent. Operating revenues topped $120 million. Adjusted net income jumped 36 percent to $8.7 million. Denny's is one of the nation's largest full-service restaurant chains. The growth in sales suggests consumers are opening their pocketbooks for pancakes, eggs, and hash browns. Earnings were also helped by lower costs for raw materials. Denny's results were also helped by the re-opening of the high-volume location inside the Las Vegas Casino Royale restaurant. After sales grew faster than expected in the first three months of the year, managers raised their sales forecast for the rema[illegible] of 2015.

左栏：

文章#1

周一，丹尼斯公司（Denny’s corporation）发布第一季度营利，为 850 万美元。这一位于南卡罗莱纳州斯帕坦堡的公司称它拥有每股10美分的营利。该结果超出了华尔街的预期。经Zacks投资研究所调查，四位分析人士预测的平均值为每股营利9美分。酒店经营者公布了在此期间的收入为12.02亿美元，同样超出了华尔街预期。经Zacks调查，三位分析人士预测这一数值为11.71亿美元。从年初以来，丹尼斯的股价已经上涨了近6个百分点。在周一交易的最后一分钟，股价达到10.90美元，在过去12个月中攀升了61%。（编者译）

右栏：

文章#12

第一季度，丹尼斯公司（Denny's corporation）以每股10美分的超预期营利，以及超过7%的酒店销售额跃升，为自己赢得了一个大满贯。它的运营收入高达12亿美元，调整后净利润跃升36%，达到870万美元。丹尼斯是美国最大的全方位服务连锁酒店之一。销售额的增长说明顾客正为薄烤饼、鸡蛋和炸土豆饼打开钱包付款。原材料的成本更低也有助于营利。重开拉斯维加斯皇家赌场酒店内的高容量空间同样有助于丹尼斯的成就。在今年前三月销售超预期增长之后，经营者提高了2015年余下时间的销售预期。（编者译）

不像美联社和雅虎选择和技术公司合作，《纽约时报》的机器人编辑Blossomblot完全是由《纽时时报》数字部门的科学团队研发。

Blossom的想法最初来自《纽约时报》副主编Alexandra MacCallum的灵感。因为编辑每天需要将文章往社交网站等平台进行针对性推送，但编辑很难每天从上百篇文章中，高效、准确、低成本地完成文章筛选工作。因此MacCallum主导开发了Blossom，通过办公协作软件Slack操控Blossom，再利用算法对Facebook等社交媒体上的海量信息进行数据分析。目前，《纽约时报》每天通过Blossom推送300篇文章。

与WordSmith不同的是，Blossom的主要职责并不是写文章，是辅助编辑挑选出潜在热文，以达到推送文章被病毒式传播的效果。目前根据根据纽约时报内部统计的数据结果显示，经过Blossom筛选的文章点击量是普通文章的38倍。

除了以上两个是比较出名的机器人编辑，还有不少也在民间服务着人类：《华盛顿邮报》在使用"Truth Teller"核实新闻的准确性；《洛杉矶时报》的员工设计了智能系统，专注处理地震突发新闻；路透社利用名为Open Calais的智能解决方案帮编辑审稿；《卫报》利用机器人筛选网络热文，生成实验性纸媒产品，每月发行5000份。

附上腾讯财经自动化新闻写作机器人写的那篇新闻稿《8月CPI同比上涨2.0%创12个月新高》：

【国家统计局周四公布数据显示，8月CPI同比上涨2.0%，涨幅比7月的1.6%略有扩大，但高于预期值1.9%，并创12个月新高。

国家统计局城市司高级统计师余秋梅认为，从环比看，8月猪肉、鲜菜和蛋等食品价格大幅上涨，是CPI环比涨幅较高的主要原因。8月猪肉价格连续第四个月恢复性上涨，环比涨幅为7.7%，影响CPI上涨0.25个百分点。部分地区高温、暴雨天气交替，影响了鲜菜的生产和运输，鲜菜价格环比上涨6.8%，影响CPI上涨0.21个百分点。蛋价环比上涨10.2%，影响CPI上涨0.08个百分点，但8月价格仍低于去年同期。猪肉、鲜菜和蛋三项合计影响CPI环比上涨0.54个百分点，超过8月CPI环比总涨幅。

他表示，从同比看，8月CPI同比上涨2.0%，涨幅比上月扩大0.4个百分点，主要原因是食品价格同比涨幅有所扩大。8月，食品价格同比上涨3.7%，涨幅比上月扩大1.0个百分点，其中猪肉、鲜菜价格同比分别上涨19.6%和15.9%，合计影响CPI上涨1.05个百分点。非食品价格同比上涨1.1%，涨幅与上月相同，但家庭服务、烟草、学前教育、公共汽车票和理发等价格涨幅仍然较高，涨幅分别为7.4%、6.8%、5.6%、5.3%和5.2%。

8月，全国居民消费价格总水平环比上涨0.5%。

银河证券的分析报告认为，预计到年末生猪价格将超过上一轮“猪周期”价格高点，如果猪肉价格集中在四季度上涨，并且重合蔬菜上涨周期，那么四季度单月，尤其是12月CPI同比涨幅超过2%的可能性较大。

交通银行金融研究中心预计，未来CPI仍有缓慢上行的可能，部分月份同比涨幅可能高于2%，但全年CPI涨幅将低于3%的政策目标值，物价状况暂不会明显制约货币政策操作空间。

民族证券宏观分析师朱启兵表示，“7月实体经济新增信贷的大幅回落难以持续，预计8月新增信贷再度扩张至11000亿元，货币政策继续维持宽松。”

申银万国证券研究所首席宏观分析师李慧勇表示：“预计后面至少还会有25个基点的降息空间。一方面，实际负利率已不是制约，如果需要可以继续降息；另一方面，降息此前受制于汇率，汇改主动释放了贬值压力。”

8月26日起，央行下调一年期存款基准利率0.25个百分点至1.75%，目前工商银行、建设银行等金融机构一年期存款利率普遍为2%。

居民消费价格指数（Consumer Price Index，CPI）是度量居民生活消费品和服务价格水平随着时间变动的相对数，综合反映居民购买的生活消费品和服务价格水平的变动情况。】

【来自微信公众号“大数据文摘”】

第十一章
基础科学领域

一、科学研究的第四范式

1. 大规模数据分析与“第四范式”

2007 年 1 月 11 日，在加州山景城召开的 NRC-CSTB（National Research Council-Computer Science and Telecommunications Board）大会上，图灵奖得主吉姆·格雷（Jim Gray）发表了演讲——“科学方法的革命”。在演讲中，他首次提出将科学研究分为四类范式（范式即 Paradigm，是指已经形成模式的、可直接套用的某种特定方案或路线）：第一范式为“实验归纳”，即实验科学；第二范式为“模型推演”，即理论科学；第三范式为“仿真模拟”，即计算科学；第四范式为“数据密集型科学发现（Data-Intensive Scientific Discovery）”，即利用大规模数据分析推动的科学发现。其中“数据密集型”的第四范式，也就是现在人们所称的“科学大数据”。

这一分类方式遵循科学发现的发展历史。其中，第一范式是以伽利略为代表的文艺复兴时期的科学发展初级阶段，它开启了现代科学之门。随后理论研究为基础的科学研究模式阶段，科学家们将无法用实验模拟的科学原理通过模型简化，只留下关键因素，通过演算得到结论，比如人们熟知的牛顿第一定律。当时的理论科学与实验科学结合得十分完美，第二范式很快成为了重要的科研范式。

20 世纪中期，冯·诺依曼提出现代电子计算机的架构之后，利用电子计算机对科学实验进行模拟仿真的模式得到迅速普及。不论在基础科学研究还是工程实验中，以计算机仿真为代表的第三范式越来越多地取代实验，成为科研的常用方法。半个世纪之后的 2013 年，诺贝尔化学奖甚至被授予了用计算机模拟开发多尺度复杂化学系统模型的科学家卡普拉斯、莱维特和瓦谢勒。诺贝尔化学奖评选委员会声明：现在对化学家来说，计算机是同试管一样重要的工具。

当时间进入互联网时代，吉姆·格雷认为，鉴于数据的爆炸性增长，数据密集范式理应并且已经从第三范式，即计算范式中分离出来，成为一个独特的科学研究范式，即“第四范式”。

2. 第四范式的应用

与第三范式中先提出可能的理论，再搜集数据，然后通过计算仿真进行理论验证相比，数据密集型的第四范式，是先汇集大量的已知数据，然后通过对海量数据的计算和分析，得出之前完全未知的可信理论。

例如美国艾伦脑科学研究所和哈佛医学院（HMS）、弗兰德斯神经电子学研究所（NERF）科学家共同组成的国际研究团队，利用高通量功能成像技术研究并拟真了大脑皮层神经元网络，获得的科学结论在《Nature》杂志上发表，这也是功能连接组学上的最新样本。

脑皮层是对外界信息进行高级处理的地方，最简单的神经网络也包含了数百万个连接，研究这些巨大的网络是理解大脑如何工作的关键。如图 11-1 所示的皮层神经元网络图，它由一组 100TB 量级的 3D 数据集组成，分辨率达到单细胞层面，其中每一根“线”及它们之间的连接都清晰可见。一些神经元根据它们在大脑中的不同活动方式而被设为不同颜色[5]。

图 11-1　结合高通量功能成像技术制作的皮层神经元网络

这一研究从 10 余年前开始展开，致力于在长期分隔的脑功能（利用核磁成像）和脑连接（利用高精度电子显微镜）这两个神经科学研究领域之间建立起互通的桥梁。研究工作从识别小鼠视觉皮层的神经元开始，制作厚度仅为 30nm 的超薄脑切片，对每个切片上的目标细胞和突触进行拍摄，在 1mm 的深度内产生数万张分辨率达 5nm 的图像，每张图像包含 10 ~ 20G 像素。这些图像被以特定的算法进行处理，重建出三维影像，从而能够跟踪各个神经元并定位它们之间的连接。在这个三维空间中，$1mm^3$ 内的影像数据即达到 PB 量级，而人类的大脑包括约 100 万个这样的单位。

分析这些数据产生了许多成果，包括首个支持以往观点的直接结构证据：那些执行相似任务的神经元之间，比执行不同任务的更容易形成连接，而且执行相似任务的神经元连接更多。研究小组还首次发现了一些解剖证据，证明在皮层网络中存在模块化结构，神经元之间存在支持特定功能连接的结构基础。利用这种方法能确定神经回路的组织原则，甚至可以找到皮层连接的基本图案，作为大脑网络功能的结构单元。

事实上，当今许多研究人员所面临的最大问题，已经不是缺少数据，而是面对太多的数据，却不知道如何使用。因为体量如此巨大的数据，已经难以使用此前的方式去处理、理解、认知和挖掘。

幸运的是，超级计算机、计算集群、超大分布式数据库，以及基于互联网的云计算，赋予人们利用海量数据的能力，这就使研究者们能够在第四范式的框架内，在天文、气象、环境、生物、医学及其他各个方面，从海量数据中挖掘出更惊人的科学研究成果。

二、从 FAST 望远镜到 SKA

1. 天文学制造数据大爆炸

“数据洪水”或“数据爆炸”早已成为天文学界的常见词汇。事实上，天文学是最早迎接大数据挑战的领域。

首先，天文学最早采用（某种程度上是发展了）现代数字探测器，例如 CCD 和数字相干器，并把科学计算作为数据处理的手段，把数值模拟作为一种科研工具。早在 20 世纪 80 年代，在因特网和商业数据库诞生之前，国际天文学领域中 e-Science 的文化理念就已经培育起来。天文数据集的体量从最初的千字节到兆字节，20 世纪 80 年代末发展到千兆字节，90 年代中期到万亿字节，如今则是千万亿字节。天文学家早在 20 世纪 80 年代初就设计了领域内通用的数据交换标准，即 FITS。

此外，美国宇航局（NASA）等空间机构为其空间科学计划建立起一批数据中心，在一定的保护期后把科学数据向全社会开放共享。天文学家的这种做法不但推动了数据库和数据管理工具的发展，也逐渐培育出科学数据开放共享和重复利用的科学文化。这些数据中心成为今天虚拟天文台的发祥地和重要基础。

同时，大型数字巡天计划的出现也成为天文数据的主要来源。利用照相底片做巡天观测，通过扫描实现数字化，这样的传统巡天工作在 20 世纪 90 年代便开始更新换代。传统巡天计划造就了第一个万亿字节量级的天文数据集，即数字化帕洛玛巡天（DPOSS）。这个记录很快便被斯隆数字巡天（Sloan Digital Sky Survey，SDSS）等纯数字的巡天计划打破。除了取得瞩目的科学成果，现代数字巡天计划还改变了天文学的研究模式和天文学家的思维模式。基于现代巡天数据库，科研人员不依赖于望远镜也能做出出色的研究成果。

随着天文观测技术的发展，天文学已经进入了一个信息丰富的大数据时代，天文数据正在以 TB 量级甚至 PB 量级的速度不断增长。

2. 从 FAST 望远镜到 SKA

千百年来人类只是通过可见光波段观测宇宙，实际天体的辐射覆盖了整个电磁波段。射电望远镜在无线电波段观测天体，无线电波可穿透宇宙中大量存在的而光波又无法通过的星际尘埃介质，因而射电望远镜可以观测更遥远的未知宇宙。射电望远镜几乎可以全天候、不间断地工作。但是来自太空天体的无线电信号极其微弱，自 70 多年前射电天文学诞生以来，所有射电望远镜收集的能量还翻不动一页书，阅读宇宙边缘的信息需要大口径望远镜。于是，为了加快对宇宙探索的进程，提高中国的深空探测能力，积极参与国际竞争，中国天文界于 1993 年提出利用贵州喀斯特洼地建造世界最大的单口径射电望远镜，即 500 米口径球面射电望远镜（Five-hundred-meter Aperture Spherical radio Telescope，FAST），如图 11-2 所示，为世界最大单口径射电望远镜的鸟瞰图。

FAST 的球面状主动反射面是由 4600 块单元反射板组成的。尽管固定在洼地上，但每一块单元背后，都是由机器掌控的绳索来调整方向，获得高精度的定位的，这些都是我国独有的技术。

应用 FAST 可以研究许多宇宙级别的问题，例如寻找地外文明。由于星球间的距离太远，因此电磁波信息会混杂在宇宙空间的各种辐射波中，以至于到达地球后都将非常弱（除非信号是定向发送给地球的），微弱的信号可能如同夹杂在雷声中的蝉鸣，如果接收设备不先进的话，则很容易遗漏或难以分辨。所以，天文学家需要一个巨大的“耳朵”，这就是 FAST。它可以收集极其遥远的物体的资料，为寻找地外文明提供巨大的机遇，成为搜寻

图 11-2　鸟瞰世界最大单口径射电望远镜

地外文明最有效的利器。

FAST 也可以用于研究“黑暗双塔”。有科学家作了这样一个形象的比喻：假如全宇宙的物质犹如一个金字塔，那么可见的物质只是塔尖上的一点点，塔中间 23% 的部分是暗物质，塔下那个庞大的基础就是占 73% 的暗能量。FAST 的重要功能之一，就是要用自己巨大的“耳朵”去探寻暗物质和暗能量这两个宇宙中最神秘物质和能量的踪迹。FAST 通过观测中性氢 21 厘米谱线，可以绘制出宇宙结构，从而经过一定测算，来推算、研究暗物质、暗能量的存在。无论这两种假想被证实还是被否定，都将对物理学的未来产生深远影响。因此，FAST 的重要性不言而喻。

事实上，FAST 仅是中国参与建设的国际 SKA 的一个子项目。那么，SKA 又是什么呢？

早在 20 世纪 80 年代，天文学家就开始讨论将全球范围的天文数据整合在一起的可能性，但由于资金的匮乏，这一想法很长时间都未能得到实质性的进展。1993 年，包括中国在内的 10 个国家的天文学家联合提议，建造一个由 3000 台射电望远镜组成的巨型射电望远镜阵列。图 11-3 所示为望远镜网络示意图，它是一个射电望远镜网络，用光缆将每个望远镜连接在一起，以巨型计算机同步处理接收到的数据，从而显示天体的细节。由于它的有效接收面积可以达到 1 平方千米，所以它被人们称为“平方千米（射电望远镜）阵列（Square Kilometer Array，SKA）”。

SKA 是国际上即将建造的最大综合孔径的射电望远镜，由数量多达 3000 个的碟形天线构成。整个阵列中大约 50% 的望远镜天线位于中央核心区的 5 千米半径内，另外的 25% 将外延至 200 千米范围，最后的 25% 将延伸超过 3000 千米，最终所有望远镜被等效为一个反

图 11-3　射电望远镜网络示意图

射面积高达 1 平方千米的超大望远镜。SKA 建成后，将比目前最大厘米波综合孔径望远镜 JVLA 的灵敏度提高 50 倍，搜寻速度提高 10000 倍。综合考虑静电及当地人口密度等因素，SKA 望远镜计划将安装于南非和澳大利亚的沙漠中，并分别在开普敦和珀斯建立数据中心，以接收处理 SKA 产生的海量数据。

针对 SKA 这一全球最大的天文学国际合作项目的科学计算平台，如何寻找一种更加高性能低能耗的计算架构，来应对全球最大“大数据”项目的科学数据处理挑战成为关键问题。

SKA 的研究极度依赖于超级计算技术的支撑，每秒采集的数据量计划大于 12TB，相当于 2013 年底中国互联网国际出口带宽的 3.5 倍，相当于谷歌每年数据量的 30 倍。这需要百亿亿次级别的超级计算机才能完成科学数据处理，相当于目前全球最快的超级计算机天河 2 号性能的 52 倍。按现有的计算架构设计，这样的超级计算机不仅投资巨大，单每年的电费支出就将是一笔天文数字。

SKA 建造的目的是为了解答目前困扰科学界的众多问题，如关于第一代天体如何形成、星系演化、宇宙磁场、引力的本质、地外生命与地外文明、暗物质和暗能量等。其中，关于宇宙起源、引力本质、暗物质的探索等，都是目前物理领域最前沿的问题，一旦有所突破，很有可能会诞生一批可获得“诺贝尔奖”的新理论、新成果。在天文领域，基于数据的科学发现，已成为继实验、理论分析、科学计算之后，科学发展的另一个重要支柱。科学家们正在建设新的设备，为海量数据的采集和处理做好准备。

第十二章
环境与气象领域

一、城市中空气污染物的高分辨率空间分布

1. 城市中空气监测的“荒漠”

室外空气污染，尤其是细颗粒物 PM2.5，已经逐渐成为影响人类健康的重要环境因素。世界卫生组织（WHO）在相关报告中指出，大气中的 PM2.5 污染物对人均寿命的负面影响仅次于烟草。长时间暴露在浓度超标的 PM2.5 中，不仅会引起哮喘、支气管炎及呼吸道感染等急性病症，还会造成肺部及心脑血管的慢性损伤，增加过早死亡率。WHO 的数据显示，2010 年全球范围内的空气污染导致了 330 万人过早死亡，其中，我国以 135 万的数据位列第一。治理空气污染、降低污染物浓度，已经成为环境污染治理的要务之一。

确定空气污染的实时浓度和实地分布，是科学治理空气污染的重要基础，为此大部分城市都建设了地面空气监测站，以感知和记录实时的空气质量数据。然而，由于监测站的建设和维护成本高昂，因此一个城市通常只有呈散点状分布的有限个监测站。例如北京，在占地 1381 平方公里的城六区内，仅有 17 个监测站点。

因此，相应的实测数据仅能代表该站点附近的空气状况，并不能完全覆盖城市所有区域。大型城市里的空气污染并非均匀的，同一城市的同一时刻，不同地方的空气质量很可能并不相同，相隔两三条街的两个地方的 PM2.5 的浓度就可能存在 10 倍的差距。微软计算研究小组根据城市一年内的统计数据发现，北京市六环以内的城区，因受地表植被、交通流量、工业排放、道路密度、楼房密度和气象条件等各种复杂因素的影响，同一时刻 PM2.5 浓度最大和最小的位置之间存在着 40% 左右的浓度差，严重污染时这一差别的数值甚至达到 100 以上。如图 12-1 北京部分空气监测站的空气质量所示，当北京某地实时空气质量为

“优”时，另一处的实时空气质量可能是“中度污染”，甚至“重度污染”。

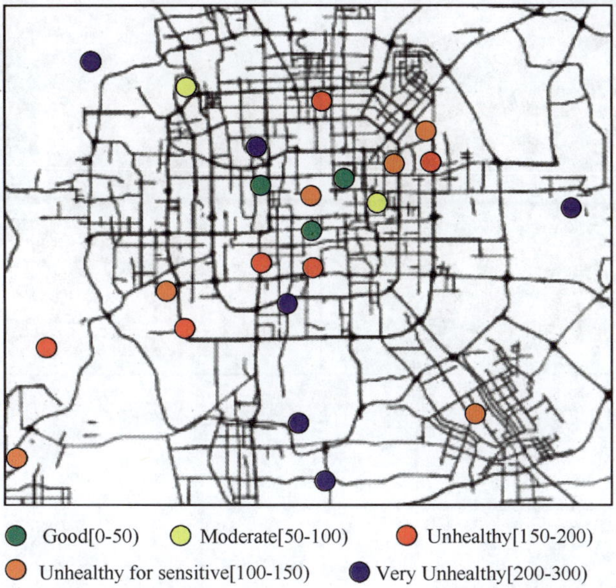

图 12-1　北京部分空气监测站的实时空气质量

[可以看出，在同一时刻，一些位置处的空气质量为优（绿色），另一些则是严重污染（紫色）]

可见，有限站点的读数或平均值，都无法真实体现出城市空间中非线性分布的空气质量状况。如果当前位置恰好没有监测站点，则人们很难得知该位置空气污染的真实情况，也就无法对空气污染做出更加深入的分析及有针对性的预警，从而实施更有效率的精细治理。

2. 高分辨率空气质量分布的推演和预测

过去解决这一问题的基本方法是线性插值模拟法，即对邻近网格的空气质量数值进行线性插值，来模拟当前网格内空气质量的可能取值。该方法需要的数据量不大、计算快捷，但准确率较低，如图 12-2 所示，其显示了采用不同计算方法得到的 PM10 细粒度实时分布图，左侧为利用大数据及相关计算方法得到的结果，右侧为线性插值的计算结果。由此可以看出，线性插值方法无法推算出 S1 和 S2 两个观察点的区别。

2013 年，微软亚洲研究院开始尝试对海量相关数据进行计算分析，以期呈现出高分辨率、完全覆盖城市空间的实时空气质量分布状况。这一名为“Urban Air”的空气质量项目，其分辨率达到 1km×1km（0.5～1 个街区），可以分析 6 种主要空气污染物的时空分布，并能够基本覆盖整座城市的全部位置。

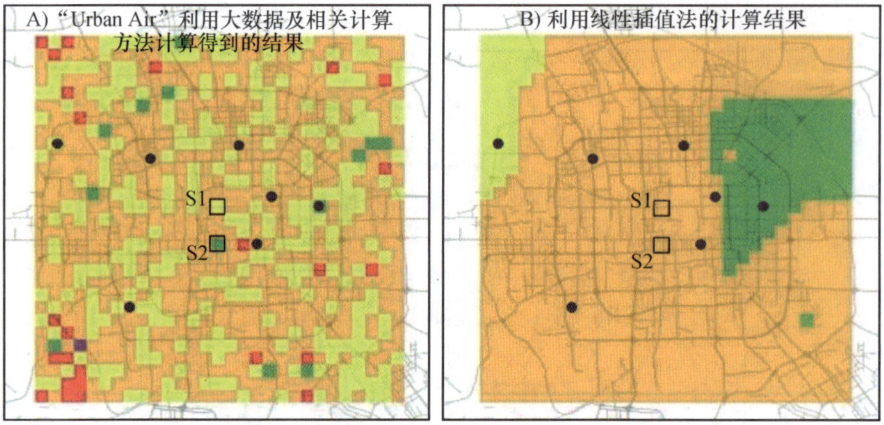

图 12-2　采用不同方法计算得到的 PM10 细粒度实时分布图

与传统方式不同，通过图 12-3 所示的北京空气质量推演的数据来源发现，“Urban Air”不仅收集原有监测站点的实时空气数据，还引入了多种维度的海量数据作为分析的基础。

图 12-3　用于北京市空气质量推演的数据来源：邻近区域的空气检测站点（左图）和气象站点（右图）

这些数据可以分为两大类。第一类，是现有空气质量监测站点的历史观测数据及实时监测数据。系统从全国 302 个城市的 2296 个监测站点读取实时数据，每个站点的一个数据组中都包括 PM10、PM2.5、NO_2、SO_2、O_3 和 CO 6 种主要空气污染物的浓度，且每小时更新一次。从 2012 年 8 月~2015 年 5 月，系统共收集了 1200 万组有效的空气质量数据。

第二类则包括非空气质量的间接数据，由 5 个部分组成。

其一是气象数据，包括气象站的实时数据和天气预报数据。它们在部分大城市可以达到区级别甚至更细的粒度。系统收集的每个气象记录都包括天气情况（晴/多云/阴/雾/雪/

雨)、温度、湿度、风速及风向等。至2015年5月30日，系统收集了全国3514个气象站每小时更新一次的所有气象记录，共1600万组有效数据。

此外，系统还收集了2612个城市/区的天气预报记录，其中每组数据都涵盖了天气情况、风速和风向三个方面。每次更新未来三天内的预报数据（更新的频率大部分为3小时，少许城市则为6小时或12小时)。截至2015年5月底，系统共收集了2.03亿组天气预报数据。

除气象数据外，城市中各个区域的交通状况、人群迁移、道路网络，以及其他“兴趣点”的情况（如是否分布有工厂、学校或大型超市）等，都以不同的数据形式纳入系统模型之中，以便尽可能地全面体现城市内部各种变量对空气污染的时空影响。

图12-4所示为网络划分与特征提取，在建立模型时，首先要将城市分区为不相交的多个网格，而后针对每个网格提取出相关区域内有影响力的特征，包括气象、交通、人群迁移、兴趣点密度及道路网络等，建立相应模型。

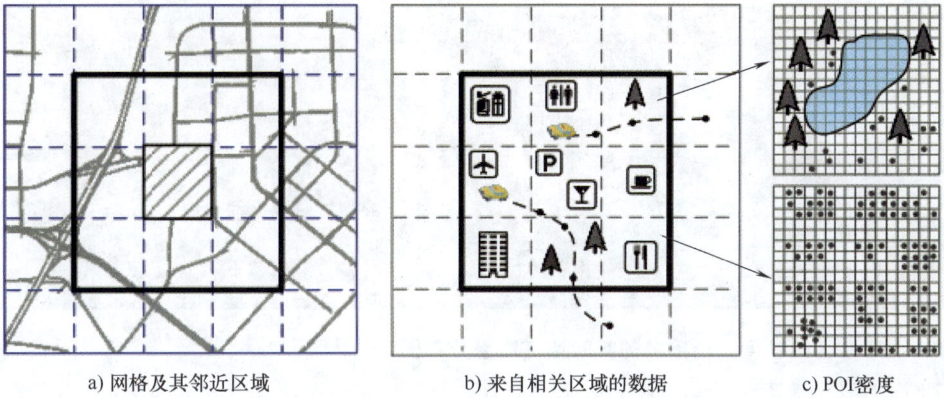

图12-4　网格划分与特征提取

而后建立一个时间分类器和一个空间分类器。其中，空间分类器采用人工神经网络（ANN）架构，以空间相关的特征（如兴趣点密度、高速路长度等）为输入，模拟不同位置处空气质量之间的空间相关性。时间分类器则基于线性链条件随机场（CRF）模型，利用时间相关的特征（如交通、气象等），模拟某一位置处空气质量的时间变化。

通过以海量数据为基础，基于协同训练的半监督机器学习，对模型进行训练，可以得出各个特征与空气污染的关系。再进一步结合空气质量数据，推演出每个网格内概率最大的实时空气污染物浓度，进而在地图上描绘出不同位置处的污染物空间分布，图12-5所示为北京实时空气质量分布图。

采用这种方法得到的非监测地区空气污染物浓度，与仅用大气动力学计算的传统方法相比，准确度提高 20%，达到 77.3%。系统对单个网格的推演过程仅需 131ms，可以在 5 分钟内完成对整个北京市的全图推演，刷新频率足以超过监测站点每小时一次的采样频率。

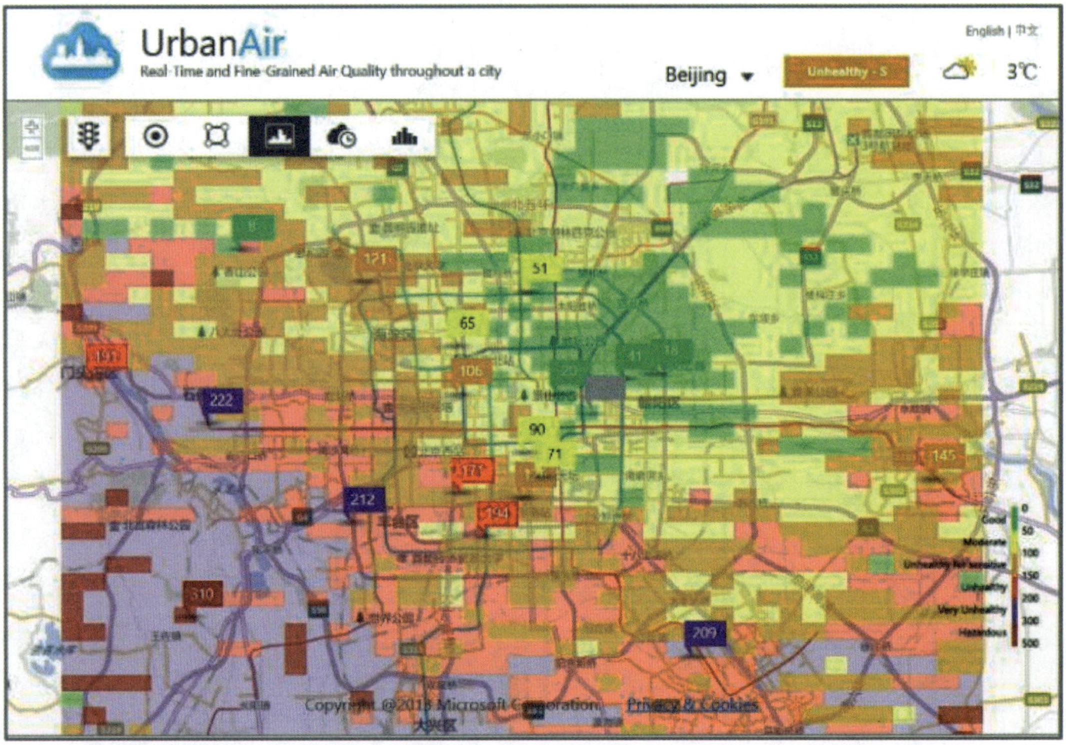

图 12-5　北京市区细粒度、全覆盖的实时空气质量分布图

（其中数字标出的位置是监测站点及其测定指数（来自微软亚洲研究院））

此外，利用类似的模型和算法还可以预测未来的空气污染情况。目前该系统已经做到未来 6 小时内的精准预测和 6 ~ 48 小时内的范围预测（即预测空气质量指数可能达到的最大值和最小值），可以对京津冀、长三角、珠三角、成渝城市群等 70 多个城市做出空气污染预测。

以现有空气质量监测站点为基准，通过将某监测站点位置处 6 小时内的预测值与站点的实际监测数值相互比较，发现该系统评估预测的精确度能达到 83.9%，变化趋势与实际变化曲线重合度很高，图 12-6 所示为空气质量预测值与实测值比较曲线。

2015 年，国家环保部信息中心开始启用这一系统，在京津冀区域、成都、福建等地的官方渠道发布实时数据及预测信息。

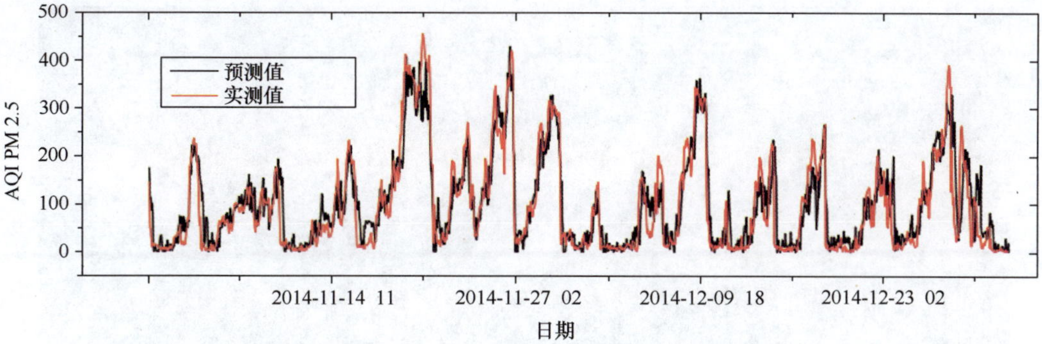

图 12-6　PM2.5 空气质量分指数的 6 小时预测值与实测值比较曲线（北京海淀万柳监测点）

3. 帮助深入了解和治理空气污染

掌握了高分辨率的城市实时空气质量空间分布及预测，可以便于政府相关机构开展一系列预警、预防和治理工作。

首先，基于这一工作，未来的污染物预警可以做到更为精确，为更小范围内的居民进行针对性预警。此外，根据预测得到的变化值，未来或许可以在某个特定时间段对某个区域实行单双号限行，而非全城限行，实现精准的交通限流管控。

其次，在居民服务方面，可以依据污染物浓度地图，为喜欢跑步和骑自行车的人设计更为合理的户外运动路线，保证路线上空气质量最优。

此外，在进一步分析的基础上，通过对空气质量空间分布的历史数据和预测数据的综合评估，还可以为政府提供新建监测站点的最优化位置建议，例如在空气质量经常剧烈变化的位置设置参考监测站点等。

不仅如此，相关工作收集和产生的大量数据，还将有助于污染源分析、健康影响分析等更为广泛的领域，为空气污染治理工作带来更多切实有效的助力。

扩展阅读：北京——150 公里能见度

一年难得一见的晴空下从西山看到河北

2015 年 6 月，一个不寻常的夏季午后，北京下起了雷阵雨。当雷雨停歇时，如果在西山登高远望，一幅难以想象的画面正在你面前展开：不再有雾霾笼罩的北京城，远近建筑历历在目。30 余公里之外，奥林匹克公园观光塔纤毫可见，而视野中最远处的山峰，居然是远在河北承德兴隆县境内，海拔 1442 米的六里坪山，与你相距超过 150 公里！

在视野中细细观察：观光塔到鸟巢、盘古大观一带的建筑之后，一个形态修长、略呈曲线的建筑犹如巨龙般横卧，这是首都机场的 T3 航站楼。

T3 航站楼距离此时的你已有 50 公里，清晰的视野中，连楼顶仅有数米大小、状如龙鳞的天窗轮廓都依稀可见。

下方画面中右侧是天津蓟县的盘山，与你的距离接近100公里，而山峦环抱中的楼群，是平谷区的区政府。

左侧山峦上蜿蜒起伏的线条，是110公里以外的黄崖关长城。“黄崖关”的得名，正是由于关城东侧山崖的岩石多为黄褐色，每当夕阳映照时，金碧辉煌，颇为壮观。而此时此刻，从上百公里外，你能够欣赏到“晚照黄崖”的恢弘景观。

这一组作品正是出自“AirUp 悦风”的创始人陈海滢之手。

作为致力于提供空气监测和净化方案的创业者，同时也是曾为《Science》和《National Geographic》拍摄专题的知名摄影师，他一直坚持用摄影语言记录和对比北京城的空气状况。能够在定都阁拍摄下这组“超高清”的视图，也并非完全机缘巧合，而是建立在对空气质量进行长期科学监测和研究的基础上。据作者介绍，由于这场阵雨的洗礼，在一个小时左右的时间内，北京的 $PM_{2.5}$ 浓度降到了不足10微克/立方米的量级，大幅度改善了能见度。这是一年都难得几次的机缘，摄影师抓住机会，留下了这可能是北京历史上看得最远的图像。

登上定都峰，细观北京城

这历史性一幕的拍摄地，位于长安街西延线上的定都峰。

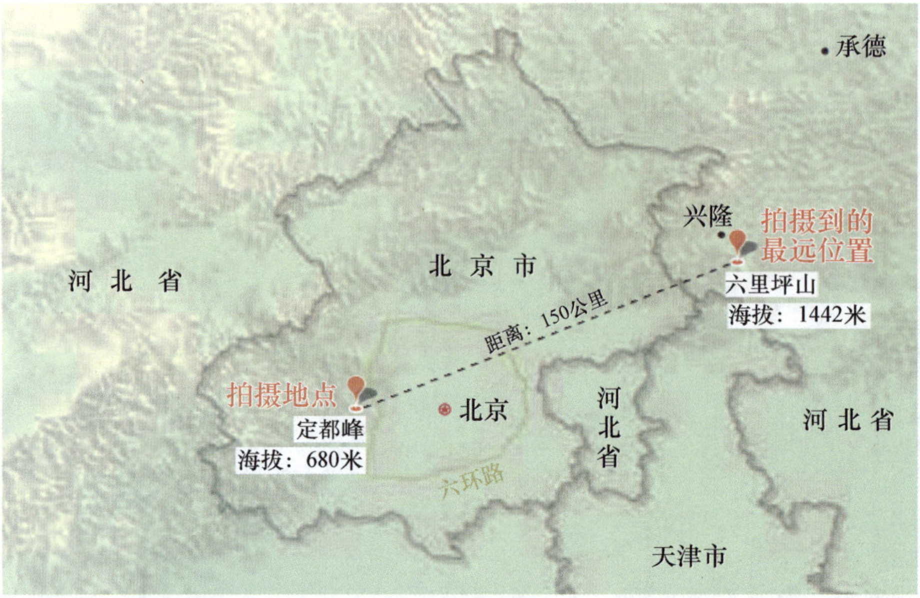

定都峰位于北纬39度54分，海拔680米，距离市中心约30公里，传说中是燕王朱棣兴建北京作为都城时勘测地形的所在，因此得名为“定都峰”。峰顶建有定都阁，在这里登高远眺，不仅可以纵览整个北京城，有长安街做轴线，更容易将北京的各处地标分辨和串联起来，是绝佳的天然观景台。

定都峰位属西山。作为太行山的余脉，西山环绕在北京的西北方向。那连绵起伏的层层山峰，与京城东北方向的燕山山脉相接，如同一双臂膀，将北京城围拢成一个宁静的港湾。

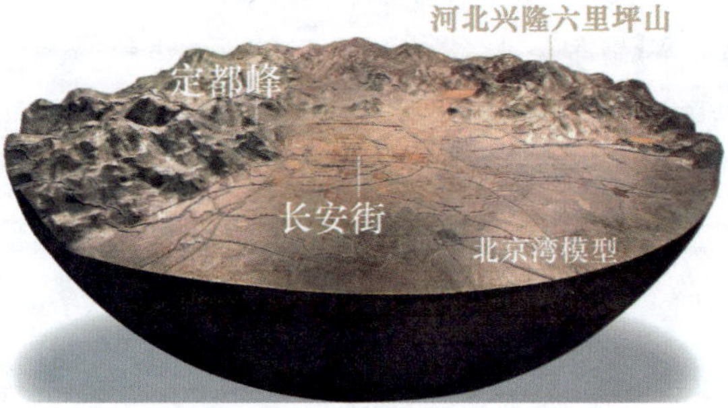

东北方向的山峦，由于距市中心较远，因此不如西山那样容易为人所见。然而当能见度条件允许时，遥望崇山峻岭怀抱中形如海湾的北京城，不禁令人油然升起“左环沧海，右拥太行，北枕居庸，南襟河济”的万丈豪情。

在拍下这组照片之前，摄影师陈海滢已经前往定都阁尝试过多次，记录了不同空气质量状况下的能见度情况。

下图的拍摄时间是一个 $PM_{2.5}$ 浓度仅有 30 微克/立方米的晴朗天气。

此时人们从北京市内能够望见碧空如洗，但如果从定都峰遥望，北京城仍然笼罩在一片朦胧的灰霾中。而在 $PM_{2.5}$ 浓度极低的天气中，同样视角的图像是这样的：

此时，能从头至尾地清晰拍摄到横贯全城、长达几十公里的长安街。

可以看到，长安街并不完全平直，而是有两个拐弯——在木樨地以后略向南偏，而在四惠后略向北偏，衔接了京通快速路。当然，由于透视作用，在纵向上压缩了画面而横向没有变化，画面中的弧度比实际情况要显得弯曲了不少。其中可以清晰地看到近处的首钢和石景山游乐园、老山射击馆；中等距离上，中央电视塔极为醒目；远方，由中央电视台和国贸附近建筑群组成的线条曲折有致，更远处甚至隐约可见通州区耸立的高楼。由于极长的观察和拍摄距离压缩了透视，使几十公里范围内的灰霾能够集中体现出来。通过远眺画面的对比，人们可以直观感受到能见度水平对颗粒物的浓度非常敏感。

在下面这张图中，可以发现两个北京西郊的著名景点建筑：玉峰塔和佛香阁，机智的你能找到吗?

复现“超高清”北京城，你需要了解的五大因素

为了探究北京能看多远，北京能见度的极限到底是多少，AirUp 团队查阅了大量关于北京能见度与空气质量的学术研究成果。

一份对近三十年来北京气象监测站历史数据的分析结果表明，北京城区年均空气能见度整体趋势是在上升的。近几年的污染物数据也印证了这一点，如 2014 年京津冀及周边地区地级以上城市 $PM_{2.5}$平均浓度同比下降 14.6%。其中，北京市 2014 年 $PM_{2.5}$ 年均浓度为 85.9 微克/立方米，较 2013 年下降 4%。但是近年来，空气质量极好的天气仍然十分稀有，能够达到 150 公里外可见的视野范围，一年中也仅会出现数次机会而已。如果你想复现这“超高清”的视图，尽管难度超高，但也并非完全不可能，这取决于影响能见度五大因素。

1. 雾霾浓度

据环境科学研究院的一项研究显示：在北京市，一年不同月份的能见度与 $PM_{2.5}$ 的浓度呈现负相关性较高的幂函数关系。

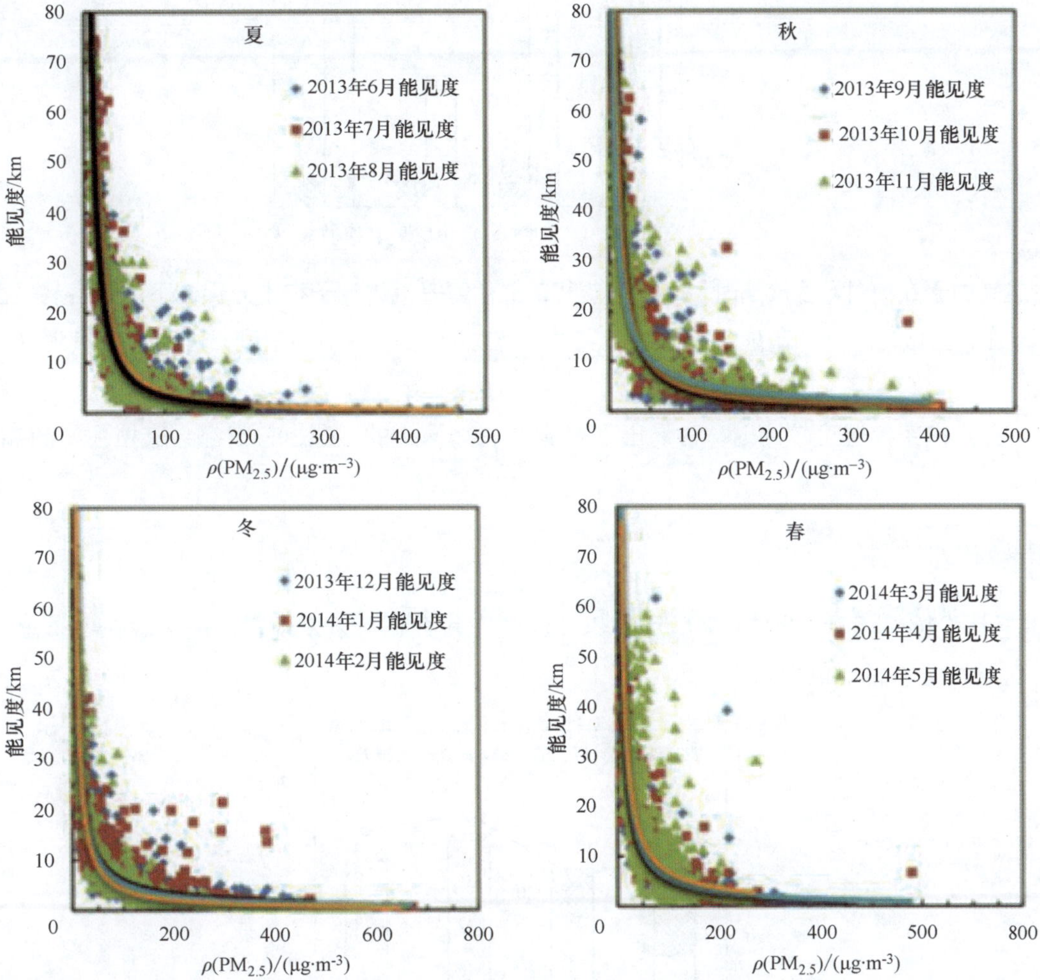

总体上，能见度会随着 $PM_{2.5}$ 浓度的增加，成倍下降。这意味着，当雾霾出现时，“超高清”视图就会变成“近视”视图了。

2. 空气湿度

湿度为 80%~95% 时发生的湿霾，与湿度为 80% 以下时发生的干霾相比，在灰霾强度增大时出现的比例更高，说明湿霾对能见度下降的贡献大于干霾。

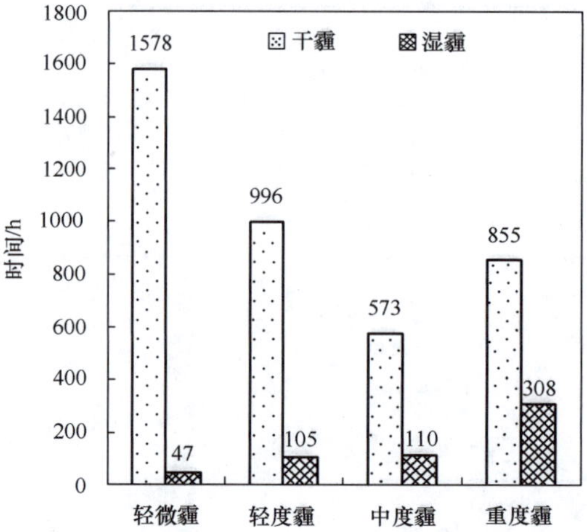

这是由于在相对湿度较高时，二氧化硫和二氧化氮等气体分子在水分促进下，更容易发生光化学反应，生成硫酸盐和硝酸盐等二次污染物，增加了细颗粒物的浓度，进而使大气消光作用增强。

因此，在空气湿度较高时，容易出现轻雾或者加强版的湿霾，它们都会遮挡住“超高清”视图。

3. 季节变化

统计 2013 年 6 月~2014 年 5 月中 362 天的空气数据可以发现，灰霾天数在冬季出现最多，而夏秋两季出现最少。

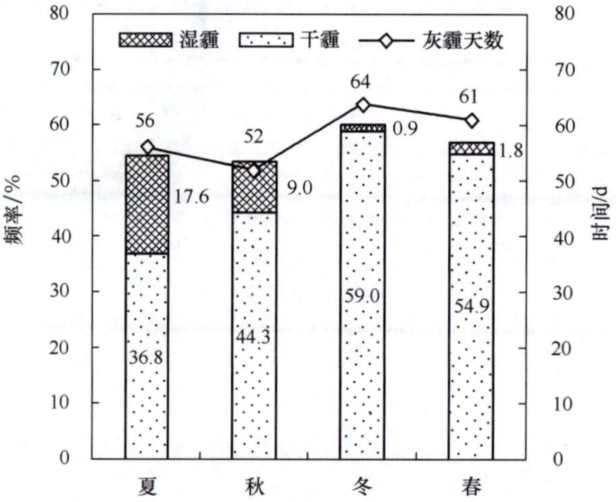

北京灰霾日及干、湿霾发生频率的季节分布

（2013 年 6 月 ~2014 年 5 月）

在多雨的夏季和温度变化剧烈的秋季，“超高清”视图出现的可能性更大。

4. 天气情况

关于天气情况对雾霾的影响，北京的人们都有丰富的切身体会。大风降温天气几乎是秋冬季雾霾的唯一天敌，夏季的强雷雨也能有效去除雾霾。

从气象条件来看，短时剧烈的空气对流能够有效破坏高空的逆温层，增加污染物的扩散速度；而秋冬季节发源自西伯利亚的冷空气气团，由于密度大而呈现下沉趋势，靠近地面的空气受到压力会向周围扩散，容易形成外低内高的气压分布。高压中心附近的污染物随之向外扩散，使冷高压中心自带清洁功能，成为提高空气能见度的强力清洁机。

5. 总体污染水平

$PM_{2.5}$浓度与能见度之间的相关曲线具有一个拐点，呈非线性关系：在$PM_{2.5}$浓度大于约70微克/立方米时，浓度每减小1微克/立方米，能见度的改善不足0.1公里；在$PM_{2.5}$浓度小于约30微克/立方米时，浓度每减小1微克/立方米，能见度的改善超过1公里。

也就是说，处于较高污染水平时，增加1公里的能见度需要降低更多的$PM_{2.5}$浓度。而一旦将污染物浓度控制在一个较低的水平，那么对$PM_{2.5}$浓度的任何细微改善，都能够极大地提高能见度，“超高清”视图出现的可能性也就随之大大增加了！这给予我们充分的信心：治理空气污染，改善空气能见度，尽管任重而道远，但前途仍然充满光明。

了解了这五个科学要素，再加上一点行动力，你也一定能找到机会，欣赏并拍摄出能见度极限下的北京城了。

当然，我们更希望北京尽快告别雾霾，出现更多的蓝天，带给人们更健康舒畅的呼吸和更清晰广阔的视野。现在，AirUp团队正在进行深入的研究，并开展广泛的监测与净化工作，为加快实现这一目标付出自己的努力。

从定都峰眺望北京城，来看看你家在哪里吧！

现在，考验你的眼力和方向感的时候到了！下面是“AirUp”悦风特供，从定都峰看向银河SOHO方向的高清眺望图，你能在其中找到你熟悉的高层标志性建筑吗？

【来自“AirUp悦风空气助手”微信公众号，提供每日空气质量预报和丰富有趣的空气质量知识。】

二、天气预报：从民间谚语到科学预测

1. 天气预报具有大数据分析的先天基因

自古以来人们一直都在尝试预测天气和气候。“久晴西风雨，久雨西风晴”这样的天气谚语比比皆是，这种依靠经验规律的预测，在科学技术尚不发达的时代对人们的生产生活有着重大影响。但是这种地域性的谚语过于零碎、片面，甚至不乏错误的观点，并不能令人们理性地认识到大气的真实状况。

准确的气象预测有多难？恐怕没人能给出确切答案，正如20世纪70年代美国气象学家洛伦兹所说，亚马逊雨林的一只蝴蝶偶尔振动翅膀，也许两周后就会引起美国得克萨斯州的一场龙卷风。气象中的混沌现象给天气预测增加了很大的难度，任何微小的变化，都可能会导致天气突变。但是困难并不能阻止人们尝试的步伐。

1820年，随着气压、温度、湿度等气象要素的测定和气象观测站的逐步建立，布兰德斯绘制了历史上第一张天气图，从此地面天气图逐步成为气象预测的主要工具，天气预报第一次产生了质的飞跃。图12-7所示为天气分析中常见的地面天气图，图中各种符号（如三角或半圆）标注的是天气系统。这些图标具体化为锋面、气旋、正旋、反旋等具有一定空间结构和大气运动特征的系统后，天气图就成为可以感知和测量的“看图识字”型天气预报。

数值预报的出现是气象预报第二次质的飞跃。数值预报方法的基础由 V. Bjerknes 提出：在一定的初值和边值条件下，通过求解描述大气运动规律的数值模式，可以计算出未来一段时间内的大气状态，其数值预测流程如图12-8所示。

这一方法综合了气象学、物理学和数学等科学方法来预测大气运动。其中“初值和边值”是指预报初始时刻对大气状态的定量描述，以气象观测数据和信息为基础生成；“数值模式”则是以描述地球大气运动的一个非线性偏微分方程组为前提，利用计算机将其离散成计算机可以求解的差分方程组，围绕这些差分方程组建立各种数学模型。在 V. Bjerknes 提出的初始模型中，变量有7个之多，因此求解上述离散方程组的计算量十分巨大。20世纪初期，首次尝试借助这一方法计算天气变化时，英国气象学家用手摇计算机计算了好几个月，才求出了欧洲6个小时天气变化的结果。

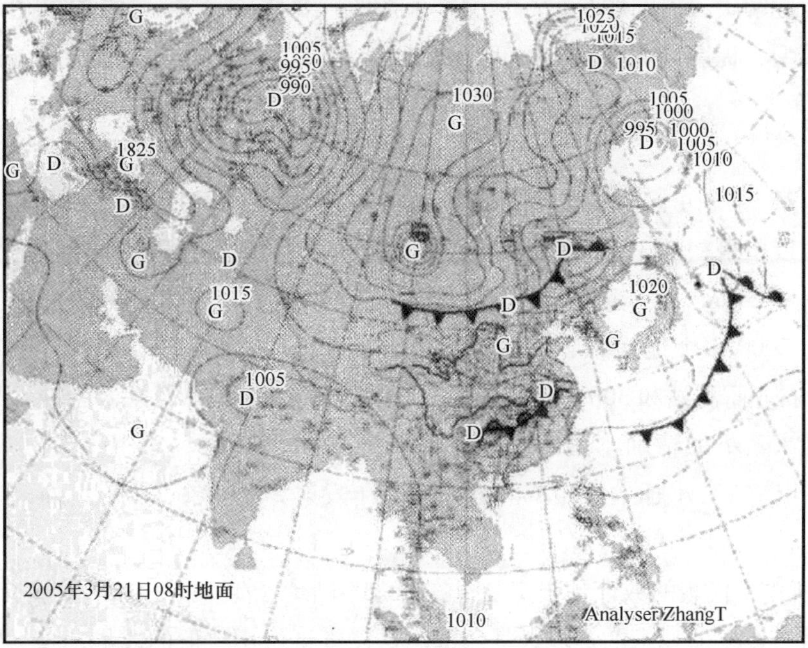

图 12-7　2005 年 3 月 21 日 08 时地面天气图（欧亚大陆）

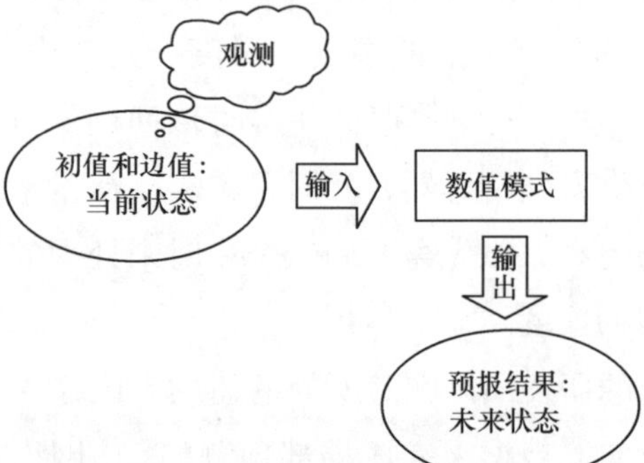

图 12-8　数值预测流程图

随着气象预测理论、数据采集和处理技术的进步，传统的经验性预测开始向天气图预报、统计预报和数值预报相结合的预测方法转变，大大提高了天气预测的准确性和可信度。英国国家气象局的工作者对于常规天气要素的 24 小时定性预报，准确率已经达到了 86%。这一数字代表着世界短期天气预报的极高水平，但同时也意味着仍存在 14% 的不准确性。

总体来说，影响气象预测准确性的原因有三个，即初值误差、模式误差及天气和气候的可预报性。因此解决误差问题是提高预测准确性的首要任务：一方面提高初值质量，另一方面完善预测模型，提高计算能力。这两方面都需要海量数据采集与处理能力的进步。

2. 更准确、更精密的天气预测

据统计，21 世纪初全球地面气象观测台站数由初始的不到 3000 个，迅速扩展至 50000 余个，观测频度由最初的 3 小时/次提高到了 5 分钟/次，数据量呈几何倍数增长，每月新增数据由最初的约 240MB 猛增到约 2.4TB。

我国拥有 2000 多个地面站、120 多个高空探测站、6 颗在轨卫星、5 万多个自动监测站、600 多个农业监测站和 300 多个雷达站，时时刻刻都在扫描记录着各种大气数据，其目的就是尽可能采集更加精确丰富的初值数据。而根据《我国气象卫星及其应用发展规划(2011 ~2020 年)》的计划，至 2020 年，我国除了发射 2 颗气象试验卫星外，还计划发射 11 颗气象业务卫星。探测卫星的增加也带来了更多的高空探测数据，同时我国自主研发的以 T639 的天气模式为代表的数值预报产品也在源源不断地产生数据，日增量接近 TB 级。

此外，由于传感器技术的进步，气象部门可以尝试使用更低的成本，收集更准确、频度和密度更高的地面实时数据。

2011 年，美国国家气象局在美国 2000 辆客运大巴上安装了气象传感器，随着巴士的移动，这些传感器可以搜集沿途所有地点的温度、湿度、光照度等数据，每 10 秒采集一次，每天每个传感器要采集 10 万次以上的数据，并实时传回国家气象局数据中心。与此类似，美国邮政局也计划在邮政车上安装传感器，实时采集空气质量、污染指数、噪声等数据。

随着计算机处理能力的提高，原先需要两三个小时来处理的数据，现已缩短至几秒即可完成，极大提高了数据反馈的速度。

IBM 深雷天气分析项目的研发团队在其所处的纽约市区建立了一个试验台。它是一个由数千个街区组成且通过收集实时数据来完成局部预测的 3D 网络，其中每个街区的面积有 1 立方公里。即使传感技术足够先进，要提高观测分辨率也十分困难，每增加一倍的分辨率就需要增加约 8 倍的计算能力。为了解决这一难题，IBM 团队从提高模型的分辨率入手，建立了一个耦合模型。将其中一个模型的输出数据作为另一模型的输入数据，并利用历史数据和其他来源的数据来验证整个模型数据结果的准确性。模型分辨率的提高，极大增强了预测的精准度。

通过汇总来自美国国家海洋大气管理局（NOAA）、美国宇航局、美国地质调查局、WeatherBug 公司及包括 IBM 的天气传感器所得到的其他相关天气数据，如图 12-9 所示 3D 数学模型，IBM 通过在超级服务器上对天气数学模型进行精确计算来告诉用户天气预报的实时情况。这一团队曾准确预测到二月份冲击美国东北部的暴风雪的降雪总量，甚至准确地预测出了降雪的开始和停止时间。他们还曾提前两天预测到了飓风艾琳的动向，从而大大降低了飓风造成的不良影响。到目前为止，IBM 这一预测的准确率几乎接近 100%，对一些如下雨、雷电等天气情况的预报都精确到了分钟级别。

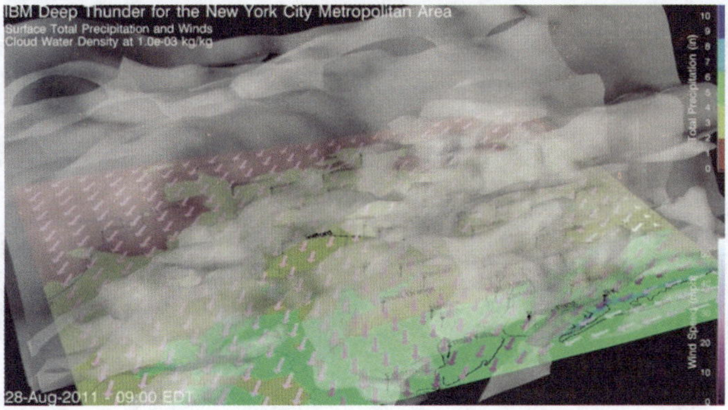

图 12-9　3D 天气数学模型

同时，IBM 研究团队也将这个分析算法应用到了世界的其他城市。比如里约热内卢，当地气候和地形的因素造成洪水和山体滑坡频发。IBM 团队利用气象数据专门为里约热内卢建立了一个天气预测模型，它可以利用伸缩网格同时在 4 个不同的分辨率维度对里约热内卢的天气进行分析。模型从 NOAA 的全球模型入手，将分辨率放大到里约热内卢，紧接着再将水平分辨率从 27 千米逐渐降至 1 千米，根据其耦合模型，该 1 千米预测模型中提取的预测数据被放入 1 米分辨率的地理水文模型，以准确地预测洪水的到来。这个方法可使他们提前 40 小时预测到某个地区可能引发山洪的降雨，且准确率高达 90%，从而向该地区提前发出预警，确保生命财产安全。

三、与飓风桑迪共舞的社交网络

1. 冷酷杀手——飓风桑迪

飓风不仅爆发快，而且在爆发的 1 天之内能释放出惊人的能量，危害严重。而飓风警报通常只能在其到来的 24 小时前发布，这难免会延误相关人员的撤退并造成一定程度上财产设施的损失。

例如飓风桑迪，它是 2012 年 10 月形成于大西洋海面的一级飓风，从 24 日 ~ 30 日分别袭击了古巴、牙买加、海底、美国等地，造成大量人员伤亡，给联合国总部造成了高达400亿美元的损失。

如何在飓风到来之前，快速准确地对其登陆和行进路线进行追踪和预测，通过预警最大程度地减少损失，成为预防这种自然灾害的重点和难点。

2. 通过 Flickr 监视飓风桑迪

2013 年华威商学院及波士顿大学的研究人员，发现利用 Flickr 文件输出平台能够追踪飓风桑迪【注 8】。

Flickr 是雅虎旗下的图片分享网站，不仅可以上传私人照片，也可以作为网络图片的存放空间。其线上社群工具能够将照片进行分类并标上标签，以方便图片搜索。每天大约有 8700 万用户使用 Flickr，上传超过 350 万个图像和视频，该网站储存的数据量十分巨大。

研究人员利用 Flickr 上庞大的图片视频总量及描述标签等数据，搜索了于 2012 年 10 月 20 日至 11 月 20 日之间拍摄的照片，它们在其标签、标题，或者描述中含有“飓风桑迪”“桑迪”，或者“飓风”等相关信息。然后，他们把照片按拍摄时间进行排序，计算出其数量占 Flickr 总照片的比率，并将数量变化用如图 12-10a 所示的曲线表示出来。同时研究人员也在自动地面观测系统（ASOS）中收集了新泽西州 62 个地区在 2012 年 10 月 20 日至 11 月 20 日之间的大气压平均测量数据，如图 12-10b 的曲线所示。

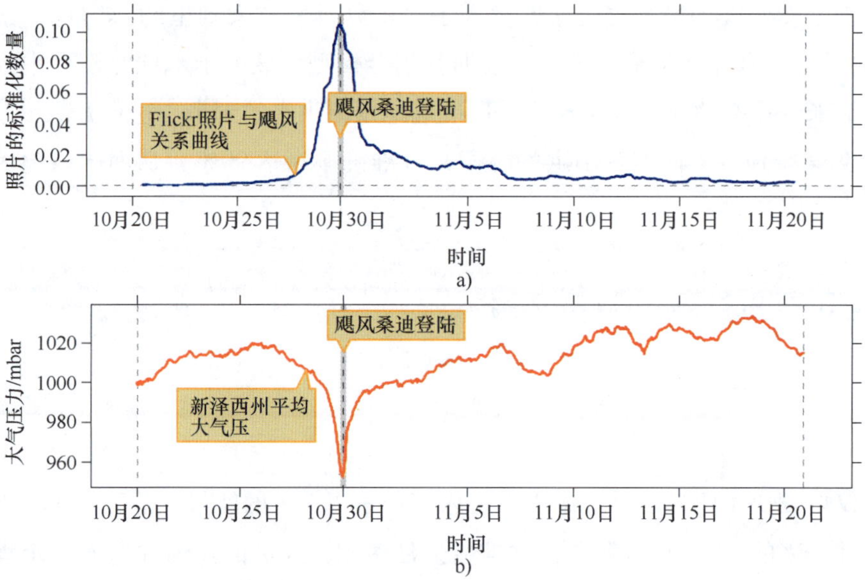

图 12-10　a）飓风桑迪相关图片占 Flickr 总照片的比率随时间的变化曲线
b）新泽西州大气压数据随时间变化的曲线

图 12-10 所示为 Flickr 上与飓风桑迪相关图片和新泽西州的大气压数据的比较。图 12-10a所示为飓风桑迪相关图片占 Flickr 总照片的比率随时间的变化曲线，峰值表示飓风桑迪登陆。图 12-10b所示为新泽西州大气压数据随时间变化的曲线，低谷表示飓风桑迪登陆。

将 Flickr 上与飓风桑迪相关的照片数量与地面观测系统的大气压数据进行比较，可以看出大气压越低，飓风越靠近新泽西州，用户上传的与飓风相关照片也越多。当飓风登陆时，Flickr 上相关照片数量到达峰值。而在飓风离开时，相关照片数量也随之下降。这表明 Filckr 上相关的照片数量与飓风的抵达有较强的相关性。

这一相关性的事实依据在于人们的关注度及媒体报道的影响。自然现象的改变比如大气压下降导致风力变大，容易会引起大家的关注，在移动互联时代，当人们关注到这些变化，就会习惯性地用照片记录下来并上传到网站上，使得相关照片数量增多。除此之外，媒体报道也发挥了重要的作用，在飓风快登陆时，大量媒体就会报道跟其登陆相关的内容，这进一步促使人们对飓风的关注增加。

虽然这些照片并不能显示任何气象数据，但是来自社交网络的相关数据可以给政府、保险公司和紧急急救员提供估计灾害进展和影响的方法。传统的气象监测只能提前大约 24 小时发布灾害，而利用社交数据进行实时监测，可以更快、更有效地跟踪灾害的爆发和发展。这一思路正是社交大数据为气象研究领域带来的崭新方法。

四、极端天气的早期预警

1. 极端天气预警的必要性以及难度

极端天气预警是天气预测的一个重要部分。雪灾、龙卷风等极端天气不仅破坏力强，且难以预测。虽然天气预报可以对台风达到较为准确的预测，但也需在台风气象云图形成 3 ~ 5 天之后才能实现预测。此外，日常生活当中的极热极冷现象也会给人们带来很大的危害，而其预测效果并不理想。

一方面，极端天气要求相对较长的预测时间，以做好充分的防灾准备，而目前广泛应用的综合预测模式以数值预报为基础，初值和数值模式只有对一周左右的短期天气预报才能保证准确性。另一方面，由于天气预测中大气混沌现象的存在及天气的非周期性，使得特定气候现象不会完全重复，因此极端天气的早期预测一直困难重重。

2. 利用海量数据积累做出早期预测

事实上，气象工作领域许多观测数据的价值没有得到完全发掘。虽然气象站里堆积了规模达到 PB 级别的气象观测历史资料，但由于人们更加关注未来天气如何发展，因此这些历史资料在天气预报领域长期少人问津。然而，这些数据都是待开发的宝藏。

以美国一家大数据公司 EarthRisk 为例，这是一家天气预测公司，主攻领域是向农业从事者及保险公司提供早期的极端天气预测。通过融合大数据和天气预测，他们研发出的一款名为 TempRisk 的产品，能够通过对 60 年内历史天气数据的分析处理，以及超过 820 亿次的计算，较为准确地预测未来 40 天内的极端温度情况。

他们从国家环境预测中心和国家大气研究中心的再分析数据库，获取特定地区的历史温度和气象异常数据，用来训练优化 TempRisk 的统计预测模型。

TempRisk 的统计预测过程是为该模型建立一系列预测因子。与数值预测方法一致，该模型采用以往天气模式中可理解的指标，用算法转化为气温异常情况的概率密度函数。从北半球数据源中，提取包括纬向风速、位势高度、温度、海平面气压及地表温度等天气模式的相关指数。然后采用转轴主成分分析法（PCA 方法），从数据源中提取预测因子，以辨别特定的天气模式，这些天气模式能够解释天气模式变异中的主要变化。

TempRisk 的统计预测模型中，关键的算法层是在几个统计预测方法的基础上发展起来的。其中包括线性回归模型、混合密度网络和人工神经网络三个典型模型。线性回归模型体现了天气模型和温度异常结果的线性相关关系，后两个模型则体现了它们之间的非线性相关关系。

如图 12-11 所示的人工神经网络图，其中的人工神经网络由输入层、隐藏层和输出层三个部分组成。预测因子通过输入层进入人工神经网络，然后通过一个或者多个隐藏层交互作用，最后在输出层得出结果。通过神经网络的处理，得以确认模型中各预测因子的权重或系数，并以最少的错误得出最精确的预测结果。

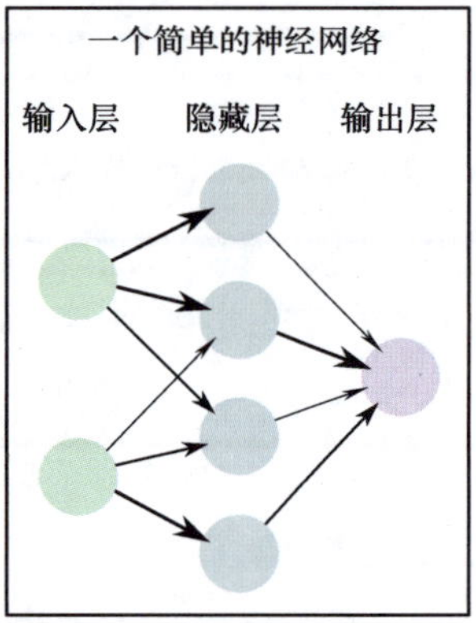

图 12-11　人工神经网络

经主成分分析法鉴别的天气特征和源自类似天气现象的指数，在模型发展训练期间被作为预测因子，输入人工神经网络。当预测因子通过隐藏层时，人工神经网络通过优化各预测因子的比重把完整天气异常预测的均方差最小化。最后，从人工神经网络中输出的预测因子权重，对区域温度异常结果的预测最佳。

传统模型通常需要一些基本假设，一旦假设的初始条件有误，就会使整个分析预测差之千里。与传统模型不同，EarthRisk 的预测模型不同于以往的数值预报模式，它源自加州大学斯克利普斯海洋研究所，利用海量数据的相关性来预测最终结果，突破了传统模型的限制，因而其预测时间更长、预测准确度更高，最长可提前 40 天生成冷热天气概率。

图 12-12 所示为在预测天气方面 TempRisk 预测模型和数值预测模型预测能力的比较。

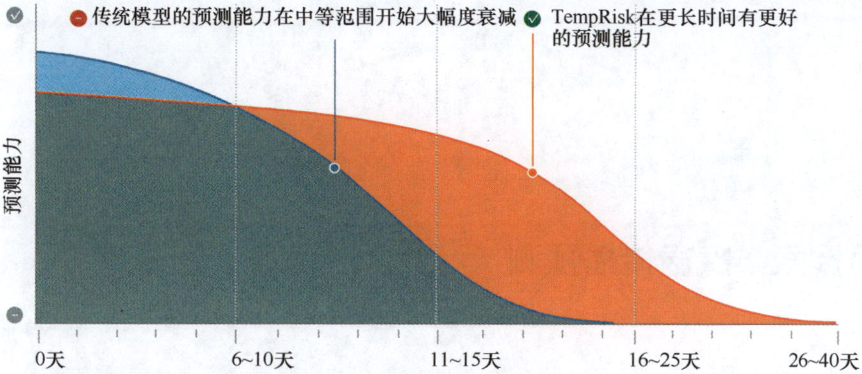

图 12-12　TempRisk 预测模型和数值预测模型的比较

由图可见，虽然两个模型的预测准确性随着时间的增加都呈下降趋势，但 TempRisk 在更长时期（如提前 20 ~40 天）的预测方面明显具有更大的优势。而这种优势正是来源于其采用的海量数据集合和全新的预测模型。

第十三章 医学与心理学领域

一、谷歌搜索与疾病传播预测

1. 流行性杀手：传染病

在人类历史上，大范围流行的传染病被称为瘟疫。由于过去的卫生和医护条件不发达，因此每一次瘟疫爆发都会造成大规模的人口损失及恐慌。14世纪的“黑死病”——鼠疫大爆发，令欧洲损失了几乎1/3的人口，许多村庄十室九空，连罗马教皇都从驻地出逃以躲避瘟疫。此次瘟疫造成了广泛影响及严重后果，甚至在一定程度上左右了西方文明的发展进程。

进入20世纪后，瘟疫仍然时有爆发。被称为西班牙型流行性感冒（Spanish flu）的流感疫潮，平均感染致死率达到2.5%以上，且死者中大多数是青壮年，由此给社会带来的损失难以估量。

具有急性传染且快速传播、防不胜防特性的瘟疫不仅导致社会失序和人口大量死亡，而且给疫区的人们带来“惶惶不可终日”的沉重心理压力。从王公贵族到平民百姓都无可幸免，形成的恐怖阴云笼罩着人类文明史。

随着医学的发展，人们在与瘟疫抗争的过程中逐渐掌握了抗生素、疫苗等有效的治疗和预防手段，如今大家已经不再“闻疫色变”。然而，具有传染性的病毒、细菌有发生突变和进化成超级细菌的可能，“超级细菌”带来大规模流行疾病的可能性并没有完全消除。随着全球化经济的繁荣发展，便捷的交通工具也增加了流行性传染病的扩散速度和范围。因此，只有在疫潮初期迅速掌握疫区整体情况，控制病源扩散，并尽快面向公众实施预警和预防措施，才能最大程度地避免疫病带来的恐慌情绪和社会损失。

如果只依据从医院采集的相关就诊数据尚不能及时控制疫情的发现，因为样本局限、统计误差和逐层报告、核实的周期延迟，当达到预警级别时，疫情通常已经由点至面地发展开来，甚至达到快速爆发的阶段，带来难以挽回的损失。因此，如何在流行之前尽早发现疫情，成为预防流行性传染病大规模爆发的重点和难点。

2. 利用区域性搜索数据，监测和预防流感

2009 年，H1N1 甲型流感爆发的几周前，谷歌公司的工程师们在 Nature 上发表了一篇论文，介绍了于 2008 年 11 月上线的谷歌流感预测（Google Flu Trends，GFT）系统的原理，并展示了 GFT 系统的实时性和准确性。GFT 可以仅延迟 1 天就给出每周的流感趋势报告，准确预测流感就诊患者的数量，比美国联邦疾病控制和预防中心（CDC）提前了 7 ~ 14 天。在开始运行的几个月里，GFT 取得了巨大的成就，并陆续推广至 28 个国家。GFT 模型预测的结果与美国联邦疾病控制和预防中心监测的结果高度相符，澳大利亚和新西兰的预测结果也与当地官方监测结果保持了相当高的一致性。图 13-1 所示为从 2004 ~ 2011 年谷歌预测的流感趋势与美国疾病控制和预防中心的报告比对结果。这些显著效果令公共卫生官员们和计算机科学家们倍感震惊，同时也意味着人们有更多的时间来应对可能爆发的流感，为流感的预防争取了有利的形式，大幅度减少了人员和财产的损失。

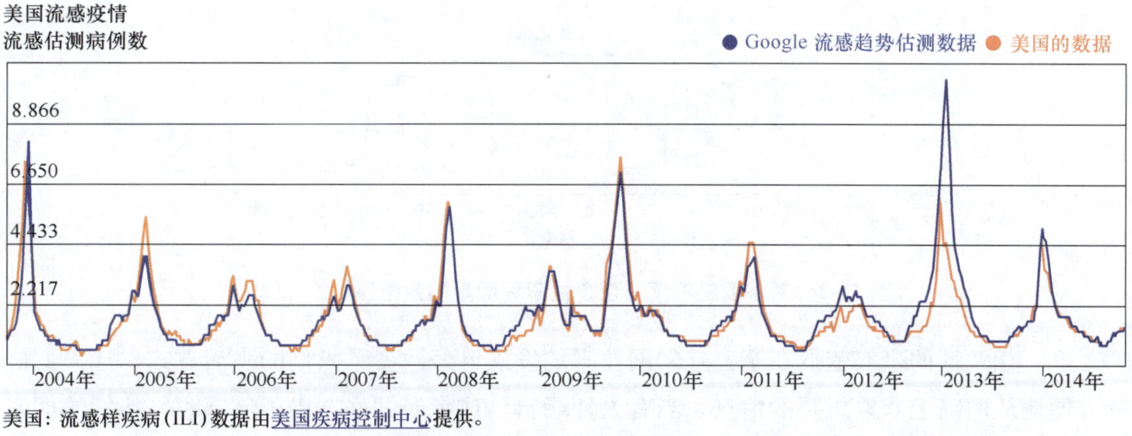

图 13-1　2004 ~ 2014 年谷歌预测的流感趋势与美国疾病控制和预防中心的报告比对结果

GFT 系统能够对流感爆发做出准确监测和快速反馈，是基于谷歌发现并利用了体量巨大、覆盖广泛的实时搜索行为与流感疫情之间的关联性。

在互联网飞速普及的时代，经过十几年发展的谷歌积累了庞大的用户量，且用户群密布于世界各地，人们每天利用谷歌搜索产生的结果涵盖了极广的范围。谷歌具有庞大且强力的数据中心，平均每天处理 9100 万次查询，生成约 20PB（20480TB，1TB = 1024GB）的海量

请求数据，约占整个互联网每日查询总量的50%。在谷歌的服务器中一年能够积累超过33万亿条查询记录，查询数据总量可达数十EB，超过了人类社会有史以来讲过的所有话的数据总量（约5EB），其数据量之大令人震惊。

基于所掌握的庞大数据及复杂的数据类型，谷歌的工程师们并没有根据语义及其相关因果关系来直接判定哪些查询词条可以作为预测指标，而是将约5000万条常见检索关键词的庞大集合作为基础，对这些关键词逐一进行拟合，并判断拟合曲线与历史实际数据之间相符的程度，依据这一程度的真实性为每一个检索词打分，然后由选择程序自动根据得分的高低对检索词进行排序。为了确定哪些检索词能够被GFT模型采纳并作为评估ILI流行的依据，模型取出前N个打分最高的检索词的搜索次数的总和来评估其预测ILI流行的能力。算法最后将总体拟合的结果与美国CDC 2003~2007年的监测结果做相关性判断，相关性越高则说明算法预测的准确度越高。图13-2所示为对谷歌流感预测所包含检索词数量的评估，可以看出当N=45（即包含45个检索词）时，模型预测结果的平均相关性曲线达到顶点，即与美国CDC的ILI监测结果最为相似。谷歌将这45个检索词作为GFT模型监测的对象，并依据它们的检索总量来估计ILI的流行趋势。只要用户通过谷歌输入这些关键词进行检索，系统就对用户的地理位置展开跟踪分析，从而创建出区域流感图表和流感地图。

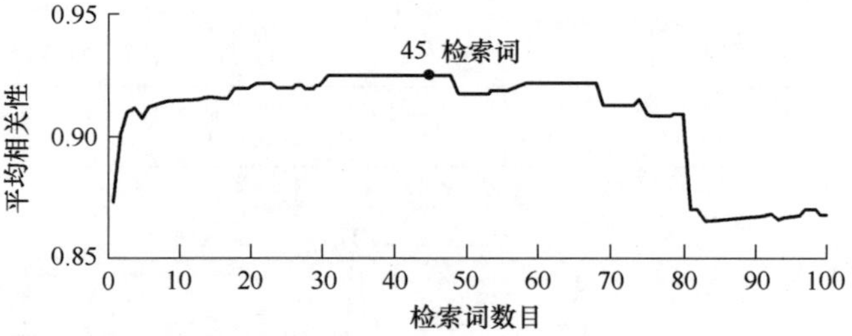

图13-2　对谷歌流感预测包含检索词数量的效果评估

这一相关性的事实依据在于，互联网技术的发展已经改变了人们的生活方式，让人们能够方便地从网络上获取想要的信息。当有人怀疑自己或者亲朋好友患了流感时，他们的即时反应往往不是立刻去就诊，而是先上网搜索与流感症状相关的信息，以预估病征的严重性。这就使一个地区相应检索词被检索的频率，与该地区流感的流行情况之间具备特定的相关性。全面检测网络使用者搜索频度最高的检索词，并从中选取相关性最高的关键词的组合作为基准建立初始模型，可以完成流感预测这一看似不可能的任务。

GFT的预测信息不仅能够作为医疗机构控制和预防流感疫情的具体参考，还可给每一位互联网用户免费提供相关信息，成为提醒个人采取预防措施的宣传前沿：如果一位商务人士要前往流感正在肆虐的地区举行商务活动，那么提前进行疫苗接种会是一个明智的选择。

通过类似的方法，谷歌还提供了致命热带疾病——登革热的疫情趋势图。图 13-3 所示的登革热疫情趋势图对相关趋势的预估与巴西官方医疗机构的统计数据相符。

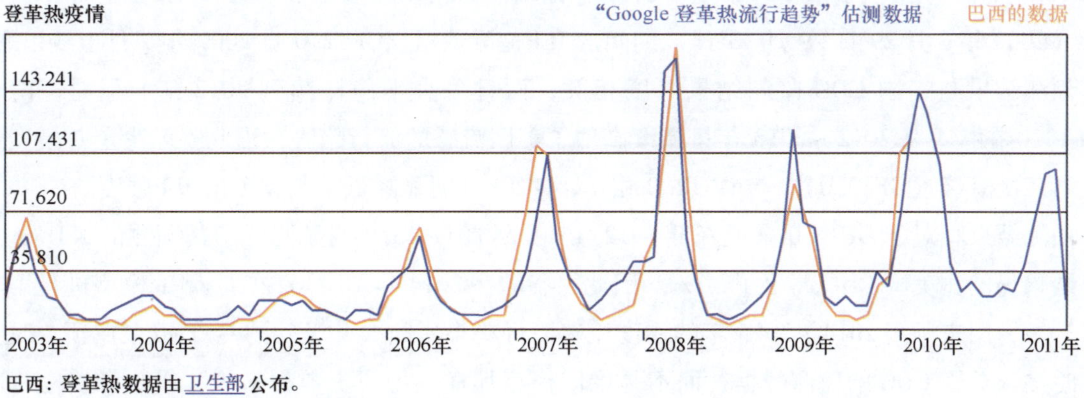

图 13-3　巴西登革热疫情趋势图

3. 谷歌预测流感系统的局限性

随着信息时代的高速发展，有效的模型并非是一成不变的。虽然谷歌在 2009 年成功预测了流感的爆发，但在随后几年的流感预测开始出现偏差。2012 ~ 2013 年的流感季，GFT 预测的就医量是美国 CDC 最终记录结果的两倍，高估了逾 50%。那么是什么原因导致了 GFT 的失灵呢?

首先，由于媒体对流感报道的高涨，包括 2013 年 1 月纽约州因流感蔓延宣布进入公共卫生紧急状态等事件，促使大量非流感患者检索流感相关词汇，造成了 GFT 预测结果的偏高。其次，是由于谷歌的算法未能充分考虑新的外部因素所致。例如，媒体对流感的报道增多和社交媒体对流感的讨论增加，都会对该服务的数据和统计信息产生影响。虽然谷歌的搜索算法本身也不断地改变，但是为了快速提供给用户有用的检索信息和获得更多的广告收入，势必会影响到某些检索词"自发的"检索量。由于谷歌关键词的提示搜索，会引导人们使用相似的检索词，使得某些检索词的搜索次数大幅度提升，从而导致预测结果的偏高。

其次，一些科学家在《Nature》杂志上撰文分析了 GFT 的失灵，并阐述了对于媒体过分渲染大数据功能的担心，将其称之为"大数据的傲慢"。然而即使是该文的作者也并不能全面否定 GFT 的价值。它体现出一种运用海量数据和科学手段在看似毫无关联的领域之间构建了以数据为基础的相关性通道的巧妙思维。谷歌也在积极地调整模型，以便进行更准确的预测。由于未能检测到 2009 年的流感大爆发，因此谷歌决定对 GFT 模型进行第一次全面的升级（GFT2.0）。首先，谷歌将检索词的监测数目从45个增加到160个，去除了大量非特异性词汇，使检索总量降到原模型的1/4。其次，GFT2.0的检索词直接与流感有关，最后，GFT2.0不仅包括美国CDC 2003年~2007年的监测数据，还参考了甲型H1N1流感第一波流行（2009年3月29日~9月13日）期间的ILI检测数据。GFT2.0自2009年9月上线以后，其预测结果与美国CDC监测结果高度相关，而且一直平稳持续到2012年。但是，由于GFT2.0在接下来2012~2013年里持续高估了美国流感的流行趋势，因此谷歌决定对模型进行第二次升级（GFT3.0）。与GFT2.0相比，GFT3.0明显降低了其预测的ILI强度。GFT3.0的预测结果相对于GFT2.0来说降低了12.4%。尽管GFT3.0明显调低了其预测的ILI强度，但结果仍然比美国CDC高出了30%。因此，谷歌在2014年10月宣布对GFT模型进行第三次升级，用来预测2014~2015年的季度流感流行趋势。此次升级后的GFT模型在预测时会实时纳入美国CDC的监测数据，而不是像旧模型那样只用历史数据来校正模型和确立基准线。可见，随着模型的不断升级，GFT预测偏差得到了明显的控制。

2015年8月20日，谷歌研发团队发布博客，宣布谷歌流感趋势页面停止服务，但相关资料和采集的数据将继续提供给专门的研究机构使用。

除了谷歌的积极尝试之外，超大型公开病毒基因序列数据库也在不断涌现，比如全球共享禽流感数据提议组织（GISAID）和全国健康基因银行机构（National Institutes of Health's GenBank），有关最新流感病毒的实时信息能够更顺利地进行研究和共享。可以预期的是，基于大量的流行性疾病的数据信息，传染性疾病的实时监测也将会更加准确和有效，并在医疗领域形成越来越广泛和深入的影响。

在Science的一篇评论《大数据与公共卫生》中，作者指出：

大数据通过洞悉疾病的因果关系来改善公共健康，为医疗提供更精准的药物靶标，从而改善疾病的预测和预防。不仅如此，科学家们还将通过加大对信息的使用来改善他们自身的健康。大数据能够改善我们对健康行为的理解（吸烟、酗酒等），同时也加速了知识扩散的良性循环。

但是“大误差”也会扰乱大数据的精准性。在2013年，当流感过早地袭击美国时，对流感相关的互联网搜索引擎数据的分析还没有传统公共卫生监测分析来得准确。更严重的是由大规模“疾病结果的推断性关联分析”所引发的潜在错误报警。而且当我们能测量更多的参数时，不仅新“发现”中的错误预测比例随之增多，伪相关和生态谬误也会相伴而生。有很多诸如此类的例子，比如“蜜蜂的群落数量和未成年人大麻逮捕率呈负相关”。

通过要求复制研究结果并提高信号的统计显著性，基因组学领域已开始着手解决信号与噪声的问题。这就是为什么要运用大规模协作研究流行病学的原因。对于非基因关联研究，即使用大规模研究及大量复制实验和超强信号，由变量复杂性或其他偏差所导致的错误预测也有发生的可能。大数据的优势是找到关联，而不是解释这些关联的意义。找到关联信号仅仅是第一步。

将大数据引入到公共卫生领域的事业才刚刚起步。如果我们能够整合较强的流行病学研究基础、有力的知识整合方法、遵循循证医学的原则、扩展转换医学的规模和计划，那么大数据将会在正确的道路上越走越好。

4. 大数据控制疫情的作用

提前确定一定规模的未知疾病，为疫情控制争取时间。通过医院的信息共享及用户关键词的频繁搜索，能够快速检测到某个地区出现诸如不明原因的肺炎或某地餐馆让多少人出现呕吐腹泻等异常状况，然后通过与疾病控制中心病毒库中的病毒比照分析，寻找吻合病毒，为判断疾病赢取时间。换句话说，通过数据体量庞大且时效性高的疾病预防系统可以真正在第一时间内对疫情的病毒源做出判断，进而为控制疫情争取更多有效的时间。

判断人员流向，控制疫情。在疫情发生后，即使能够快速地控制疫情爆发，但是人员从爆发地向其他地区的快速流动常常是难以预测的。而通过汇集各种信息和海量数据，可以准确监测到人员的流动情况。例如 A 地突然爆发传染病，而监测到传染源区人员的主要流向地是 B 地与 C 地，疾控中心就可以有针对性地进行防治，如携带相应医疗物品迅速赶往 B 地与 C 地，为当地人接种疫苗并布置防护措施，减少了盲目的广撒网式的布局情况，避免疫情的大规模扩散。

治疗药物和疫苗的迅速研发。针对未知病毒引发的疫情，最重要的事情就是研发对应药物。在对病人的治疗过程中，将所有药物的使用数据及用户的病情数据全部联网形成参考数据库，通过将任何有效的药物迅速纳入研发范围进行分析，就可以对研发出对抗疫情的药物提供有力的数据支持。

建立全民预警机制。疾病预防控制预警不仅仅只是办公室里的决策者们所享有的，未来也必将成为全民的福利，以保障更多人的安全。比如第一时间通知个体所在的地区有流感区的人群大量流入，让人们及时做好预防工作。

二、移动医疗与个人健康

1. 移动医疗：开启新医疗时代

科学技术在医疗卫生领域的应用促进了人们健康水平和生活质量的日益提高。与此同时，伴随而来的人口老龄化也成为了一个全球性现象。图 13-4 所示为国际联盟对世界人口老龄化的统计，预计在 2050 年中国老龄人口的数量将达到 3 亿多，占中国人口总数的 24% 左右。由于大多数老年人患有各种慢性疾病，因此人口老龄化也导致了医疗需求的快速增长和医疗费用的急剧上升，并将继续给社会和家庭造成巨大压力。同时，中青年人患各种“富贵病”的情况也日益严重。据 2004 年公布的《中国居民营养与健康现状》显示，我国慢性非传染性疾病的患病率增长迅速，预估全国 18 岁（包括 18 岁）以上居民患高血压病率为 18.8%，人数达 1.6 亿多；而 18 岁（包括 18 岁）以上患糖尿病的居民有 2000 多万，患病率达 2.6%。

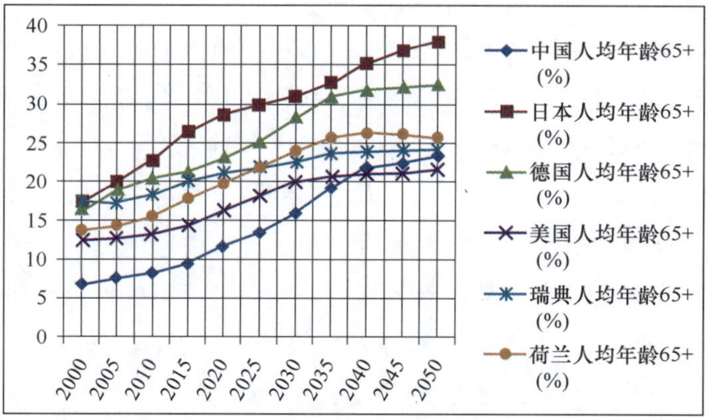

图 13-4　国际联盟组织对世界人口老龄化的统计

人口老龄化进程的加快及各种慢性疾病在中青年人群中的肆虐衍生，使人们的健康意识和保健要求日益增强，在推动医疗模式从以症状治疗为中心的模式向以预防为主、早诊断、早治疗的模式转变。随着手机的使用功能越来越丰富，加之互联网技术与数据存储与处理强化的云计算的应用，使数据信息开始应用于医疗行业，移动医疗应运而生。移动医疗的产生使医疗保健系统可以更加有效地分配医疗资源。

移动医疗（M-Health）利用手机终端采集用户的多种生理信息，如体温、血压、血氧、脉搏、心电等。手机终端利用采集器来实现采集的功能。采集器与手机可以是一体或分体，两者之间可以采用有线（如 USB）或无线（如蓝牙）的方式传递信息。图 13-5 所示为移动医疗的基本运作模块，管理模块可以根据终端管理系统提供用户的终端能力、当前网络状况等信息，对保健中心发给用户的信息进行转换适配，确保用户终端信息的正确呈现。在紧急情况下，保健中心可以通过定位业务系统的粗定位业务中心（General Location Service Centre，GLSC），发起对用户的定位，获取用户精确或粗略位置信息，并将位置信息或位置相关信息（如用户所在位置的周边地图、交通路况、导航等信息）传递给救护人员，使他们能够及时实施救助。

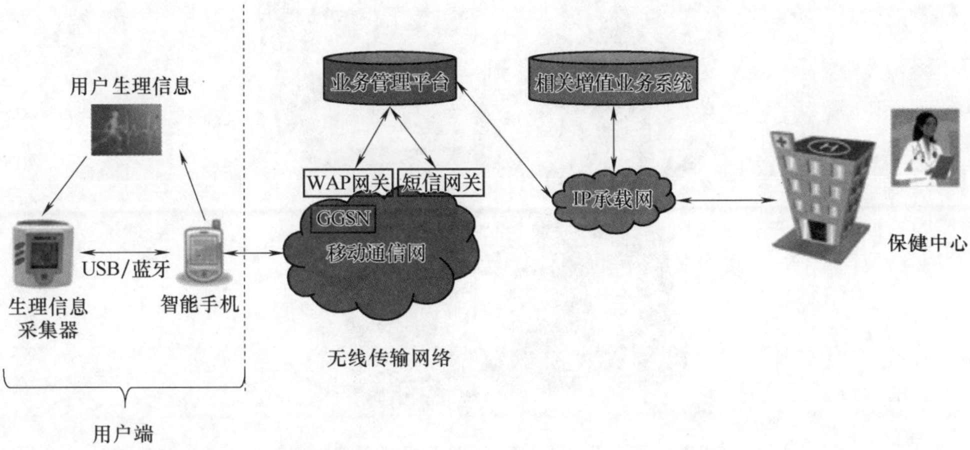

图 13-5　移动医疗的基本运作模块

移动医疗较传统医疗更能提供方便多样的保健服务，其使用者可以不受任何时间和地点的限制，在不妨碍日常工作和生活的情况下随时随地地监测生理状况，从而实现疾病的早发现、早诊断、早治疗。

2. 便携式医疗设备进行心电图监测

在移动医疗中，利用手机进行医疗检测是最为普遍的方法。这种便携式医疗设备的应用使很多慢性病，如高血压、心血管疾病、呼吸道疾病、糖尿病等疾病的随时检测成为可能。但是目前这些医疗监测方法大多注重的是在硬件设备及数据方面的搜集，对于测量得到的数据处理相对比较粗糙，无法从中获得高价值信息。

AliveCor 公司在数据挖掘方面做了先行者，也是移动设备产品获 FDA 批准使用的数字医疗公司之一。AliveCor 产品主要服务于心脏功能欠佳的人群，是一款结合智能手机的心电图测量（ECG）设备，可以通过 AliveCor 随时随地知晓心律情况，并记录在智能手机中。图 13-6所示为 AliveCor 设备与手机结合。当用户打开 AliveECG 应用，并将手机握在手里或放在胸上保持 30 秒后，该应用就会自动完成心律记录，并将记录的心电指数上传至 AliveCor 公司服务器。获得 ECG 测量数据后，可以将数据结果发送给医生，或者连接有特别资质的医师来解读。

不仅如此，AliveCor 公司还对监测到的心电图数据进行了深入挖掘，开发出一种能够绕开医生，以心房纤颤（Atrial Fibrillation）为预警信号来自动排查是否存在中风或心力衰竭等症状的智能算法。AliveCor 通过收集到的 110 万个 ECG 数据中 20 ~ 30 万条有心房纤颤的

图 13-6　AliveCor 设备与手机结合

状况的数据与 70 万条正常数据，以及患者的其他相关数据，例如环境、生活习惯、患病历史等相对比，设计了 AFib 排查算法进行测试，得出这一排查算法的阴性检测准确率达 100%，阳性检测准确率为 97%。FDA 于 2014 年 8 月批准了 AliveCor 公司检测房颤的房颤检测器算法。图 13-7 所示为 AliveCor 记录的心电图。

AliveCor 公司也看重数据分析的价值，通过数据挖掘技术寻找其中的相关性。利用其在监测中获得的大量数据及患者的其他数据分析其中的相关性，既可以实时有效地检测心房纤颤，也可以通过数据分析对患者进行预警，指导患者提前预防治疗。相对于其他缺乏技术层面指导的互联网医疗而言，AliveCor 公司凭借其不断优化的精确算法，有效缓解了关键医疗资源的紧张，并将数据转变为价值。

3. 移动医疗发展趋势：可穿戴设备

随着医疗设备及医疗技术的不断发展，移动医疗的疾病监测也不会只局限于在移动智能手机上使用。由大型的医疗设备转向成的小型穿戴设备不仅能够满足人们对可穿戴的设备需求的增加，也在移动医疗行业逐渐开始应用。穿戴式医疗仪器具有生理信号检测和处理、信号特征提取和数据传输等基本功能模块，可以实现对人体的无创监测、诊断和治疗，并且具有可移动操作、使用简便、支持长时间连续工作、智能显示诊断结果、异常生理状况报警和无线数据传输等特点，穿戴式医疗仪器与无线通信技术及网络技术的结合，大大促进了移动医疗的发展。

近几年可穿戴设备的研发与应用正在改变着人们生活的各个方面。以苹果发布的 Apple-Watch 为例，作为一款复杂的智能手表，更多关注的却是包括统计运动卡路里数据等方面的信息，同时也通过系统的数据管理检测个人健康情况，追踪用户所产生的健身与健康数据，实现用户健康管理。

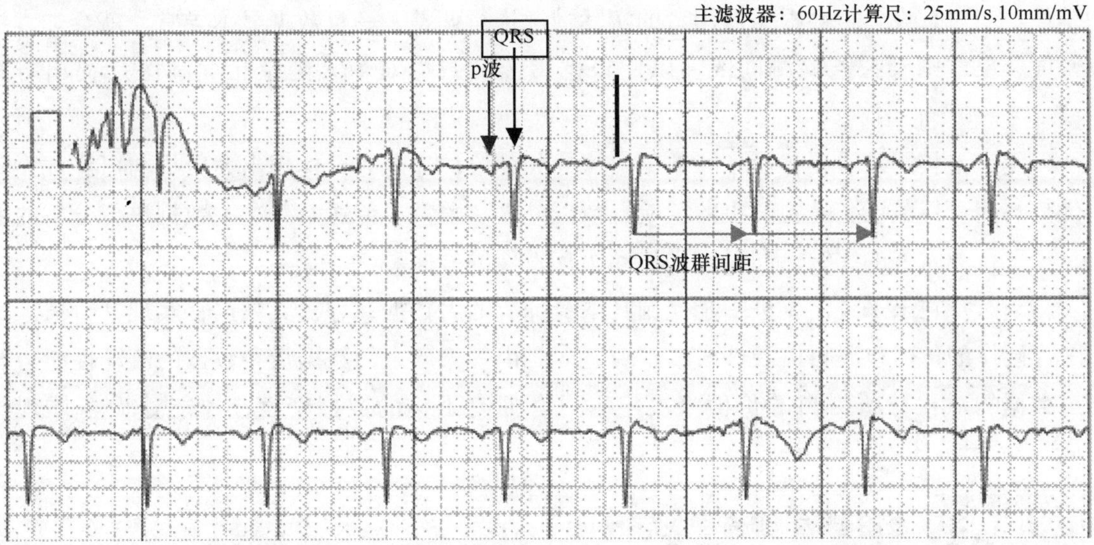

a）

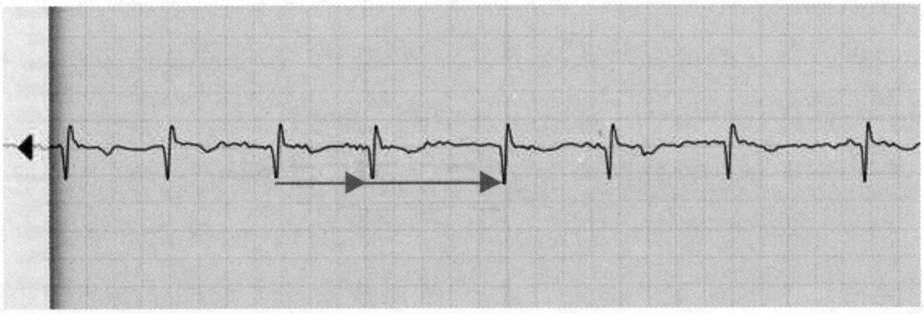

b）

图 13-7　由 AliveCor 记录的心电图

（图中示出正常情况 a 与疑似心房纤颤情况 b 的不同：a 中在反应左右心室快速去极化过程的 QRS 波群之前存在 p 波，且 QRS 波群之间的间距均匀；b 中则缺少了 p 波，同时出现了 QRS 波群间距的变化，综合其他判据可显示心房纤颤的迹象）

除了苹果公司，其他国际企业，比如谷歌、高通、三星等也使整个可穿戴设备市场的发展一触即发，这个广阔的市场前景吸引了全球厂商的注意。

目前可穿戴设备已经收集了大量的数据，但是如何挖掘这些数据及进行有效预测的问题还亟待解决。可穿戴设备可以通过参考其他移动医疗设备的数据挖掘方式对其本身数据进行深层挖掘，进一步体现大数据的价值。比如，可穿戴设备将监测到的个人数据上传至云端后，将用户的数据放到已有的数据模型中进行分析，并做纵向和横向的比对。同时也会在移动端的 APP 应用上，通过分析汇总成一个健康风险指数，用户每次登录都会看到自己的健康风险指数和同龄、同性别人群的平均风险指数，能明确自己的健康风险指数在同龄人群中的排位。同时，设备也会根据使用者的实际情况进行调整，一旦数据显示异常，就会加大检测密度，反之则会拉长检测间隔。以便根据得出的数据对个人健康状况和医疗提出有效建议。

因此，就长远来看，将设备、数据、医疗相结合，才能完全体现出大数据与可穿戴设备的优势。而可穿戴设备需要解决的续航、数据处理、采集、传送及对这些数据进行分析的能力是整个行业发展的关键，同时也是移动医疗发展的方向。

移动医疗在未来还需要进一步挖掘其本身拥有的大数据，分析其数据，实现其价值。移动医疗硬件的价值也不再由硬件成本本身，而是由每天产生的数据量和数据的流动性能力及通过数据的对比分析得出的价值来决定。只有拥有足够的数据密度，才能让设备体现出价值。

扩展阅读：海量基因测序与疾病预防

基因工程是在 20 世纪末提出的一个新型概念，它是一种在分子水平上对基因进行操作的复杂技术，其中包括通过测序等技术研究基因的序列。基因在疾病研究中十分重要，需要对人类的基因组进行测序和分析，才能找出其中的规律。

但是，基因组的庞大数量需要巨大的计算能力。一个小小的真菌，比如酵母的基因组总量就有 10MB，而一个人的全基因组则是 3GB（3000MB），如果将全部测序数据转换成书，那么这本书的厚度将超过 100 米。此外，由于受到技术和方法学的限制，每个人至少要测 100GB 也就是基因组的 30 倍以上，才能得到相对准确地全基因组数据。因此，如何准确地对基因进行测序并分析得到基因序列是疾病研究的重中之重。

近几年，基因测序公司如雨后春笋般不断涌现，其中美国的汤森路透公司利用其在情报信息领域的优势，发展出一套独特而强大，且种类丰富的信息平台和分析管线。不同的信息产品涵盖了从基因到药物几乎整个下游的信息和分析服务，为客户的研发决策提供了情报分析和理论依据。到目前为止，汤森路透以近乎垄断的地位，成为各大制药公司研发中心的主要信息提供商。

相比之下，虽然目前中国的基因测序分析还处于起步阶段，但是华大基因在这方面做了很好的先行者。华大基因到目前为止不仅建立了 2000 多台服务器的分布式集群计算系统，技术架构也从过去传统的分布式计算转向了 Hadoop 等云计算架构，集群计算能力达到了 200 万亿次/秒，进入 2013 年全球高性能计算的前 100 名。据华大基因估计，由此需要收集的数据量将高达 10EB，数据的参数规模也将达到 1 ~10 亿。目前，华大基因库已保存了 133 万份可溯源生物实验样本，数据总量达 20PB，规模居全国第一位，全球第三位。因此，华大基因拥有样本量极大的基因大数据作为其研究的基础。

华大基因的大量数据在超算中心和华大自己的数据中心完成处理后，在亚马逊 AWS 云平台上进行数据交付分析（包括全球交付系统，将数据交付给全球的分支机构和客户）。之后利用 AWS 提供的 MapReduce、EMR 及计算资源完成数据分析，并通过 AWS 隔离机制构建数据存储和管理安全机制。基因数据进行交互分析之后，还需要对数据进行可视化解读，以清楚明了的方式对数据进行展示。

华大在基因检测方面已经成功应用了其所获得的大数据。例如无创产前基因检测，利用建立的 AWS 数据库，通过监测孕妇的染色体信息，快速检测其是否与数据库中三体综合征的基因相匹配，大大降低了新生儿出生缺陷风险。2014 年 8 月 26 日，华大基因旗下互联网云平台 Genebook 基因谱发布。基因组的互联网就是把每个人测定的基因组连起来形成基因组的网络。虽然现在一些疾病的发病率非常低，但在全球范围内，依然能够找到与它相对应的案例。所以当把每个人的数据都连起来，形成基因组网络之后，也就有了把基因和疾病之间的关系搞清楚的可能性，这种可能性会对生命健康产生很大的效应。

基因工程是自疫苗问世以来疾病预防最重要的科技突破，它通过研究基因与生物表征之间的关系，不仅可以大大降低遗传疾病的发生率、减少出生缺陷，还有对复杂性疾病进行预测、预防、预警和个体化诊疗的巨大潜力。基因测序只是其中的第一步，它能告诉人类基因携带了哪些信息。但是只知道这些是不够的，还要知道这些信息意味着什么。所以，弄懂这些信息，了解基因信息和人类表征之间的关系，最后才能将其具体应用到临床诊断来预测某些病的患病风险。

在不远的将来，生物产业也会对人们的生活和健康带来革命性的改善。也许 1 0 年之内，新生儿都将有自己的“基因身份证”，生病时，要结合身份证上的遗传序列来进行诊断。不仅是基因组信息，还包括表观组、转录组和蛋白质组的数据都将是疾病诊断的重要依据。基因大数据，这一新兴产业必会有更为长远的发展。

三、心理学之度量幸福

1. 积极心理学与幸福感

积极心理学是指利用心理学目前已经较为完善和有效的实验方法来研究人类力量和

美德等积极方面的心理学思潮。积极心理学是一门关于幸福的科学，与每个人的行为、生活、教育和爱息息相关。主要研究如何让人更幸福和获得积极的心理感受。它告诉人们幸福不是可望不可及的，每个人都可以通过学习新方法、建立新习惯来获得幸福。利用积极心理学不仅可以使个人获得幸福感，也可以促进整个社会的幸福感达到繁荣和谐。

2012 年中央电视台推出了《走基层百姓心声》特别调查节目“幸福是什么”。走基层的央视记者们分赴各地采访包括城市白领、乡村农民、科研专家、企业工人在内的几千名各行各业的工作者，采访他们对于幸福的看法，试图找出影响人们幸福感的因素。除此之外，2011 年，经济合作与发展组织（The Organisation for Economic Cooperation and Development, OECD）使用一个线上工具让公众对 11 个广泛存在的因素在生活中的重要程度进行评分，结果发现不同国家对影响幸福最重要因素的看法有着很大的不同。这是人们对于度量幸福的一次尝试，但不能准确地评估人们对于幸福的看法，更不能度量出影响幸福感的因素。因为小量的随机样本并不能代表全部人的看法。但现在，在数据量日益增长的大数据时代，大量复杂的数据代替了原来的小量数据，精确的算法也取代了传统统计方法，最终能够更准确可靠地度量幸福。

2. 利用 Twitter 度量幸福

如今，社交网络蒸蒸日上，其产生的信息也呈爆炸式增长。据估计，目前全球互联网用户已超过 30 亿人，占全球总人口的 40%。这些网民每天都会在各种社交程序上产生过亿的数据量。因此，目前度量幸福的新方法在于利用这些更大更全面的样本量。

据估计，Twitter 上每年都会产生 5 亿条信息，其内容涉及人们生活的方方面面，包括对大众模式的描述，比如情感、社会等。截至 2013 年，美国国会图书馆所保存的 Twitter 信息数量已达到 1700 亿条，存储文件体积更是到达 133TB。由于 Twitter 在社交网络中发挥的作用越来越重要，在 Twitter 上产生的数据也越来越多，因此如何挖掘及利用这些数据也成了目前研究的重点。

在此背景下，2011 年佛蒙特大学的科学家们对大量 Twitter 数据进行了情感分析。他们分析了由 6300 万推友发布的 45.68 亿个推文中的 460.76 亿个单词。这些推文来自 2008 年 9 月 9 日~2011 年 9 月 18 日这三年的收集。单词中更是包括了用户的 ID、注册日期、住址及很多常用词汇和表情符号等。科学家们从中选取 230 百万个单词作为随机样本，然后通过运算选出了出现频率最高的 50000 个单词来进行拟合。这些关键词不一定与幸福相关，是因为采用的是网络上最常被检索的关键词，并根据关键词拟合的效果打分，然后由一种自动选择程序根据检索词得分的高低来自动排序。最终选择了拟合度最好的10000个最常被检索的关键词作为Mechanical Turk模型检测的对象，并根据他们的检索量评估不同时间、不同情况下的幸福程度。这些出现频率高的单词包括“快乐”“圣诞节”“蔬菜”“家庭”“战争”“不”“这个”以及表情符号“:)”“:-)”等。

图13-8所示为用来评估幸福指数的出现频率最高的100个单词，包括他们的平均外界幸福指数$h_{avg}^{(amb)}$（推文文本词、短语、标点、表情等）、使用推文数（Total Tweets）及评估推文文本词的标准幸福值$h_{avg}^{(norm)}$。通过对这些单词的评估制作了一个以文本为基础且具有可调谐性、实时性、远程感应和非干预性的隐形快乐计。这个快乐计可以实时监测并评估这些单词的被检索情况，包括单词检索量的上升或者下降等，用以评估幸福程度的变化，从而挖掘出影响社会整体幸福水平的因素。

分析表明，人们在每年的宗教、文化和国家节日时幸福感较高，但在一些无法预料的社会灾难，比如自然灾害或名人死亡时幸福感最低。从图13-9所示的每天幸福指数图可以看出，2008年~2010年中圣诞节都是幸福感最高的时刻，在其他的节日，比如新年、情人节、感恩节、复活节、母亲节、父亲节等节日时幸福感普遍会提高。其中只有一次并非因为节日而幸福感很高的事情就是英国威廉王子和凯特王妃结婚。而低幸福感通常都是在发生自然灾害或人为灾害的时候，比如，2008年美国经济危机、2009年H1N1流感大规模爆发、2009年7月迈克尔·杰克逊死亡、2010年智利地震、2011年日本海啸等时的幸福感都降到了最低。

在一周中，最幸福的时刻通常出现在周末，低谷出现在周一和周二。图13-10所示为周平均幸福指数，可以看出在周二时幸福感最低，然后幸福感逐渐增高到周四，从周五开始幸福感突然较大幅度地增加，直到周六达到最高值。但周日的幸福感开始减弱，周一的幸福感值持续降低，至周二回到最低。每周形成的这样一个循环。与上班的规律有着密切关系，周末休息时幸福感最大，工作日期间幸福感较低。但是这种规律也会出现个别情况，比如2009年的感恩节虽然是周四，但是幸福度均高于周五和周六。因此。当碰到一些节日或灾害时，每周的平均幸福指数的规律就会发生相应变化。

工作日的幸福感低于周末这一情况，不仅反映了在积极心理学上休息和知足能促进幸福感上升的理论。同时也告诉人们虽然财富和工作会带来一定的成就感，但是并不能给人们带来幸福感。而周日的幸福感低于周五的规律也验证了积极心理学的适应性特点，当人们重复遇到产生愉悦感的刺激因子时，所体验的愉悦感就会不断下降，周五时人们对周末有期待，会激发幸福感。而当周日的幸福感积累到一定值时，就会下降。

Word	$h_{avg}^{(amb)}$	Total Tweets	$h_{avg}^{(norm)}$	Word	$h_{avg}^{(amb)}$	Total Tweets	$h_{avg}^{(norm)}$
1. happy	+0.430	1.65e+07 (13)	+1.104 (1)	51. snow	−0.051	2.60e+06 (49)	+0.083 (39)
2. Christmas	+0.404	4.89e+06 (35)	+0.953 (3)	52. Jon Stewart	−0.052	5.21e+04 (97)	−0.024 (48)
3. vegan	+0.315	1.84e+05 (90)	−0.015 (46)	53. school	−0.056	9.26e+06 (24)	+0.050 (42)
4. :)	+0.274	1.04e+07 (20)	+0.630 (12)	54. Lehman Brothers	−0.078	8.50e+03 (100)	−0.721 (79)
5. family	+0.251	5.01e+06 (32)	+0.716 (7)	55. them	−0.090	1.54e+07 (15)	−0.280 (60)
6. :-)	+0.228	1.67e+06 (60)	+0.560 (16)	56. right	−0.090	1.92e+07 (10)	+0.126 (35)
7. our	+0.207	1.41e+07 (16)	+0.159 (33)	57. woman	−0.115	2.54e+06 (51)	+0.202 (30)
8. win	+0.204	7.98e+06 (26)	+0.924 (4)	58. left	−0.118	4.89e+06 (34)	−0.383 (63)
9. vacation	+0.200	9.35e+05 (67)	+0.817 (5)	59. me	−0.119	1.44e+08 (4)	+0.160 (32)
10. party	+0.170	6.44e+06 (29)	+0.679 (9)	60. election	−0.127	5.60e+05 (75)	−0.306 (61)
11. love	+0.164	4.67e+07 (6)	+0.977 (2)	61. Sarah Palin	−0.128	2.26e+05 (87)	−0.681 (76)
12. friends	+0.155	7.67e+06 (27)	+0.685 (8)	62. no	−0.132	9.51e+07 (5)	−1.415 (90)
13. hope	+0.149	1.18e+07 (18)	+0.515 (19)	63. rain	−0.134	3.23e+06 (41)	+0.050 (44)
14. coffee	+0.147	2.80e+06 (46)	+0.518 (18)	64. climate	−0.135	3.64e+05 (80)	−0.160 (51)
15. cash	+0.146	1.28e+06 (63)	+0.601 (14)	65. gay	−0.152	2.73e+06 (47)	−0.552 (72)
16. sun	+0.144	2.39e+06 (52)	+0.737 (6)	66. lose	−0.157	2.06e+06 (55)	−1.181 (86)
17. income	+0.137	5.10e+05 (76)	+0.621 (13)	67. they	−0.159	2.74e+07 (8)	−0.208 (58)
18. summer	+0.135	3.00e+06 (43)	+0.221 (29)	68. oil	−0.162	1.38e+06 (62)	−0.411 (65)
19. church	+0.131	1.81e+06 (58)	−0.016 (47)	69. cold	−0.162	3.67e+06 (36)	−0.546 (71)
20. Valentine	+0.127	2.47e+05 (84)	+0.593 (15)	70. I feel	−0.173	5.17e+06 (31)	−0.129 (50)
21. Stephen Colbert	+0.126	2.38e+04 (99)	+0.001 (45)	71. man	−0.175	1.59e+07 (14)	−0.163 (52)
22. USA	+0.113	2.16e+06 (54)	+0.325 (26)	72. Republican	−0.181	2.30e+05 (86)	−0.539 (70)
23. !	+0.106	3.44e+06 (40)	+0.195 (31)	73. sad	−0.187	3.56e+06 (38)	−1.366 (89)
24. winter	+0.101	1.26e+06 (64)	+0.050 (43)	74. gas	−0.193	1.02e+06 (65)	−0.471 (67)
25. God	+0.099	8.58e+06 (25)	+0.468 (20)	75. economy	−0.203	6.09e+05 (73)	−0.525 (69)
26. hot	+0.095	7.12e+06 (28)	−0.172 (54)	76. Obama	−0.205	2.98e+06 (44)	−0.173 (55)
27. ;)	+0.094	2.61e+06 (48)	+0.326 (25)	77. Democrat	−0.226	9.32e+04 (93)	−0.384 (64)
28. Jesus	+0.094	2.03e+06 (56)	+0.247 (28)	78. Congress	−0.231	3.92e+05 (79)	−0.580 (74)
29. today	+0.092	2.56e+07 (9)	+0.126 (36)	79. hell	−0.250	6.27e+06 (30)	−1.551 (96)
30. kiss	+0.072	1.70e+06 (59)	+0.632 (11)	80. sick	−0.262	3.58e+06 (37)	−1.630 (97)
31. yes	+0.056	1.16e+07 (19)	+0.321 (27)	81. Muslim	−0.262	2.15e+05 (88)	−0.569 (73)
32. tomorrow	+0.054	1.04e+07 (21)	+0.086 (38)	82. war	−0.270	1.96e+06 (57)	−2.040 (100)
33. you	+0.052	1.73e+08 (3)	+0.111 (37)	83. Pope	−0.277	1.52e+05 (91)	−0.316 (62)
34. heaven	+0.041	7.42e+05 (71)	+0.674 (10)	84. hate	−0.282	9.65e+06 (23)	−1.520 (94)
35. ;-)	+0.041	9.39e+05 (66)	+0.395 (23)	85. Glenn Beck	−0.282	1.14e+05 (92)	−0.776 (82)
36. we	+0.035	3.91e+07 (7)	+0.146 (34)	86. Islam	−0.299	1.87e+05 (89)	−0.710 (78)
37. yesterday	+0.033	3.08e+06 (42)	−0.168 (53)	87. George Bush	−0.333	3.23e+04 (98)	−0.747 (80)
38. dark	+0.031	1.58e+06 (61)	−0.766 (81)	88. Goldman Sachs	−0.337	5.27e+04 (96)	−0.984 (84)
39. ?	+0.030	2.32e+06 (53)	−0.503 (68)	89. depressed	−0.339	2.81e+05 (82)	−1.541 (95)
40. RT	+0.028	3.39e+08 (1)	−0.443 (66)	90. Senate	−0.340	4.48e+05 (78)	−0.601 (75)
41. Michael Jackson	+0.018	8.26e+05 (70)	−0.213 (59)	91. BP	−0.355	5.82e+05 (74)	−0.902 (83)
42. night	+0.014	1.71e+07 (12)	+0.074 (40)	92. gun	−0.367	6.81e+05 (72)	−1.476 (93)
43. life	+0.012	1.40e+07 (17)	+0.422 (22)	93. drugs	−0.382	5.10e+05 (77)	−1.452 (91)
44. health	−0.000	2.58e+06 (50)	+0.447 (21)	94. headache	−0.437	8.57e+05 (69)	−1.881 (98)
45. sex	−0.008	3.55e+06 (39)	+0.542 (17)	95. :-(	−0.455	3.40e+05 (81)	−1.174 (85)
46. work	−0.010	1.84e+07 (11)	−0.174 (56)	96. :(	−0.472	2.89e+06 (45)	−1.288 (88)
47. girl	−0.010	1.01e+07 (22)	+0.331 (24)	97. Afghanistan	−0.703	2.74e+05 (83)	−1.458 (92)
48. boy	−0.026	4.93e+06 (33)	+0.062 (41)	98. mosque	−0.709	6.98e+04 (95)	−0.694 (77)
49. I	−0.048	3.08e+08 (2)	−0.062 (49)	99. flu	−0.735	9.01e+05 (68)	−1.912 (99)
50. commute	−0.048	9.01e+04 (94)	−0.206 (57)	100. Iraq	−0.773	2.39e+05 (85)	−1.282 (87)

图 13-8　用于评估幸福指数的频率最高的 100 个单词

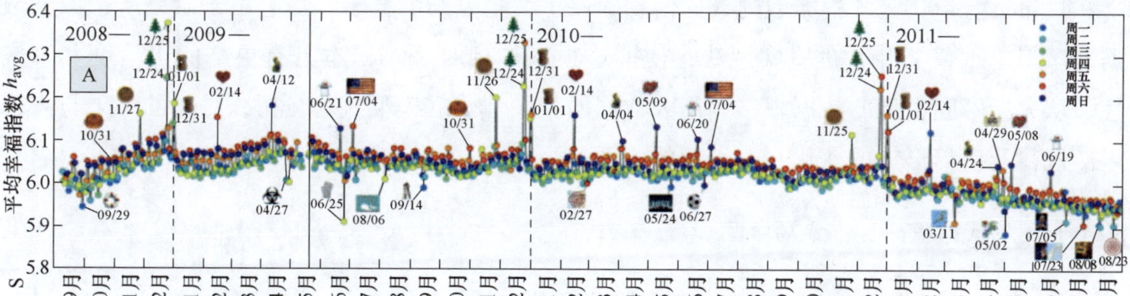

图 13-9　利用 Twitter 数据做出从 2008 年~2011 年每天的平均幸福指数

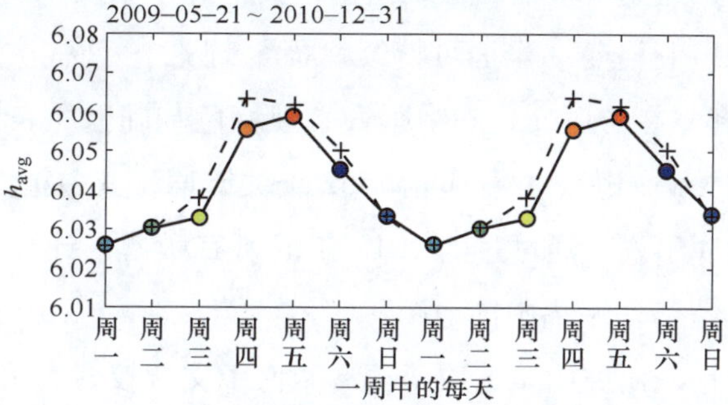

图 13-10　每周的平均幸福指数

在一天之中，从早到晚人们的幸福感不断减弱。图 13-11 的每天平均幸福指数显示了 48 小时内人类幸福指数变化的规律，其中每天早晨的 5 ~6 点时最为开心，而到晚上 10 ~11 点时心情降至最低，这是受到了睡眠和生物钟的影响。晚上睡觉时会让人的情绪刷新，从而使幸福感增高，到 5 ~6 点时达到最高，8 点以后一天的工作开始，幸福感会不断地减弱直到晚上 10 ~11 点达到最低。事实上，生物学研究也证明了，适当的休息是支持身心健康的重要保障。长时间持续工作，甚至熬夜的劳累，不仅影响身体机能，还明显降低了人们的心理舒适程度。

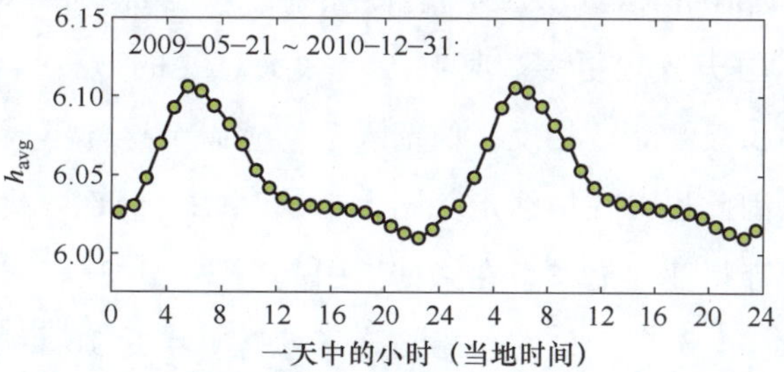

图 13-11　每天的平均幸福指数

Twitter 上 460 亿各种类型的数据信息确保了大量复杂的样本，而且由于研究所选取的数据来源于 Twitter 上用户的真实想法，使得这项工作相对于小样本具有更高的可信度和真实性。从大量不同类型的数据中，利用大数据的相关性建立模型进行分析，得出的结果与人的生活规律及世界形势的变化有着密切的关系。

3. 新浪微博大数据研究：幸福中国

与 Twitter 度量幸福的研究类似，清华大学的行为与大数据实验室与新浪微博合作进行了“清华幸福中国指数”的研究【注 11】。双方的研究人员调取了 2013 年全国范围内带有情感词的微博进行研究，建立了幸福的七维模型，其中五个维度来自于著名心理学家、“积极心理学之父”马丁·塞利格曼“全面可持续幸福”理论（幸福 = 情绪 + 投入 + 关系 + 意义 + 成就），又加入了建立在中国文化和中国人心理特色基础上的表情符和幸福事件这两个维度。从而编制出幸福关键词库，共计包括 1552 个关键词，其中正性词 714 个，负性词 838 个。研究团队从这个词库出发，通过过滤 2013 年的所有微博，计算出关于中国社会的各种幸福分布，由此描绘出“清华幸福中国地图”。

为保证数据的可靠性，研究团队选取了所有微博中文章较多、用户比例较高且隐性广告较少的城市，然后根据新浪微博数据计算出中国城市的“清华城市幸福指数”。结果发现，人均 GDP 20000 元人民币是中国人的“幸福拐点”。在人均 GDP 较低的城市，平均幸福程度也较低；随着当地经济的发展，城市幸福指数也在增加，但增加的速度越加缓慢；直至人均 GDP 突破 20000 元人民币之后，对幸福的影响变得微乎其微。这个结果在中国经济方面有着很重要的指导意义。但研究也表明，在 GDP 突破一定的水平后，更快的经济发展对幸福指数几乎没有影响。

研究团队也研究了幸福在时间维度的变化。研究表明与上文提到的 Twitter 结果一致。如图 13-12所示，节日对情绪有着重大影响。传统节日（比如春节、中秋节）带来的快乐比现代节日（比如元旦、国庆节）更多。某些没有太大意义的节日，比如五一劳动节，虽然放假，却没有带来太多积极情绪。相反，像情人节、感恩节这样不放假的节日，由于对人们的生活有着重大意义，因此也会在情绪走势图上形成高峰。外部发生的好事，比如 11 月 10 日广州恒大足球俱乐部夺得亚冠冠军，在微博上引起了一片欢呼。同样，灾难也会对微博上的心情指数造成重大冲击。3 月 5 日的长春盗车杀婴案、4 月 16 日的波士顿马拉松爆炸案（由于受害人有中国同胞）、4 月 20 日的雅安大地震，都在微博上引发广泛关注，使得网友心情沉重。

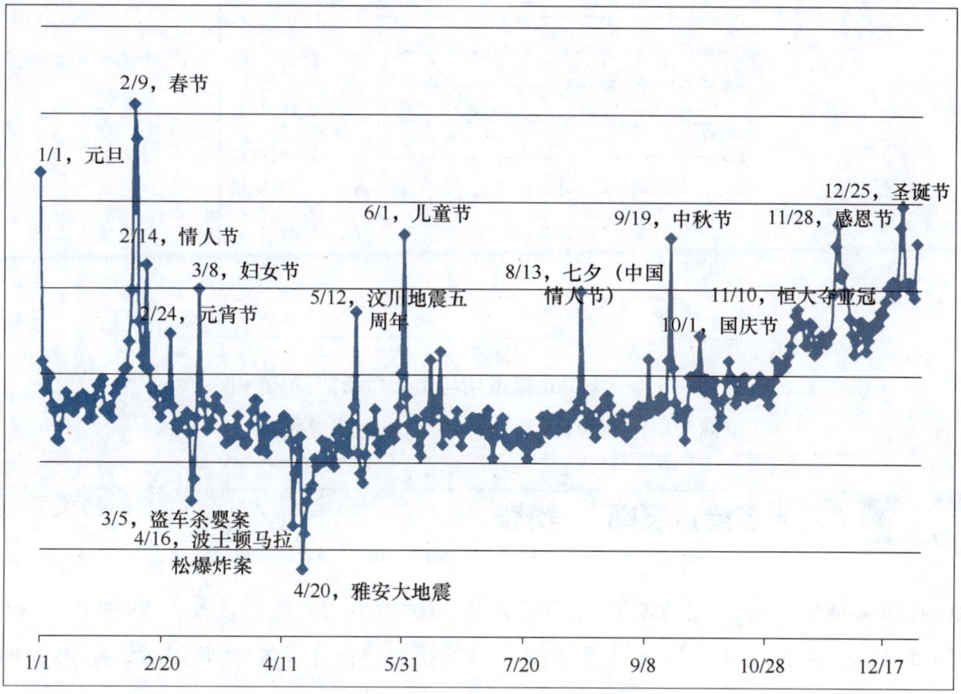

图 13-12　利用新浪微博数据研究得到的幸福在时间维度的变化（横坐标为时间，纵坐标为平均幸福指数）

此外，研究还发现，“节后综合症”，即放假之后，重新上班时幸福感会降低，反而还不如平时，事实上并不存在。研究团队总结了 2013 年所有节日放假后，回来上班第一天的情绪指数，发现平均比上班后数日还要高 3%。微博上的情绪走势图在节前 8 天已明显呈上升趋势，节后虽不比节前情绪高涨，但也没有明显下降，基本回归于基线。

虽然微博上经常会有所谓“黑周一族”，在周一发表带有负面情绪的博文，但整体来看，周一的情绪与其他工作日并无重大区别。正面和负面情绪在星期一和星期四之间有小幅波动，星期三为幸福感最低点，而最高点出现在周六。结果如图 13-13 所示，一周正负面情绪变化与 Twitter 的研究结果相似。

这项研究充分利用了中国人口多、大数据资源大的特点，以新浪微博这个中国最大的社交媒体网站为媒介，有效地反映了中国人民的幸福指数。同时这项研究也对经济发展、人民健康管理、情绪调节等方面有重要的参考价值。

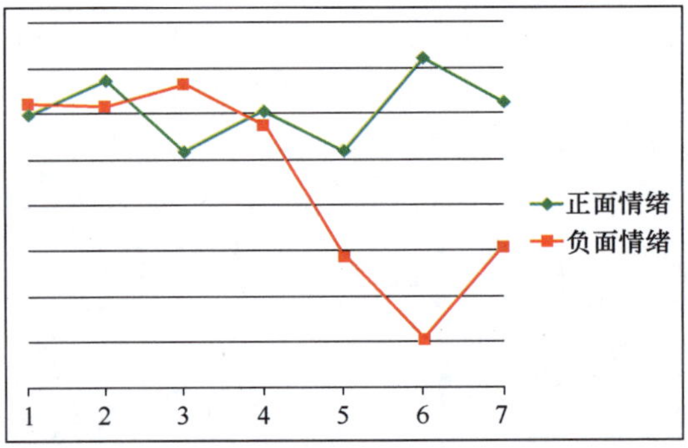

图 13-13　一周中正面情绪与负面情绪的变化（横坐标为周一到周日，纵坐标为平均情感指数）

扩展阅读："人体情绪热量图" 辨疑

现在在微博微信上不时被转发的所谓"人体情绪热量图"，包含不同的色彩、英文注释、标尺图例等，看上去很专业，很像热成像图，有的版本还配上了中文解说词。不过，假如这张图说的是体温变化，那么按图中标尺，幸福和骄傲状态下头部温度将达到 50℃，这很明显违反了基本常识。

让我们看看这个图的来源。首先在中文网络里看一下，用"身体 + 情绪 + 热量"作为关键词，使用百度搜索，结果说："芬兰科学家研究发现，世界各地的人们在产生不同情绪的时候身体各部位的体温也会发生相应的变化，这项研究共召集了 700 名来自芬兰、瑞典的受试者，收集了他们面对文字、故事、电影和面部表情所做出的自然情绪反应，同时记录他们身体各部位的温度，并根据温度的高低标上不同颜色，制成一份体温地图。"

咦？看起来好像确有其事，难道不同情绪真的导致不同部位的体温变化？别急，我们来看看国外媒体的报道，用"temperature + emotions"作为关键词，使用谷歌搜索，结果第一个就是这幅图。

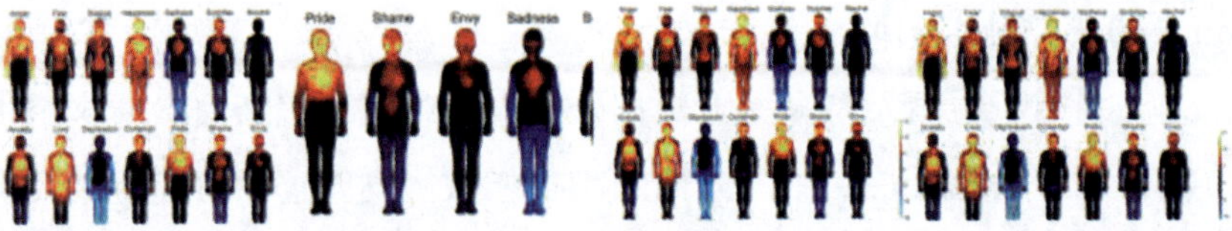

原来这幅图已经在国外广为流传了，看来是真的喽？还是不急，我们看看相关的英文网页具体是怎么说的。点开第一个和第二个英文网页的链接，并把原文截图如下：

第一个 Mapping How Emotions Manifest in the Body：

Across five experiments, 701 participants "were shown two silhouettes of bodies alongside emotional words, stories, movies, or facial expressions. They were asked to color the bodily regions whose activity they felt increasing or decreasing while viewing each stimulus."

第二个 Mapping Emotions On The Body：Love Makes Us Warm All Over：

To try to figure that out, Nummenmaa and his team ran a simple computer experiment with about 700 volunteers from Finland, Sweden and Taiwan.

The team showed the volunteers two blank silhouettes of a person on a screen and then told the subjects to think about one of 14 emotions: love, disgust, anger, pride, etc. The volunteers then painted areas of the body that felt stimulated by that emotion. On the second silhouette, they painted areas of the body that get deactivated during that emotion.

"People find the experiment quite amusing. It's quite fun," Nummenmaa tells Shots. "We kept the questions online so you try the experiment yourself." (You can try it here.)

Basic emotions, such as happiness, sadness and fear, form the building blocks for more complex feelings.

Toddatkins/Wikimedia.org

简而言之，实验方法是给受试者展示一个写有各种情绪词语和相应表情的转盘，要他们想象各种情绪，并且在一个人体图上标注出来在想象的同时，自己身体的哪些部位感觉增强或者减弱了（They were then asked to color in the areas of their body where sensations became stronger（the red and yellow）or weaker（blue and black）when they felt a certain way）。结论是在不同文化的人群中，同一种情绪在主观上反映到的身体部位是较为一致的。这其中从头到尾都没有测量体温，更没有什么高大上的热成像图。

为了慎重起见，去找到这个研究的原文，也许外国的媒体错了呢。文中实验方法如图。

下图是实验结果。

请注意图注，颜色标尺代表的是统计量 t 的大小，这只是一个伪彩图，根本不是热成像体温图。

所以，百度百科不可轻信，媒体上的文字也不可轻信，大胆假设无妨，但一定要小心求证。

【摘编自知乎用户“胡远东”专栏：“追寻真实之地”】

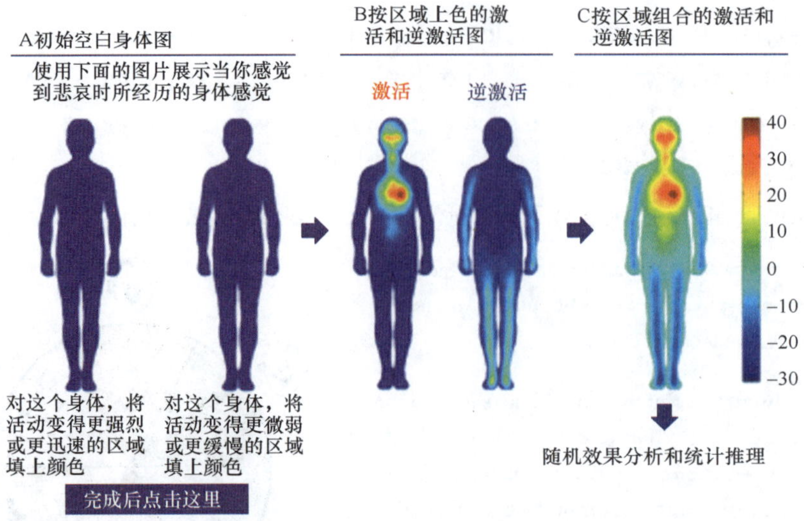

emBODY 工具：参与者在初始的空白身体上对他们在情绪中感受到活动增加（左图）或减少（右图）的区域进行填色（A）。作为整体保存区域激活-逆激活数据（B），整个身体图共由 50364 个数据点描绘。接下来将激活-逆激活图组合进行统计分析（C）

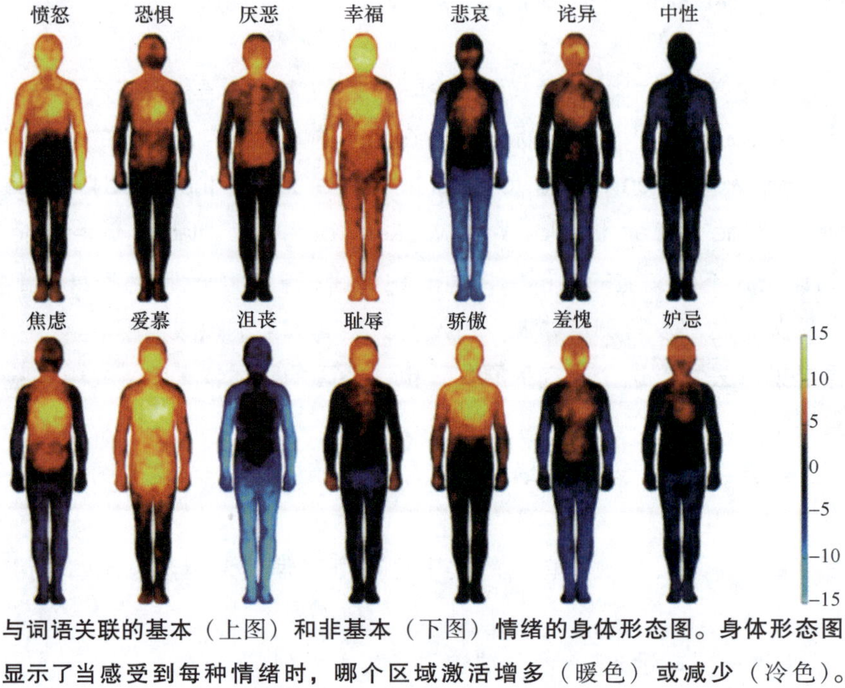

与词语关联的基本（上图）和非基本（下图）情绪的身体形态图。身体形态图显示了当感受到每种情绪时，哪个区域激活增多（暖色）或减少（冷色）。（$P<0.05$，$t>1.94$）。颜色标尺代表的是统计量 t 的大小

第十四章
交通行业

一、交通拥堵大数据分析

1. 严峻的交通拥堵问题

随着我国人均小型汽车保有量的快速增加，城市道路交通拥堵的问题也日益突出，出现了由北上广深等超大城市向省会城市蔓延的趋势。城市自驾出行已不再是快捷方便的代名词，高峰期拥堵造成的地面车辆缓行极大影响了广大居民的出行感受。

根据高德地图 2015 年第 2 季度的统计，我国最拥堵城市排行榜的前 5 名分别为北京、广州、上海、济南和大连。由图 14-1 显示的平均每 10 千米拥堵里程分类可以看出：这些城

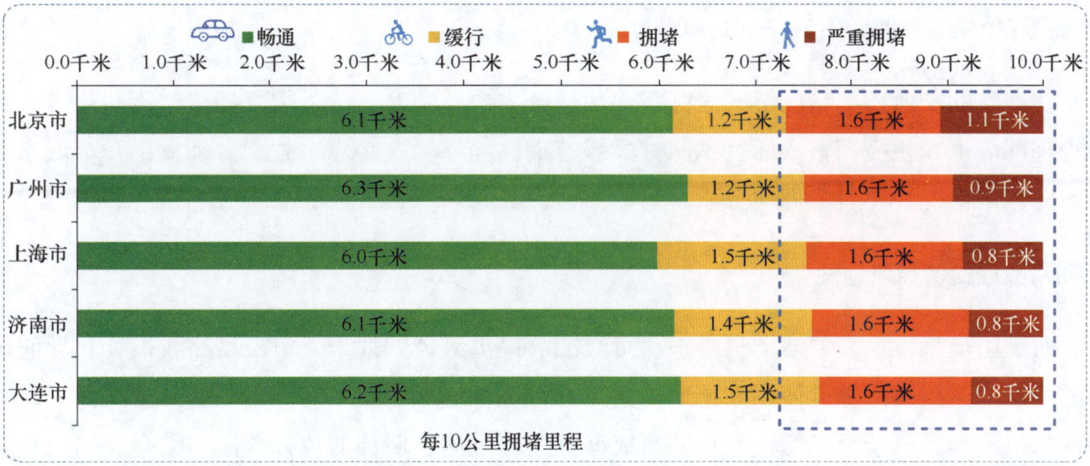

图 14-1　交通拥堵 TOP5 城市平均每 10 千米拥堵里程

市中，高峰时段拥堵和严重拥堵的里程平均占比为25%左右。这意味着市民每出行10千米，就有2.5千米处于拥堵和严重拥堵状态。这段路程无论是驾车还是乘车，前进速度仅与跑步和步行相当。

通勤族一般都是在高峰时段出行，由于拥堵造成的时间成本累计规模不小。根据高德地图的统计数据，如果在一二线城市的通勤高峰期出行，花费在拥堵车流中的时间占总出行时间的50%以上。如果将拥堵造成的时间浪费按照当地的平均工资换算为对金钱的浪费，可以发现拥堵的经济成本十分可观。如图14-2所示为各城市每小时通勤出行时间成本。以北京的高峰期出行为例，每小时中就有32分钟消耗在了严重堵车中。根据社保部门最近公布的上年度平均工资来看，北京月平均工资为6463元，平均而言，一位市民在高峰时段出行时因拥堵造成的经济损失约19元/小时。如果一天两次出行，每次为一小时，那么每月将损失近1000元。交通拥堵在无形中浪费了大量的能源和资源，加重了公众出行的经济成本。

拥堵排名	城市	高峰拥堵延时指数	每小时延迟时间/分钟	当地月平均工资/元	每小时因拥堵花费的时间成本/元
1	北京市	2.10	32	6463	19
2	杭州市	2.00	30	5767	16
3	广州市	1.99	30	6187	17
4	济南市	1.98	30	4376	12
5	大连市	1.97	30	4922	14
6	哈尔滨市	1.96	29	4296	12
7	深圳市	1.92	29	6054	16
8	上海市	1.86	28	5451	14
9	重庆市	1.85	28	4738	12
10	成都市	1.84	27	4307	11

图14-2　各城市每小时通勤出行时间成本

在严峻的交通拥堵状况下，居民需要优化个人出行策略，尽量避开拥堵时段和路段；同时管理部门也在积极探索，通过不同方式缓解道路拥堵。这些应对方式，都离不开对城市整体道路拥堵情况的实时掌握与分析。

2. 利用数据绘制拥堵地图

对于用户来说，高德地图只是在出行时能够提供具体的搜索、定位、路线推荐和导航服务的电子地图工具。随着使用高德地图的用户数量迅速攀升，并于2014年突破3亿时，用户本身也成为了电子地图海量信息的组成部分。通过用户回传的位置数据，结合详细地理信息，高德能够绘制出如图14-3所示的北京五环内实时路况信息图，实时展现拥堵情况。

绘制实时路况信息地图，难点不在于准确详细的静态电子地图，而在于获取并分析处理

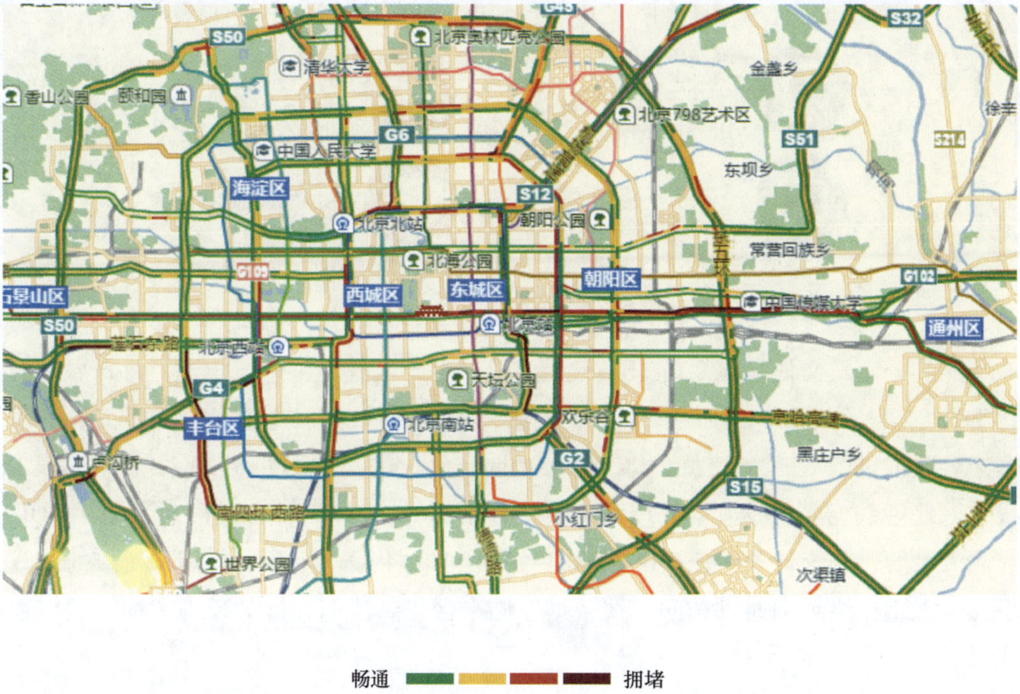

图 14-3　高德地图北京五环内实时路况信息（图中显示了不同拥堵程度和拥堵路段）

实时反馈的海量动态 GPS 点信息。

GPS 点信息通常由时间、经度和纬度三个字段组成，高频采样的 GPS 信息是按时间推进的一连串点的序列，根据序列中的字段信息，能够测算出位置主体的运行速度，并完整复现一个用户的出行轨迹。由于行驶车辆对道路的占用空间是不可重叠的，因此，只需掌握特定道路上足够密度的 GPS 点信息，就能够实时地复现该道路的占用情况。由此可见，绘制相关地图的关键是获取海量 GPS 点信息。

如图 14-4 所示高德有两大数据来源：公众数据与行业浮动车数据。用户回传的数据为公众数据，占数据总量的 54%。全国用户每日共计发出约 60 亿次定位请求，产生的回传数据增量可达数 TB。行业浮动车数据则是通过与出租车、物流以及长途客车等行业合作，以置换和购买的方式，获得相关行业车辆的 GPS 数据。这些数据日均覆盖约 4000 万千米道路的路况信息，相当于绕地球 1000 圈。

高德地图通过实时数据处理系统对大量的分布式消息进行挖掘与加工，计算出每条道路的实时行驶速度，再进一步结合道路等级，即可呈现出道路不同路段处的实时拥堵状态。

如图 14-5 所示，高德地图的大数据处理与挖掘平台采用层状搭建结构。其底层为实时日志采集，主要通过 Flume 工具将诸如定位、导航、开放平台等生产服务器上产生的日志导

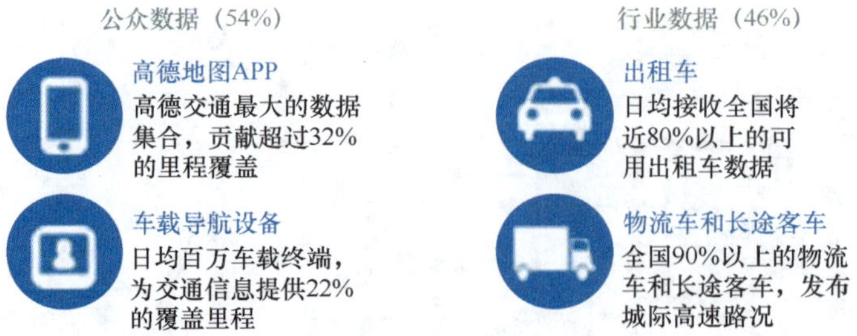

图 14-4　高德地图交通大数据来源

入到Hadoop的分布式文件存储系统 HDFS 上（其中生产服务器超过 600 台，每日导入的数据增量达 TB 级）。当数据统一存储在 HDFS 上后，根据在线与离线的不同需要，采用两套不同的框架对数据进行处理和挖掘，即 Map/Reduce 模式的离线数据处理系统和 Spark/Storm 的在线数据处理系统。离线数据处理系统中整合了 Hive 工具，研发人员通过使用 SQL 类语言可完成大量的业务统计分析任务。然后将数据处理结果输出至顶层与用户桥接的在线数据存储平台。大量在线查询通过访问在线数据存储平台得到快速准确的反馈，实时展现数据挖掘的成果。

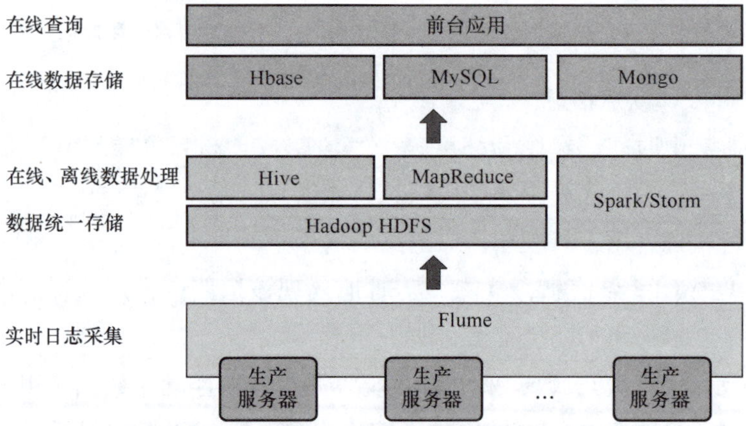

图 14-5　高德地图的大数据处理与挖掘平台架构

作为出行大数据信息，实时路况地图的绘制使导航服务厂家能够基于实时拥堵状况优化导航路线，避开拥堵路段，为用户节省行驶时间。同时将随时空变化的实时路况信息作为研究对象，通过分析一定时段、地点的实时路况信息变化趋势，发布道路交通数据报告。既为公众在日常生活中优化出行方式提供参考，也为政务和研究机构提供相应的决策支撑。

3. 城市拥堵模式分析

从2014年开始，高德地图每季度都会向社会各界发布我国40多个城市道路拥堵状况的交通数据分析报告。报告基于对每季度实时拥堵数据的汇集与分析，展现了海量数据如何从多种角度反映各大城市的道路拥堵情况以及分布规律和发展趋势。

在交通分析报告中，高德地图以道路拥堵延时指数作为拥堵程度的参数。拥堵延时指数是指同一路段在高峰时段与路况畅通时段的平均通过时间比。

$$\text{拥堵延时指数}=\frac{\text{高峰出行时间}}{\text{自由流（畅通）出行时间}}$$

其中早高峰时段是07：00至09：00，晚高峰时段为17：00至19：00。当拥堵延时指数为1时，说明该道路的高峰时段完全畅通，不会出现拥堵现象。而拥堵延时指数越高，表明该道路在高峰时段的通过时间越长，道路也就越拥堵。

根据高德地图发布的2015第2季度我国主要城市排行表（见图14-6）可知，北京在拥堵排名中位列第一，高峰时段的平均拥堵延时指数达到2.10。这意味着北京市民在高峰时段平均每出行1小时，就会严重堵车近32分钟。

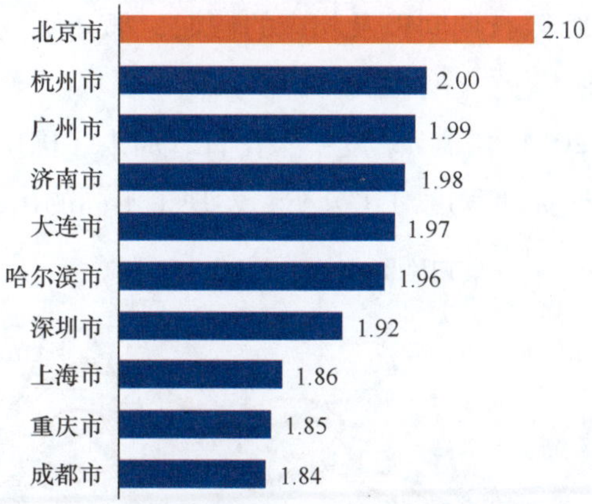

图14-6　2015年第2季度我国主要城市拥堵排名TOP10

经过海量数据的汇总和分析发现，城市的拥堵情况具有特定的变化规律。图14-7所示为北京2014年第4季度的高峰时段平均拥堵延时指数变化。

从图中可以看出，除特殊日期外，高峰时段平均拥堵指数随着工作日与休息日的交替呈周期性变化。工作日高峰时段的拥堵指数基本维持在大于2.00的较高水平，其中红色圆点表示每周出现最高拥堵指数的日期，大部分出现在周二。由于该季度每周二的限行尾号为

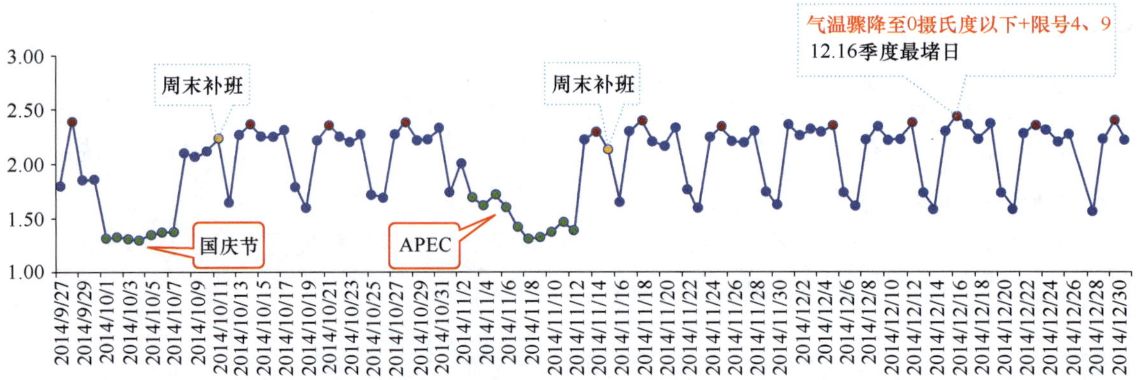

图 14-7　2014 年第 4 季度北京高峰时段平均拥堵延时指数变化图

4、9，但尾号为 4 的机动车较少，因此与其他工作日相比道路上行驶的机动车更多，加剧了高峰期的拥堵程度。除限行的影响外，天气变化也会影响道路拥堵指数。12 月 16 日由于突然降温叠加了尾号限行因素，成为该季度最堵的一天。

休息日、公众假期和单双号限行等因素，在图中均反映出了较低的拥堵指数。双休日时，除黄色圆点代表的日期由于周末补班指数较高之外，拥堵指数均会出现大幅度下降，其中周日最低。国庆节、APEC 限行期间以及相应的假期，都会使城市道路交通拥堵程度大幅度缓解，城市处于基本畅通状态。

通过对图 14-8 所示的 2014 年第 4 季度中工作日、周末、国庆假日以及 APEC 期间四个不同类型时期的 24 小时交通拥堵程度对比分析，发现了不同的出行特征。

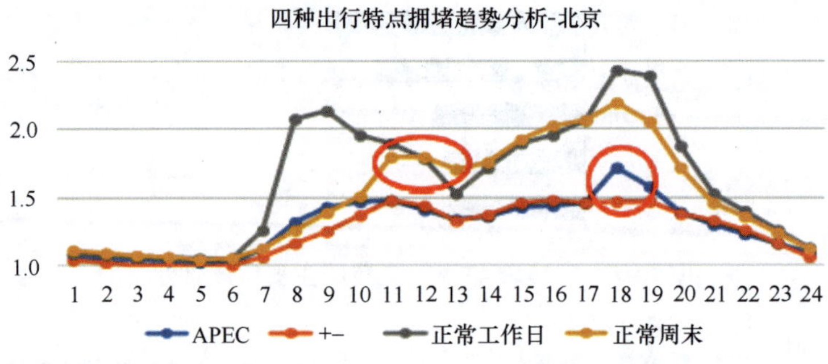

图 14-8　2014 年第 4 季度北京四种不同类型时期交通拥堵程度对比分析

四种出行模式中，国庆节最为畅通，高峰拥堵指数与工作日相比下降了 37%，且从早 8 点至晚 22 点间一直呈现出平缓的分布态势，不具有明显的高峰期。这说明国庆假日期间全天道路基本畅通，出行状态良好。

APEC 期间单双号限行，高峰拥堵指数与工作日相比平均下降 30%，比正常周末更加畅通。在 18 点左右受到部分市民下班通勤的影响，出现了晚高峰拥堵趋势。

与工作日相比，周末的早高峰由 8 ~9 点延后至 11 ~12 点。这意味着周末的上午如果太晚出门，会有更高概率遇到道路拥堵。

通过数据汇总，还能够分析得到特定区域或道路的拥堵情况。

从每日采集的海量数据中，高德地图统计出了如图 14-9 所示的 2015 年第 2 季度早、晚高峰北京最拥堵区域的前 5 名。

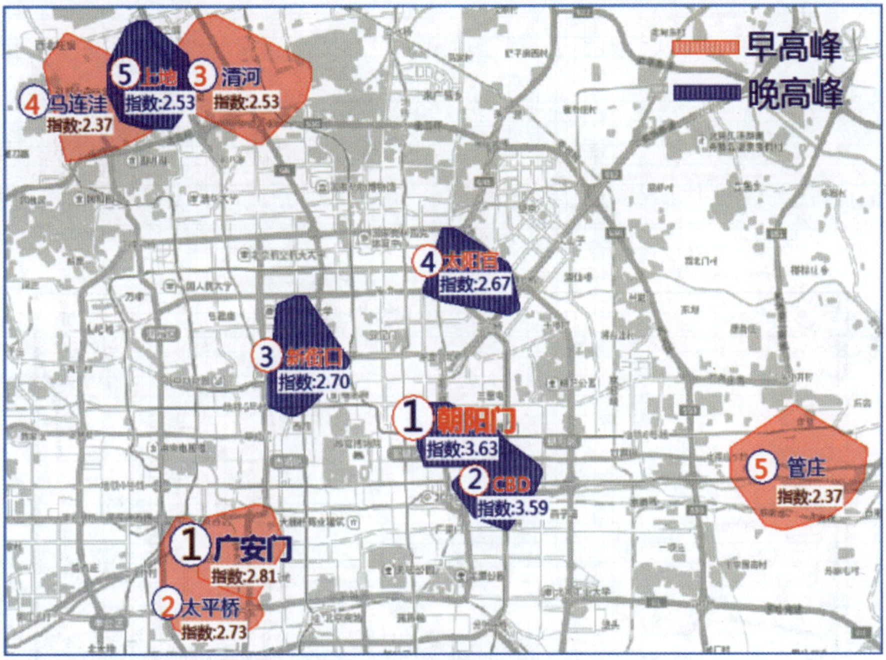

图 14-9　2015 年第 2 季度北京早、晚高峰最拥堵区块 TOP5

其中受到西二环和东二环拥堵的影响，北京在通勤早高峰时段拥堵最严重的区块是广安门区域，而晚高峰为朝阳门区域。由此可见，最拥堵的区块主要集中分布在大型住宅区与城区之间通勤的必经区域，拥堵分布呈现明显的通勤模式。

4. 用户行为深度分析

利用掌握的大量时间和速度数据，人们能够进一步对用户的出行行为做出更为深入和详细的分析。

高德地图通过数据挖掘得到用户在北京不同等级道路上出行的里程分布占比，发现通行能力等级高的道路（例如高速路和快速路）在基础路网中占比很小，但对用户的吸附能力极大，

54%的用户驾车出行里程都分布在不足7%的城市高速路和快速路上，而占比80%的大量次干路、支路，仅占不足10%的用户出行里程分布。这种道路容量与用户占用大幅度偏离的情况，造成了通行能力等级高的道路更容易出现常态化的严重拥堵。

例如，高德地图在2015年第2季度的数据分析中发现，京藏高速的北郊农场桥以北路段高峰期基本畅通，拥堵概率仅有2%。而从北郊农场桥至上清桥路段，早高峰的拥堵概率高达75%，其拥堵指数平均约为2.37，表明市民在早高峰时需要花费畅通状态下2.37倍的时间通过该段道路。

通过对车流量数据的分析，可以绘制出如图14-10所示的流量变化图。从图中可以发现，早高峰由北向南的行驶路线中，回龙观北郊农场桥是车辆突增最明显的入口，大量汇入的车辆直接导致了京藏高速出现第一个主要拥堵的瓶颈点。西三旗入口处大量车辆的汇入，进一步加重了高速道路的拥堵。至上清桥位置，大量车辆分流涌入到五环，使京藏高速车流急剧下降，但却促使北五环早高峰出现了严重拥堵。

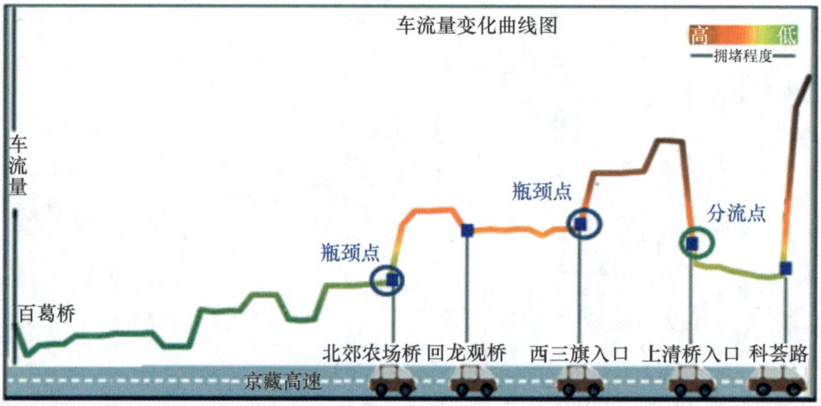

图14-10　京藏高速相关节点车流量变化曲线图

作为占地850万平方米的超大规模社区，回龙观是北京最大的居住社区之一，常住人口约达30万人。但它通往市区可选择出行的路线却非常单一，进城较为方便的主干道路仅有京藏高速及其辅路。高峰期存在的大量通勤需求与单一路线中有限的车流容量存在较大落差，极易造成交通拥堵。京藏高速的长期堵车问题，还需要通过逐步构建轨道交通、地面公交以及进城路线的立体网络来有效解决。

5. 助力城市交通治理政策

从数据中多角度挖掘分析得到的出行趋势，将对城市交通治理政策的制定和实施产生强有力的支撑。

为缓解城市拥堵，上海自2015年4月15日开始实施新的限行政策：在工作日7：00至10：00、16：00至19：00，高架快速路禁止外省牌号小客车、未载客出租车及驾驶人为实习期的小客车通行，这一政策将原本早晚高峰的限行时间各延长了1小时。根据数据分析，限外政策后，城市高峰期拥堵总体下降约3%，2015年第2季度上海整体拥堵程度下降至全国拥堵前3名之外，与其他一线城市相比，拥堵上升幅度最小。进一步分析受新政影响的高架路段发现，新限行政策后高架路整体拥堵情况大幅度缓解，拥堵指数降低39.5%，可见限行政策对交通拥堵起到了关键性缓解作用。

由图14-11显示的日均拥堵曲线中可见，新限行政策后晚高峰拥堵缓解了8.4%，效果明显优于早高峰。但由于限行政策缩短了外地车牌的时间窗口，使得下午14：00至16：00的车流量变大，甚至拥堵超越晚高峰时段。这说明，市民受政策影响改变了原有出行时间。

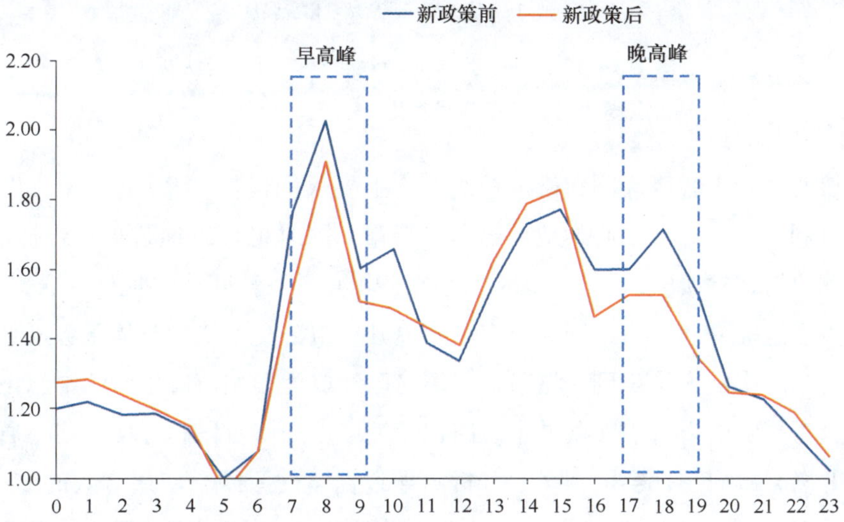

图14-11 新政策对早高峰和晚高峰影响明显

除了分析拥堵指数外，利用特定单项数据的针对性分析同样能够反映出交通出行的趋势信息。

如图14-12显示的是上海14号、15号地铁线路开通前后，利用出租车行业数据绘制的地铁站点周边的出租车出行线对比图。其中线条的端点表示乘客乘坐出租车出行的起点和终点，线条的宽度表示出租车出行量的大小。

由图14-12可知，随着地铁线路的开通，以地铁站点区域为辐射点的出租车出行强度明显增大。可见新的地铁线路开通后，选择地铁与出租车换乘出行的乘客显著增多。一方面，说明了地铁对城市居民出行的吸引力很大，另一方面也体现出新开通的地铁线路部分站点周围，与地铁接驳的公交系统存在一定程度的不完善。

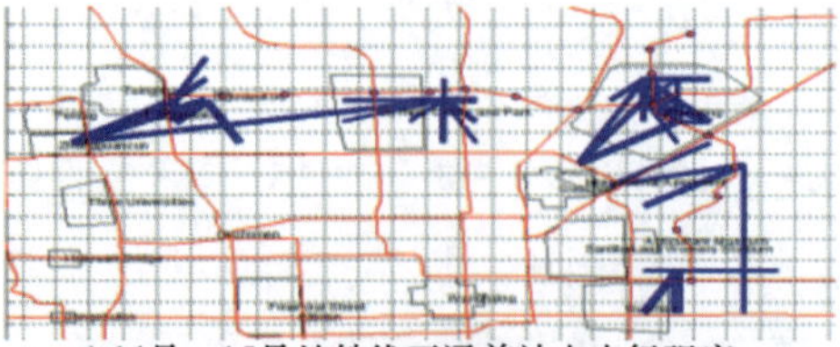

a) 14号、15号地铁线开通前站点出行强度

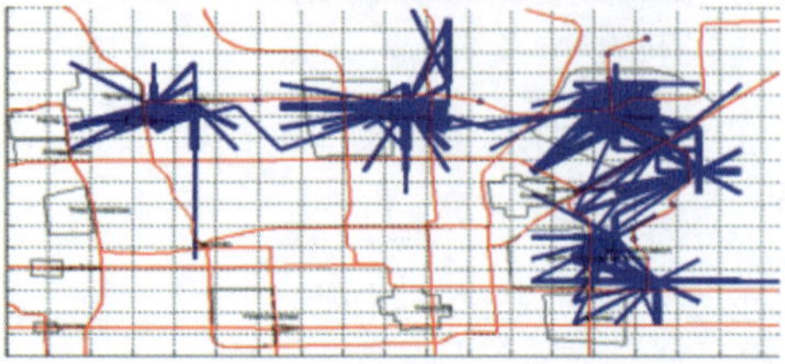

b) 14号、15号地铁线开通后站点出行强度

图 14-12　14 号、15 号地铁线路开通前后站点周边的出行期望线对比

在城市核心区和中心区周围布设地铁线路，引导人们使用“P + R”模式出行，其效果十分明显，有利于减少城市中心的地面驾车出行量。同时也可以通过更加便捷的公共汽车/自行车服务解决与地铁接驳的问题，将“地铁 + 出租车”转变成“地铁 + 公共交通”的模式，不仅减少了地面交通压力，同时也有利于提升城市公交系统的整体服务水平。

目前，越来越多的人认识到，城市道路拥堵已经成为影响市民生活的常态化问题。交通信息大数据分析能够告诉人们哪些城市道路比较拥堵，拥堵时段和程度如何。通过更深层的大数据挖掘并联合政府、社会的力量，分析出导致拥堵的原因，使用有效的交通控制手段，提升道路的通行容量，可以尝试缓解或解决交通拥堵这一困扰城市化进程的复杂问题。

扩展阅读：纽约拥堵解决方案——蜂窝网格方式寻找最佳路线

纽约是美国最拥挤的城市，因此交通流量十分庞大。每逢高峰时段或假日，经常会有大量人潮、车潮流动于市中心曼哈顿区或五大区之间，经常导致市区内各重要干道及重要的连外桥梁出现交通阻塞的情形。

因此，纽约的交通运输十分的复杂多样，同时它也拥有全美国最发达的运输系统。相对于美国其他大部分城市以车代步的交通运输，纽约人主要是搭乘公共汽车、地铁及渡轮上下班。而其中，纽约地铁是世界上最大的公共运输系统之一，这也大大缓解了纽约市的交通拥堵。

在如此发达的地铁基础上，纽约公共电台 WHYC 通过开源行程平台（OpenTripPlanner）获得纽约市公共交通管理机构 MTA（the Metropolitan Transportation Authority）的实时地铁数据将纽约市划分成 2930 个蜂窝网格，即六边形网格，并用每条线路在工作日早 9 点开始乘坐地铁外加步行的时间来代表从每一个六边形中点到边缘的时间，最终建模出 4290985 条虚拟线路。如下图所示，点击地图或者输入地址就能知道该时刻由该地址乘地铁到达其他每个位置所需的时间，颜色由红到蓝表示所需的时间越来越长。只要用户出行之前查看此蜂窝网格地图，就可以了解去往纽约各地所需耗费的时间，避开高峰期出行的拥堵。

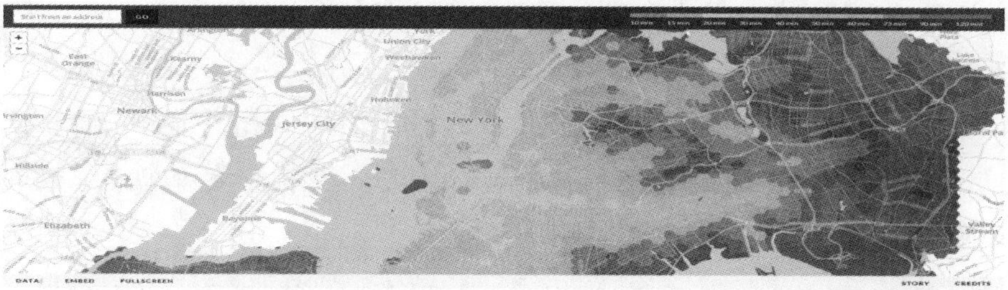

Transit Time NYC 的纽约蜂窝网格地图

此蜂窝网格地图充分利用 MTA 的实时大数据制作而成。MTA 是北美地区最大的交通网络，为纽约市 500 平方英里⊖的 15.2 百万人服务。每年，MTA 的地铁，公交和铁路共承载 27.3 亿人次客流量，平均每日客流量为 876 万人次。其中，地铁每年承载 24.3 亿人次客流量，平均每日客流量为 766 万人次，承担了纽约市交通运输的主要客流量。MTA 收集这些乘客的出行路线，不同线路的人流量以及拥堵程度，形成实时的数量大、种类复杂的数据信息。

常规的操作系统需要几天的时间处理，而此地图应用 Elastic Compute Cloud（EC2）云处理系统，可以在几分钟内增加或减少容量，实时性更高。而且处理速度比常规的操作系统更快，能够在 1 周之内处理 400 多万条数据，实时分析道路的各种情况，并通过计算告诉人们出行时可以选择的最便捷路线。这可以使产生的大数据得到实时的分析。

二、治理套牌车

1. 防治套牌车的新技术

2015 年 12 月深圳市交警利用大数据技术查获了多辆套牌豪车，总市值约 2300 多万元。

⊖ 1295 平方千米。

这些套牌车的造假技术高超，车辆的生产年份及车架号码完全相同，用肉眼很难辨别真伪，而且大多为港澳牌照，人工很难核对资料。但是利用大数据平台上的监测结果对套牌车进行了精准打击，使人们对大数据的应用价值刮目相看。

套牌车是指未按正常程序到交通管理部门领取和办理相关手续，而非法悬挂或伪造其他合法车辆牌号的车牌在道路上行驶的车辆，其主要是为了逃避肇事责任、逃避税费、从事犯罪活动等。套牌车肇事会使得相关部门根据处理程序对合法车主进行调查和取证，导致合法车主受到不必要的干扰，甚至代替肇事者受过，也使事故直接受害人的赔偿难以落实。同时逃税行为也会给国家造成经济损失，但更为重要的是当套牌车与恐怖活动相关甚至挂钩时，会对社会造成难以估量的危害。

守株待兔是传统人工排查中最常用的方式，既不能全面排查也不能精确地指认套牌非法车辆，而且耗时耗力，使查处工作进行得缓慢且艰难，导致大量套牌车继续肆意横行。因此，建立一套快速、准确的套牌车检测技术势在必行。

2. 大数据协助“电子警察”抓套牌车

以江苏南通为例，该市利用近 12 亿“电子警察”，即从卡口视频抓拍的车牌数据中，查找出了套牌车辆。如图 14-13 所示的电子警察卡口设置，它对路面过往的每一辆机动车的

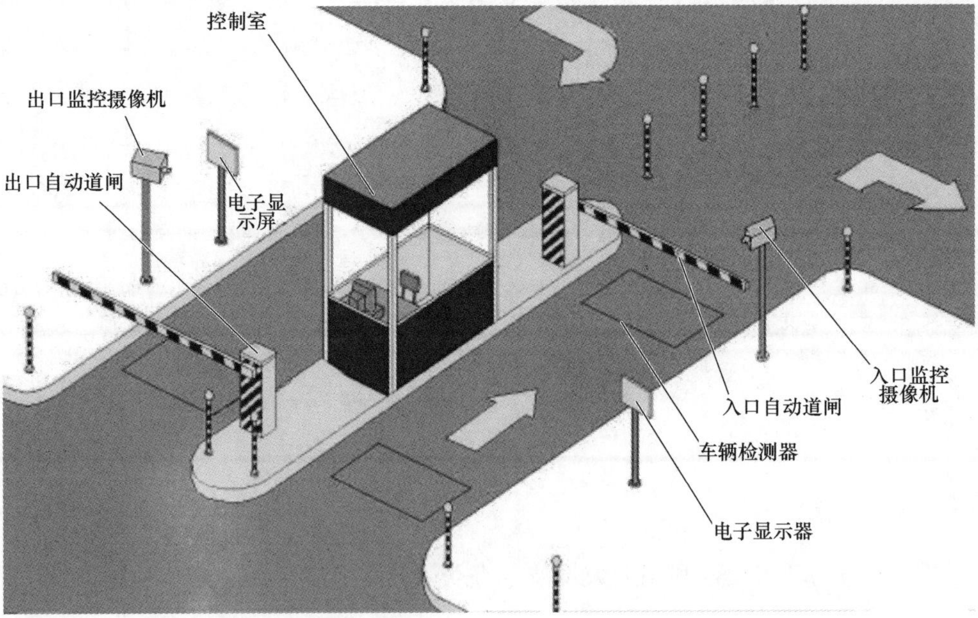

图 14-13　电子警察卡口设置

车牌号图像进行全天候地实时记录。其用摄像机进行车辆抓拍（一般拍摄3张图片），照片清晰显示了车辆的车牌号码、车牌颜色、车辆型号外观、时间、地点、车速和行驶方向等信息，并通过网络传回交警数据中心进行处理。目前南通每天的抓拍量大约是800万张图片，研究所用的数据是3年内所有电子警察抓拍的数据总和，达到12亿张图片。不仅如此，全市电子警察的地理位置数据都可获得，包括经纬度信息、卡口坐标位置和拍照时间等数据。

需要有海量数据的处理能力和快速算法对这些数据进行处理。因此采用了“HADOOP + ORACLE”相结合的技术框架。采用图14-14所示的HADOOP MAP-REDUCE模型，对分块数据分别进行运算，首先使用MAP对每辆车在卡口的时间进行分组，然后使用REDUCE对各个块的数据按照车牌号进行汇总，最后使用MAP对每辆车在卡口出现的时间与不同卡口之间的距离进行运算。根据交管部门的业务排查工作经验，如果在5分钟以内且距离大于10千米的“电子警察”抓拍到同一个车牌，那么该车牌很可能就是套牌。这主要是由于车速最高通常不得超过120千米/小时，同一辆车在5分钟内且大于10千米的卡口同时出现是不现实的，因此系统会判定为疑似套牌车。

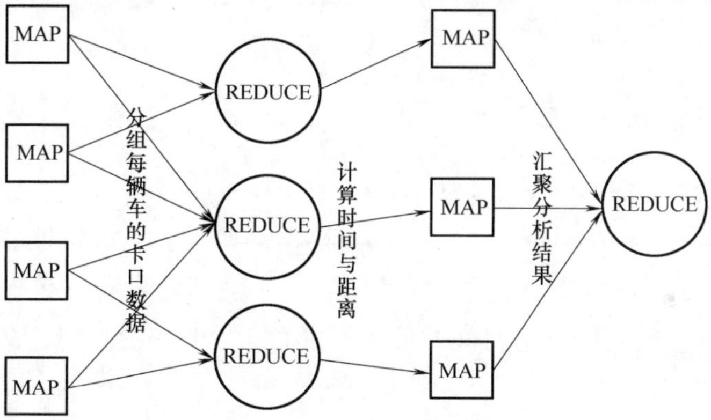

图14-14　MAP-REDUCE模式执行示意图

利用上述运算模型，以40个初始MAP进行分布式执行，50分钟共计排查出150辆新发现的套牌车。

在获取车辆牌照后，以最短时间判断出了车辆是否可疑，说明此模型具有强时效性，能够快速实时排查不同路口的车辆情况，并确定疑似套牌车，减少了人力、物力和精力的浪费。而且应用大数据方法全面检查所有数据，减少了由人工排查而产生的疏漏，提高了排查的准确性，使违法犯罪的行为大大降低。

如图14-15所示高仿套牌车，电子警察所描述的“车脸画像”方法能发现人工不能排查出的同品牌、型号、颜色、款式的高仿真套牌车，提高了交通执法的力度。

图 14-15　高仿真套牌车（右车为套牌车）

三、航班延误预测与分析

1. Passur：为航空公司准确预测航班抵达时间

随着航空业的发展，全球航空运输规模以每年 4.1% 的速度增长。根据国际航空运输协会（International Air Transportation Association，IATA）的预计，至 2034 年，每年运送的乘客将达到 74 亿人次，与 2014 年的 33 亿人次相比翻了一倍。旅客们每次乘坐飞机都希望能够按时起飞、准时达到。起飞或到达时间的偏差不仅意味着时间的浪费，甚至可能造成旅客的经济损失。

对航空服务业来说，飞机抵达时间尤其重要，对其的精准预测不仅意味着优质的服务，同时也与运营成本息息相关。

与预计抵达时间相比，如果飞机提前到达，根据时刻表调度的地勤人员无法及时到位，乘客需要等候很长时间才能完成下机、取行李等一系列流程，机组也只能无效率地空等；而如果一班飞机延迟到达，空等的地勤人员和设备同样会耗费航空公司的人力和资源成本。不仅如此，这一误差带来的航班延误、取消、改航以及其他扰乱航程的事件，每年都会给航空公司造成 300 万美元以上的经济损失和商誉的下降，更会造成乘客的不满。

过去的美国航空公司是由飞行员提供航班的预计抵达时间，但受到经验的限制，且临近机场的过程中存在着很多干扰飞机着陆时间的客观因素（比如突如其来的侧旋气流等），因此预估的抵达时间始终不能十分准确。根据美国的一家航空公司调研，大约 10% 的航班实际到达时间与预计到达时间相差 10 分钟以上，30% 的航班相差 5 分钟以上。

为了准确预测飞机究竟何时着陆，Passur Aerospace 应运而生。

Passur 是一家专门为航空业提供决策支持的数据技术公司。在超过十年的时间里，它不断收集、存储着美国各地航空公司、空域、航班和机场的大量实时信息数据，这些数据包括数百个参数，例如天气状况、政府的航班规划、飞机飞行途中追踪和地表追踪、基于卫星的飞机实时定位、航空公司的航班状态信息以及机场不同登机门的状态信息等。其中许多信息每 1 ~4. 6 秒即更新一次。为了采集未公开的其他航班的相关数据，Passur 还自建了超过 180 个雷达的监视网络，覆盖了美国上百个机场及其空域。

图 14-16 显示的为 Passur 在飞行中的每一个阶段收集到的航班信息。

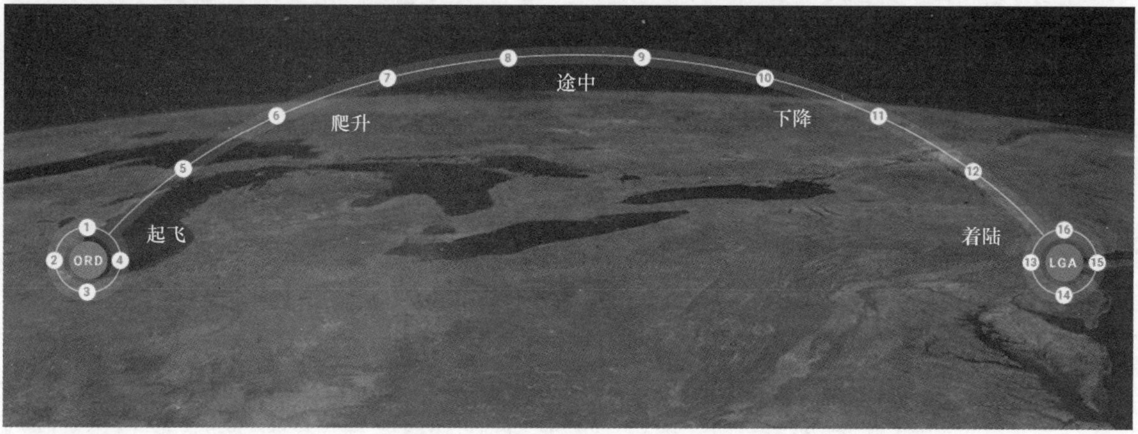

图 14-16　Passur 在飞行中的每一个阶段收集航班的信息

数以 TB 计的庞大数据库和实时数据反馈网络，让 Passur 能够通过透彻的分析和恰当的数据指标及模型，对飞行的状态和着陆时间做出准确预测。简单来说，Passur 通过自有的算法对数据进行分析、处理与建模，将飞行的当前动态状况与历史数据相对比，衡量类似状况过去出现的频率和结果，经过一系列复杂的机器处理，从而生成准确的状态预测。

各家航空公司的应用研究表明，在 Passur 的数据网络和算法支持下，任何天气下飞机抵达时间的预测都比航空公司内部的预计抵达时间明显准确得多。图 14-17 为 Passur 的抵达时间预测。

在应用了 Passur 的预测后，预计到港时间与实际到港时间的误差超过 5 分钟的航班比例从原本的 30% 下降并稳定至不足 1%。美国的一家主要航空公司利用 Passur 的预测，将其在最大机场枢纽的“空候航班”（即已经到达停机口却没有地勤人员协助下机）的数量，由每

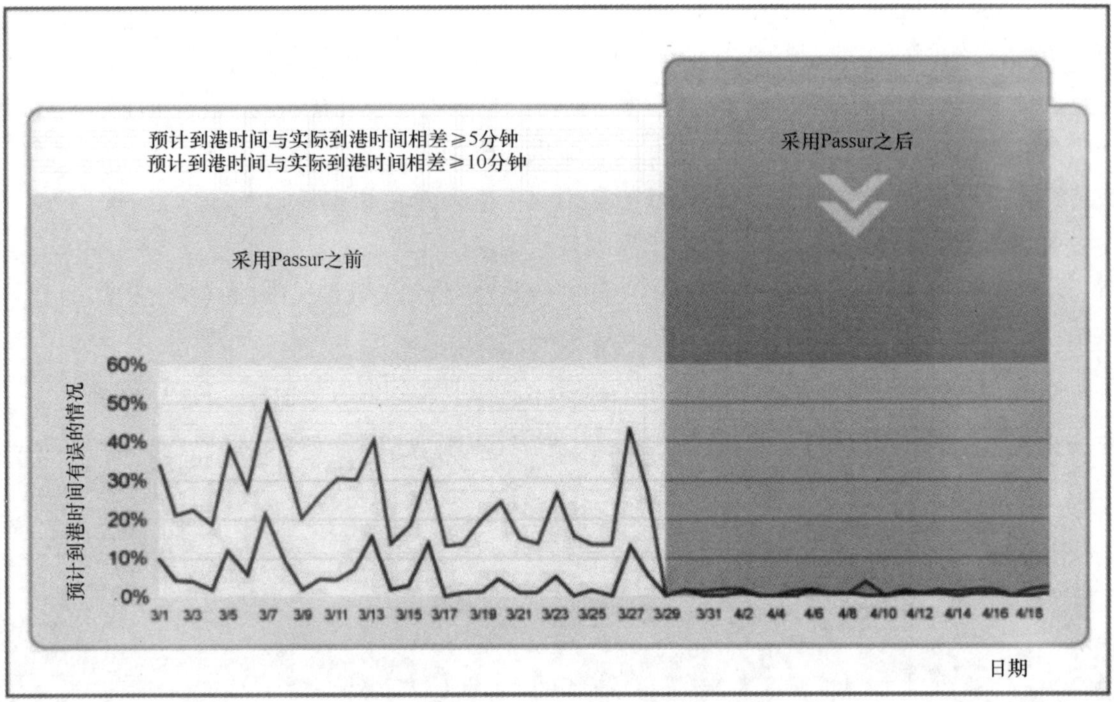

图 14-17　Passur 的抵达时间预测显著降低了原本比例较高、明显波动的时间误差

天平均超过 12 班次降至几乎为零。

Passur 的精准预测帮助航空公司优化了时间和人员安排，提高了衔接效率，同时降低了停机坪等待造成的燃油、机组以及飞机寿命等各方面的成本损耗，为航空公司带来每年数百万美元的收益。

2. 飞常准：为乘客预测起飞时间

由于特殊的航路管制等原因，我国的飞机常出现晚点，航班的准点率不高。不过这种现状反而为航班动态信息查询以及起飞预测提供了市场。

航班的起飞时间预测需要综合大量数据进行一系列实时分析，才能及时、准确地提供结果。以目前较为常见的移动端应用“飞常准”为例，与 Passur 相似，它不仅从空管局、航空公司、机场等各种渠道获取气象、航班状态、空域流量等数据，同时也与全国 20 多个机场合作搭建雷达“基站”，自建渠道，获得监控区域内所有飞机的飞行轨迹数据。图 14-18 为“飞常准”应用界面上的航班雷达追踪分布。

“飞常准”的分析基于庞大的实时数据库。他们每天从航空公司、机场、空管三方获取最新航班时刻表，包括航班号、出发地、目的地、计划起飞、计划到达、预计起飞、预计到

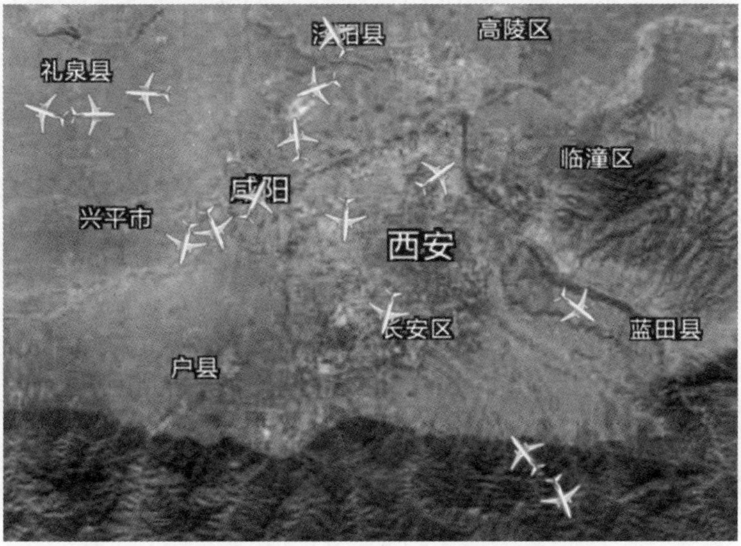

图 14-18 “飞常准”应用界面上的航班雷达追踪示意图

达、实际起飞、实际到达、行李转盘、到达口、气象、航路等近 20 个报文数据。此外，还包括国内飞机的编号库以匹配执飞航班。同时还包括飞机关舱门时间、飞机推出撤轮档时间，甚至中转航班的保洁、加油、配餐等一系列精准的时间信息都被纳入了数据库中，并保持实时更新。目前“飞常准”实时数据的精准度甚至高于空管总局和航空公司公布的数据，且保持在 92% 以上。

在此基础上，建立一套适于民航分析的机器算法，可以预测某次航班能否准时起飞。如图 14-19所示为对某航班延误的预测与分析，原本预计 17：55 起飞的 CA1522 次航班，经“飞常准”预测，可能将延误至 18：30 起飞。其主要原因是前序航班晚点，以及出发机场流量较大。

据“飞常准”透露，算法大致的分析过程如下：

首先，需要确认执飞该次航班的飞机是否已经到达起飞机场。如果没有到达起飞机场，则需在更新后的数据库中寻找原因：是前次飞行延误，还是飞机出了故障正在维修，或是已经换了另一架飞机？不同原因引起的延误时长也将不同。

如果该次航班的飞机已经抵达起飞机场，则需要分析起飞机场和目的地机场的天气状况，包括起飞时和预计降落时的天气状况。其中任何一处出现异常，都可能影响飞机的起飞时间。

在天气正常的情况下，还要分析相关的空域流量是否受控。比如杭州萧山国际机场，由于要优先考虑上海机场的航班起飞，其空域流量是受控的。

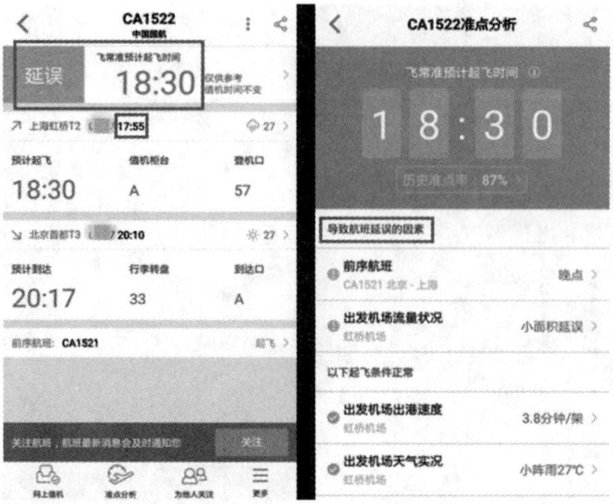

图 14-19 “飞常准”对于某次航班延误的预测与分析

针对上述所有影响航班的因素进行排除，算法只需将机场当前的出港率（平均每架飞机的起飞时间）和排队等候起飞的飞机数量相乘，再辅以特定的调整，就能计算出目标航班的起飞时间。通过对大量航班信息数据进行综合分析计算，“飞常准”可以准确预测到70%航班的起飞延误状况，只有部分天气导致的情况难以准确估算，比如雷雨、冷暖天交替时出现大雾等情况。

3. 挖掘数据更多的价值

目前，“飞常准”正计划依靠海量数据，将航空公司每趟航班的准点程度、座位舒适度、机型机龄、服务态度、是否有餐饮和 WiFi 等信息逐一评价，并按照一定的权重进行打分，从而为旅客提供价格和时刻两个指标外的另一个重要指标——“航班舒适度”。如果成功实现，该分数的高低将在很大程度上左右旅客的选择。届时，相应服务商将会在数据分析的基础上，进一步联合乘客的力量，敦促航空公司为消费者提供更加优质的服务。

第十五章
公共安全领域

一、周克华案中的大数据技术

1. 公共安全中的视频监控

一直以来，公安机关都将人体的指纹、掌纹、声音、笔迹、面貌及 DNA 等人体生物特征用于侦查破案。由于这些特征具有不可复制的唯一性和稳定性，它们可以用来准确地鉴别每个人的身份，因此具有很重要的证据价值。相对于其他生物而言，人们的生活离不开社会，因此人类的生物特征最容易取得。早期的刑侦案件中，办案人员通过让目击者向画师描述嫌疑犯的面部特征，来绘制犯罪嫌疑人的样貌，从而协助破案，这种方法被称为模拟画像。但模拟画像对嫌疑犯样貌的还原程度，与目击者的描述能力以及画师绘画的能力密切相关，对于一些采用特殊方法隐藏面貌的犯罪嫌疑人会出现较大误差，应用起来存在困难。

随着通信和监控技术的发展，城市中遍布各种监控摄像头。尤其在一些道路路口、超市等公共场所，人们的一举一动都被记录下来。公安机关根据录像拍摄的时间和犯罪嫌疑人在录像中出现的位置，可确定其基本活动范围，从而为侦破工作提供很大的帮助。因此在当下侦破案件的过程中，翻阅各种监控录像已经成为侦查人员工作的重要组成部分。通过对遍布城市各个角落的治安视频监控系统进行侦查而获得的大量线索，为公安机关侦破重大案件提供了很大便利。

然而，监控摄像头通常需要覆盖较大的视野面积，具有关键作用的嫌疑人的脸型样貌特征，在监控装置采集的图像中不仅比例极小，且通常模糊不清，很难辨认出嫌疑人的确切样貌。此外，警方经常会遇到需要观察分析大量视频资料的情况，而从长时间的监控视频中辨认出模糊的人脸图像，不但会耗费公安人员大量的精力和时间，甚至可能无功而返。

2. 苏湘渝系列持枪抢劫杀人案件

在“苏湘渝系列持枪抢劫杀人”案件的侦破中，监控摄像中人脸的极低分辨率给警方取证带来极大的困扰。

2004～2012 年的 8 年间，案犯周克华流窜重庆、湖南、江苏等地，持枪作案 10 起，给社会带来巨大威胁。为了躲避追捕，周克华通过各种伪装极力隐藏样貌。比如，在作案和踩点时总是戴着帽子；用口罩、墨镜严密包裹脸部；不住酒店、不用手机等，盘踞在长沙的两年里，为了减少警方获得自身特征的机会，他一直露宿在天马山墓地。甚至喝完的矿泉水瓶，也会刮去条形码，以防落入警方手中，使警方根据条形码找到买水地点，调取当地监控录像获得准确的样貌信息。

因此，在很长一段时间里，警方都无法通过现场的视频监控获得其清晰的正面真实照片。如图 15-1 所示的案犯踩点图像中白色线条圈出的部分，重庆“3·19”哨兵遇害前一天的监控视频中，只有作案人的隐约身影，面孔部分的像素仅有 3×4 大小（一张小 2 寸护照照片的像素至少为 567×390，3×4 像素相当于它的约一万八千分之一），脸形极其模糊，无法辨认。

图 15-1　重庆“3·19”哨兵遇害前一天监控视频采集到的案犯踩点图像

3. 超低分辨率图像的人脸重建

为了辨识出案犯人的面孔，以确定其真实身份，重庆警方向清华大学人脸识别专家苏光大教授发出了邀请。苏光大教授曾主持了重点攻关项目“数字影像资料处理及检验技术”，并通过了公安部的验收，他所实现的对超低分辨率人脸图像的高速重建处于国际最好水平

［注 12］。

用于高清晰度重建图像的处理系统拥有一个庞大的素材头像库，其中包括上亿张真实面孔的图像，这些图像正是人脸重建的基础。图像处理系统在库中随机选取基础样本，包括上千张图片，并将其缩小至与原始模糊图像中头部的尺寸大小一致，将原始图像上的每个点与缩小后的照片进行比对（特别是几个关键的位置，如眉毛、眼睛、鼻子、嘴巴与下颌），最后选取最近似的点（比如大小、颜色、周围特征等）。整个过程相当于从头像照片库里选取各部位的特征，组成一张与原始模糊图像的特征完全一致的崭新人脸图像。随后通过缩小照片过程的逆行运算，将重建像的尺寸恢复正常大小，从而获得高清晰度的重建图像。

在给苏教授提供正式资料前，警方先拿出同一摄像头拍摄的另一幅图像，其中一位警官站在同样位置，截取出像素为 3×4 的面部图片，请苏教授先重建这位警官比较清晰的面孔图像，以此来验证苏教授识脸技术的还原程度。

苏光大教授利用这一系统重建出的清晰人像，与警官本人的样貌几乎完全一致，得到警队上下的惊叹和认可。随后，苏光大教授立即对案犯前一天在部队门口踩点的视频中同样仅有3×4像素的面孔进行了重建，得出了如图 15-2 所示的照片重建图。通过比对发现，重建的头像照与周克华的五官轮廓非常接近。

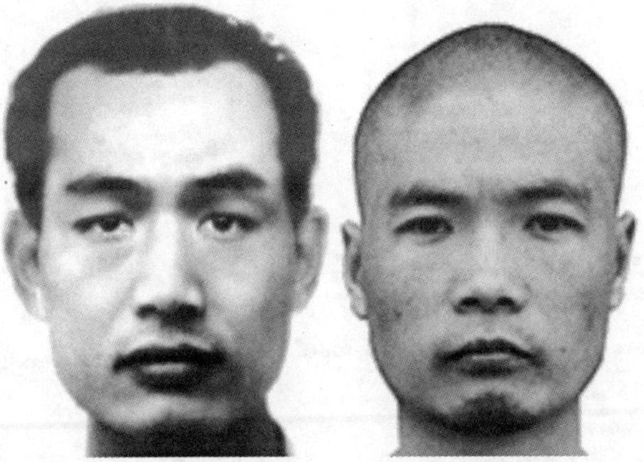

图 15-2　左侧为高清晰度重建像，右侧为周克华真人照片

至此，人脸识别的第一步顺利完成。随后以这一重建像为基准，在重庆警方提供的入所人员面部特征库中进行了如图 15-3 所示以重建像为基准的特征比对发现，在包括几十万人的头像照片数据库中，相似度由高至低排列，周克华位列第三（右上角即为周克华），相似度高达 71.53%。遗憾的是由于缺乏其他有力佐证，目标并未得到完全的锁定。

图 15-3　以重建像为基准进行特征比对的结果

更为困难的是，周克华数年内流窜多个省市作案，使各地警方在着手破案之初的身份认定和追捕过程中遇到了重重阻碍，无法将多起命案联系在一起，极大增加了案件侦破的难度。

南京“1·6”案发生之后，南京警方根据举报线索锁定了一段超市外视频录像，同样遇到了图像分辨率过低的问题。警方将视频资料提供给苏光大等科技研究者，希望借助技术手段尽量还原疑犯的样貌。

如图 15-4 所示南京警方提供的待分析超市视频图，由于天气等原因，图像更为模糊难辨，重建后的图像也只能还原出部分主要特征。苏光大联想到不久之前长沙杀人案的疑犯图，那是一张下巴被遮住，但还算清晰的人脸，他开始通过系统验证两个嫌犯是同一人的可能性。

首先，他在系统里重建了长沙嫌犯的面貌，在如图 15-5 所示的重建像中给他加上了下颌。

随后的系统分析显示了如图 15-6 的南京疑犯的重建像与重建的长沙疑犯脸部的许多特征非常相似。

苏光大立即告知警方，两个疑犯是同一人的可能性非常大。警方通过与其他佐证结合，终于确定了“苏湘渝系列持枪抢劫杀人”案件属一人所为，开始并案侦查，加快了案件侦破的步伐。

图 15-4　南京警方提供的监控视频图像（红色箭头所指为疑犯）

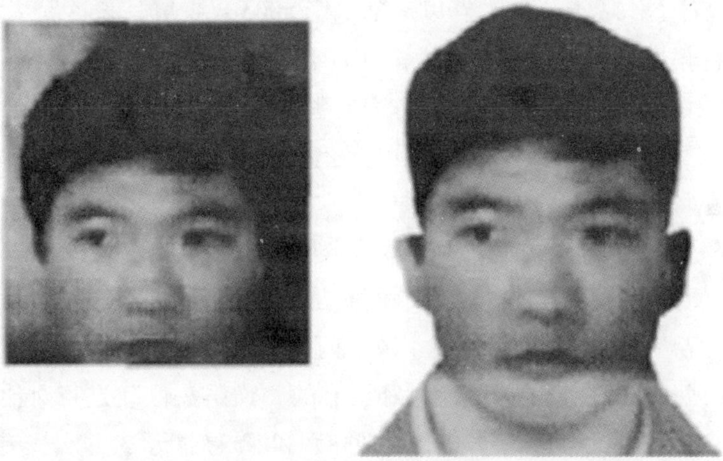

图 15-5　右侧图为根据长沙警方获取的疑犯照片（左侧图）**增加下颌后的重建像**

4. 快速分析海量视频监控内容

除了超低分辨率图像难以辨识的难题外，为了在视频监控中找到案犯的真容和踪迹，长沙警方和南京警方分别调取了两个城市海量的监控视频进行辨识和甄别。在南京城，为了复制超过 600TB 的视频资料，全城的硬盘几乎售卖一空。长沙警方则组织了大量人员，逐一回看近 400TB 的监控视频。

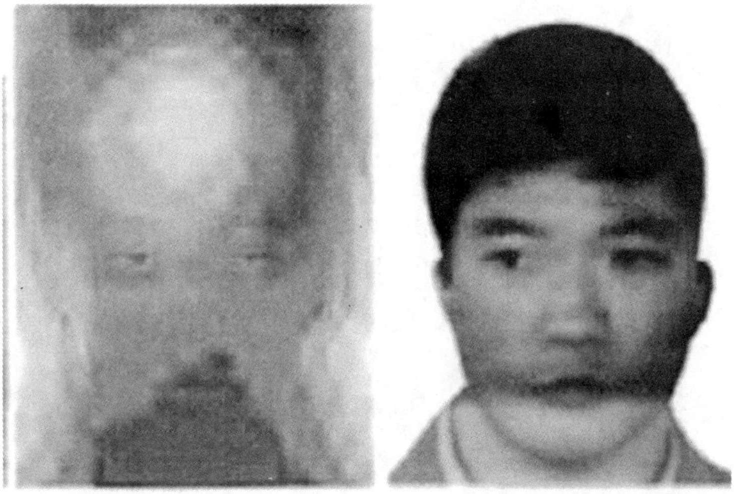

图 15-6　左侧为根据南京视频资料获得的重建像，右侧为根据长沙疑犯照片获得的重建像

海量视频的观看工作量十分巨大。以一部电影 500MB 来算，长沙警方需要查看相当于 83 万部的电影的视频量。如果仅依靠人力，几百名民警至少需要几年时间才能看完所有视频。然而威胁着人民生命财产安全的案犯仍然在逃，促使案件的侦破工作必须快速推进，取得突破点。如何在短时间内挖掘出海量视频中的有效信息，找到案犯的蛛丝马迹，成为警方面对的另一大难题。

为了处理海量视频，长沙警方邀请了国防科技大学“海量视频分析与安全预警”研究团队参与侦破工作，协助查找“苏湘渝系列持枪抢劫杀人案”的犯罪嫌疑人。该团队利用“面向安全监控的海量视频搜索系统”，两周之内处理了警方提供的几百万份监控视频，并自动提取出与嫌疑人相关或相似的视频图像，通过和已有的“通缉头像”进行对比核查，发现了四个疑似人员图像，将该信息返回给警方进行专业甄别和深入判断。经过公安专家排除，确定了周克华的无伪装生活视频，并以此为切入点，成功获取了其在网吧上网时留下的清晰面部照。

通过检索系统，海量视频分析团队还从现场监控视频中截取到了嫌犯在银行外徘徊以及在湖南某地银行外出现的片段。通过高质量放大、增强对比度和细节增强等手段，获取了较高质量的头像特征，为警方提供了有力的参考数据。在此基础上，警方通过综合 DNA 取样、比对排查嫌疑人等多种刑侦手段，最终锁定了周克华的身份和踪迹，并于 2012 年 8 月成功将其击毙。

周克华一案中，海量数据的人脸识别、视频分析等技术初试锋刃，表现不凡，与其他刑侦手段相互配合，在案件侦破中发挥了重要作用。

现阶段，随着二代身份证的普及，我国已经采集和整理了逾 12 亿人的数码照片数据，平安城市联网的数百万台监控摄像机每天都在产生着海量的数据信息。如果能够充分利用这些海量数据，并从中挖掘更多的潜在信息和规律，其涌现出的惊人力量，会为守护公共安全、协助公共管理做出巨大的贡献。

扩展阅读：“微博打拐” 与人脸识别

2008 年北京奥运会的开幕式、2010 年上海世博会采用的人脸识别系统均由中国科学院自动化研究所李子青团队自主研发。日前，由李子青承担的工信部物联网专项项目“面向公共安全的视觉物联网关键智能技术与产品”，也顺利通过验收。项目完成了面向公共安全的视觉物联网关键智能技术与产品研究，开发了相应核心算法，应用分析设备和功能集成软件系统，并且已经在无锡市局、惠山分局和滨湖分局进行了应用和推广。

2011 年 2 月，一项“随手拍解救被拐儿童”的微博“打拐”活动备受社会关注。网友们将用手机拍下路上遇到的疑似被拐卖的乞讨儿童照片发到网上，李子青率领的研究组结合自身的技术优势，迅即发起了“宝贝回家”行动。

使用手机这类移动终端的人脸识别系统用于“打拐”时，具有两大好处：一是隐蔽方便，发现可疑迹象时，可随手拍摄，不易被察觉；二是反应迅速，从上传照片到获得数据库中的反馈结果，不超过 10 秒。

李子青说：“一旦数据库完善起来，不足 10 秒，志愿者就可以确认自己的怀疑是否准确，从而决定是否需要报警处理。”

这些零散的自发活动与公安部门、媒体、人大代表及政协委员等社会力量结合在一起，迅速形成舆论焦点，找到了一些被拐儿童。

随着智能手机越来越普及，定位系统也越来越准确，如果有一个很好的公益平台，小孩一旦走失，将他的照片通过这个公益平台，在第一时间群发到离失踪地最近的人的手机里，就能很快找到线索，帮助被拐孩子早点回家。

【摘自《中国科学报》】

二、大数据与反恐

1. 反恐新思路

大数据时代，人们日常生活中的衣食住行都会留下数字痕迹，并集中表现为一系列形态、结构各异的数据。

例如，铁路客户服务中心12306网站支持旅客通过互联网、手机平台、电话等方式预订火车票，并可以使用网上银行、支付宝等付款方式。据统计，春运期间共计有1400万人次使用支付宝抢票，手机支付宝购票数达到日均17万人次，2014年1月9日12306网站和手机端的总访问量超过84亿次。因此，在极短的时间内，相关企业部门的数据中心就汇集了一批数量庞大的数据。这些数据的内容涵盖了数以亿计旅客的个人背景和出行情况。恰当地掌握并分析这些数据，铁路部门就可对热点线路、高峰段的铁路运力进行有针对性的科学调配，从而确保春运的安全有序。

借鉴这一思路，任何暴恐案件的实施，都必须依靠相应的人力、资金、犯罪工具，而且要在诸多方面进行谋划、准备，这一过程定会留下蛛丝马迹，大数据时代的表现就是产出大量与之相关的数据，并留在对应的数据库中。

有鉴于此，美国大数据反恐技术已经投入应用，并且为美国反恐事业做出了巨大的贡献。

2. 大数据反恐工具：Palantir Gotham

恐怖主义在全球一直存在，而且时刻威胁着普通民众的生命安全。比如震惊世界的美国9·11恐怖袭击事件，直接导致2996人死亡。如图15-7所示为1970～2012年全球恐怖主义造成的死亡人数，2012年最高达到15401人。

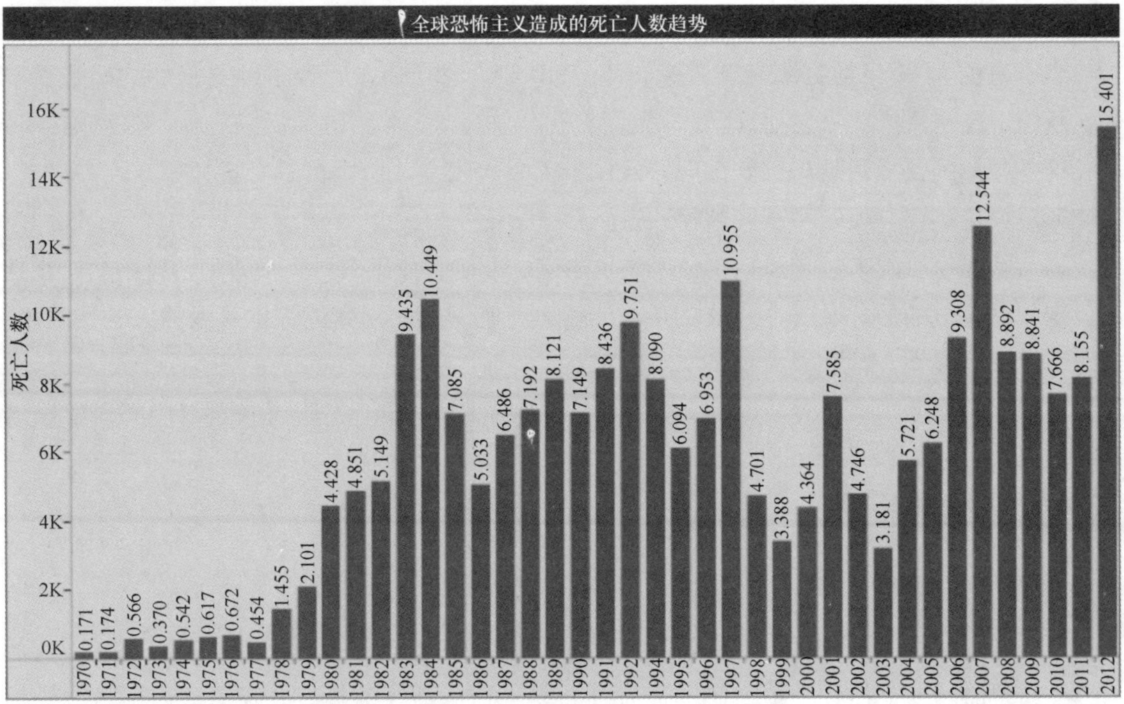

图15-7　1970～2012年全球恐怖主义造成的死亡人数

Palantir 是硅谷的一家大数据公司，它通过特别研发的 Palantir Gotham 系统，为包括美国国家安全局（NSA）、美国联邦调查局（FBI）、美国中央情报局（CIA）和很多其他的美国反恐和军事机构在内的客户，提供恐怖主义分子相关的大数据识别和信息捕捉服务。

该公司以多源数据为起点，从大量相关机构获取相应的数据，其中包括结构化数据（如日志文件、财务数据表和电子表格）和非结构化数据（如电子邮件、文件、图片和视频）。这些数据通常情况下存储在不同的分离系统中，且数据类型每天都在产生迅速变化，体量呈指数性增长。在获取足够的数据源后，为了更好地将数据处理成用户理想的反馈方式，Palantir Gotham 摒弃了传统数据建模的行和列模式，采用了真实世界的实例形式（如“人群”“组织”）为单位将数据聚类，并由此建立了一个人本数据模型，该数据模型具有能够快速定义和重定义数据的能力，被称为“动态本体”，同时也使不同来源的不同数据整合为一个整体，大大提高了建模的灵活性。

为了处理这些海量数据，Palantir 公司利用集群式的数据存储技术，支持在 PB 规模的数以万亿计的数据记录中进行亚秒级别的查询。这项技术不仅可以使其他一些开源技术在处理大规模数据和进行高级分析时达到杠杆效率，而且为大规模数据集提供了编译和分析功能，同时还为实现该功能的自动化提供了一个强大而灵活的框架。非技术出身的分析师也可以利用其提供的种子框架，在不写代码的情况下创作出一份精彩的成果。而内置的算法功能可以自动将有趣的集群数据有序排列在使用者面前，以供其观察，从而很大程度上提高了使用者对大规模数据的理解能力。

图 15-8 所示为可视化关系网络图。此平台可以根据用户提供的关键词，反馈可视化关系

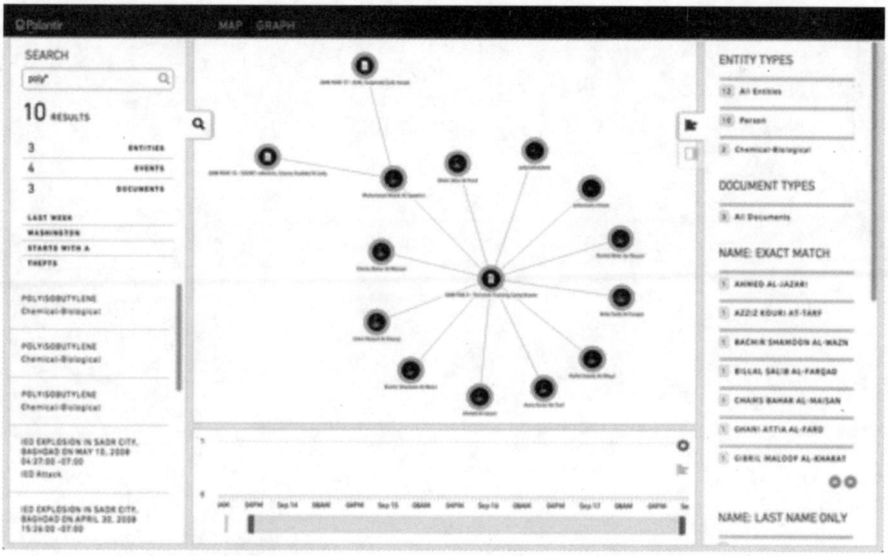

图 15-8　可视化关系网络图

网络图。一旦了解到某一恐怖分子的信息片段，将其输入系统，那么与之相关的所有社会关系信息都会直观地呈现在反恐人员的面前，从而极大地缩小监控范围，减少恐怖活动的威胁。

从2004年建立至今，Palantir曾多次在反恐战争、网络间谍、医保乃至自然灾害等方面发挥重大作用。除了在成功追捕本·拉登的过程中提供关键性协助之外，Palantir还曾在2010年帮助多伦多大学的科研人员们发现了一个名为“影子网络（Shadow Network）”的网络间谍组织。该组织当时正从印度国防部窃取机密资料。

第十六章 餐饮及服务行业

一、餐饮企业菜品组合推荐

1. 餐饮企业的需求

随着外出就餐率越来越高，“吃什么”“点菜难”成为餐桌上的一道难题。这种现象在一定程度上对餐厅服务提出了更高层次的要求。不论朋友聚餐，还是家人宴请，大都要将厚厚一本菜单从头到尾翻一遍，或者在不同的顾客之间传阅，等待大家做出决策。有了初步意见后，才会叫服务员过来，从特色菜、凉菜、热菜、汤类、主食、酒水等，依次做出选择。数据表明，一般的中餐厅点菜基本需要耗费 8 ~ 30 分钟的时间，就餐人数越多，耗费的时间就越长。

点菜环节其实是一个需要满足多目标的复杂工程，既要满足消费者对美味的追求，还要考虑到预算支出，更要照顾到多人的特殊要求（比如年龄性别、口味喜好、宗教信仰、饮食禁忌等）。为了达到这种“多目标组合优化”的效果，顾客要从厚厚的菜单上搜索和翻阅不熟悉的菜品，在与服务员以及其他顾客的互动中，尽量找到一种各方都满意的点餐方案。如果顾客没有主见，就会遇到服务员站在一旁苦苦等待或是顾客占着餐桌翻看菜单的情况，严重影响翻台率。但是有时也并非因为没主见，大多数消费者在面对有 200 个菜品左右的菜单时都会产生选择恐惧症。众所周知，许多餐馆都是将冷热菜、荤素菜、汤类、甜品、主食、酒水饮品等依序编排成页，看似分门别类、条理清晰，实际上为顾客点菜的顺序带来了限制。那么，有没有办法对点菜环节进行优化，从而提升用户的点餐体验和提高翻台率？

2. 关联规则挖掘

餐饮大数据的分析，不仅能帮助商家自动设计相应菜品的组合方案，向消费者进行智能推荐，还可以帮助餐厅经营者改进菜单设计方案，大大缩小顾客在点餐时的选择空间，从而有效解决“点菜难”的问题，提升顾客的点餐体验，减少点餐时间，提高翻台率。

由图 16-1 所示的由屏芯科技提供的基于大数据的菜品关联分析及组合推荐表明，其主要是通过商家的大量历史销售数据，对菜品之间的组合和关联规则进行分析。

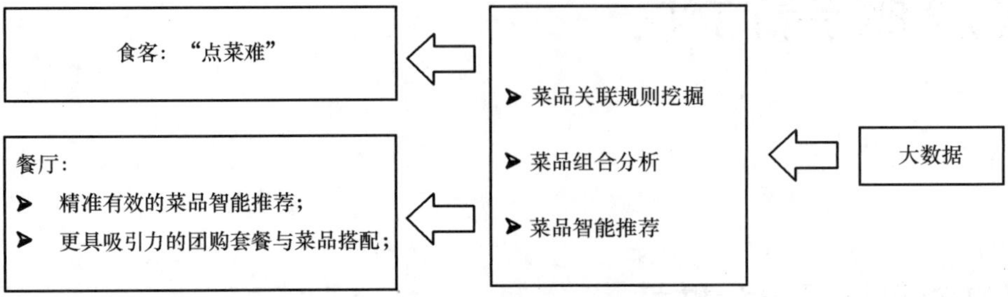

图 16-1　基于大数据的菜品关联分析及组合推荐解决的问题

关联规则就是有关联性的规则：两个不相交的非空集合 U、V（其中集合中的每个元素称为项或物品），如果蕴含式 U→V，那么 U→V 就是一条关联规则，其中 U 为该关联规则的前提（Antecedent），V 为结论（Consequent）。举个例子，如果依据“购物篮分析”结果发现，购买面包就一定会购买牛奶，那么“{面包}→{牛奶}”就是一条关联规则。

关联规则的强度则用支持度（Support）和置信度（Confidence）来描述。U→V 的支持度是指集合 U 与 V 中的物品同时出现的可能性，例如，Support（{面包}→{牛奶}）= 同时包含面包和牛奶的记录数/总的记录数。关联规则 U→V 的置信度指的是 U 中的物品，出现在 V 中的可能性，例如，Confidence（{面包}→{牛奶}）= 同时包含面包和牛奶的记录数/包含面包的记录数。支持度和置信度越高，说明规则越强，关联规则挖掘就是挖掘出满足一定强度的规则。

它的基本任务是，给定一个交易数据集 T，找出其中所有支持度（Support）和置信度（Confidence）分别不小于事先设定的支持度阈值和置信度阈值的关联规则。

因此，如何快速挖掘出满足条件的关联规则，是目前需要解决的主要问题。其主要包括两个步骤：首先根据事先设定的最小支持度阈值发现频繁项集（Frequent Item-Set），然后根据频繁项集、最小置信度阈值产生关联规则（Association Rules）。目前主要的关联规则挖掘算法有 Apriori 算法及其改进算法、FP-growth 算法及其改进算法。

应用关联规则挖掘技术，可以基于餐饮企业长期积累的顾客点餐数据进行菜品之间的关联分析或菜品组合分析。所谓关联菜品（或菜品组合）是指顾客消费时，最有可能同时点的菜品（比如超市“购物篮分析”中所挖掘的不同商品之间的关联性）。关联菜品是顾客比较喜欢且倾向于搭配点餐的几种菜品。结合餐厅的就餐人数、饮食偏好、就餐预算等因素，自动推荐菜品组合套餐。

屏芯科技的餐饮管理系统云平台积累了全国不同省市、不同业态的上万家餐馆的日常经营流水数据。有了这些数据，就可以采用该关联规则挖掘工具和算法来为各个餐馆进行菜品关联性分析。

菜品关联性分析主要包括以下几个步骤：

1）对云端数据库的数据导出、数据清洗、数据集成、数据转换和规约等进行预处理。它用到的原始数据表主要包括：餐馆的菜单信息表、订单信息表和订单详情表。其中订单信息表保存了每个订单的流水号、就餐时间、就餐人数、桌号、应收金额、实收金额等，订单详情表则保存了每个订单所包含的菜品ID、菜品名称、菜品价格、菜品数量等信息。

2）使用关联规则挖掘工具对经过预处理后的菜品销售数据进行关联分析。

3）对关联分析的结果进行进一步分析和可视化展示。

3. 火锅店案例解读

火锅餐饮以“原料丰富、口味多样”等特色，深受大众喜爱，使之有着广泛的消费群体。从屏芯科技餐饮云平台中随机选择一家火锅店，基于其过去一年的历史数据，即可进行菜品关联分析。如果从不同的时间维度、就餐人数进行关联分析和对比解读，就可得出一些反映顾客消费习惯的有趣结论。

如图16-2所示为火锅畅销菜品排名。其列出了这家火锅店在过去一年中的畅销菜品以及每个菜品的支持度，其中排名第一的是金针菇，支持度为22.3%。图16-3展示了在满足最小支持度和置信度阈值情况下的菜品关联分析结果，其中圆圈代表了两个菜品之间的关联性，圆圈的大小表示支持度的强弱，颜色的深浅表示提升度的强弱；“LHS”标示的菜品则是关联规则的前提，“RHS”则是关联规则的结论。比如，图中所示“{羊肉串}→{花生毛豆拼盘}”是一个很强的关联规则，其支持度与“{羊肉串}→{雪花勇闯天涯}”相当，但“{羊肉串}→{花生毛豆拼盘}”的提升度要更高。

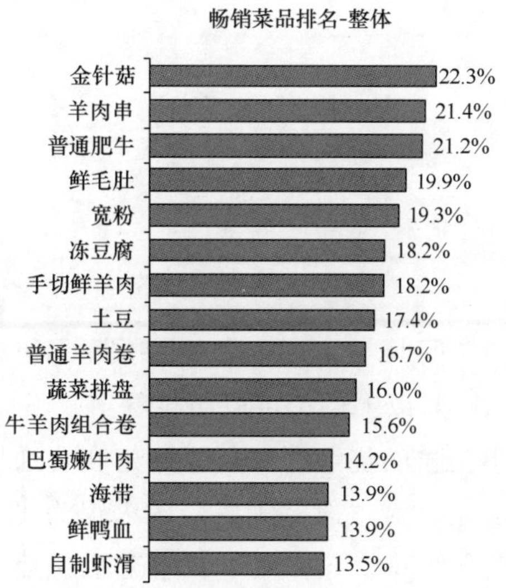

图16-2 火锅店畅销菜品排名（TOP15）

从如图16-2所示的火锅畅销菜品排名中单个菜品的支持度来看，金针菇、羊肉串、肥牛、毛肚、宽粉等被消费者点得最多，支持度在

20%左右。从菜品品类消费特点来看，TOP 15个菜品中，荤素比例各半。其中，肉类菜品以牛、羊肉为主；素菜类菜品则以金针菇、宽粉、冻豆腐、土豆、蔬菜拼盘等为主。

图16-3则反映了各个菜品之间的关联性。烧烤类的各个菜品之间关联性很强，尤以羊肉串与羊肉筋、花生毛豆拼盘、雪花勇闯天涯的支持度为最大；火锅类的各种配菜之间的关联性也较强，其中最强的是普通肥牛与普通羊肉卷、金针菇、宽粉等几种搭配。此外，烧烤类与火锅类之间几乎不存在相关性，反映了顾客在该店的就餐消费特点，即有些顾客吃烧烤或羊肉串时还倾向于喝啤酒（雪花勇闯天涯），其他顾客则是为了吃火锅。很少有吃火锅的同时又吃烧烤。

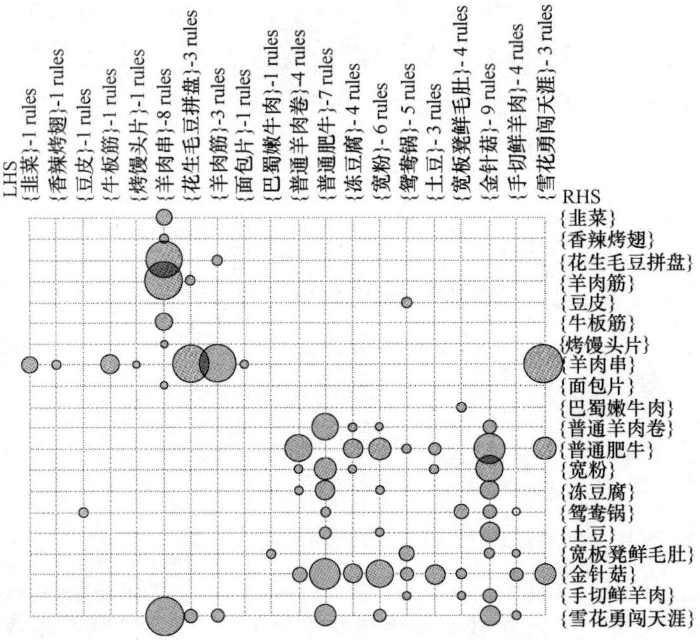

图16-3 火锅店菜品关联分析（整体）

图16-4和图16-5分别展示了该火锅店在夏季和冬季的菜品关联分析结果。

从以上两图可以明显看出，不同季节之间菜品组合的差异：夏季明显分化为以羊肉串为主的烧烤类和以金针菇和普通肥牛为主的火锅类两个中心，而冬季则基本上以菜品组合为“鸳鸯锅底”的火锅为主。进一步对比发现，夏季的顾客常吃的烧烤类菜品是羊肉串、羊肉筋、花生毛豆拼盘、牛板筋等，且同时还会喝啤酒；但不管是夏季还是冬季，在吃火锅时，各个菜品之间关联性的差异并不像烧烤类那么明显。以上充分反映了消费者在不同季节的消费特点和习惯。

图16-6和图16-7分别展示了该火锅店在工作日和节假日的菜品关联分析结果。

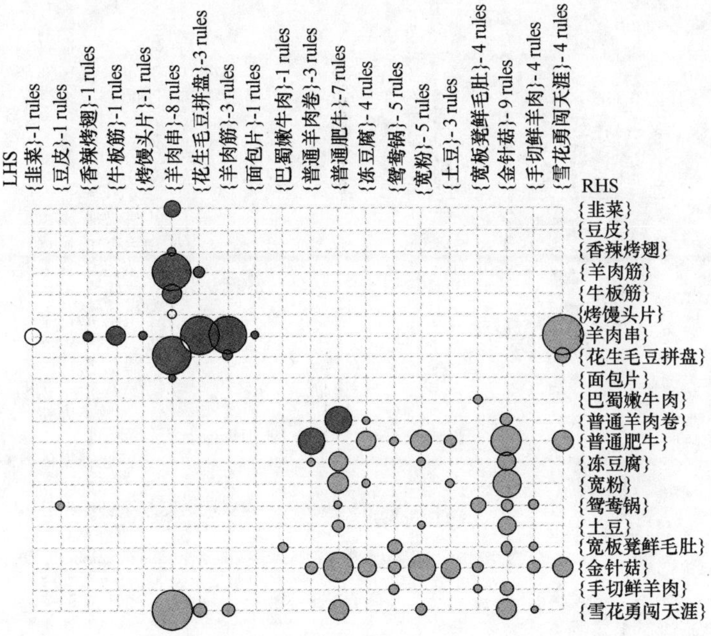

图 16-4　火锅店菜品关联分析（夏季）

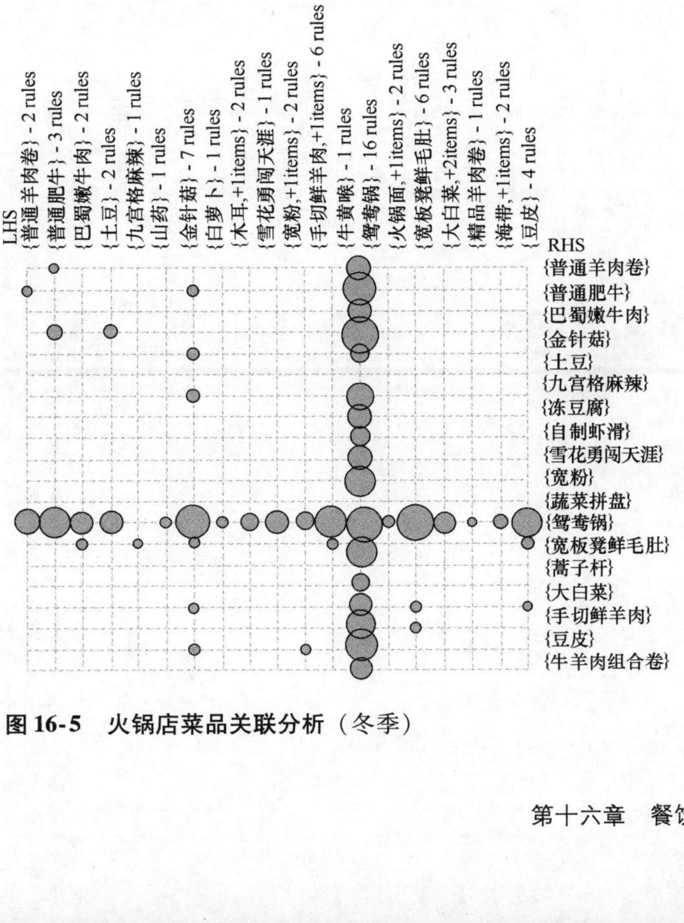

图 16-5　火锅店菜品关联分析（冬季）

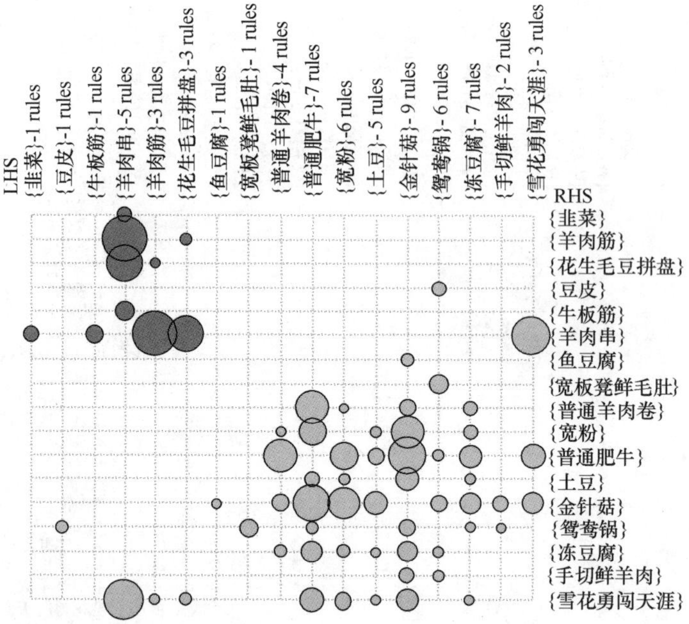

图 16-6　火锅店菜品关联分析（工作日）

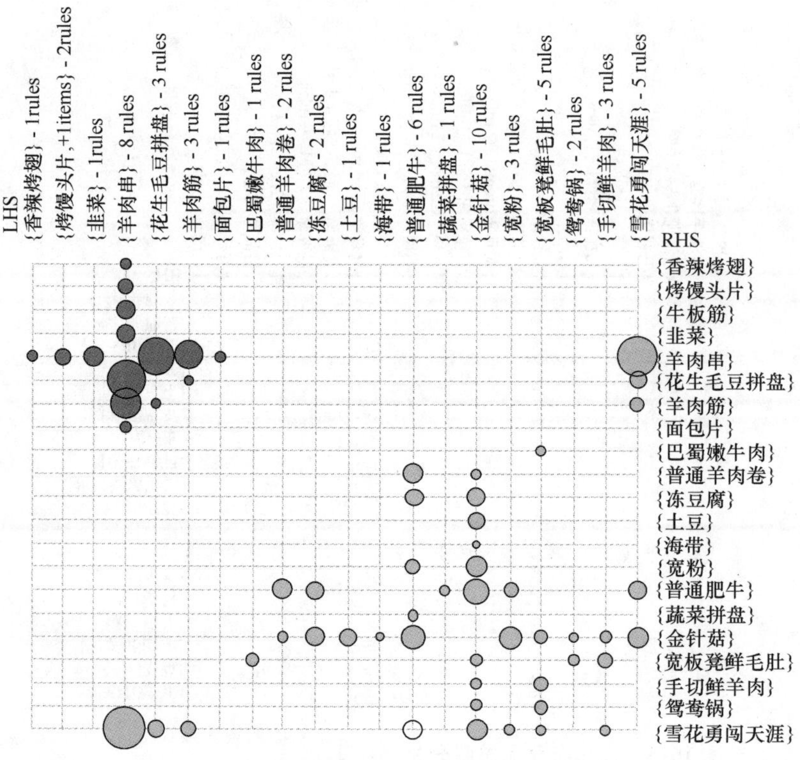

图 16-7　火锅店菜品关联分析（节假日）

从以上两图也可以看出，它们之间的差异性：工作日的烧烤和火锅两个中心菜品的关联性分化明显，而节假日烧烤类中心比较明显，火锅则没有明显中心，菜品之间关联性也分布比较均匀，这可能是节假日相聚较多的原因所致。

图 16-8 和图 16-9 分别展示了该火锅店在午餐和晚餐两个时段的菜品关联分析的结果。

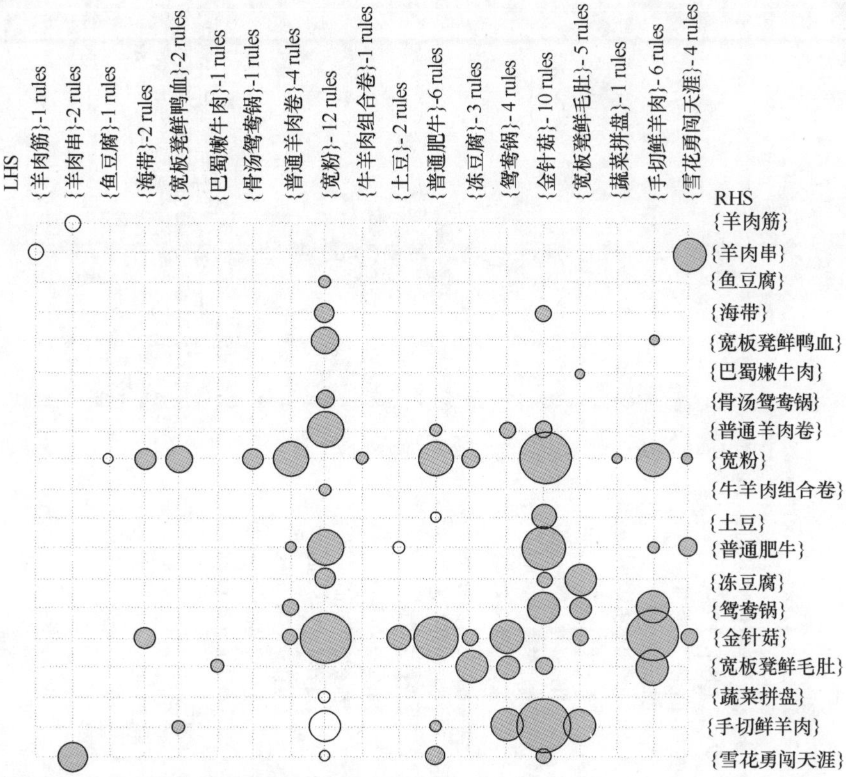

图 16-8　火锅店菜品关联分析（中午时段）

可以看出，在中午时段吃火锅居多，且以金针菇、手切鲜羊肉、宽粉等关联明显的配菜为主，烧烤则涉及很少。而晚餐时段明显分化为烧烤和火锅两个中心，烧烤类中羊肉串与其他菜品的关联性较强，而火锅类的各个配菜的关联性则分布比较均匀。由此说明了顾客在该火锅店就餐时中午和晚餐两个不同时段的饮食习惯的差异，即顾客在午餐时更偏向于吃火锅，晚餐时火锅和烧烤可兼而有之。

除了根据冬季与夏季、工作日与节假日、中午与晚餐等时间维度分对菜品进行关联分析外，还可以根据每个订单的就餐人数进行划分。

屏芯科技分别以 2 ~3 人就餐、4 ~5 人就餐、6 ~7 人就餐的菜品进行了关联规则分析，如图 16-10 ~图 16-12 所示。

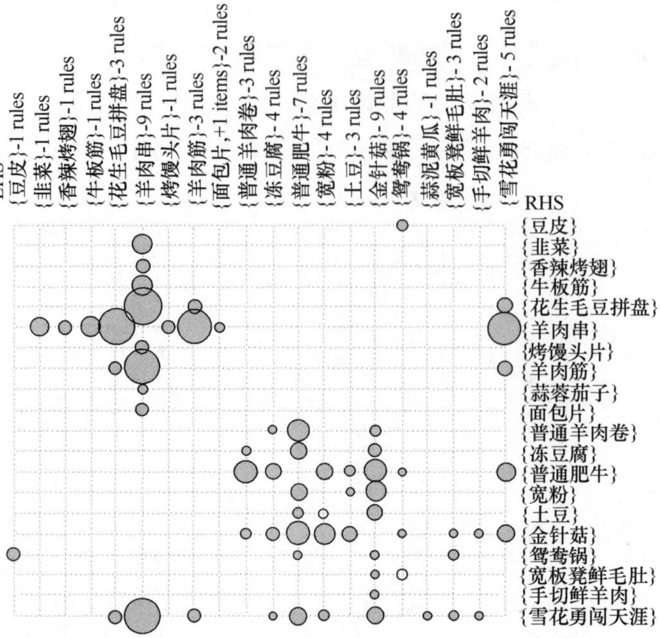

图 16-9　火锅店菜品关联分析（晚餐时段）

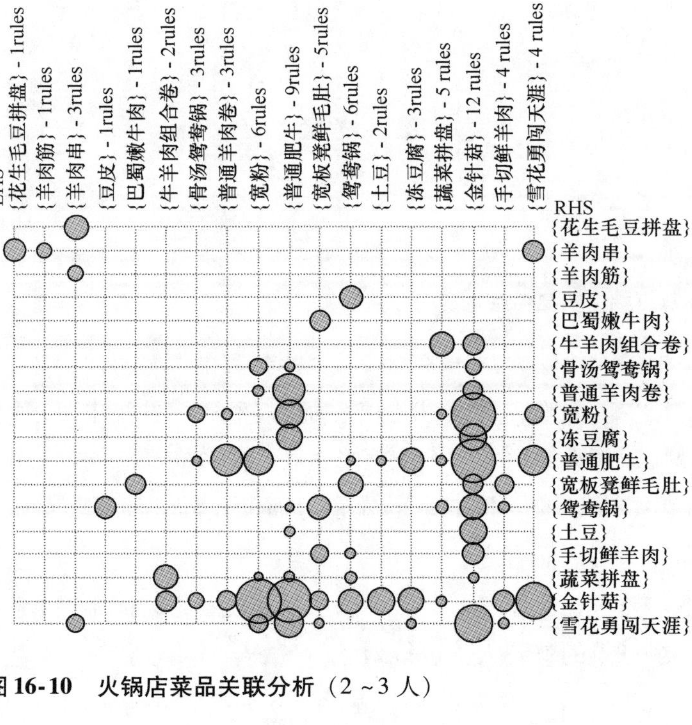

图 16-10　火锅店菜品关联分析（2 ~3 人）

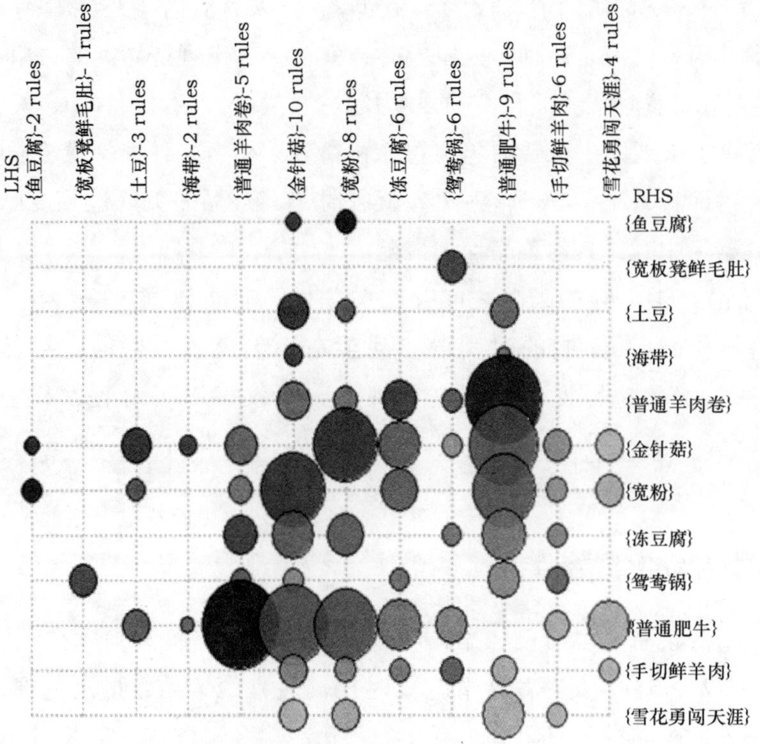

图 16-11　火锅店菜品关联分析（4 ~5 人）

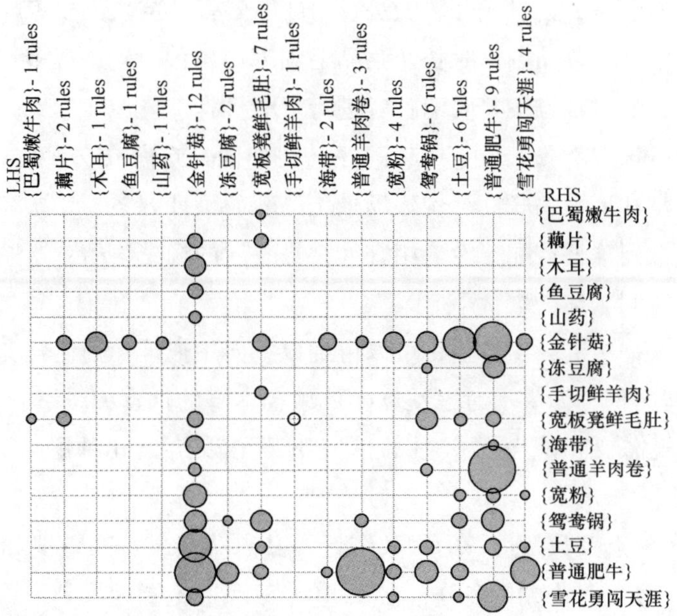

图 16-12　火锅店菜品关联分析（6 ~7 人）

1）多人就餐时，吃烧烤的情况较少。比如 2 ~3 人就餐时，还能看到羊肉串、羊肉筋与花生毛豆拼盘的组合，但是达到 4 人以上时，就会很少出现烧烤类的订单。

2）从不同人数就餐时菜品关联性的强度及其差异性可以看出，4 ~5 人就餐时，火锅配菜的组合以金针菇、普通肥牛、普通羊肉卷、宽粉等菜品为主，其关联性强度要明显高于其他菜品组合。相对而言，2 ~3 人或 6 ~7 人就餐时，其菜品的关联性强度则没有这么明显，基本上是以金针菇为中心，其他菜品均匀搭配。

由此得出结论：①不同的菜品之间存在关联性，且可以通过一些典型的数据挖掘工具或算法来分析得到。②不同的时间段，甚至在不同就餐人数时，菜品之间的关联性或组合关系存在一定的差异性。利用这些规律，不仅可以了解餐饮行业中不同业态的餐厅里顾客的就餐和消费习惯，还能进一步帮助餐馆经营者更好地进行菜品营销管理，并改进其菜单设计。

4. 利用大数据进行菜品组合套餐推荐

基于餐厅大量的菜品销售历史数据，可以统计和估算出各家餐厅在不同就餐人数（比如 2 ~3 人、4 ~5 人、6 ~7 人等各种情况）时比较适宜的菜品数量及范围，也可以分析得到多数人比较偏爱的菜品搭配习惯。

此外，采用前面所述的菜品关联分析法，根据各个菜品的历史销量以及菜品之间的关联性，结合各个菜品的价格、食材成分、做法、口味、荤素、凉热等要素，基于就餐人数、预算控制、顾客饮食偏好、菜品制作时长及菜品毛利率等各种因素进行多目标组合优化，可以自动设计出相应的菜品组合方案并向消费者进行智能推荐。

例如，餐厅可以根据就餐人数、口味偏好（比如偏爱吃肉或吃素）、年龄梯度、性别比例以及菜品历史销量和菜品关联性，构建场景化的套餐设计方案，让顾客在点餐时仿佛看到了整桌菜肴，既能做到荤素搭配、冷热相宜，又是餐厅的畅销菜品，这无疑会提升顾客的点餐体验，减少点餐时间，提高翻台率。

针对前文所述火锅店进一步的分析可以得到以下向用户推荐的组合套餐方案：

以 2 ~3 人就餐为例，如果不考虑预算以及顾客本身的饮食偏爱（比如爱吃荤或者爱吃素），在统计出大概需要相应菜品数量的情况下，可以给出几种顾客都比较喜欢的套餐方案。

对 2 ~3 人就餐的点菜数量进行的频数统计，其点菜数量分布情况如图 16-13 所示。可以看出 2 ~3 人就餐时，点菜数量多分布在6 ~10个菜品的范围内，其中点 9 ~10 个菜的情况过半。

图 16-14 为 2 ~3 人火锅类菜品关联情况分析。图中的灰色双环表示菜品，虚线连接的两端菜品具有一定的关联性（虚线长度与关联度强弱无关），推荐套餐则用黑色的双环和黑色的实线来体现。

由此可以制定出 2 ~3 人方案套餐的选择规律：在 2 ~3 人菜品关联分析结果图中，由支持度最高的 Top K 个菜品中，选择一个或几个作为必点菜品，而后选择围绕此菜品的不同关联路径，直至选出 9 个或 10 个菜品数量。由此可以给出以下套餐方案。

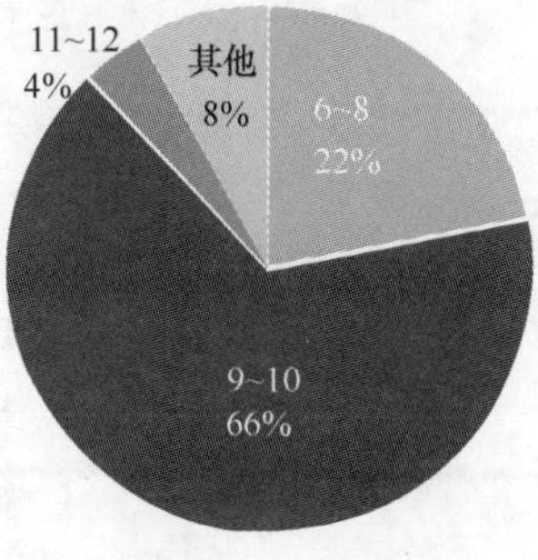

图 16-13　2 ~3 人就餐点菜数量分布情况

火锅类菜品关联情况分析（2 ~3 人套餐方案一）如图 16-15所示。以金针菇为必点菜品，选择围绕金针菇的 5 条路

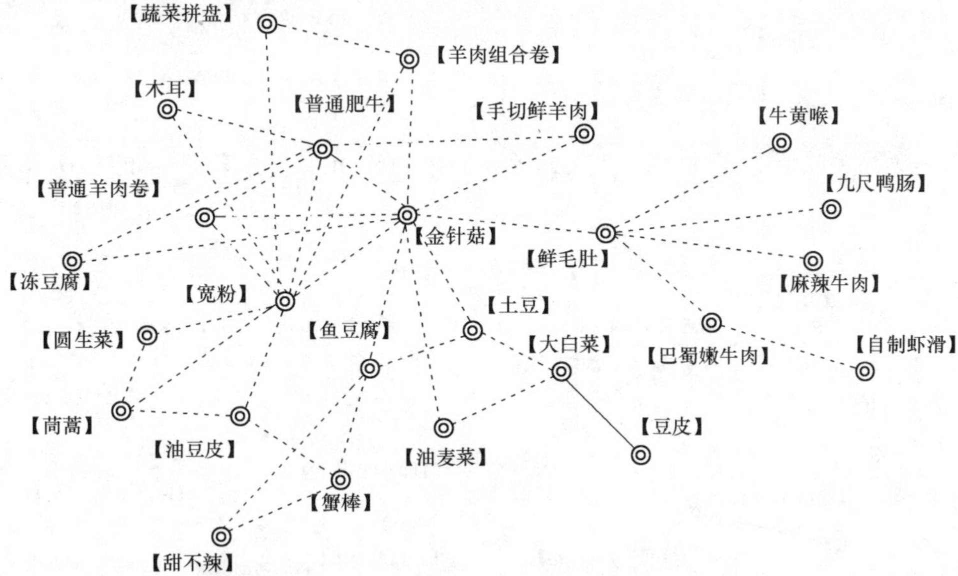

图 16-14　2 ~3 人火锅类菜品关联情况分析

径、10 个菜品：{金针菇、羊肉组合卷、蔬菜拼盘、宽粉、金针菇}、{金针菇、普通肥牛、木耳、宽粉、金针菇}、{金针菇、普通肥牛、冻豆腐、金针菇}、{金针菇、鱼豆腐、土豆、金针菇}、{金针菇、油麦菜}，最终选择 {蔬菜拼盘、羊肉组合卷、木耳、普通肥牛、冻豆腐、金针菇、宽粉、鱼豆腐、土豆、油麦菜} 作为套餐方案一。

采用其他路径亦可选出新的套餐方案。若要加上价格预算的限制，只需在 2 ~3 人菜品关联度分析结果图中添加各单点菜品的价格，且选择方案套餐中菜品总价未超过套餐搭配的价格限定，就可以针对性地形成相应的套餐推荐方案。

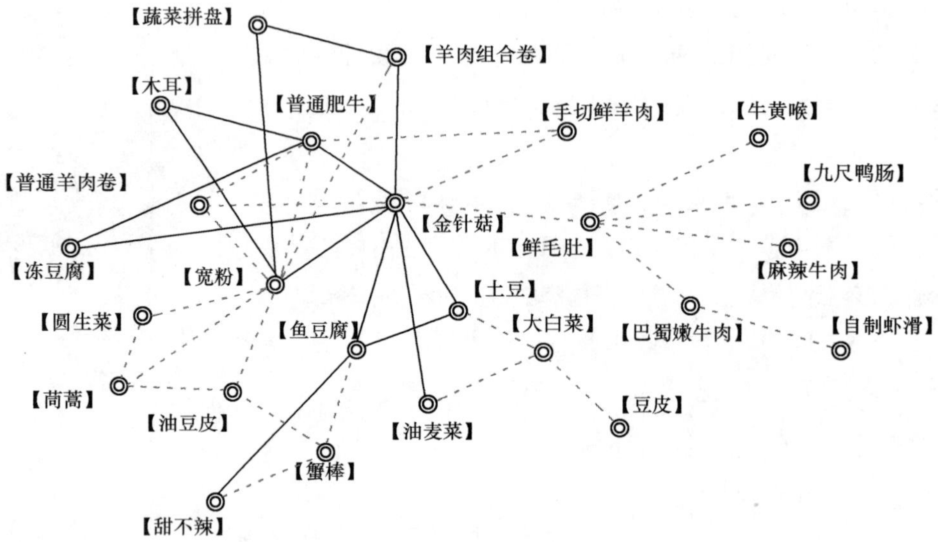

图 16-15　火锅类菜品关联情况分析（2 ~3 人套餐方案一）

火锅类菜品关联情况分析（2 ~3 人，预算 120 ~150 元套餐方案一）如图 16-16 所示。

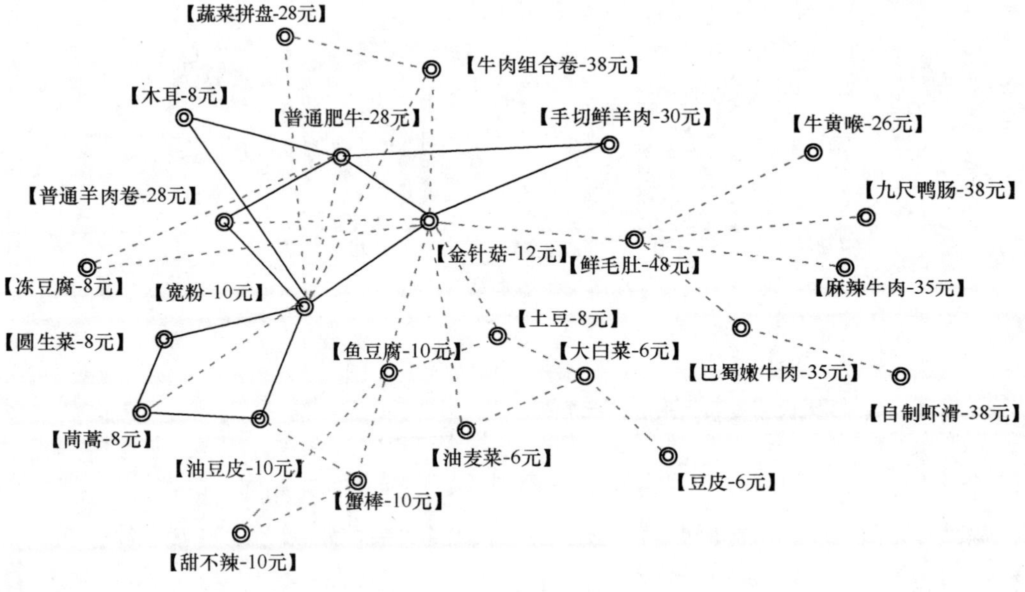

图 16-16　火锅类菜品关联情况分析（2 ~3 人，预算 120 ~150 元套餐方案一）

若再加上顾客饮食偏好（比如有的顾客偏爱吃荤或偏素），则需在图中添加各单点菜品的荤素类别，假设 n 表示菜品搭配中荤菜数量与素菜数量的比值，就可以针对性地形成相应的套餐推荐方案。

例如，设定 $n>1$，表示所选菜品搭配偏荤；$n<1$，表示所选菜品搭配偏素；$n=1$，表示菜品搭配不荤不素，以此形成如图 16-17 所示的偏荤优化套餐方案一和如图 16-18 所示的偏素套餐方案二。

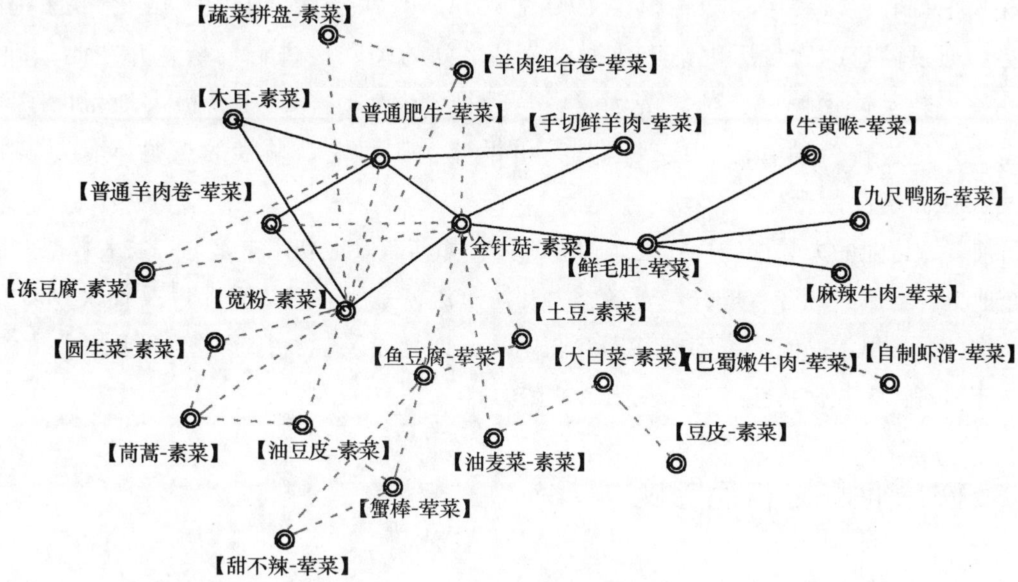

图 16-17　火锅类菜品关联情况分析（2～3 人，偏荤套餐方案一）

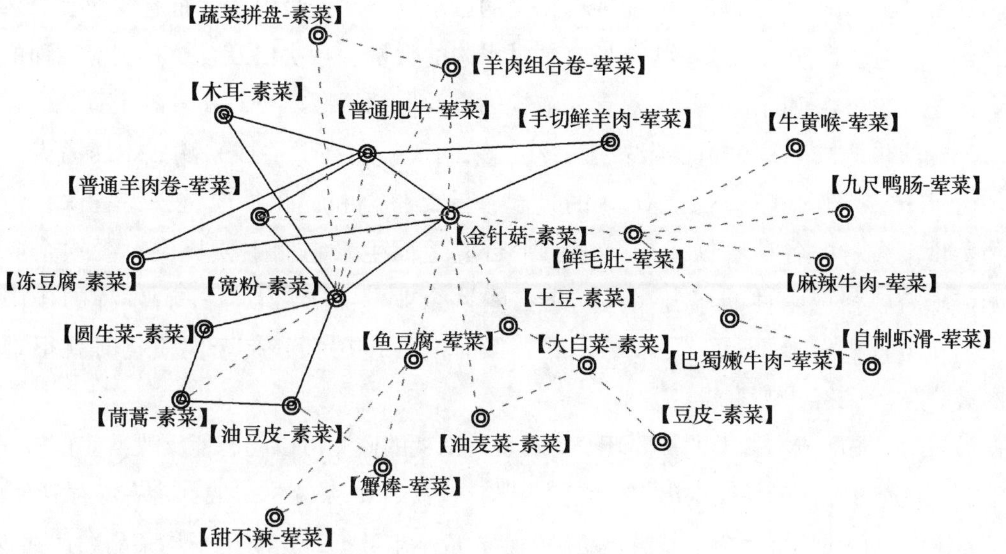

图 16-18　火锅类菜品关联情况分析（2～3 人，偏素套餐方案二）

5. 大数据将发挥更大作用

尽管餐饮行业的信息化发展了多年，但是各个餐饮机构形成的孤岛式数据，依然很难被深入挖掘和再次利用。随着餐饮 O2O 的兴起，餐饮信息化走向“云化”是一个必然趋势。通过商家的大量历史销售数据对菜品之间的关联性进行分析，并在此基础上，结合就餐人数及饮食偏好、预算等因素，自动推荐菜品组合套餐，极大地帮助了餐馆经营者更好地进行营销管理，或改进其菜单设计，从而提升顾客的点餐体验，减少点餐时间，提高餐厅翻台率。

目前餐饮行业的大数据应用还处于初级阶段，如何有效地利用丰富的餐饮大数据来帮助餐饮企业更好地服务顾客、提升经营效益、开源节流，是所有餐饮企业以及餐饮 O2O 厂商需要关注并深入思考的问题。随着移动互联网、云计算以及餐饮行业“互联网 +”的深入发展，相信餐饮大数据将会发挥出更强大的威力。

二、餐饮企业食材消耗监测

1. 餐饮企业的食材消耗

众所周知，中国餐饮市场巨大，拥有庞大的后市场空间，吸引了大批餐饮业食材供应链电商的涌入。但就目前而言，餐饮市场对食材采购的数量、频次以及食材种类等方面的需求均停留在人工的粗略判断上，缺乏对食材消耗的有效监测手段与自动化管理工具。

由于餐饮供应链采购渠道层级较多，终端采购价格较高，造成采购成本压力大。在这种市场需求下，尤其是随着餐饮 O2O 的兴起，旨在整合和优化供应链，为餐饮企业提供更为物美价廉食材的各种餐饮供应链电商平台应运而生。它们主要提供对餐饮企业提出的采购需求有较强依附性的服务，并未走在餐饮企业的需求之前。平台发挥的作用更像是为供需双方提供对接渠道。待市场发展一段时间后，在服务趋于同质化时就很难维持良好的客户体验和客户满意度。

食材消耗是餐厅成本管理的重要环节，对食材消耗的监测可以动态地反映当前食材存量以核算成本，并通过环比消耗反映出部分经营状况。餐饮 ERP 系统中一般都含有库存管理功能，但要发挥作用，必须为每一个菜品录入精确的食材成本卡数据，这对于平均菜品数达到 200 多个的大多数餐厅来说，十分费时费力。因此一般餐饮企业很少真正地使用库存管理功能，大多还在沿用传统人工粗放型的进销存管理模式。食材消耗如果缺少精确的统计与监测，就很难对后厨食材用量做到规范化管理，也无法有效帮助采购人员进行采购需求的精确判断，只依靠经验采购食材，这必然会造成食材的短缺或浪费，进而带来不必要的成本损失。

那么，在大多数餐饮企业很少使用餐饮 ERP 系统中的进销存管理功能的情况下，是否可能分析餐饮企业的日常食材消耗量并进行监测呢?

2. 食材分类体系及食材基础词库的构建

通过餐饮大数据，使回答这一问题成为可能。

通过屏芯科技公司收集整理的来自于互联网的大量第三方菜品的基础数据，构建了食材基础数据库，并结合菜品标签化、菜品成分分析等技术手段，对大多数菜品进行了准确的成分分析和份量估算，同时基于餐厅日常的菜品销售数据，最终对餐厅的食材消耗情况进行实时分析和动态监测。

食材分类体系是一种层次化的标记体系，用以对数以千计的各种食材，按照类别进行规范化管理和归类（比如蔬菜类、肉禽蛋类、豆类等）。同时在该体系下建立对应食材的基础词库的问题也同样重要。众所周知，中国广袤的土地孕育了带有地域特色的各类饮食文化，很多食材会有多个称谓（别名），比如马铃薯在西北、两湖地区称为“洋芋”，在东北、华北地区则叫“土豆”，而广东又称为“薯仔”等。构建适合餐饮信息化的科学、合理的食材分类体系，以及建立一个比较完备的食材基础词库，是食材成本分析以及食材消耗分析与监测的重要基础。

通过对各种第三方公开数据源（比如各种菜谱网站）的调研发现，不同网站的食材分类体系大同小异，图 16-19 显示了各菜谱网站食材分类。基于这些菜谱网站的分类体系进行兼收并蓄，并结合餐饮 ERP 系统的应用场景和需求，总结并整理出了一套符合屏芯 ERP 系统要求的食材类别体系。

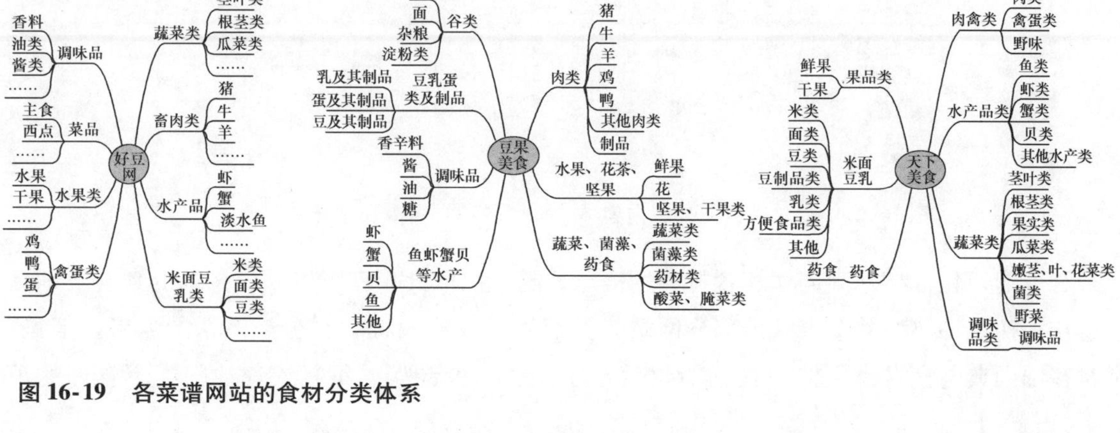

图 16-19　各菜谱网站的食材分类体系

此外，各菜谱网站也依据各自的类别体系罗列了相应的具体食材，个别网站还给出了部分食材对应的别名，如图 16-20 和 16-21 所示。

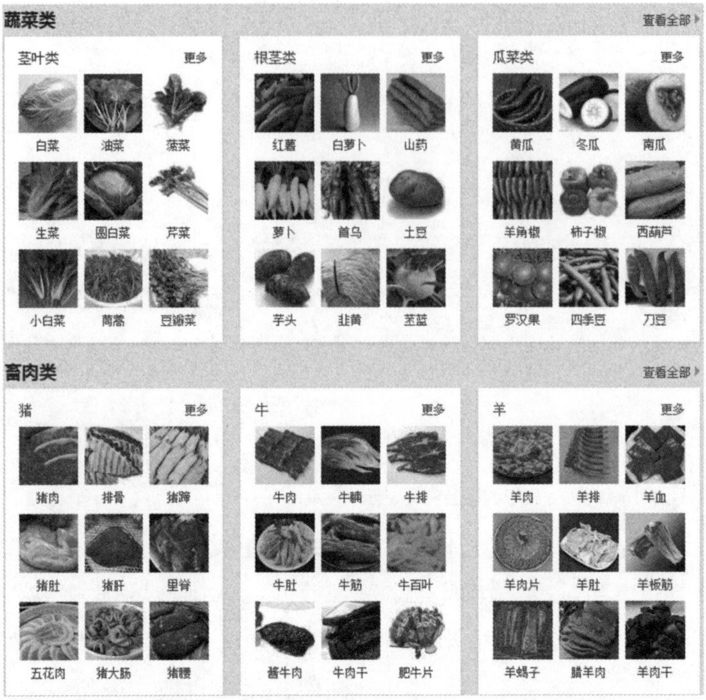

图 16-20　某菜谱网站食材类别及食材示例

红薯

别名：甘薯、番薯、山芋

简介：红薯，为旋花科一年生植物。不同地区人们对它的称呼也不同，河南人称其为红薯，上海人和天津人称其为山芋，山东人称其为地瓜，江苏南部称其为山芋其他地区称其为红薯而徐州地区称其为白芋，陕西人称为红芋，四川人和贵州人称其为红苕，北京人称其为白薯，江西人称其为番薯，福建人称其为红薯河北人称山药或者红山药。同一地区不同区域人们对它的称呼也不尽相同，比如山东大部分地区虽称其为地瓜，但鲁南枣庄、济宁附近的当地人又习惯把它叫作“芋头”，而真正的芋头则被叫作“毛芋头”。

季节：8-11月

图 16-21　食材别名及介绍内容

为了初始化食材基础词库和食材类别信息，随机抓取几个典型的菜谱网站的食材及别名信息作为初始词典，并整合其他部分网站的类别体系作为设计食材分类体系的参考。但是，食材基础词典与食材类别体系被初始化后，还存在不少错误、重复或其他归类不合理的情况，需要进一步的清洗和整理。食材分类体系的设计还需依赖人的智慧经验，以蔬菜、水果、水产、禽蛋、豆乳、调味料等类别作为大类进行子类的归纳扩展，同时还要按照逻辑层次为每一个食材类别进行编码。最终整理出如图 16-22 所示的食材类别体系图（这里只列出了第一层）。

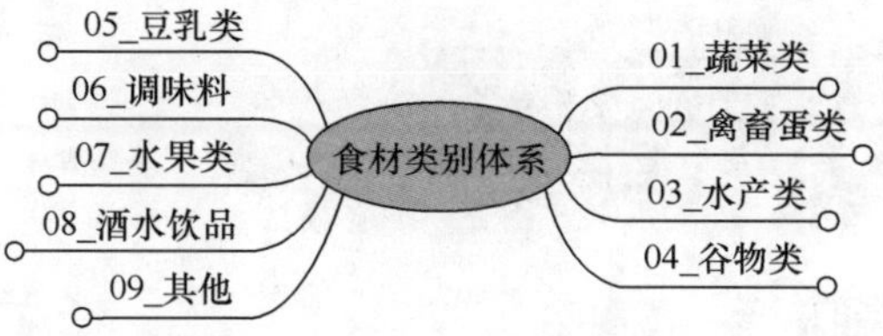

图 16-22　整理后的食材类别体系图

整体食材词典构建的工作流程如图 16-23 所示。首先进行食材别名词典的整理，从不同网站上抓取数据并整合后，作为预处理程序输入进行去重。其主要包括三个任务：保证食材词的唯一性；保证食材别名与食材词汇之间没有重复；保证不同食材的别名之间没有重复。

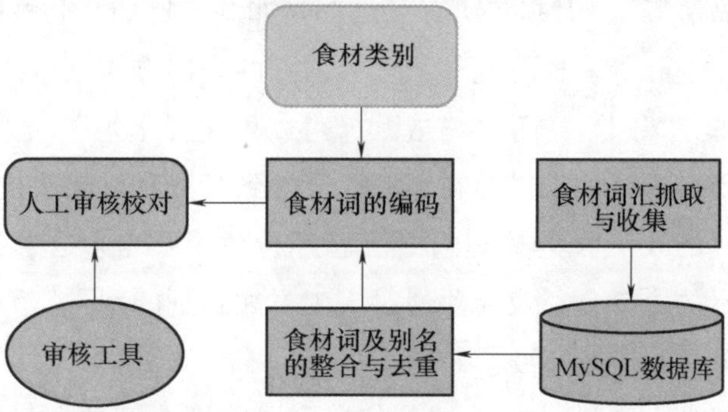

图 16-23　食材分类词库构建工作流程

去重工作完毕后，还需要对食材进行编码归属的判定，即为每个食材或者食材类别贴上其直接父类别的编码，同时也是进行程序的自动判别。最后，程序预处理后的食材别名数据集合会被存入数据库，通过人工操作进行食材别名的正确性审核。

3. 菜品食材成分分析及食材消耗监测

3.1　菜品标签化

目前互联网中的大量数据通过用户标注或自动标注的方法获得了相应的标签，例如电影、图书、新闻等，有效地刻画了数据的核心内容，例如在看过的电影上标注“恐怖”“动作”“感人”等标签来反映电影本身的内容。

如图 16-24 所示为在某电影评论网站上用户对一部电影所标注的标签。这些标签不仅可以帮助人们快速了解数据内容，也是推荐系统实现个性化推荐的核心数据。同样道理，菜品的标签化工作也十分重要，可帮助用户快速了解菜品的主料、口味、做法等信息，为菜品个性化推荐以及菜品的食材成分分析工作提供了帮助。

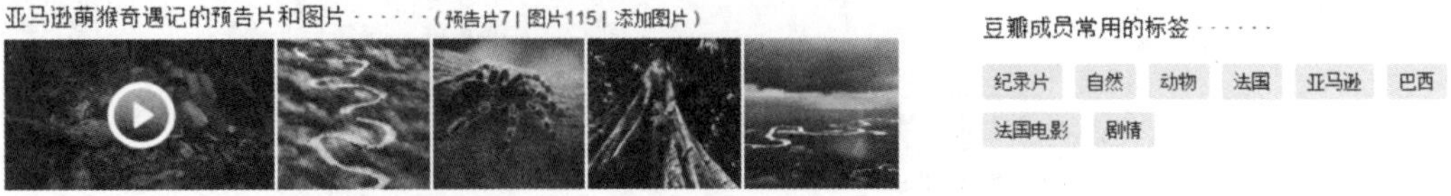

图 16-24　互联网电影数据的标签

不同于新闻文档或者电影简介，菜品名称较短（通常 3 ~ 6 个字），采用自然语言处理领域中常用的标签提取方法效果很有限，因此，如何准确地提取出标签具有较大的技术挑战性。

通常，从互联网采集的菜品数据中包含了每道菜品的各种属性信息（包括其用到的主料、辅料、口味以及做法等），但并非所有菜品都是如此。比如，名称中含有“毛血旺”的菜品往往包含了鸭血、毛肚等食材。此外，食材名称的表述方式也多种多样，比如，菜品名中的“蛋”通常指的是“鸡蛋”，而“鸡蛋”又可以称作“木须”，这种多样性为后续的应用带来了困扰，食材别名现象的大量存在，往往会导致某些食材无法找到对应的价格数据。

尽管通过前文所述的人工收集整理的方法已经构建了一个包含食材别名信息的基础词库，但其仍然存在大量的未知食材及无法通过人工方式找到的别名。为此，自动化的发现食材及其同义词的工作就显得十分重要。

通过采集各种食材在百科网站中的词条信息，以此训练每种食材的词嵌入式表示形式（Word Embedding Representation），可以量化每种食材表述之间的语义相似度，自动化的发现食材同义词。

词嵌入式表示形式是目前自然语言研究领域的最新研究成果，其大量应用于大规模文本处理和理解、文本分类以及语义分析等领域，具有运行速度快、应用效果好等特点，特别适合大数据时代的文本处理。其工作原理是，每个出现在相似的上下文环境中的具有相似含义的词，在一定规模的文档集合中通过合适的算法得到其在欧氏空间中的距离代表了词之间的语义相似度。例如，“盐巴”一词在百科语料中出现的上下文环境与词“盐”非常相似，由此判断出它们是同义词。类似的例子还有很多，比如“冷盘”和“凉菜”，“树莓”和“覆盆子”等。基于发现的食材同义词，可以将同一种食材的不同表述方式规范化为统一的表述方式，实现各种别名的归一化处理。

针对这些不包含属性信息的未知菜品，基于已有的菜品数据，使用机器学习方法训练合适的模型来自动预测菜品的各种标签，包括主料、辅料、口味、做法、品类（如荤素、凉热等）以及菜品是否是酒水、甜品、主食等标签。

3.2 菜品的食材成分分析

精确获得菜品配料表即菜品使用的食材、用量以及食材成本等信息对于餐厅的精细化经营管理以及餐饮行业的食材供应都十分重要，它优化了餐厅食材采购流程和食材供应商的运管策略。在大数据时代，大量 UGC（User Generated Content，用户生成内容）的菜谱数据中包含了菜品的主料、辅料以及用量信息，这使得精确获得菜品的食材构成和成本变为可能。

菜品的食材成分分析工作分为两部分：一部分是针对从第三方数据源抓取的菜品数据进行清洗和规范化的工作；另一部分是针对新发现的未知菜品进行成分分析。通过已抓取的菜品，结合菜品标签化工作获得的菜品主料、辅料标签，就可获得每种菜品中食材的用量信息。但其用量信息往往并不规范，例如“鸡蛋两个”“胡萝卜一根”，这就需要将食材用量信息进行规范化。通过人工定义各种食材的用量模板，标注出食材常用规格到标准规格的映射关系，例如“鸡蛋一个”对应 40 克。此外，基于食材已经存在的规范化用量，采用机器学习方法进行预测，例如葱在菜品中用量通常为 50 克，当某个菜品中葱的用量表示为“少许”时可将其规范化为 50 克。

针对新发现的未知菜品，首先采用经典的文本相似度判定方法来判断是否存在与其相似的已知菜品，从而获得菜品的食材和用量信息。同时在寻找相似菜品的过程中，对菜品的名称需进行更加具体的规范化，去除菜品名称中的修饰词（例如“招牌”“优质”等词汇），保留菜品名称中的口味、做法以及食材等特征词，并使用同义词规范食材名称，以便有效寻找相似的已知菜品配料信息。若不存在相似的已知菜品，则利用菜品标签化来提取菜品名中的主料、辅料、做法、口味标签，然后采用合适的方法预测食材对应的用量信息。具体而言，根据食材的平均用量、食材类型、菜品类型（荤、素、凉、热）、菜品口味（鱼香、上汤等）、菜品做法（干锅、砂锅、铁板等）等特征训练预测模型并在此基础上预测食材的用量信息。进一步为配料表中的食材查找实时价格数据，最终获得菜品的食材、食材用量以及食材成本等完整的菜品信息。

图 16-25 显示了菜品配料信息的计算过程，其中“已有菜品 BOM”（BOM，物料清单，Bill Of Material）是通过食材名称和用量规范化获得已知菜品的成分信息。

如图 16-26 所示菜谱 BOM 示例。BOM 表示最终获得的菜品成分信息表，食材价格库保留了实时采集得到的食材价格信息。通过大规模菜品的实际测试表明，以上方法获得的菜品配料表具有较高的准确率和召回率，并且计算速度快，适合于大规模、实时分析菜品成分信息。

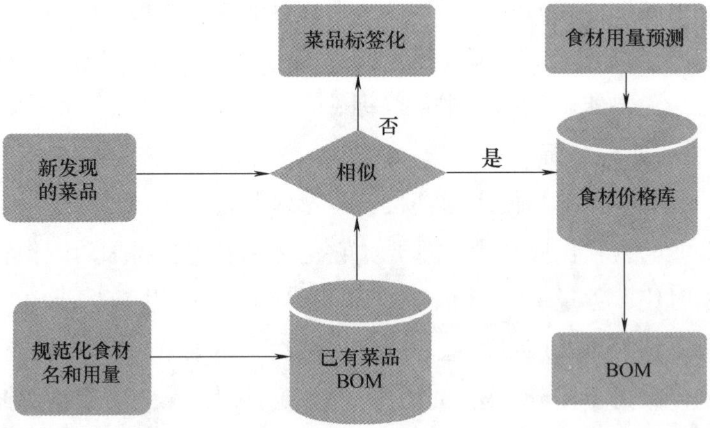

图 16-25　菜品成分分析基本过程

[illegible]	[illegible]	[illegible]
825	喷香燃面	切面:150克;
826	蜜桃慕斯乳酪蛋糕	果泥:400克;安佳奶油:200克;牛奶:20克;
827	茄汁土豆面疙瘩	土豆:100克;鸡蛋:50克;高筋面粉:100克;番茄:300克;洋葱:50克;
828	冬日养生杂粮粥	大米:15克;糯米:15克;小米:15克;黑米:15克;红豆:15克;绿豆:15克;
829	香煎蘑菇饼	蘑菇:100克;面粉:300克;鸡蛋:50克;
830	核桃肉桂卷	高筋面粉:250克;低筋面粉:50克;鸡蛋:50克;奶油:30克;核桃仁:60克;
831	芒果牛角包	高粉:400克;芒果肉:120克;蛋:40克;黄油:48克;
832	秘制萝卜焖牛腩	牛腩:400克;白萝卜:200克;
833	蜜制叉烧肉	猪肉:500克;叉烧:100克;
834	巧克力慕斯	饼干:140克;奶油:400克;巧克力:120克;
835	黄豆滋补猪手浓汤	黄豆:150克;猪手:500克;甜玉米:200克;花生:50克;红枣:50克;枸杞:10克;

图 16-26　菜品 BOM 示例

3.3　餐厅食材消耗的计算

由于海量餐厅订单数据的上传，实时计算餐厅食材消耗信息比较困难。为此，需采用流式计算框架，快速、实时计算餐厅的食材消耗情况以及菜品的毛利率（流式计算框架是一种分布式的大数据计算框架，广泛应用在互联网的实时计算应用中，例如新闻搜索、用户实时画像等）。图 16-27 为餐厅食材消耗分析。

首先将餐厅上传的订单数据进行分解，获得订单中包含的菜品名称、数量、就餐人数、订单时间以及餐厅的地址、业态、规模、人均消费等元数据信息。然后调用菜品配料分析模块获得菜品的食材及份量，并根据订单时间更新午餐或晚餐的食材消耗数据以及人均食材消耗信息。最后，结合餐厅的其他元数据信息扩展出其他统计数据的计算模块。

在此基础上，能够轻松生成各种应用报表数据，比如根据业态、地域、餐厅规模的不同来比较不同餐厅的食材消耗、不同时间段同一家餐厅的食材消耗变化等情况。图 16-28 为食材消耗统计数据。这些数据一方面便于餐厅经营者掌握食材消耗的实时情况实现精细化的餐厅管理和成本控制，另一方面也便于食材供应商提供更加本地化和个性化的食材供应服务。

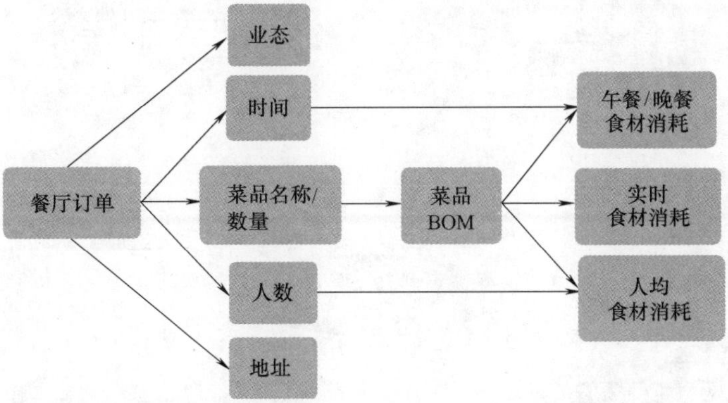

图 16-27　餐厅食材消耗分析

Id	day	used	hotel_id	avg_used	period
1	20150211	牛肉类:1000;谷物类/其他类:200;鸡肉类:3420;猪	5	牛肉类:8;谷物类/串	0
2	20150212	药食类:220;牛肉类:100;鸡肉类:2280;猪肉类:24	5	药食类:2;牛肉类:2	0
3	20150213	鸡肉类:370;猪肉类:50;茎叶类:150;豆及其制品类	5	鸡肉类:4;猪肉类:5	0
4	20150214	谷物类/其他类:200;鸡肉类:2280;猪肉类:1880;茎	5	谷物类/其他类:3;鸡	0
5	20150501	牛肉类:200;谷物类/其他类:200;鸡肉类:570;猪肉	5	牛肉类:2;谷物类/串	0
6	20150215	牛肉类:500;鸡肉类:920;猪肉类:2350;茎叶类:20	5	牛肉类:3;鸡肉类:3	0
7	20150502	牛肉类:430;谷物类/其他类:200;鸡肉类:1000;猪	5	牛肉类:2;谷物类/串	0
8	20150216	牛肉类:500;鸡肉类:1710;猪肉类:1960;茎叶类:2	5	牛肉类:3;鸡肉类:3	0
9	20150503	牛肉类:200;谷物类/其他类:200;鸡肉类:1140;猪	5	牛肉类:2;谷物类/串	0
10	20150504	药食类:220;鸡肉类:1140;猪肉类:4700;茎叶类:2	5	药食类:3;鸡肉类:3	0
11	20150505	牛肉类:1720;谷物类/其他类:200;鸡肉类:1000;猪	5	牛肉类:2;谷物类/串	0
12	20150506	牛肉类:500;鸡肉类:1710;猪肉类:2450;茎叶类:2	5	牛肉类:5;鸡肉类:3	0
13	20141020	牛肉类:2340;鸡肉类:1000;猪肉类:1440;茎叶类:	5	牛肉类:5;鸡肉类:5	0
14	20141021	猪肉类:5000;贝类:490;瓜菜类:600;水产类/其他	5	猪肉类:4;贝类:4;瓜	0
15	20141022	牛肉类:1560;鸡肉类:1000;香辛料类:10;猪肉类:	5	牛肉类:2;鸡肉类:2	0
16	20141023	猪肉类:3000;根茎类:3000;贝类:490;羊肉类:500	5	猪肉类:2;根茎类:2	0

图 16-28　食材消耗统计信息

3.4　中式正餐店案例解读

通过大数据对餐厅食材消耗的监测，无论对餐厅精细化管理还是餐饮供应链平台，均具有巨大的商用价值。下面将随机抽取某个店面，通过对比节假日与工作日、午餐与晚餐时段以及全天的食材消耗情况，来了解食材的消耗特点和食客消费习惯，并从中分析、挖掘出对餐厅、餐饮供应链平台具有指导意义的内容。此外，由于食材极为丰富，将选择食材大类、食材细类作为食材消耗研究的分析指标，暂不做具体食材的消耗分析。

食材大类、食材细类为食材类别体系的层级架构。它按归属关系可划分三层，第一层为食材大类，共包含蔬菜、畜禽蛋、水产、豆乳、谷物、调味料、水果、酒水饮品、其他九大类；第二、三层分别为食材细类和具体食材，如图 16-29 所示。

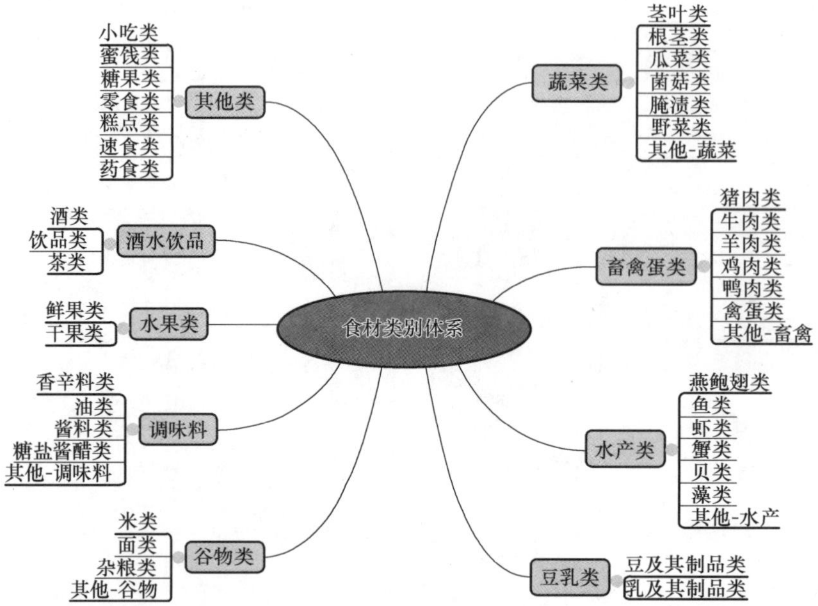

图 16-29　食材类别体系

中式正餐店是我国餐厅业态的主体，其规模化、品牌化居多，且档次不一、经营菜系多元化。在食材消耗方面，中式正餐店需要种类丰富的食材。因此，选取中式正餐店进行食材消耗方面的研究将更具代表性。为了体现这一过程，从屏芯科技的餐饮系统中随机选取一间中式正餐店并对该店 2015 年 4 月初到 2015 年 8 月底的食材消耗数据进行展示与解读。图 16-30 是该中式正餐店食材大类的消耗情况。

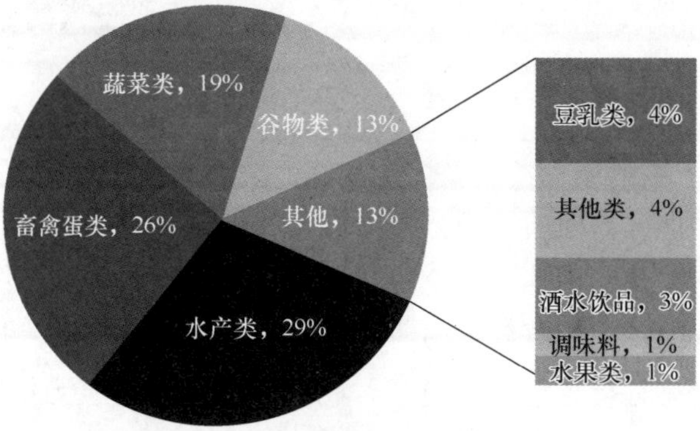

图 16-30　食材大类消耗分析

由图中可以看出，该店食材消耗规模层级划分清晰，大致可分为三个梯队。水产类、畜禽蛋类占比均在 20% 以上，位居第一梯队，累计消耗规模较大，约占食材消耗整体规模的半数以上；蔬菜类、谷物类占比则在 10%~20% 之间，居第二梯队；豆乳类、其他类、酒水饮品、调料类、水果类，占比均低于 5%，位居第三梯队。

从图 16-31 可以看出，水产类的消耗食材主要是鱼类，约占水产类消耗规模的 60% 左右；畜禽蛋类主要表现为鸡肉、猪肉、牛肉等常见肉类，占比累计过半。

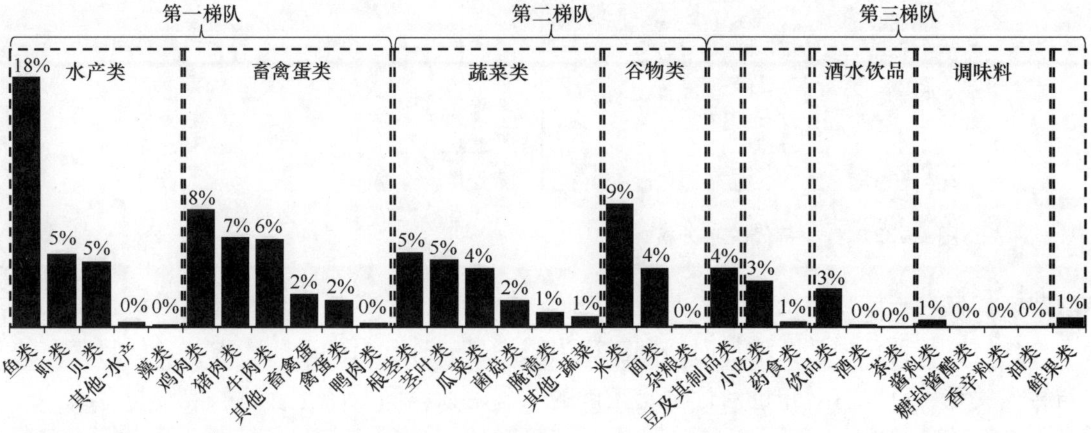

图 16-31　食材细类消耗分析

将水产类、畜禽蛋类的各细项类别进行对比就会发现，消费者在点餐时更倾向于含有鱼类或者常见家禽肉类的肉食菜品。第二梯队中的蔬菜类主要消耗的食材是根茎类、茎叶类、瓜菜类等绿色时蔬，占蔬菜类消耗规模的八成左右；谷物类中，米类与面类差异较大，其中以米饭为主食的就餐情况较多。第三梯队中，豆类及其豆制品类、小吃类、饮品类消耗较多。

图 16-32 显示了消耗规模较大的食材之间的替代与互补关系。当两种食材的交叉点为“+”时，表示这两种食材之间具有互补关系，即一种食材消耗量较大时也会促进另一种食材的消耗；同理，两种食材交叉点为“-”时，表示食材之间具有替代关系，即一种食材消耗量增大时另一种食材消耗量反而会减少。

从图中可以清楚地看到，鸡肉类、禽蛋类对图示中所有的食材均有互补作用；水产类中的虾类和鱼类之间具有互补关系，贝类和虾类、鱼类均为替代关系，即点了鱼类之后，还可能会点虾类，但一般不会点贝类，这种情况比较符合大多数食客的消费习惯；从畜禽蛋类来看，鸡肉类、猪肉类、牛肉类食材之间存在互补关系，无论点了三类中的哪一类，都有较大可能消费其他类食材，而鸭肉类与猪肉类、牛肉类之间存在替代关系，一般点了猪肉类或牛肉类的食材也就不太可能点鸭肉类菜品。

由以上图可知，餐厅在进行采购时，需要考虑到食材间的互补与替代关系。具有互补关

食材类别	蔬菜类	贝类	虾类	鱼类	鸡肉类	猪肉类	牛肉类	鸭肉类	禽蛋类
蔬菜类		−	+	+	+	+	+	+	+
贝类	−		−	−	+	+	+	−	+
虾类	+	−		+	+	+	+	+	+
鱼类	+	−	+		+	+	+	+	+
鸡肉类	+	+	+	+		+	+	+	+
猪肉类	+	+	+	+	+		+	−	+
牛肉类	+	+	+	+	+	+		−	+
鸭肉类	+	−	+	+	+	−	−		+
禽蛋类	+	+	+	+	+	+	+	+	

图 16-32 食材替代关系分析

系的两种食材，一种食材消耗较大时，也可适当增加另一种食材的采购量，而具有替代关系的两种食材，一种食材消耗增加时，则需适当减少另一种食材的采购需求。食材间存在的互补与替代关系，可以有效帮助餐厅制定正确的采购决策，同时防止食材的浪费与短缺。

通过对以上几个图表的分析发现，位于第三梯队的食材消耗规模较小，且波动较为稳定，加之图表呈现需要清晰化，所以在之后的分析中，将不再做第三梯队食材的消耗分析。

图 16-33 显示了食材大类在工作日与节假日消耗情况（节假日指周六日和节日的并集）。从图中可以看出，第一梯队中水产类、畜禽蛋类食材在节假日食材消耗明显多于工作日消耗，其中水产类在节假日消耗增长尤为明显；第二梯队中，蔬菜类、谷物类在节假日与工作日的消耗情况表现基本稳定。对比第一梯队和第二梯队在工作日与节假日的表现，消费者在节假日会增加对肉食的摄取，对蔬菜和主食的摄取量基本不变。

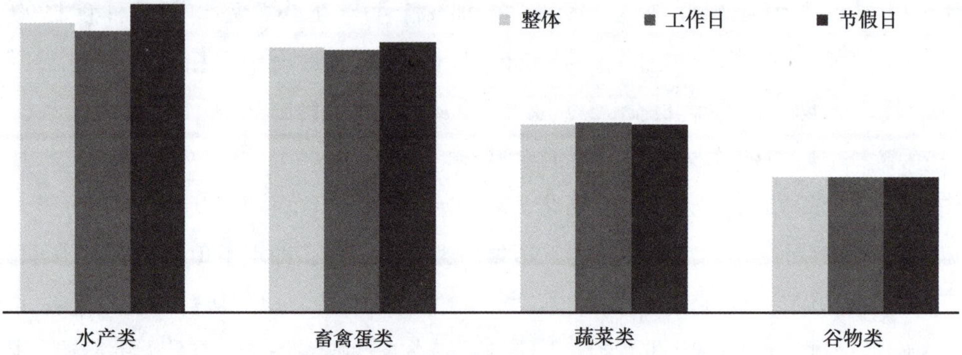

图 16-33 食材大类在工作日与节假日消耗情况对比分析

从图 16-34 显示的食材细类消耗情况对比可见，水产类中鱼类、贝类，畜禽蛋类中的牛肉类，受节假日影响明显，节假日消耗增幅明显。

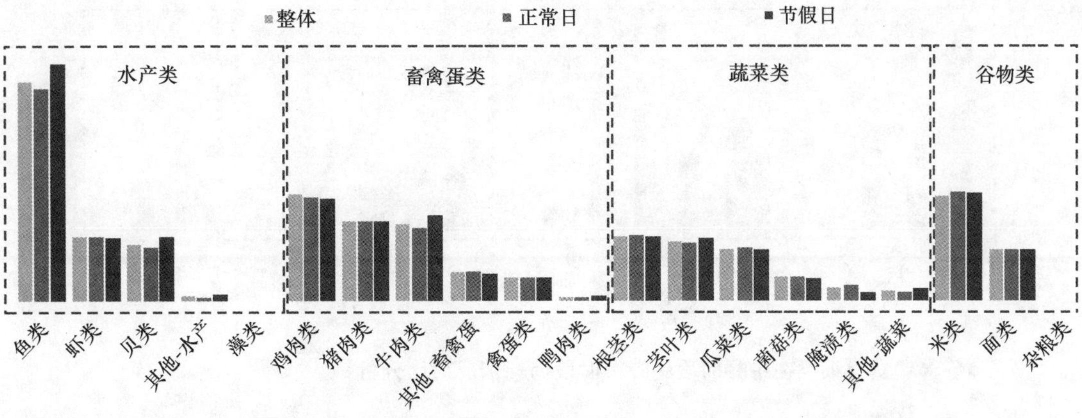

图 16-34　食材细类在工作日与节假日消耗情况对比分析

如图 16-35 所示的午晚餐时段食材大类消耗对比图和图 16-36 所示的午晚餐时段食材细类的消耗对比图发现，水产类、畜禽蛋类、蔬菜类在晚餐时段的消耗量均大于午餐时段，其中水产类差异明显，主要是由于晚餐时段，虾类、贝类增幅明显所致；而畜禽蛋类主要是由于鸡肉类、猪肉类在晚餐时段较午餐时段消耗增加较多；谷物类在晚餐时段的消耗量低于午餐时段。综合上述分析可知，消费者在晚餐时段会吃的更贵、更营养，同时也会减少对淀粉的摄取。

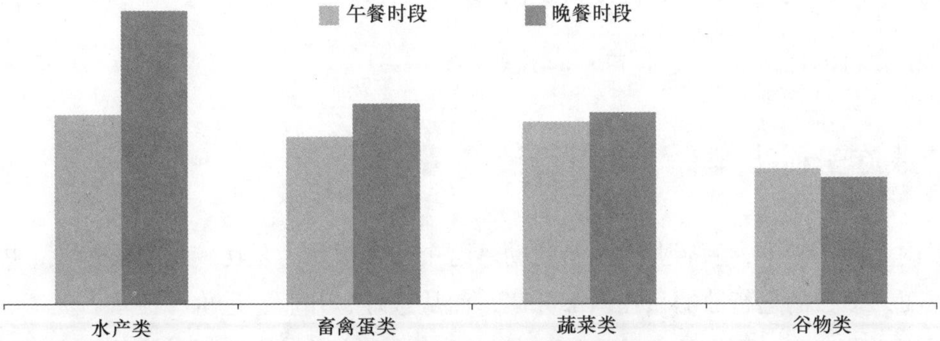

图 16-35　食材大类在午餐时段和晚餐时段消耗情况对比分析

同时通过如图 16-37 所示的不同就餐时段食材消耗对比也不难发现，食材在节假日、工作日的不同就餐时段的消耗表现与整体在中午时段与晚餐时段表现较为一致，无论在工作日还是在节假日，水产类、畜禽蛋类在晚餐时段的食材消耗量均大于午餐时段，但节假日食材消耗增加的幅度低于工作日。

从大数据的角度来进行自动化的食材消耗分析和监测，借助机器学习方法，可以自动获得每个菜品的食材成分并估算出其用量；最后，结合餐饮企业的菜品销售数据，即可实现对

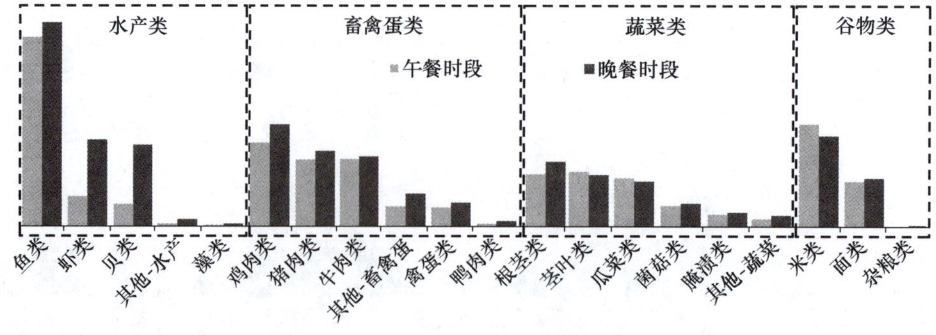

图 16-36　食材细类在午餐时段和晚餐时段消耗情况对比分析

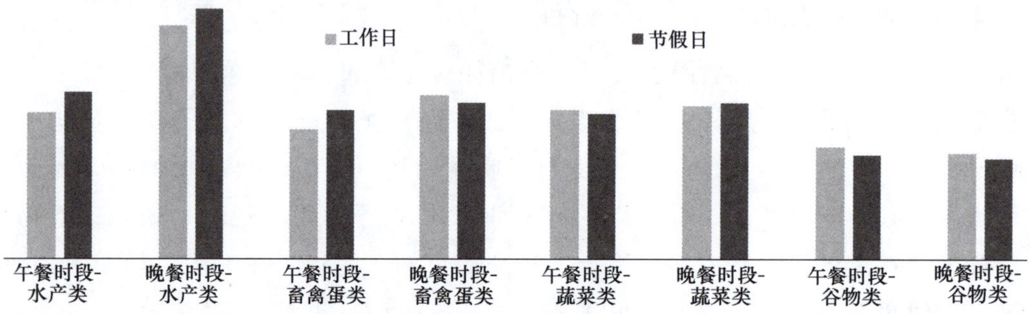

图 16-37　节假日与工作日的不同就餐时段的食材消耗对比

餐饮企业的食材消耗情况的实时分析和动态监测。

三、大数据基础上酒店业态的升级

互联网 + 的热潮下，酒店业也开始萌动。这个通常被认为是比较封闭的行业，出于保护客源的需要，多数的运行数据只在内部分享，而从选址、开业、定价、经营、促销、人员培训等一系列决策流程，更多的只是依赖经营者的经验和直觉。大数据时代的到来，让酒店的决策不再停留在“黑匣子”状态。

1. 酒店大数据的获取有赖于智慧系统的应用

酒店服务的评判标准，并不是服务的难度和质量，而是酒店宾客的体验，因此，对于酒店来说知晓宾客的行为习惯十分重要。

互联网技术的发展，使大数据逐渐进入人们的视野，大数据拥有的海量数据资料，为宾客的行为习惯调研提供了信息支持。酒店虽是公共场域，但也存在着很多私享空间，宾客在酒店的行为经常发生在私密的客房内，即酒店无法探及的地方。那么在这种情况下，酒店该如何收集大数据呢?

以屏联科技智慧酒店系统为例，该系统基于物联网技术，通过云端及服务器进行统一管理，并以客房内 RCU（客房智能控制器）为子核心构成专用网络，对酒店客房内的各类电器进行智能化控制，实时反映客房状态、宾客需求、服务状况以及设备情况，记录各类数据，协助酒店管理人员对客房资源进行实时监管。同时其相关数据也会返回云端，通过对比优化后，再推送至本地，以提升整体效果。

一套完整的屏联智能客控系统由三部分构成：单客房系统（以 RCU 为核心，可独立运行）、酒店整体网络系统（以太网通信技术）和云端管理。

随着智慧酒店的建成，云端数据的收集、反馈与二次学习，使得智能化的客房端得以在获取宾客的起居习惯、娱乐行为等数据后，不断优化用户体验，即为大数据的收集提供了先决条件，同时又能反过来验证大数据优化后的结果，从而形成良性的循环管理。

2. 大数据帮酒店选对位置

酒店开业前，除去各样的手续及证照办理，通常要经历如下几个阶段：选址、酒店定位（风格与价格等）、确定经营方式（自营或加盟）、店面设计、施工装修、物品采购、人员培训等一系列流程。其中选址与酒店定位为重中之重。

以下是某酒店的选址标准，由此可看出，传统方式下的酒店选址以客流数量为重点参考，评估标准更趋向于现阶段状况，偏于定性而非定量。

2.1 地理位置

• 位于中心城市的市级、区级或其他城市的市级商务区、商业中心、会展中心、物贸交易中心、交通中心、大型游乐中心、中高档（大型）居民住宅区、成熟开发区。

• 邻近火车站、码头、长途汽车站、公路高速等客运中心区域。

• 邻近地铁沿线、高速公路城市入口处、主要道路交叉道口、交通枢纽中心、市郊结合部、商业网点、汽车终点站、大型停车场附近区域。

• 邻近城市知名的大学或在校学生数量在 20000 人以上的教育区。

• 具有良好的可见性，最好是“金角银边”（十字路口），最好有一定的广告位。

• 最好邻近城市某个标志建筑、知名建筑或历史文化、旅游项目。

2.2 交通条件

• 交通条件是选址需要考虑的首要条件，一般以地铁站附近为上佳条件，因为地铁的覆盖面广、客流量大。

• 在没有地铁的地区或城市中，在选址点方圆 300 米内有 5 条以上能通达商业中心、机场、车站、码头的公交站线为好。

• 邻近城市交通枢纽道路、大桥、隧道、高架、城市环线，车流大，具有可停留性。

• 交通流动性好，进出口便利宽敞，快速路无隔离带路窄，最好不是单行线、有良好的可视性和可进入性。

2.3 市政规划情况

• 在确定选址前，必须咨询潜在地点的区域建筑规划，了解和掌握哪些地区被分别规划分为商业区、文化区、旅游区、交通中心、居民区、工业区等资料。

• 选址所在位置一定要在红线内，在合同经营期内，无动迁可能。

• 选址所处的区域的规划的情况，是否有对宾馆经营有利的市政规划（如未来的商业中心、产业中心、行政中心、交通干线建设，未来是否成为临街店等）。

2.4 房屋租赁

• 房屋租赁价格合理，潜在的位置优势，租赁期不低于 10 年。

• 房屋性质为商业服务业用地或可改变为该用途。

• 产权清晰，出租人是房屋或土地的产权人；房屋结构完好，布局合理，有较高的出房率。

基于大数据，可以将更多因素纳入考虑范围，为酒店在选址时增加客流质量、未来趋势等定量数据，从而帮助决策更加精准。

2.5 通过政策规划、舆情分析的大数据，分析城市旅游与酒店的前景

关注重点的类别：领导、时政、经济、社会、文化、环境。

关注范围：互联网内容，包括文章、网帖、微博、图片等。

关注事件列举：最受关注、最受好评、最受差评。

媒体报道特征包括报道类型、侧重、态度等。

城市曝光度：提及率、报道率、报道侧重。

传播效果的测量：辐射范围、影响力度、舆论态度、时间趋势。

城市形象：政府形象、经济形象、市民形象、文化形象、环境形象。

2.6 通过手机及移动互联网手段，深挖在周边经过与停留的非本地人群特征

基于运营商数据深度挖掘用户标签，如性别、地域、年龄段、停留时间等。

基于 O2O 服务商数据深度挖掘店铺标签、商圈标签，如周边店铺的服务能力、人均消费、商圈业态等。

与地图服务商、商业地产公司合作，获取兴趣点数据、商铺、写字楼信息数据，如楼面

均价、建造年代、停车位等。

依据以上数据，可绘制出热区图，从而以数据辅助决策。

如图 16-38 所示为北京市游客热区图，由此可对北京地区游客流量较大的区域一目了然。酒店选址时，如在红色区域范围内，则说明周边游客较多，溢价能力较强。

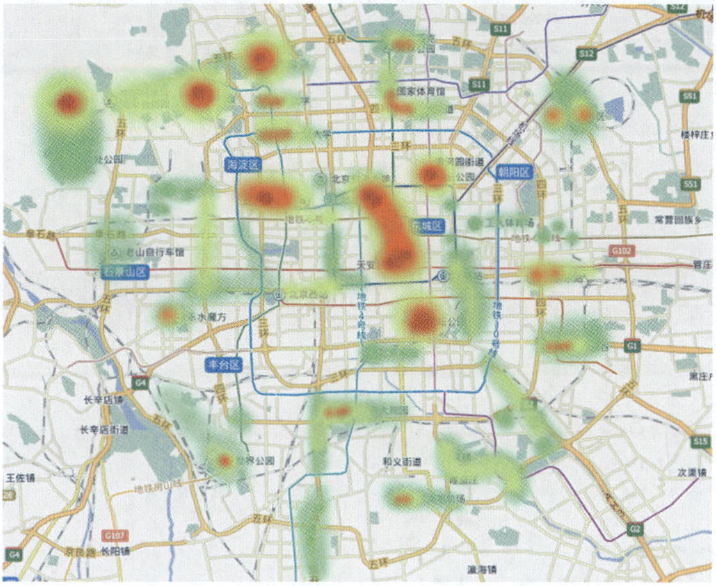

图 16-38　北京市游客热区图

如酒店选址在地图空白区域，则说明周边游客量较少，需要仔细分析周边人群需求，考量酒店特色与人群的衔接状况，通过多种手段对酒店进行传播。

2.7　通过城市经济运行数据、人口流量，揭示未来区域变化状况

如图 16-39 所示为区域人口变动图。人口流入地区则表明酒店规模可进行增加，人口流出地区的酒店规模需相应降低。

3. 实战大数据分析：从经济连锁走向时尚主题的广西防城港酒店

2014 年屏联科技接受广西防城港某业主委托，为其打造实施一个智能化的经济型酒店。但由于对智能化项目并不熟悉，业主在电话中也表现出了相应的犹豫，问题主要集中在会不会难以回收成本。

经过初步分析发现，业主所需的并非简单的酒店智能化实施方案，而是如何建造一家合适酒店的综合判断。经过深入沟通之后，业主接受建议，暂停酒店的装饰、装修及实施规划，先通过数据分析，进行酒店定位。

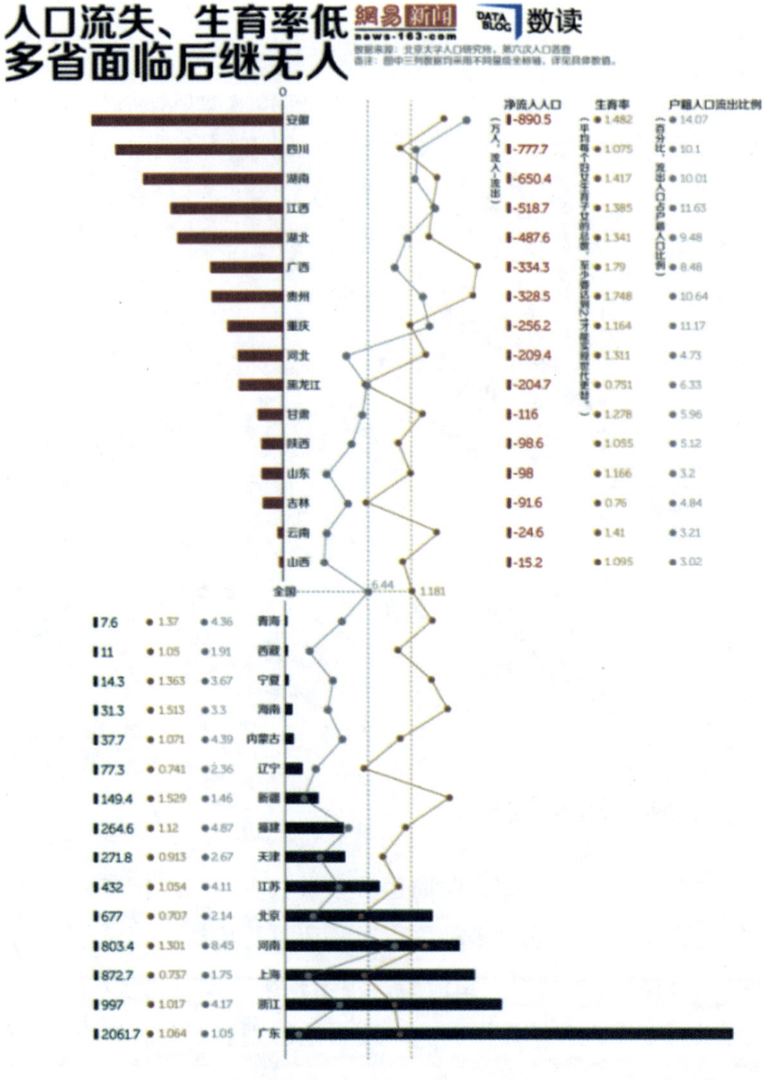

图 16-39　区域人口变动图

3.1　区块功能分析：防城港酒店走旅游与商务路线更具潜力

防城港市依港而建，因港得名，先建港，后建市。防城港是中国的深水良港；是中国25个沿海主要港口之一；中国西部地区第一大港；西南地区走向世界的海上主门户；是链接中国—东盟、服务西部的物流大平台。区域位置决定了防城港在较长的一段时间内，都将以旅游和跨域商务吸引大众。

3.2　政策舆情大数据：防城港旅游业将成为重点行业

《防城港市国民经济和社会发展第十二个五年规划纲要》中表示，在第三产业方面，突出说明“加快发展滨海休闲游、中越边境游、森林观光游等特色旅游业，打造国际滨海旅游胜地；加快推进‘梦幻北部湾’、潭蓬古运河保护和开发等文化产业发展，建设中国海洋文化名城。”

2014 年 3 月 20 日，时任国家旅游局局长邵琪伟率国家旅游局调研组深入防城港市就边境旅游工作进行调研时，防城港市市长表示，防城港市近年大力提升旅游业，全力建设“两地三线四区”旅游精品工程，逐步形成了以中越边境跨国游为龙头，以滨海休闲度假游、森林疗养度假游、民族风情游为主的产品体系，构架了“上山、下海、出国”的立体旅游格局。

由政策导向与舆情状况，可见防城港市正在并会持续加大旅游投入力度。

3.3　旅游大数据

防城港市自 2008 年以来，旅游产业以每年 20% 以上的增速提升，2013 年接待国内外游客共 979.78 万人次，其中国内游客 965.11 万人次，入境旅客 14.67 万人次。但同时也反映出了防城港市酒店的匮乏。据不完全统计，防城港市共计有 526 家旅馆，床位 3.9 万张，平均床位利用率超过 80%，旺季更是一床难求。千万游客与 526 家酒店，防城港酒店业潜力十足，但经济型已是一片红海。

与酒店不足同时存在的是防城港市中高档酒店的严重匮乏。图 16-40 所示为防城港市酒店状况图。由图中可以发现，截至 2013 年 9 月，全市仅有 23 家星级酒店，其中四星级酒店 2 家，三星级酒店 21 家，星级酒店占酒店总量的不足 10%。

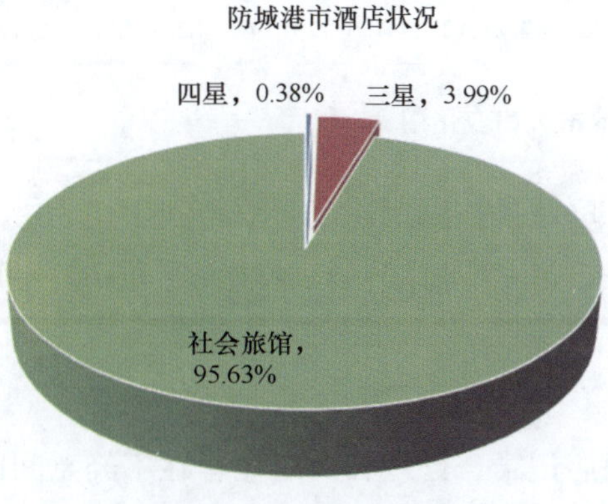

图 16-40　防城港市酒店状况图

这与房价调查中显示的，防城港市普通标间房价超过 200 元的酒店不足 5%，半数以上的普通标间价格不足 100 元的情况基本一致。由此可见，防城港市经济型酒店占据了酒店业的绝大多数，中高档酒店极度匮乏。

3.4 潜力分析：中高档游客需求尚未得到满足

防城港被称为“广西第二侨乡”，其侨胞分布在33个国家和地区，达32万余人。他们回乡探亲游客时无论是居住生活习惯，或者为了面子，所需居住条件均为中高档酒店。

防城港与越南接壤，在远途旅游线路中，通常都与越南旅游打包销售，慕名而来的游客大多经济条件良好，对酒店价位的敏感度低于酒店设施和服务，因此中高档酒店对其更有吸引力。

3.5 区域潜力、周边人群与商业生态分析

如图16-41所示防城港市的人口变化情况。防城港市除去人口自然增长部分，人口数量变动不大，因此对酒店规模无加权影响。

图16-41 防城港市人口变化图

在经过如上分析之后，屏联科技决定建议客户将酒店建为中高档的精品主题酒店。这家位于防城港的精品酒店尚未定下开业时间，就已被去哪儿网等平台所收录。

4. 提升酒店服务体验

大数据技术可以帮助酒店记录、处理和应用住客在不经意间产生的数据，通过汇总与高效分析，可以帮助酒店准确预判住客的消费行为、消费心理等极具价值的信息，并推送相应的产品或服务。为酒店的“开源”与“节流”做出针对性改进。

通过对酒店住客、网页访客行为等数据的分析，酒店管理者通过可以分析住客的关注点，精准猜测用户的使用偏好与消费需求，从而满足住客不断变化的需求，进而开展针对性传播，将需求转化为有效订单。

在传统数据中，用户的变迁通常如麦肯锡公司《2012 年度中国消费者调查报告》（图 16-42为新消费者需求变化）所展示的，对酒店经营者的市场直觉更具考验。

图 16-42　新消费者需求变化

通过智慧酒店系统对某酒店的用户评价中较为关注的设施信息进行跟踪，进而可以发掘出客户的好评点所在，并以此为指导，帮助酒店开展针对性的传播与营销。

以某时尚主题连锁酒店品牌为例，屏联科技通过对实施智慧酒店系统的数家酒店中用户的使用习惯、关注点、点评率等数据进行持续跟踪、汇总，经过大数据分析，找到用户的使用痛点，进而建议该酒店以之为传播重点，向公众进行推荐，最终该功能成为用户选择该酒店品牌的重要组成要素。

例如，通过调研住客对其酒店的兴趣点，以便规划新一年的营销传播计划。首先是通过大数据系统收集与分析该酒店住客房间设备使用状况，包括房间内的各项电器设备的使用比率、频率、时长、关注点等数据形成初步数据组。

其次是对用户留言系统的跟踪，包括满意度及投诉状况分析，以及对设备分享兴趣的数据汇总与分析，将其与初步数据组进行比对及融合，获取最终数据。

在经过大数据分析之后，让该酒店住客的关注点浮出水面，形成图 16-43 所示的酒店住客关注度图。

注：在酒店用户好评的关注点上，WiFi 虽然占比不高，但 WiFi 系统却是酒店相关设施

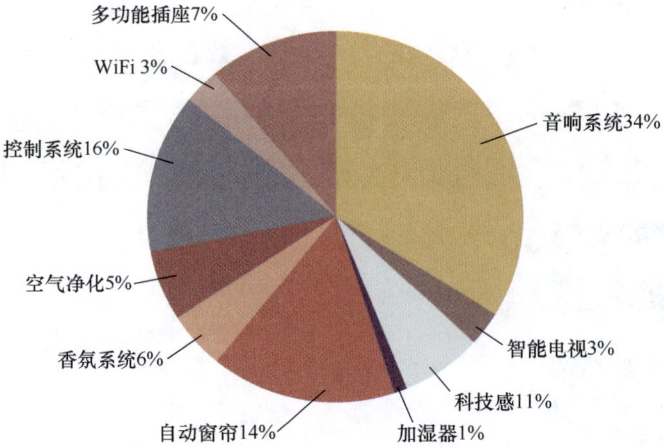

图 16-43　酒店住客关注度

中应用率最高的设备，且是业内公认的差评点占比最高的选项。由于在酒店建设初期，屏联科技就已与该酒店通力协作，打造了高效全覆盖 WiFi 系统，保证 WiFi 系统不会被住客投诉，因而在上图中，WiFi 占比不高。

通过分析显示住客对该酒店的最大使用喜好度与关注点为“音响系统”后，该酒店通过三个方向深挖了“音响系统”：

一是设置“自然之音”，即录制自然界的音效，如海浪声等，供用户播放，从而为客房增加自然化的体验。二是打造蓝牙对接模式，通过与客户的手机/pad 系统对接，由住客选择并播放自己喜爱的音乐。三是为浴室设置了水压传感系统，当住客打开水龙头时，水压传感器输出信号至 RCU，进而通过浴室音响系统播放住客设置的音乐。

通过以上三个设置，该酒店将音响系统得以进一步深化，之后在网站、宣传材料等方面，不断加大对“音响系统”的传播比重，将之打造成为该酒店的重要卖点之一。

由于传播与使用的效果突出，“音响系统”已成为部分住客选择该酒店的首选理由，进而影响到整个品牌，因而“音响系统”目前已成为该品牌新建酒店的标准配置。

酒店的住客来自五湖四海，喜好更是多种多样，唯有通过大数据的应用，才能针对性地满足住客的最大需求。

第十七章 日常生活领域

一、饮食习惯与文化流变

1. 舌尖上的大数据

饮食在每一种文化中都占据着核心位置，对于动物来说，“吃”是首要大事，因为这是获取能量的主要途径。2200 多年前，郦食其给刘邦提建议时，就特别强调：“王者以民为天，而民以食为天”，可见吃对于人类来说也是头等大事。但是，动物和人吃东西是有区别的，因为人们不仅要吃进能量，还要吃出花样。在人类文化中，饮食是文化的一个集中的表现。

印第安纳大学的 Ahn 教授在分析了多个国家和地区 56498 份菜谱之后，总结出了东西方饮食上天差地别的规律，西方比较喜欢使用牛奶、黄油、香草、鸡蛋、蔗糖浆和小麦 6 种食材，东方则是酱油、葱、香油、米、大豆和姜。不仅如此，西方的厨师喜欢把具有同类香料的多种食材放进一道菜里，东方厨师则不以为然。虽然中国很多省份与欧洲一些国家气候相似，但饮食偏好却大相径庭。这种直观感受可以通过大数据分析的办法以量化方式进行呈现。

分析饮食习惯对于理解人类文化的形成和变迁有很大的帮助。所以人们希望从不同角度去理解地理位置对文化演进的影响，而这种影响又可以大体上分成两个部分：一是地理相近性所伴随的气候与环境条件的相似性；二是地理相近性带来的交流迁徙的便利性和统治集团的一致性。气候条件和地理位置对文化的形成、冲突和演进有非常重要的影响。比如，在气候寒冷干旱的时期，北方游牧民族经常与南方的农业社会发生大规模武装冲突，而这种地理上的相近性，才使得这种接触、冲突和文化消长变得可能。

2. 中国菜系地图

2012 年 4 月，研究人员从互联网上下载了我国 20 个菜系共计 8498 份菜谱，包含 2911 种食材，然后根据每一个省份的特点将其归属到相应菜系其中一个菜系可能包括多个地区，例如四川和重庆都属于川菜。

如图 17-1 所示的各菜系所需食材数量是对于各个菜系所需食材的一个动态统计，结果发现绝大多数菜系在正常情况下所需要的食材都在 10 种左右。

那么沿海省市喜清淡与四川、重庆等地口味较重的差异是由于其地理位置还是气温所致呢？

关于气候这一说，有人指出，川菜以辣闻名是四川、重庆等地湿气太重的缘故。早在 10 多年前，康奈尔大学的 Sherman 教授通过一些小规模食谱的分析，就提出气候是影响各地饮食的最主要因素。一方面气候本身限制了食材品种，“橘生淮南则为橘，生于淮北则为枳”；另一方面气候还影响了当地人对食材的需求，比如成都人爱吃花椒以散寒除湿。

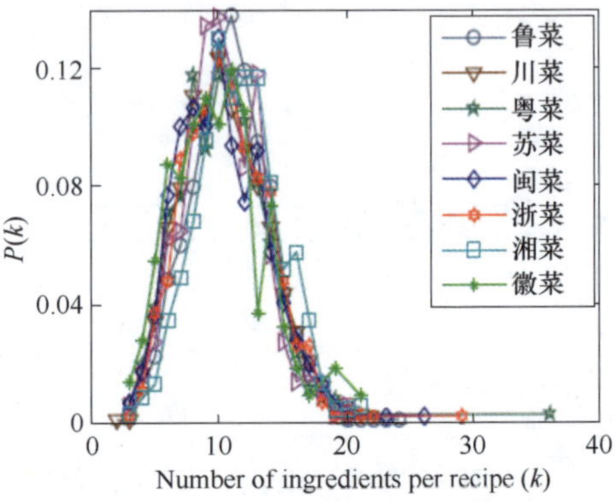

图 17-1　各菜系所需食材种类的数量

也有一些学者从理论或实际数据分析的角度，对上述结论提出质疑。例如西南财经大学梁平汉教授通过分析史料，认为四川地区的饮食习惯在历史变革中发生过较大变化，不能仅用气候环境来解释，更可能是受到了不同时期柴薪、油料、盐、糖、辣椒等资源的限制。

为此，研究者以菜系相似度、地理距离、温度差为三大变量，通过分析地理距离和气温对菜系相似度的影响，判断出地理距离与气候两者之间哪个更可能是主要影响因素。

图 17-2 所示为根据菜系相似度做出的菜系分布地图示意图。

两个菜系在地理距离和气候上的相似性是可以定量刻画的。前者既可以采用两个菜系所在区域最有代表性的两个中心城市之间的球面距离，也可以使用两个菜系之间的拓扑距离。后者则以气温为衡量标准，温度是多因素的气候中最重要的考虑因素，在保证科学性和可行性的前提下，研究首先考虑了温度。然而食谱之间的相似性，是以不同菜系食谱中的所含食材为向量，通过 Pearson 关联或者余弦相似性来计算。此外，由于同一食材在不同菜谱中的用量不同，使之成为该研究的缺陷之一。

最初的测量显示：“地理距离越近或温度差异越小，菜系的相似性越高”。然而，由于地理距离和温度差本身的相关性，使得这一结论并不科学。为了将温度差及地理距离分别剥

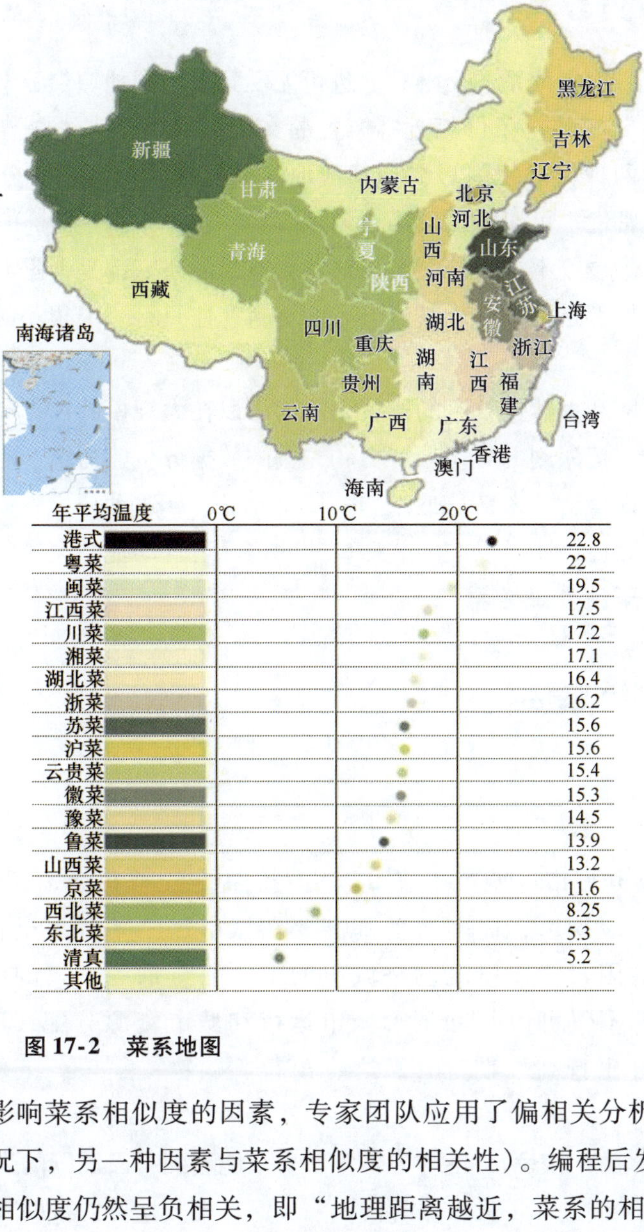

图 17-2　菜系地图

离，以区分哪个是影响菜系相似度的因素，专家团队应用了偏相关分析（用以观察在控制其中一种因素的情况下，另一种因素与菜系相似度的相关性）。编程后发现，控制了温度差后地理距离与菜系相似度仍然呈负相关，即“地理距离越近，菜系的相似性越高”。但当地理距离被控制时，“温度的差异越小，菜系相似度也越高”的负相关性完全消失了，反而呈现出微弱的正相关性。因此，最终得出的结论是地理距离比温度对菜系相似度的影响更大。所谓“地理距离”指的是剥离了距离带来的气温影响之后的距离，可以理解为区域之间因地理距离所产生的文化交流与沟通。

3. 大数据视角下的中国菜系

这个结果意味着，中华菜系的交融和演进可能受到了不同地域交流与沟通的影响。如果没有交流，即便气候（气温）条件相近，产生的文化结果也会大不一样。在研究中，研究人员还通过分析找到两种食材使用习惯和其他地区差异较大的菜系，分别是云贵菜和香港菜。这两个菜系的异常性也可以从文化历史角度解释：位于中国边陲，且很长时间内其统治集团及文化形态和中国主流不同。传统方法对饮食方面的研究都是考据和分析，很多结论虽然看起来很有道理，但都是定性的，其所参考的资料往往只是一个很小的数据集，并未得到数据的定量化支持。

目前，随着互联网和大数据技术的发展，完全可以在大规模的数据集上验证一些重要结论，甚至发现新结论。把深刻的文化理解力和先进的数据分析能力结合起来，能够给这个精致有趣的研究方向带来全新的未来。最近的一些研究显示，这种分析不仅可以用来预测一个在线菜谱是否会获得好评，还可以在不改变口味的情况下自动提升菜谱的健康搭配，实现个性化的饮食推荐，甚至创造新菜谱。

二、城市中人群的涨落

1. 大数据看城市

人类的生活离不开城市，城市不仅可以给人们提供工作机会，还可以享受生活，人的一切活动包括教育、娱乐、休闲活动都需要在城市这个平台上进行。在城市的构成中。人是其最重要的因素，人口流动是城市的本质，与每一个人的生活密切相关。增加对人口流动的了解不仅可以帮助了解城市运行和城市资源分配，还可以让生活更为方便快捷，比如避开出行高峰期等。总之，出行、购物、娱乐、工作等构成了人口流动的关键性因素。

过去，在这个复杂的动态网络系统中，每个人只能看到自己周围的生活，无法了解整个城市的场景。如今，人们进入了大数据时代。一方面，大数据可以帮助人们每天都能直观俯视城市日新月异的变化，不必从平面地图和身边来间接理解城市。另一方面，应用大数据方法从不同的层次检测人口流动，能更好地帮助人们了解城市的运作。

2. 在哪儿上班，在哪儿睡觉

北京西城-清华同衡城市数据联合实验室在2014年推出了北京国际设计周多媒体作品：

十城一日，它可以显示北京、天津、上海、武汉等10个国际化大都市在同一天内人们活动强度的变化。通过对比同一时间的百度地图实时路况，可直观地反映人类活动的变化与交通状况之间的互动与关联。

研究人员采用百度热力图和腾讯宜出行平台的实时人口数据进行研究。

百度热力图是由百度公司研发的以百度地图为基础的在线实时人流量检测平台。百度地图拥有国内数百万商户数据和数十家数据合作伙伴，其数据覆盖国内400余座城市、数千个区县，容纳近4000万地标信息，涵盖全国420万道路里程。目前，LBS（Location Based Services，基于位置的服务）活跃用户数已经过亿，每天百度LBS接受的定位请求超过35亿次。百度热力图以百度地图后台每天数十亿次LBS定位数据进行运算分析，最后以专题页面通过可视化大数据不仅可以即时展现全国热门商圈，还可以查询特定日期、时间点发生的人群热力分布。

同样，作为数据来源的腾讯宜出行平台也是一套基于人类轨迹特征的位置定位技术，实现了跨终端全平台用户的精准位置定位。目前此程序覆盖了6.3亿腾讯活跃用户，准确率达到91%，可以提供全国任意地方的人流及拥挤情况查询、商业选址咨询、特定区域用户分析与挖掘以及人流监控与警报等实时监测结果。

清华同衡技术创新中心利用上述数据来源及复杂的算法对这10个城市进行了人口流动研究，选择工作日上午10点和夜间23点，分别代表上班工作和下班居家两种生活状态，推算出城市的职住中心。

如图17-3所示为北京上午10点及夜间23点的人口分布，人口聚集区及稀疏区清晰可见。由图中可知，就业中心主要集中在：中关村、知春路、朝阳门-建国门-国贸一带、王府井-东单、金融街、西单、西直门、上地、望京、东直门、亮马桥、朝阳路十里堡段、惠新西街南北口、五道口、六道口等（北京南站因处于交通枢纽而聚集较多人群）。而居住中心主要集中在中关村、回龙观、西小口、六道口、五道口、牡丹园、清河、知春路、大钟寺、学院南路、劲松-潘家园、宋家庄-石榴庄、京沪高速与南六环相交处、十里堡、望京、北苑、立水桥、天通苑、芍药居、小营等地。

通过对比，我们可以发现城市白天和黑夜的不同形态：①白天熙熙攘攘的金融街、国贸、西单、王府井等商业就业中心，到了晚上一片寂静；②集商业、就业、居住于一体的中关村、五道口、六道口、知春路等地，无论白天黑夜均集聚大量人气；③回龙观、天通苑、北苑、宋家庄等主要以居住为主的地区，体现了睡城的基本特征。

3. 哪里人多，哪里人少？

此研究不仅能识别宏观的职住分布，还可以分析微观的公共空间，如公园、购物商场的

图 17-3　上午 10 点和夜间 23 点的人口流动热图（红色区域表示人口流动密度较高的地区，蓝色区域则是人口流动密度较低的地区。黄色和绿色所示区域人口流动密度介于两者之间）

使用情况。因此，研究人员使用百度景区热图，配以实时人流动画作为表现形式，便可得出人们对微观空间的使用情况。以图 17-4 所示的奥林匹克森林公园南园为例，除了地铁站森林公园南门以外，人流主要沿 5km 的规划环道分布，晚上尤为明显，而 3km 的规划环道上并未形成明显的人流集聚。同时，在以南门、西门和东门为核心的周边区域，只有部分人流集聚，仰山所在中心区域则明显十分稀疏。

通过图 17-5 中周五和周六的人流量对比可以发现，周五的人流量主要集中在外围 5km 的环道，周六的人群分布则较为广泛，深入到了奥森公园内部的各处景点。同时对比早晚间的人流量可以看出，周五早上 8：30 的人流量明显比晚上 20：30 的高，而周六早晚间的人流量差异相对较小。

利用大数据得到的结果显示，5km 的环道利用率要高于 3km 的环道和仰山所在的中心

图 17-4　奥林匹克森林公园南园的人口流动图。颜色显示的人口密度与上图一致

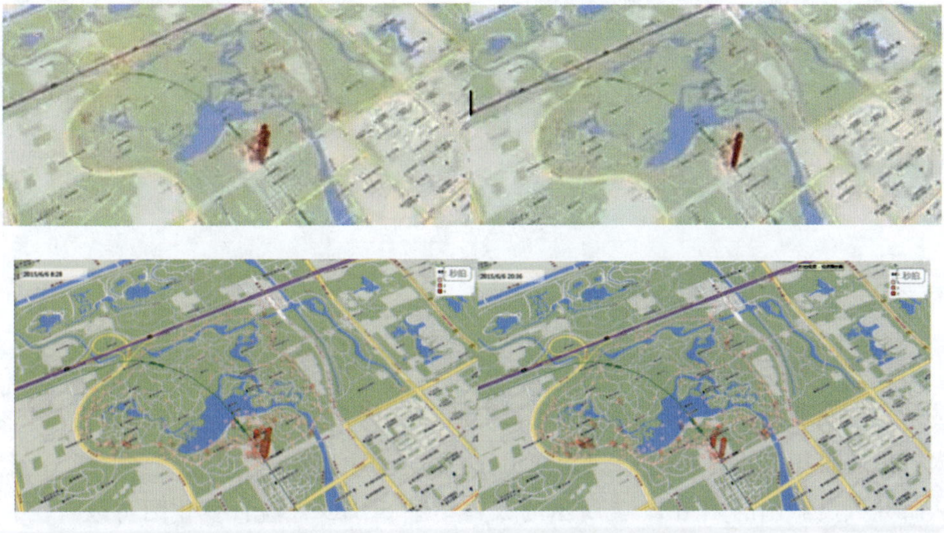

图 17-5　奥林匹克公园在 2015 年 6 月 6 日，周五早间 8：30（上图左）、**周五晚间 20：30**（上图右）、**周六早间 8：30**（下图左）**和周六晚间 20：30**（下图右）**的人口流动图**

区域。那么是否是两个区域的配套设施不足所致呢？5km 环道因为塑胶跑道而吸引了大部分人群；而仰山所在中心区域因灯光昏暗，且只有较少道路连通公园门口，导致人群较少。或许上述结果连园区设计者们都没有注意到，但是大数据帮助人们有效了解了微观尺度空间的使用模式，以便在规划实施评估和未来的规划改进中有针对性地进行优化。

4. 三里屯太古里和 SOHO 的人流量变化

太古里与 SOHO 均处于三里屯的核心地段，两者仅隔一条工体北路，几乎没有地理位置上的优劣之分。人们可以发现 SOHO 门可罗雀，太古里时尚繁华。但是研究人员通过图 17-6太古里-SOHO 总人流量小时变化图（数据来自腾讯宜出行平台和百度景区热力图，人口数值经技术处理，不完全代表人数）发现，无论工作日还是周末，三里屯 SOHO 在人流量上均高于太古里。

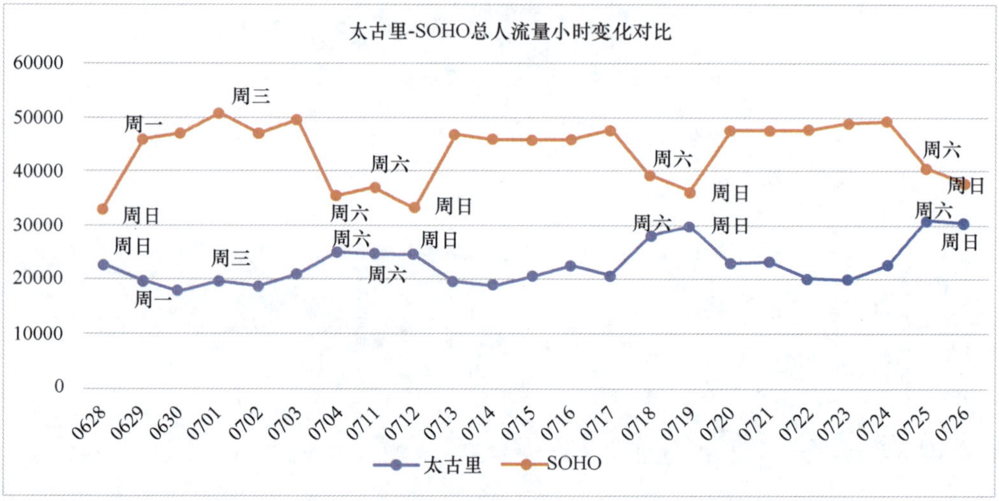

图 17-6　太古里-SOHO 总人流量小时变化对比

太古里和 SOHO 之所以有这样的反差，是因为太古里的定位是综合休闲娱乐区，以开放式购物区为主的商业综合体；而 SOHO 则是集商业、办公、居住为一体的综合社区。因此，看起来太古里有着川流不息的购物观光人流，但是 SOHO 的高楼中也“藏匿”着上班族和住户。从研究人员做出的如图 17-7 所示的太古里和 SOHO 人流日变化图可以看出，太古里的周末人流量要大于工作日；周末日间人流量随时间推移缓慢增多，午间 13 左右达到最高，晚间 22 点之后，人群逐渐散尽。由于太古里是人们休闲娱乐的好去处，所以在周末的中午有大量的放假人群流动。而 SOHO 则恰好相反，工作日人流量大于周末；且在早间 10：00 左右攀至最高峰，早于太古里。这是很多 SOHO 的上班族们陆续到达单位打卡开始一天工作的时间段。

基于上述的分析，人们不仅可以利用平面、静态和粗放的传统统计数据方法来了解这个城市，还能从立体、动态和精确的大数据方面来更加深入彻底的了解城市人口流动。通过利用大数据的实时性、有效性和真实性的特点使城市的规划和管理水平更加精细化，从而合理

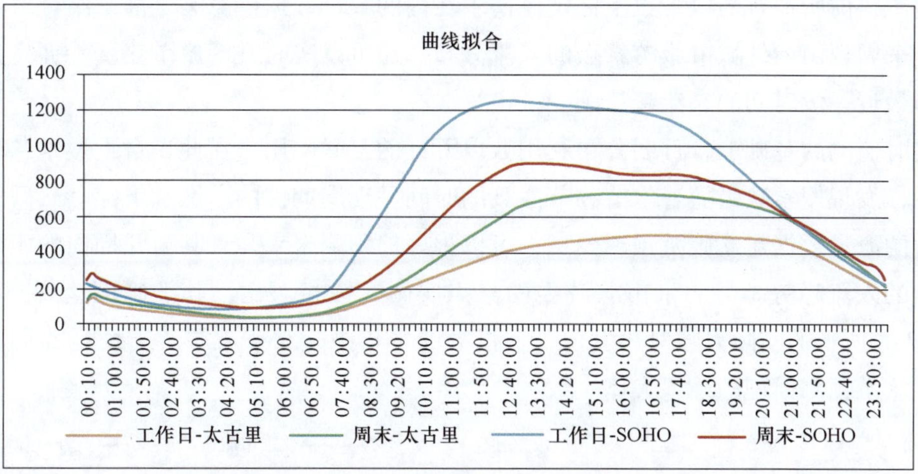

图 17-7　三里屯太古里和 SOHO 在工作日和周末的人流日变化

安排城市人口流动，最大化地发挥有限基础设施的服务水平、提高实用效率。同时也改善了市民的个人生活素质，让城市生活更加美好。

三、预测旅游热点

1. 游客预测的需要

进入 21 世纪以来，随着人民生活水平的提高，我国的旅游事业得到了长足的发展，国内一些著名旅游城市的游客量日益攀升，尤其“五一”“十一”长假期间，国内多个地区的旅游景点人满为患，客流量爆棚，远超出景区的承载能力。因此如何科学合理地预测旅游景区的游客量，结合景区的承载能力进行合理安排，采取应对措施，避免造成景区破坏和促进景区的可持续发展显得尤为紧迫和重要。

传统预测方法的滞后性极大地影响了预测的准确性和有效性。随着互联网技术发展带来的新转机。许多旅游经营者、旅游企业以及各地的旅游政府机构开始通过互联网这一重要平台发布旅游信息，由此产生的大量数据将给旅游预测带来崭新的未来，也将成为居民出游的重要信息来源。

2. 百度旅游预测

百度旅游预测是由百度公司研发的在线实时监测各个旅游城市及景区人流量的平台。它以百度地图目前所拥有的包含数十亿定位请求在内的大量数据信息为基准，结合百度地图的运算系统来展现国内外城市旅游景点的人流分布，还可以实时查询旅游热度、拥挤指数、天气情况和最近一段时间的人流趋势图。

在实时监测的基础上，百度公司利用数以万计的互联网用户在此平台上搜索各种旅游的相关信息，发现搜索数量随着季节和节假日的时间呈现周期性的上涨和下浮。然后利用这些搜索产生的海量数据建立旅游预测模型，可以很好地预测未来几天甚至几周内的旅游热点城市及景点的人流趋势。与北京市旅游委的景点实际人数相对比，其准确度达到90%以上。从如图17-8所示的实际人数对比发现，在过去的半年中，北京市旅游委统计的故宫旅游人数与百度旅游预测模型的结果大体一致。

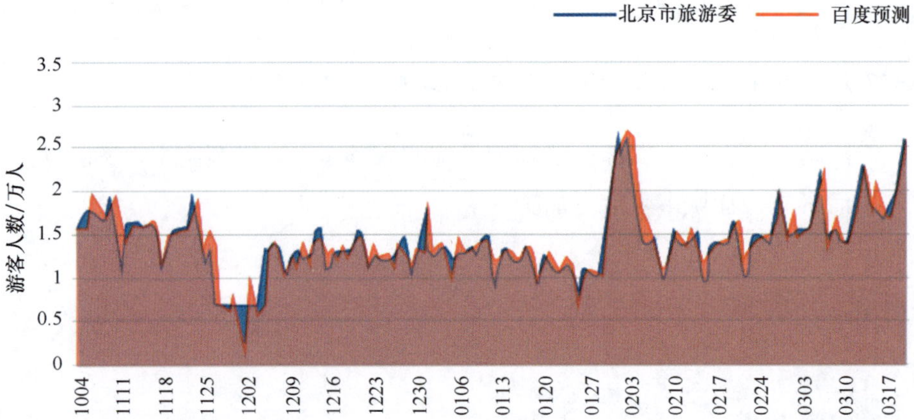

图17-8　故宫旅游人数预测值和北京市旅游委提供的故宫当日实际人数的对比结果

在百度旅游预测的国内城市旅游界面上，显示了从查询当日到未来2周内不同城市的旅游热度以及人口流动。页面右侧是旅游目的地及旅游出发地的城市旅游热度排名，从旅游目的地中排名第一的北京旅游界面上可以看出在查询当日，沈阳、上海、南京、杭州、郑州、广州、成都等地都有大量游客去往北京。点击页面中的北京热门景区的链接，就会显示出如图17-9所示北京各个热门景点的热度排行。其他景区亦是如此。还可以查询得到景区的今日拥挤指数、天气情况并可以查看景区前后两天的热度情况。

图17-10显示了国内旅游景点中各个地区在查询当日及前后两天的著名景点的热度，以不同颜色的来表示拥挤指数。如上段所述，点击任何一个景点都会显示此景点的今日拥挤指数及天气情况。

百度旅游预测中最有特色的是对出国旅游热度的实时监测与预测。图17-11显示了从全国到世界各地的旅游热度。从图中可以看出在查询当日，从中国去日

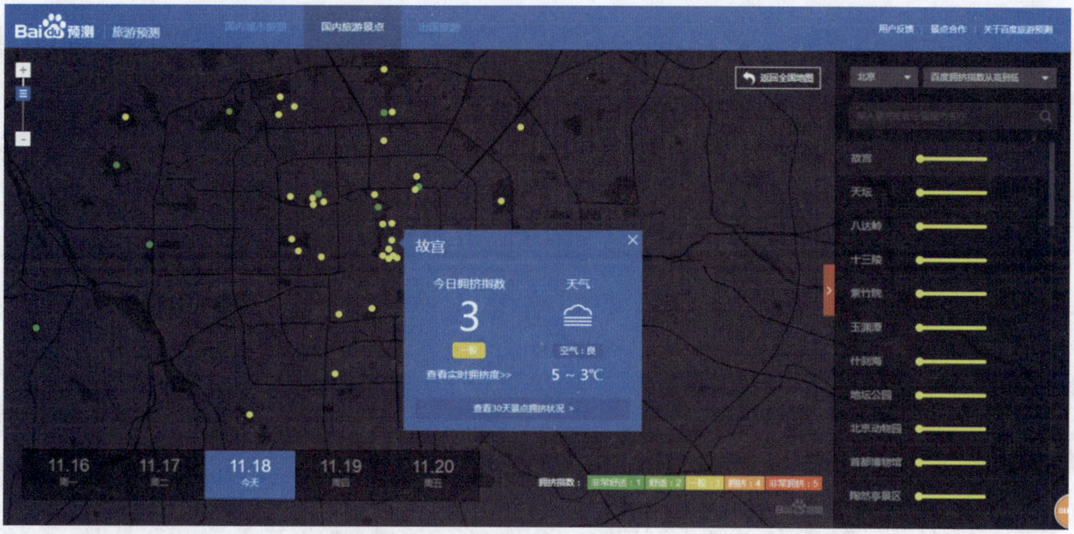

图 17-9　北京各个热门景点的热度排行

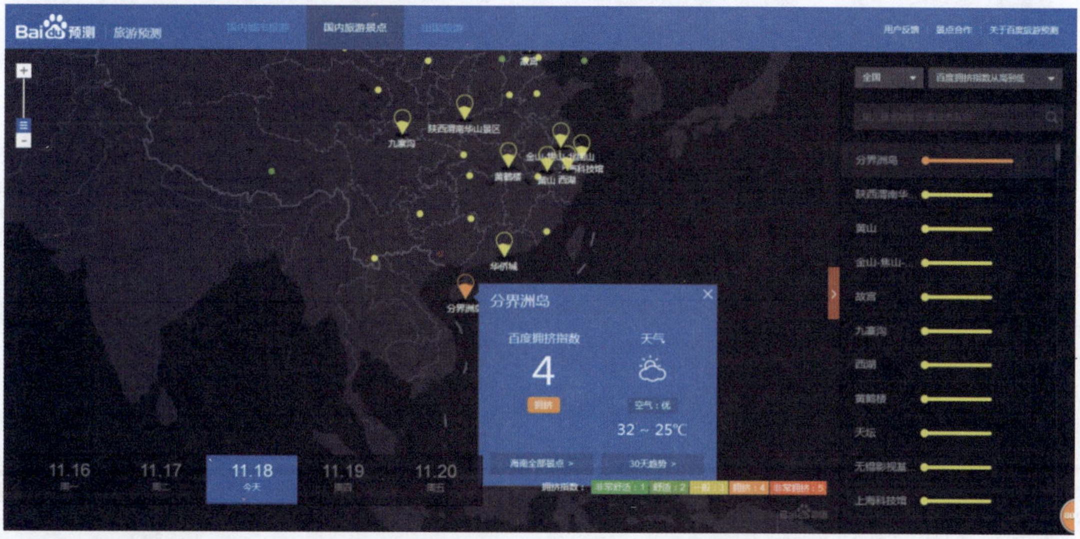

图 17-10　百度旅游预测中国内旅游景点预测

本的热度最高，其次为欧洲、东南亚，美洲等。也可以观察从中国各个不同地区，如华北、东北等地去世界各地的情况。此外，该模型也可以预测未来 2 周内出国旅游的热度。

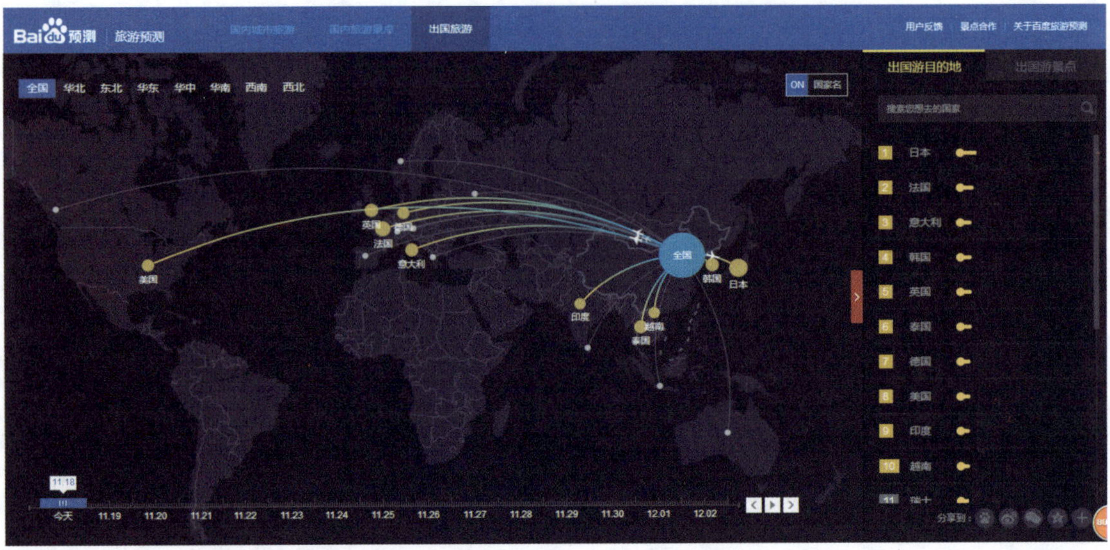

图 17-11　从全国到世界各地的旅游热度

3. 百度热力图

百度热力图作为以百度地图为基础的在线实时人流量监测平台。其数据来源也是来自百度的 LBS 定位系统所搜集到的海量数据，它根据每天数十亿次 LBS 定位数据进行运算分析，最后以专题页面通过可视化的大数据的当时展现全国热门商圈和景区的人流分布，也可查询特定日期、时间点的人群热力分布。

图 17-12 ~ 图 17-14 所示为北京故宫一天内不同时间点的人流变化热力图。从图中可以看出，故宫在上午 8 点半刚开门时几乎没有人，上午 9 ~ 10 点钟时开始有人进入故宫，但主要集中在门口等处。上午 11 点至下午 1 ~ 2 点左右为人流高峰期，人流主要分布在从午门到神武门这条路的各个景点处，比如御花园、乾清宫、故宫博物院、金水桥以及寿康宫、皇极殿、紫禁城等著名景点。下午 3 ~ 4 点时，人流开始向各个门口移动，并于 5 点左右时迅速减少。晚上 6 点以后人流基本散尽。

因此，百度热力图不仅可以反映各个景区的实时人流变化，还可以为人们的景点出行计划提供有效参考，得以避开高峰期进行观光。

利用大数据对旅游景区热度进行预测是一种新的探索和尝试。LBS 定位系统以及网络搜索数据不仅为旅游预测研究提供了新的数据来源，还可以通过游客量预测模型，丰富了旅游预测的研究方法和内容。

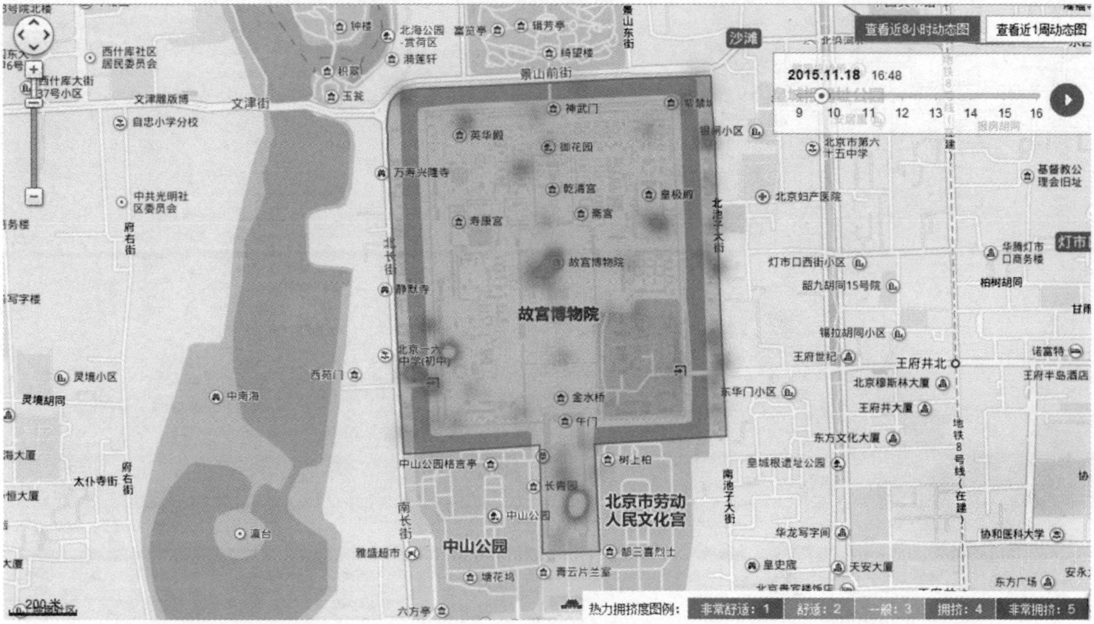

图 17-12　上午 8 点半左右的故宫百度热力图

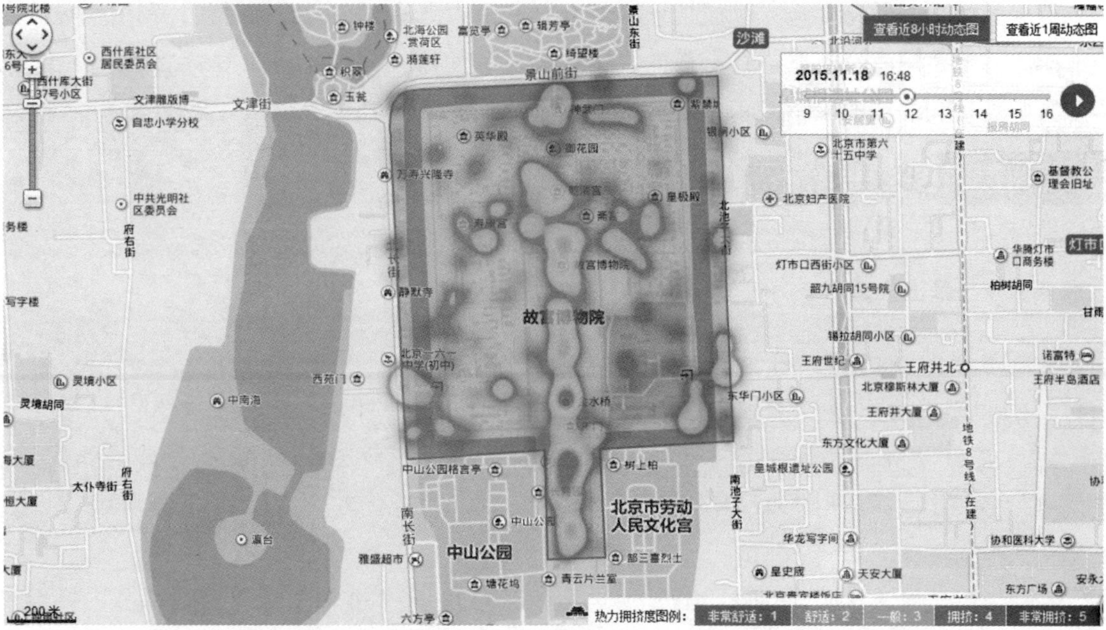

图 17-13　上午 12 点左右的故宫百度热力图

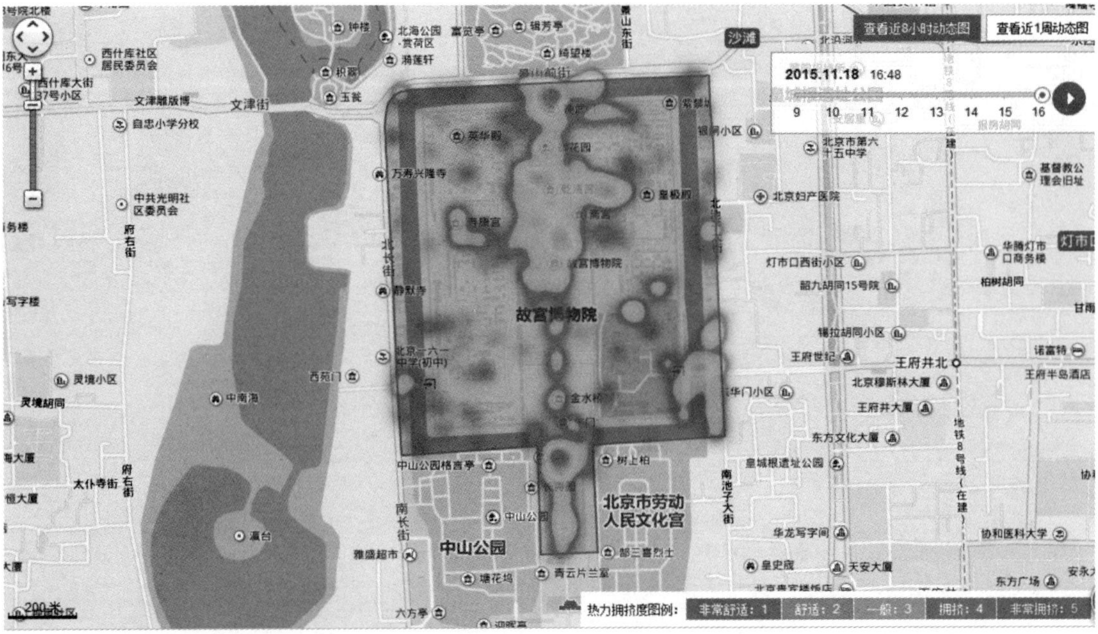

图 17-14　下午 4 点左右的故宫百度热力图

百度旅游预测模型的建立和成功预测值得研究机构借鉴。在大数据时代，利用大数据思维，对旅游相关的海量数据进行有效的收集、分析和使用，深度挖掘数据背后的潜在价值，了解人们真实和潜在的旅游需求，是旅游业发展的重要课题。

扩展阅读：预测大选结果

1. 民意调查与预测大选

美国最早的民意调查出现在公元 1800 年左右，当时主要是预测谁能当选总统，之后专门的调查机构出现，例如盖洛普公司（Gallup）是在 1936 年总统大选而一举成名的。此后成为惯例，每到美国总统大选，就会做出民意调查。一般我们看到的民调，是由专门的民调机构（比如耳熟能详的盖洛普公司，还有各大媒体、主要报纸，以及各地的大学研究机构）组织的。

在总统大选（未考虑中期选举或地方选举）中在民调（未考虑其他调研机构）最后一轮（未考虑前面轮次）中领跑的人绝大多数笑到了最后，只有 1948 年、1976 年和 2012 年的总统选举结果与民意调查结果不同。这说明盖普洛公司民意调查的质量非常高，可信度很强。但其实盖洛普在近年来的 2012 总统选举、2008 年总统选举和 2010 年中期选举的预测中都表现不佳。2012 年总统选举，盖普洛公司做出的民意调查显示罗姆尼的支持率为 51%，高于奥巴马的 49%。而事实恰恰相反。除了盖普洛公司还有 Rasmussen 也是一个相当大的民调机构，几乎是天天都有新民调结果出炉。但是，它的民调结果都让共和党的民调高于其他党派，这说明其所选取的调查来源更倾向于共和党，这样的调查结果真实度比较低。这些民意调查机构由于所抽取的样本不合理，或者调查的方式过于单一，取得的民意调查结果多多少少都会和最后的大选结果有所误差，有的是支持率做得不对，有的直接就是和大选结果相反。

2. 整合数据精准预测

统计学家、《纽约时报》博客作者 Nate Silver 在 2008 年的大选时，通过他的网站正式打响“高度准确预测选举”一炮。2008 年他的数学模型准确预测出 50 个州的 49 个，就差印第安纳州没有预测中（而该州的预测只偏差 0.1%）。2012 年大选中，当时奥巴马和罗姆尼选情普遍认为很接近，评论员们都无法预计哪方会获胜，Silver 却计算出“真实”情况指出两者并非处于旗鼓相当的局面，在投票当天他成功预测奥巴马将有 90.9% 机会获得大多数选票，最后他对美国 50 个州投票结果的预测全对了。Silver 在他的网站（已被《纽约时报》收入囊中）预测中，不但全部准确预测出各州的蓝绿倾向，而且在普选票的预测也同样高度准确。他预测的（50.8 vs 48.3）与实际的（50.4 vs 48.1）（99% 的选票以计入）几乎相差无几。2014 年中期选举，他甚至精确到了每个县的选举结果。

Silver 是如何做到这么精准的预测呢？其实，他靠的还是民意调查数据。Silver 在他的预测模型中共参考了 32 家民调公司所做的 277 次民调结果，他建立预测模型的数据大都是来自于没有经过媒体渲染的民意调查数据，在做选情分析时尽量回避和两边的竞选团队打交道。以免作分析时掉进候选人形形色色的辩论和拉票情况中去。所参考的民调数据中只有PPP（D）是民主党官方调查机构，所参考 PPP（D）的 33 次调查数据全都是在大选初期所做的民意调查。

首先民测数据进行加权平均。汇总民测调查数据，根据调查机构的信誉度对其进行加权平均。其中影响权重的主要有三个因素：民测调查者对于过往选举结果预测的准确度，民测样本的大小，以及民测的最新进展情况。

第二是对于民测数据进行调整使其符合当下发展趋势。民测数据在各个州更新进度不一。有些州的民测数据的更新要比另外一些州及时。这时就需要借助于较新的民测数据对还没有更新的州的民测数据进行补充与修正。

第三是做回归分析。回归分析就是在各州人口数据资料的基础上，考虑各州的实情而对各州的民测数据作出的一种分析。这样就避免了一些纯数据分析所导致的违背常识的结论。

第四是建立模型。结合民测数据与回归分析，建立一个选举情况的电子模型。这个模型就是对当下民意的一个评估。在这个模型中可以看到奥巴马和罗姆尼的支持率每天都是发生变化的，这也体现了大数据中的时效性。

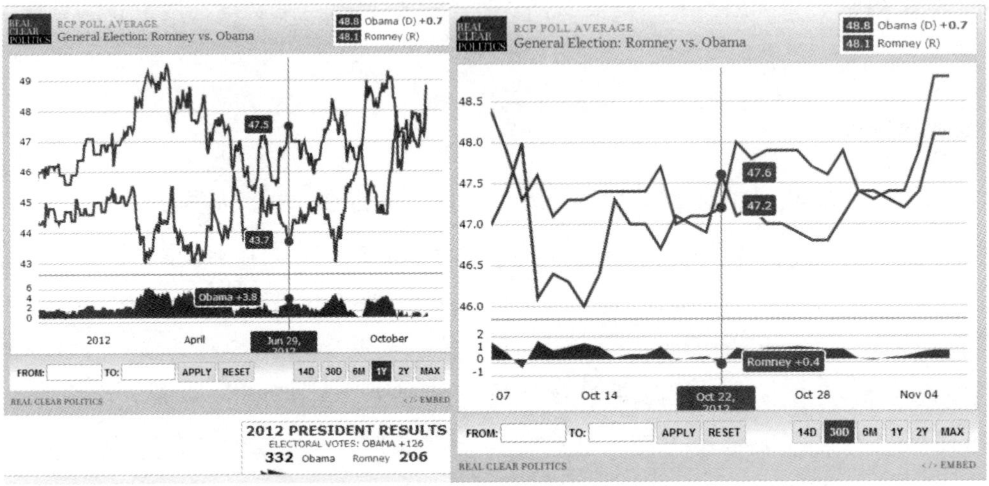

不断变化的奥巴马与罗姆尼的支持率

第五是推测。通过把中立选民剔除出来并基于过往经验对中立选民的选举立场进行一个预判，从而将对于当下选情的评估转化为对于 11 月大选结果的预测。

第六是模拟。基于以上步骤对于选举结果进行高达 1 万次的反复推测，以此来避免预测中的不确定因素。而最终的结果才能算是一个关于一个州乃至全美国选举结果的完善的概率性评估。

3. 以可视化方式展示预测结果

一般传统支持民主党和共和党的几个传统州不会发生改变，出现变数的就是那几个摇摆州，根据各大机构在摇摆州的调查数据，Silver 制作了一个可视化的模型。

下图是奥巴马和罗姆尼在 9 个摇摆州中赢得选举的树状图，蓝色的线条表示的是奥巴马赢得该州选举的情况，对勾表示的是奥巴马会赢得大选；红色的线条是罗姆尼赢得该州选举的情况，对勾则表示的是罗姆尼会赢得大选。例如，奥巴马在佛罗里达州赢得选举的情况下，如果在俄亥俄州也赢得选举，那么奥巴马就会赢得大选；如果在俄亥俄州赢得选举的是罗姆尼，则要看下一个州的情况。从图中可以看出来，如果奥巴马在佛罗里达州赢得选举，只需其他 8 个州中有一个州获得胜利就能最终当选总统，而罗姆尼只有在其他 8 个州全都获得胜利，才能当选总统。当罗姆尼在佛罗里达州赢得选举的情况下，如果在俄亥俄州赢得选举的是奥巴马，奥巴马在北卡罗纳州赢得选举，就能当选总统；如果在俄亥俄州赢得选举的是罗姆尼，罗姆尼只有在北卡罗纳州和弗吉尼亚州同时赢得选举才能当选总统。将这些所有的对勾计算出来后，发现奥巴马将有 431 种情况会赢得选举，罗尼有 76 种情况会赢得选举，奥巴马的机会远远大于罗姆尼。

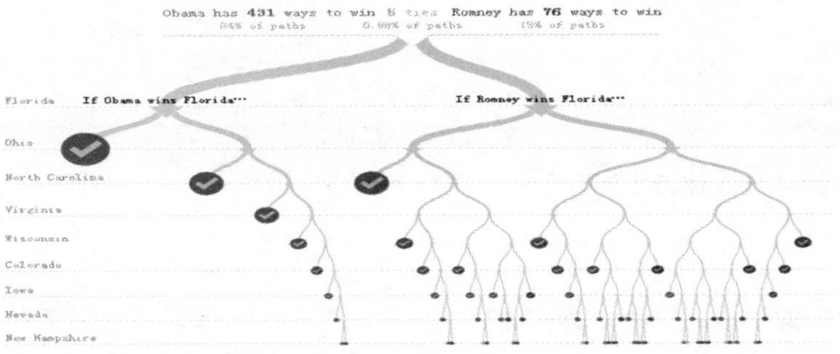

两党在摇摆州中的支持率

美国处在世界政治经济的中心地带，美国总统的选举情况也关乎着世界各国的命运，2012 年盖洛普公司在全球 30 个国家访问了 2.6 万人后发现，42% 的受访者说他们希望能够参加下一次的美国大选投票。这个比例在年轻人中更高。该民调还发现，将近三分之二的受访者说，谁当选下任美国总统对他们国家的人民生活有重大影响。Silver 能否继续利用大数据成功预测总统当选人，让我们拭目以待。

第十八章
文化与体育领域

一、谷歌图书与文化研究

1. 人类文化大数据的汇总：Google books

谷歌图书是谷歌公司推出的一项雄心勃勃但又颇具争议的项目：扫描人类出版过的每一本书的每一页内容。但是，许多书受到版权保护，由于出版人和作者起诉谷歌图书项目等带来的法律问题，使这个项目几乎无法启动。同时谷歌方面也担心分享数字图书的合法性，因为如果不对作者们进行补偿，图书中的内容就无法传播。

但随着一个想法的提出，这一问题得到了解决：将这些扫描的图书文本转化为单个巨大的语言模型数据库 N-Gram，为了避开大多数版权问题，谷歌公司对书籍的处理不仅进行扫描，还进行了数字化（Digitizing）与数据化（Datafication）。这将是一篇贯穿整个人类历史的文本，它重构了所有图书的内容，以频繁出现的词语为单位，令学者们能够在不实际阅读任何一本书的情况下，对这些书的词语进行量化研究。2010 年 12 月 16 日，谷歌公司推出了 N-Gram 工具，并在《科学》杂志上发表论文，描述了这个工具的使用方法[14]。

2. 利用 N-Gram 进行文法研究

N-Gram 本是应用于进化生物学的计算机数学工具，为了应对谷歌图书所容纳的海量数据，谷歌公司将 N-Gram 应用于统计领域，在包含 500 亿单词的语料库中，用它来测算某单词的出现频率。其中，单个单词以“1gram”来表示，比如“女权主义”在一段时期中出现的频率；“2gram”用来显示组合词组，比如“联系相关人员”在一段时期中出现的频率。

不过 N-Gram 收录的单词或短语需满足一项要求：该词或短语某年中在超过 40 本已出版的图书中出现过，N-Gram 才会收录其数据点。

目前，谷歌图书拥有来自 1500 万册图书的 20 万亿词汇，这些图书量相当于自 1450 年古登堡《圣经》出版以来人类出版图书量的 12%。如果恰当地应用这一工具，人们能够迅速以客观的数据勾勒出清晰的历史变迁脉络，了解社会发展趋势。

那么，对于普通人来说，N-Gram 究竟有哪些有趣的用法呢？

首先，它可以作为词典使用。例如，thrive 的过去式究竟应该用 thrived 还是 throve？只需在 N-Gram Viewer 里输入这两个词，就可看到如图 18-1 所示的结果：在 1900 年出版的书刊中，二者都有使用，但 throve 出现的频率高于 thrived，其个数占该年全部书刊的词汇总量的 0.00006%，而 thrived 是 0.00004%；然而随着岁月流逝，thrived 变得备受人们喜爱，throve 却逐渐消失，现在已经近于弃用了。

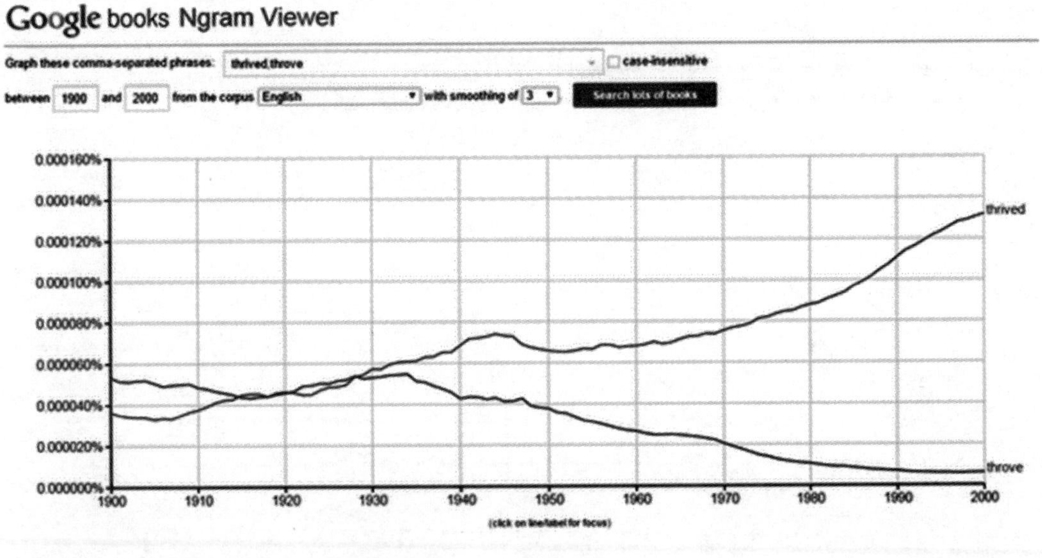

图 18-1　thrived 和 throve 的频度曲线

又如图 18-2 所示的 Influenza（流感）的频度曲线，经 N-Gram Viewer 搜索发现，该词在 1920 年、1930 年、1960 年出现了三个明显波峰，这与“1918 大流感”“亚洲流感”等历史事件发生的时间吻合。

再看如图 18-3 所示的全球气温，N-Gram Viewer 显示，sea levels（海平面）、atmospheric CO_2（大气中的二氧化碳）和 global temperature（全球气温）这三个词的热度在近 50 年飞速增长，说明人们对于相应的气候与环境问题产生越来越多的关注和重视。

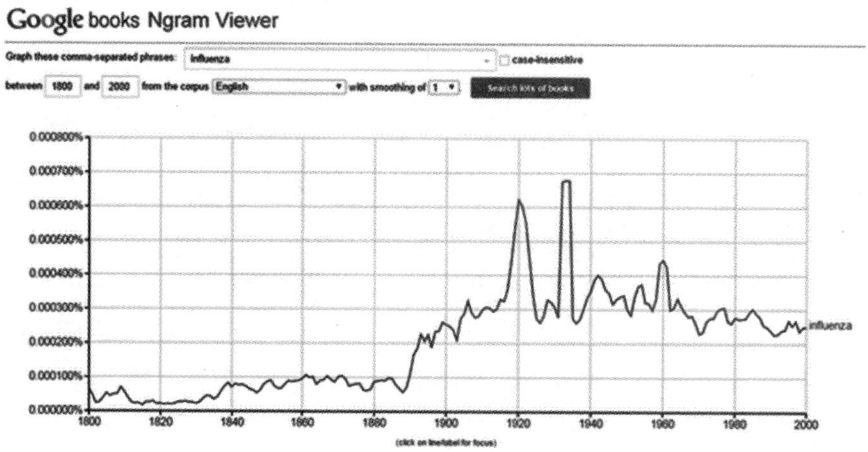

图 18-2　**Influenza 的频度曲线**

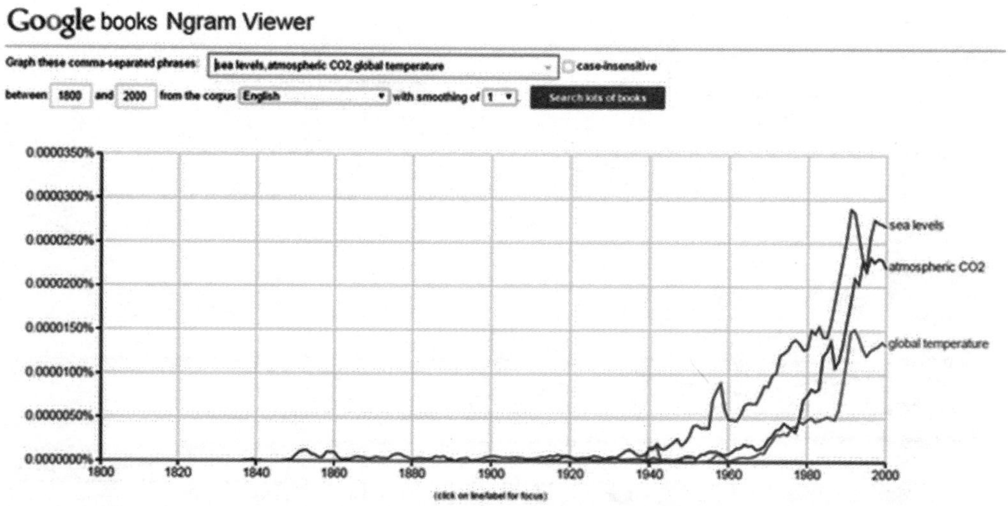

图 18-3　sea levels（海平面）、**atmospheric CO_2**（大气中的二氧化碳）**和 global temperature**（全球气温）的频度曲线

我们还可以通过如图 18-4 所示的各行业频度曲线对比发现：即使在 2008 年的经济危机之前，制造业已经出现明显的下坡路趋势，而信息技术则方兴未艾。

另一个例子是年代际。以图 18-5 显示的“1990”频度曲线中最右的绿色线条为例，直到 20 世纪 80 年代末，人们才开始疯狂地谈论“1990”，而 20 世纪 90 年代中期后，对年代际的热度逐渐降低。对比不同的曲线发现，越后期的曲线度过峰值后下降得越快，这说明社会节奏的加快，使更多人迅速失去了对过去的兴趣。

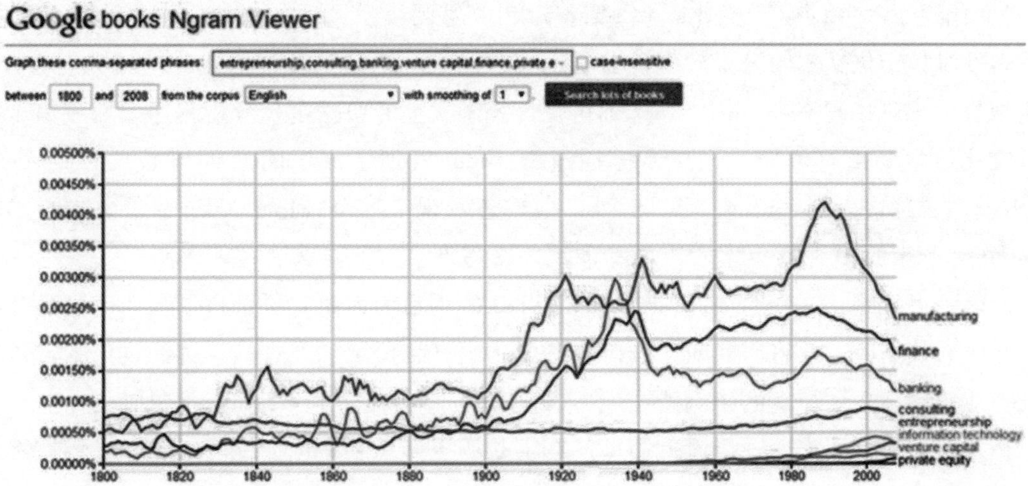

图 18-4　各行业频度曲线

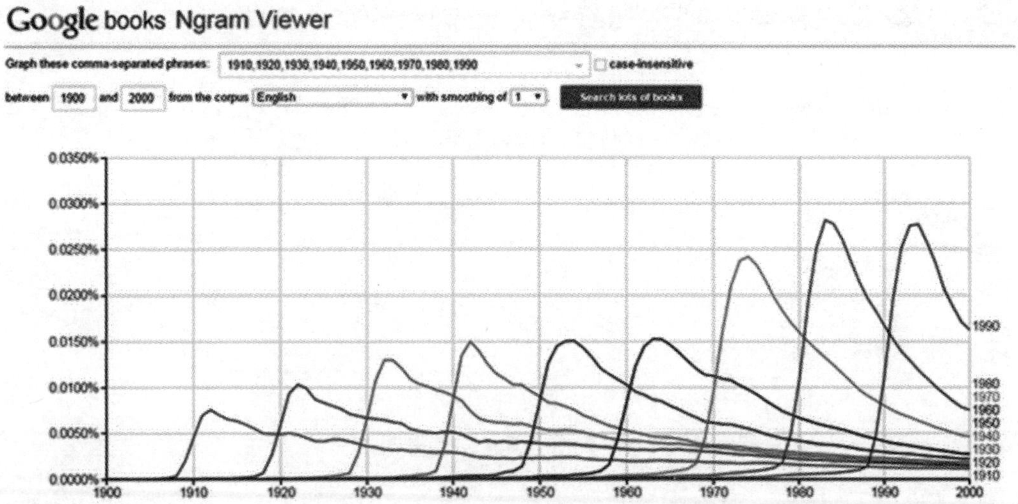

图 18-5　"1990" 频度曲线

此外，N-Gram Viewer 还扫描了英文之外的很多语言，目前收录了包括美式英语、英式英语、法语、德语、西班牙语、俄罗斯语、希伯来语、汉语（包括简体中文）在内的多个语种，满足了读者检索同一词语在不同语言中发展历程的需求，为更好剖析不同文化对词汇发展的影响提供支持。

3. N-Gram 的未来之路：文化组学

谷歌图书这一庞大的数据库甚至孕育出了一个新学科：文化组学（Culturomics）。

“文化组学”一词由“文化”（Culture）和“基因组学”（Genomics）两个词复合而成，是指通过对数字化文本中海量数据的分析，实现词汇应用频率和社会文化潮流的对接。“文化组学”的出现使得 N-Gram Viewer 不再是传统意义上的数据定量分析程序，而成为了第一个“文化组学”工具。相关领域专家通过 N-Gram 发现了词汇的产生与消亡的显著变化：“词汇消亡得越快，产生得越慢”。此外，他们还发现了一个普适的新词生命周期的“临界点”：在其产生的30～50 年之后，新的词汇要么写入字典，要么消亡。

值得一提的是，在一个名为 Culturomics 2.0 的项目中，研究员分析了包含印刷品和媒体信息在内的数据库，并将研究对象限制在透露出语气、情感和地理信息等的词汇中。该项研究成功地预测出本·拉登的生前所在地，误差只在 124mile（199.5km）以内。

相关研究人员认为，一个看似简单的词汇是历史传承和文化凝练的结果。人们在看到一个词时，不禁会好奇它所承载的历史发展和文化变迁信息，而“文化组学”的应用可以极大地满足人类对知识的无穷探索，用科学技术打造人类历史研究的“知识链”。

扩展阅读：用机器学习判定《红楼梦》前后的文风变化

每个人的写作都有些小习惯，虽然文章前后的内容会有差别，但是这些用词的小习惯不容易改变。

基于这一原则，为了确定《红楼梦》前 80 回与后 40 回之间的差异，我们用开源的分词工具把全书分词，然后统计词频。把出现频次超过 100 次的词语找出来，人工去掉一些可能因为文章内容造成前后出现不一致的人名、地名；然后每一章按照词频表，看这一章中出现这些词语的频次。

前 80 回、后 40 回各选 15 回作为机器学习的数据，让机器学习这些章节的用词特点，然后推算其他章节的用词特点是属于前 80 回呢、还是后 40 回；如果机器根据这些用词特征推算的是否属于后 40 回的结果跟实际的结果吻合，那么就说明后 40 回的写作风格跟前 80 回有很大不同，很可能是两个人写的。这一过程的详解如下。

生成全书的词频表

上图是截取了其中一段的词频表。像“宝二爷”、“黛玉笑”这种涉及人物的词语，可能前面戏份多、后面戏份少，所以就不选它们作为用词习惯的特征，而像“忽然”“故”“只要”“可不是”这种承接性质的碎词，就不太容易会受情节的影响，所以适合选出来作为用词习惯的特征。

最终，按照出现频次从多到少排序，选择了 278 个词作为机器学习的用词习惯。

将 120 回的词频进行统计。

	A	B
295	一年	96
296	芳官	96
297	玉	96
298	宝二爷	96
299	忽然	96
300	父母	96
301	不依	96
302	黛玉笑	95
303	管	95
304	故	95
305	只要	95
306	嘴	95
307	衣裳	95
308	可不是	94
309	手里	94
310	于	94

部分词频表

接下来把每一回出现这 278 个词的频次统计出来，得到我们给机器学习的样本。这个样本的样子大概是这样的：

	A	B	C	D	E	F	G
1		第一回出现频率	第二回出现频率	……	第81回出现频率	……	第120回出现频率
2	道	36	28		54		36
3	说	24	25		36		48
4	也	37	40		51		45
277				……			
278	想来	2	0		0		1
279	所	1	1		0		5
280	则	10	8		0		0
281							

词频统计

比如以 B 行 2 列举例，说明在第一回里面，“道”这个动词出现了 36 次。

尝试在图上把前 80 回和后 40 回习惯用词出现的频次画出来。以第一回为例，*x*1 坐标代表“道”出现多少次，*x*2 坐标代表“说”出现多少次，*x*3 坐标代表“也”出现多少次……*x*278 坐标代表“则”出现多少次。

什么？超过三维了，那人类的大脑可是没办法理解的啊。

没关系，当我们用灯光照射一个立体的图时，平面会有它的影子。这个影子虽然没有立体图的信息这么丰富，不过我们看影子还是可以猜出来大致的样子。对于高维度的问题，我

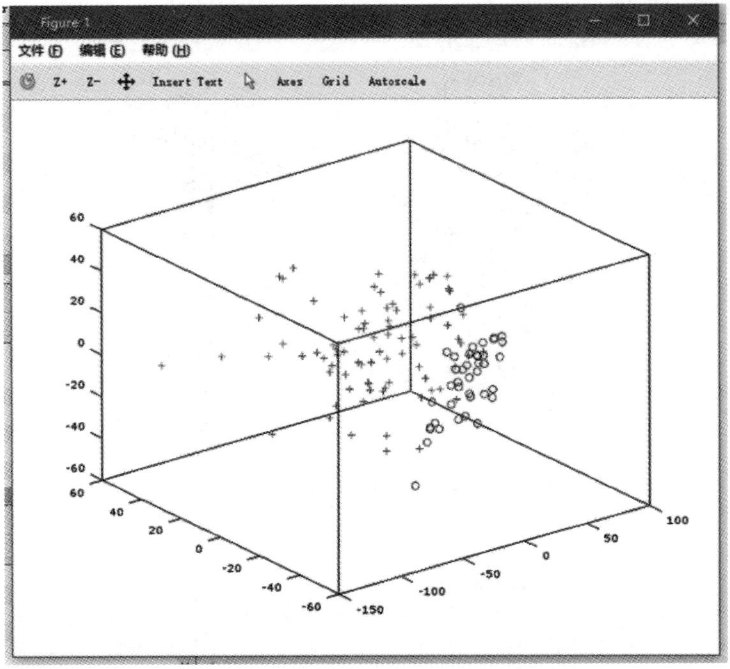

词频统计的 3 维显示

们也可以用投影的方式来降低维度。虽然信息损失了不少，不过能给我们一个直观的感受。

上图就是 120 回的用词习惯从 278 维降到 3 维以后的图，红色“ + ”的点是前 80 回，蓝色“o”的点是后 40 回。从这个图可以直观地看到，红楼梦前后部分确实在用词习惯上有明显的区别。下面我们用机器学习来看精确一点的判断。

机器学习

算法的步骤很简单：前 80 回、后 40 回各选 15 回作为训练数据，让机器学习它们的特点，然后把剩下的章节输入给机器，问它们属于前 80 回还是后 40 回。

如上图所示，看 out［44］的结果，代表了机器预测这 120 回的用词习惯到底属不属于后 40 回（0 为不属于，1 为属于）。

结果显示，机器在学习前后两个部分的用词习惯以后，如果把随便一章的内容告诉它，但不告诉它到底是前 80 回还是后 40 回，那么机器有 95% 的把握能猜出它是不是后 40 回。这说明前后两个部分的模式有显著的差异。

那么，问题来了，会不会因为是情节的需要所以导致写作风格不同了呢？情节不同会造成用词习惯多大的差别呢？把另外一部四大名著之一的《三国演义》拿来做一个旁证分析，看看上部跟下部的用词习惯会不会有比较明显的差别。

```
IPython
File  Edit  View  Kernel  Magic  Window  Help

In [41]:

In [42]: #从前80回、后40回中各随机挑选15回训练算法
    ...: #x为30行*278列矩阵，每一行代表一个章节，每一列代表某个字在这个章节出现的频率
    ...: from sklearn import svm    #使用scikit-learn的机器学习库
    ...: clf = svm.LinearSVC()  #使用线性核函数
    ...:

In [43]: clf.fit(x, y) #用x、y喂给算法，训练模型
Out[43]:
LinearSVC(C=1.0, class_weight=None, dual=True, fit_intercept=True,
     intercept_scaling=1, loss='squared_hinge', max_iter=1000,
     multi_class='ovr', penalty='l2', random_state=None, tol=0.0001,
     verbose=0)

In [44]: #模型已经训练好，上面为模型使用的参数
    ...: #total为全部120回的高频词
    ...: #y=0代表前80回，y=1代表后40回
    ...: clf.predict(total) #输入每一章的高频词，判断它属于前80回还是后40回
Out[44]:
array([0, 0, 0, 0, 0, 0, 0, 0, 0, 1, 1, 0, 0, 0, 0, 0, 0, 0, 0, 0, 0, 0, 0,
       0, 0, 0, 0, 0, 0, 0, 0, 0, 0, 0, 0, 0, 0, 0, 0, 0, 0, 0, 0, 0, 0, 0,
       0, 0, 0, 0, 0, 0, 0, 0, 0, 0, 0, 0, 0, 0, 0, 0, 0, 0, 0, 0, 0, 0, 0,
       0, 0, 0, 0, 0, 0, 0, 0, 0, 0, 0, 1, 1, 1, 1, 0, 1, 1, 1, 1, 1, 1, 1,
       1, 1, 1, 1, 1, 1, 1, 1, 0, 1, 1, 1, 0, 1, 1, 1, 1, 1, 1, 1, 1, 1, 1,
       1, 1, 1, 1, 1])

In [45]: |
```

做判断的机器学习程序

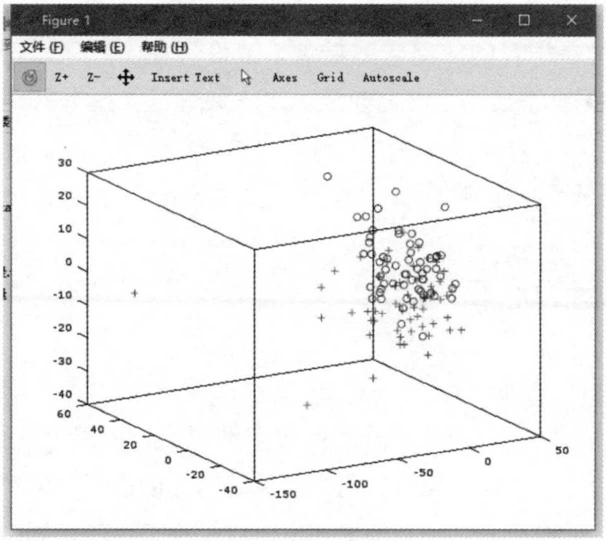

《三国演义》词频统计的 3 维显示

上图是《三国演义》的用词习惯降至 3 维以后的图，红色“ + ”代表前 60 回的用词习惯，蓝色“ o ”代表后 60 回的用词习惯。如果比对一下红楼梦的图，就会发现红楼梦的差

别要明显得多，见下图。

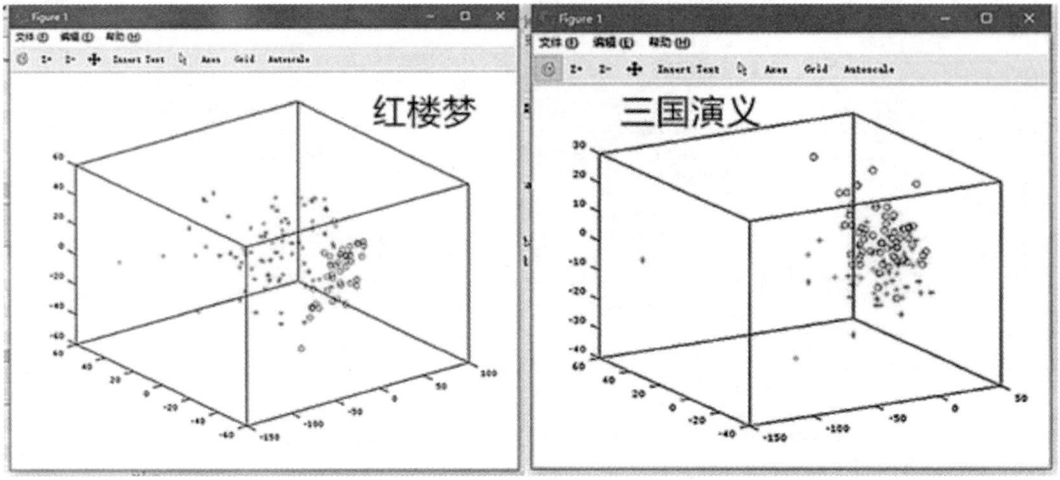

《红楼梦》《三国演义》词频统计对比。（红色“+”为红楼梦前 80 回/三国前 60 回，蓝色“o”为红楼梦后 40 回/三国后 60 回）

最后，用机器学习的方式来说，如果把《三国演义》随便一回的用词习惯告诉它、但不告诉它到底是前 60 回还是后 60 回，那么机器有 7 成的把握猜对，这个准确度已经远远低于《红楼梦》的 95% 的预测水平。

整个分析过程是机器学习的应用实践尝试，或许不完全严谨，例如并未对《红楼梦》前 80 回单独分为两部分进行用词习惯的判定，以作为佐证。如有同好，可以用类似思路继续这个有趣的小研究。

【来自知乎专栏“黎晨扯运营”，作者黎晨（微信公众号为“xiaochenxiangtaiduo”）】

二、延时摄影作品的汇集

1. 延时摄影：时间的浓缩

人们都喜欢用照片定格美好的瞬间，用视频见证时间的进展。但照片往往只能抓住美好事物的一个瞬间，而可以连续记录的录像方式也难以反映事物的长期微小变化。而延时摄影的出现可以完美解决这一问题：延时摄影将对象在几小时、几天、甚至几年中的变化过程用摄影的方式捕捉下来，而后压缩成一个较短时间内的视频播放出来，这将会呈现出平时用肉眼无法察觉到的奇异精彩景象。

延时摄影是通过定时、间断记录及明显变化的影像来再现景物缓慢变化的过程，它需要将摄像头固定在一个地方且保持长时间稳定，有时候可能需要几个月甚至数年的时间才能创作出一个精美绝伦的优秀的作品，但同时也会消耗大量的人力、物力和精力。

因此，如何解决延时摄影的耗时、费力等问题就成了很多摄影爱好者和数据专家的主要研究方向。大数据时代的到来，也给延时摄影带来了崭新的思路。

2. 用大数据打造延时摄影

2015 年，谷歌公司和华盛顿大学的研究人员们制作了 11000 个延时摄影视频，这些视频展示出的内容包括从 2005 年到 2014 年的 10 年间随着时间推移而发生的城市变迁、著名建筑的翻新维护，甚至地质现象变化。最令人惊讶的是他们并没有亲自去拍摄，几乎足不出户，就制作出了特征明显的延时摄影作品[15]。

事实上，这是他们运用大数据方法的成果：自动汇集并处理互联网上已经存在的海量照片，最后集结筛选后拼接而成。如图 18-6 所示的研究人员利用 Yahoo 公司的 Flickr 摄影网站以及谷歌公司的 panoramio、Picasa 图片网站中的 8600 万张照片，合成延时摄影作品。

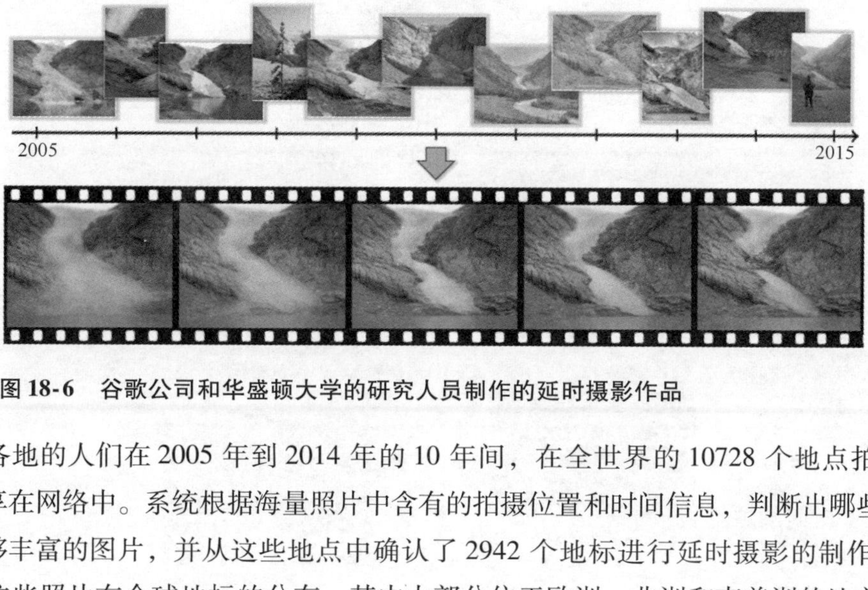

图 18-6　谷歌公司和华盛顿大学的研究人员制作的延时摄影作品

世界各地的人们在 2005 年到 2014 年的 10 年间，在全世界的 10728 个地点拍摄了这些照片并分享在网络中。系统根据海量照片中含有的拍摄位置和时间信息，判断出哪些地方可以收集到足够丰富的图片，并从这些地点中确认了 2942 个地标进行延时摄影的制作。图 18-7 所示就是这些照片在全球地标的分布，其中大部分位于欧洲，非洲和南美洲的地方较少。

之后，他们使用 3D 建模法，发掘出拍摄于同一地标的照片，并从中选出符合要求的图片（见图 18-8 中绿色区域）和参考性的图片（见图 18-8 中蓝色星星），然后将符合要求的图像进行分类，有相似内容的图片被划分为同一类，最后根据它们的时间顺序进行排列。而如图 18-8 显示的布里克斯达尔冰川图片选择中红色区域因不符合要求的照片

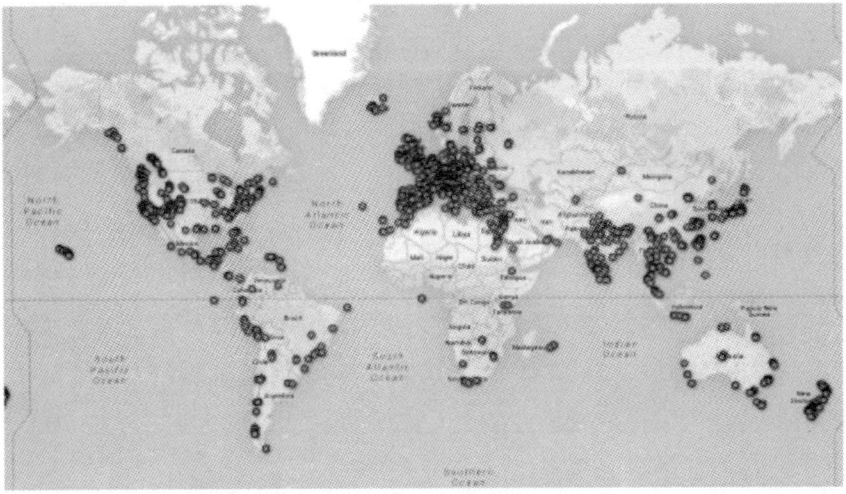

图 18-7　用于延时摄影研究的照片在全球的地标分布图

将被过滤掉。

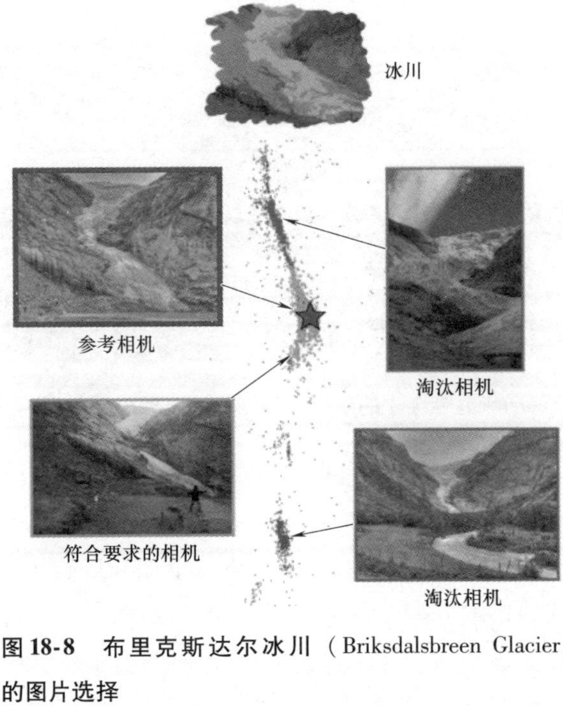

图 18-8　布里克斯达尔冰川（Briksdalsbreen Glacier）的图片选择

由于照片是由世界各地的人们所拍摄的，画面中难免会出现各种各样的干扰因素，且照片的取景范围和焦点也各不相同。因此研究人员采用图 18-9 中的几何稳定法（一种立体校

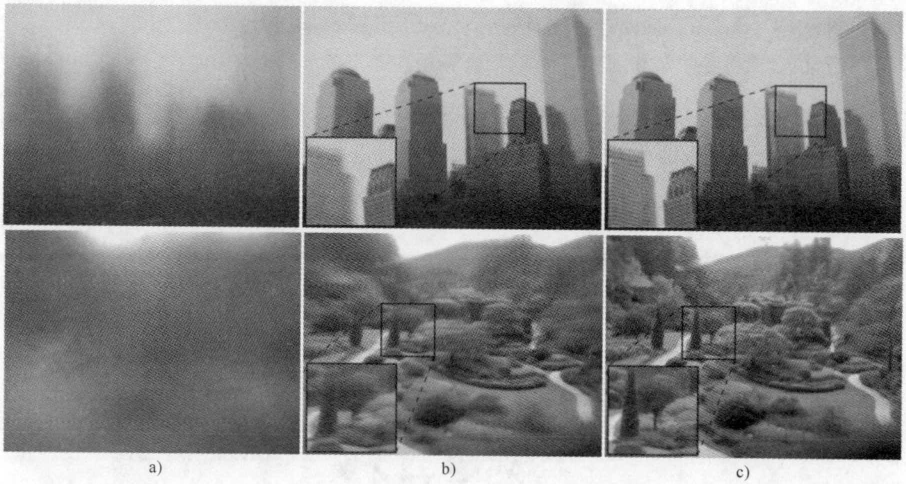

图 18-9　美国高盛大厦 Goldman Sachs Tower（上面）和加拿大布查德花园 Butchart Gardens（下面）应用普通一致性校准方法和立体校准方法的区别

a）没有校准的图像　b）普通一致性校准方法校准后的图像　c）立体校准方法校准后的图像

准方法）来测量景深、距离等关键点，并生成聚焦于同一点的图像。然后如图 18-10 所示那样对图像进行修补，再经过照明补偿方法将照片的曝光、对比度等设置成一致，将画面的闪烁颤动和差异降至最小，最后把处理好的图片以视频的方式连接在一起，形成延时摄影视频。

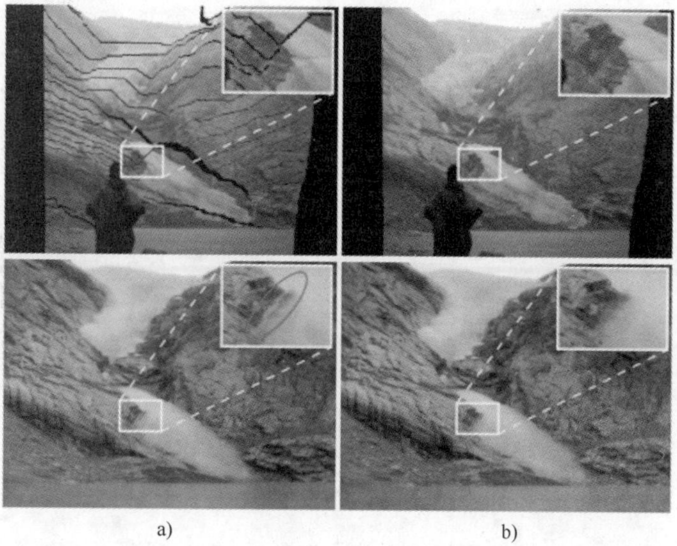

图 18-10　对照片进行图像修补和未修补的对比结果

a）未修补的图像　b）修补后的图像

随着互联网、电子设备的普及和旅游业的不断发展，人们能够把旅游及生活过程中的沿途风景更加方便地记录下来，并上传至各大社交网站，分享给亲朋好友。这些文字和图片组成了庞大而且复杂的数据，这些数据为延时摄影提供了庞大的素材。将延时摄影和大数据相结合，可以提高摄影速度、提升拍摄价值，并保证其特征变化的准确性，这成为了延时摄影与摄影相关技术不太相关的一个有趣发展方向。

通过微信扫描下面二维码，可观看本文所述大数据打造的延时摄影视频。

扩展阅读：光场相机

现在，当我们在说一款相机时，对焦是被讨论得最多的一个话题。对焦共分为自动对焦、手动对焦和多重对焦等。传统相机采取一种类似目测测距的方式实现自动对焦，称为主动式对焦即非 TTL 式。这种对焦方式直接、速度快、容易实现、成本低，但有时也会出错，精度较差。之后又发展了通过镜头成像实现手动对焦，称为被动式对焦即 TTL 自动对焦。这种对焦方式对焦精度高，出现差错的比率低，但技术复杂，速度较慢。单反相机即通过手动对焦的方式来调节对焦。这种方式很大程度上依赖人眼对焦屏上的影像的判别及拍摄者的熟练程度甚至拍摄者的视力。多重对焦是很多数码相机都具有的对焦功能，可以设置多个对焦点，实现拍摄不同效果的相片。对焦的漫长发展过程饱含了科技的进步和科研人员的不断研究，这也使得对焦越来越人性化。

但是这些对焦方式也只能记录一个镜头，也可以简单地理解为记录一束光，一般用自动对焦相机拍摄的相片都差强人意，而手动对焦的相机很需要拍摄者的摄影技巧才可以拍摄出对焦准确，清晰度高的相片。因此，如何能快速高效地拍摄出让人满意的相片是很多摄影爱好者最关心的事情。

2012 年，Lytro 公司正式发布了“先拍照后对焦”的光场相机。光场相机打破传统照相模式，把大数据运用到基本的摄影中，将相片先拍下，然后再到电脑上对相片进行对焦或重新对焦，因此可随用户的个人心意来改变观看相片的视角，也可将相片在 2D 和 3D 模式之间来回切换。

光场相机机身和一般数码相机差不多，但内部结构大有不同（见下图）。一般相机以主镜头捕捉光线，再聚焦在镜头后的胶片或感光器上，所有光线的总和形成相片上的小点，显示影像。但光场相机置于主镜头及感光器之间，有一个布满9万个微型镜片的显微镜阵列，每个小镜阵列接收由主镜头而来的光线后，传送到感光器前，析出聚焦光线及将光线资料转换，以数码方式记下。相机内置软件操作“已扩大光场”，追踪每条光线在不同距离的影像上的落点，经数码重新对焦后，便能得到满意的相片。

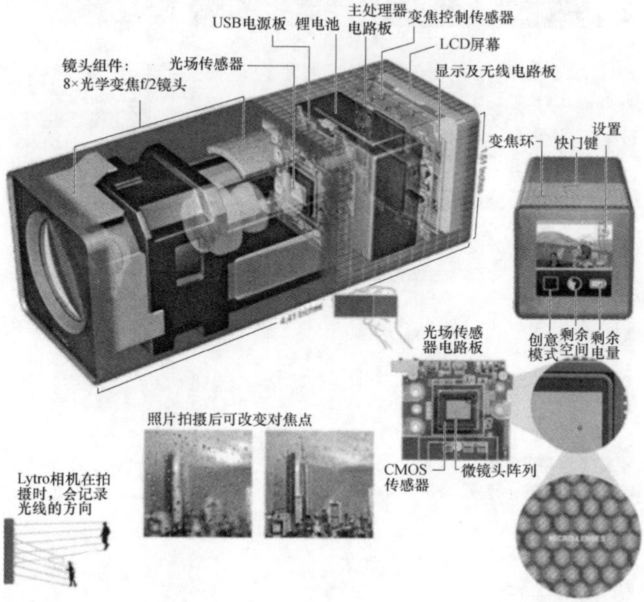

光场相机内部构造

与传统相机只可以记录一束光不同，光场相机可以记录整个光场里的光，共有1100万～4000万束之多。这些光线来自场景中各个部分，不仅仅是普通相机那样只能记下聚焦范围中的光线。而是整个光场的光束都被记录了，也就是收集了所有的光线大数据，使用的数据量既庞大又复杂。相机中收集到的大数据，在后期相片对焦处理时相机内部会通过这些带方向的光线进行偏差运算，算出合焦位置，从而做到可以任意改变焦点，实现“先拍照后对焦”（见下图）。

光场相机利用传感器、物联网将获得的大数据进行收集、传送和处理。摆脱传统相机只能记下聚焦范围中的光线的狭隘，利用大数据的全面性和有效性记录场景的所有光线，让相片不再局限于某个角度、某组光线、某个焦点，而是真正抓住所有的细节，并可以随时返回，直到达到让自己满意的效果。

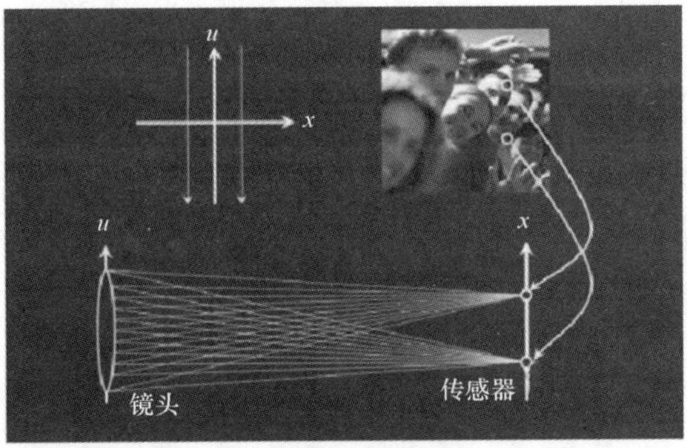

Lytro 光场相机处理所有光线后可以任意改变焦点

传统相机如果想获得不同多角度的相片甚至 3D 相片，需要从不同的角度反复对焦拍摄并叠加，这就较费时费力。而光场相机应用大数据的实时性特点可以在短时间内通过一次拍摄获得全部的光线和角度，并节省人力物力。

大数据和照相设备相结合，用数据处理代替人为操作，可尽可能地减少人为操作造成的失误，而且利用大数据的全面性、有效性和实时性等特点，可以快速有效地拍摄出满意的相片。

三、视频采集与篮球运动

1. NBA 联赛与数据分析的渊源

美国职业篮球联赛（NBA），作为一项代表了世界上最高水平的篮球体育赛事，1980 年起就开始使用数据管理技术，所有球员的得分、篮板、助攻、盖帽、抢断等数据都被统计在列。这些统计数据不仅仅是球迷们茶余饭后的谈资，更是 NBA 各个球队用来改善球队的建设和战术、引进球员时参考的重要数据资料。对于一个球队来说，通过分析一场比赛的录像，统计出各种各样的数据，例如，球员的速度、助攻失误比、内线进攻成功率等，需要十几甚至几十个人共同工作一天的时间来完成。但受限于技术原因，传统数据统计类型较为单一且不够全面，而且人为统计的一些数据准确率也不高。

以前对于教练来讲，数据分析可能不是那么的重要，教练们往往根据自己的经验来判断一个球员的打球风格是否适合这支球队，球场上也是根据经验来及时调整球队的战术。近年来，由于数据对于 NBA 的重要性越来越大，一些崇尚数据的新派教练开始崛起，试图利用数据分析来大幅度提升球队实力，以求在比赛中获得绝对优势。

2. SportVU 系统：为 NBA 带来大数据分析的图景

如今，数据采集方式越来越先进，计算方法也更为精准快速，同时可视化软件也得到了广泛应用，随着数据的作用深入到 NBA 的各个角落，NBA 的比赛正在发生着翻天覆地的变化。

最显著的改变是由 SportVU 以及相关的系统带来的。

SportVU 诞生于 2005 年，由以色列科学家米基·塔米尔发明，初衷是用于导弹的追踪和定位。而后这项技术被用在了 NBA 的比赛中，作为追踪球员、分析数据之用。事实证明，SportVU 系统的特点非常适合分析篮球比赛，如今这套系统已经对 NBA 产生了极大的影响。

篮球比赛中，一个进攻回合的时间平均是 24s，运球到前场通常需要 8s，如果球员持球超过 5s，剩下的进攻时间只剩下 10s，此时球队需要发挥更高的进攻效率才能保持一定的得分率。凯尔特人队前主教练道格·里弗斯就曾向队里的数据专家麦克·扎伦发问：当拉简·朗多持球超过 5s 的时候，凯尔特人的进攻效率是多少？想要得到这个问题的答案，首先要找出拉简·朗多所有的比赛录像，并剪辑出拉简·朗多持球超过 5s 的录像，然后通过一系列的运算得出凯尔特人的进攻效率。其工作量之大，在当时几乎是人力不可能完成的。

现在，通过 SportVU 系统，这个问题能够很快地得到解决：快速地得出进攻效率的具体数据。SortpVU 是如何做到这一点的呢？

事实上，SportVU 系统的数据采集部分包括悬挂在球馆天花板上空的 6 个摄像头（如图 18-11 中所示实时跟踪示意图中的小型摄像头），每半场设置 3 个。这些摄像头每秒能够抓取 25 张图片（如图 18-11 所示的实时跟踪示意图中的小图所示），并实时传输到 SportVU 系统中一个重要的部分——储存和计算中心。在计算中心内部，依据复杂的 *XYZ* 定位系统，由计算机自动从每一张图片中提取出每一位场上球员相应的位置、是否执球、对应时刻及其

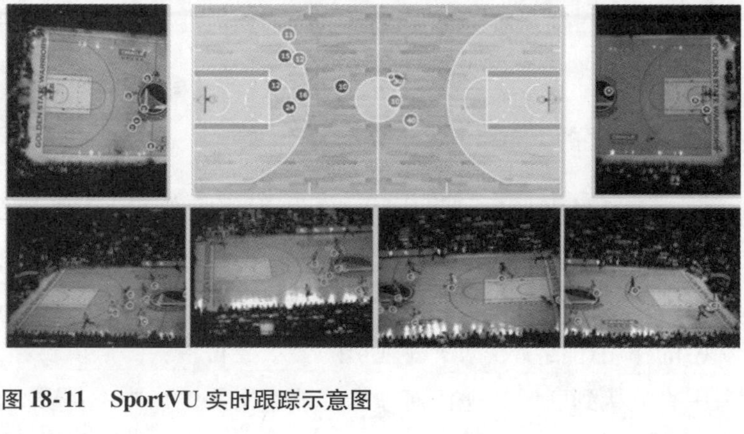

图 18-11　SportVU 实时跟踪示意图

他动态数据。

基于这些数据，一方面 SportVU 系统可以利用内置的可视化软件实时地展示出某个特定球员的个人运动轨迹（如图 18-12 所示的球员运动轨迹曲线），供教练现场参考或赛后分析；另一方面，SportVU 系统在综合分析各种动态数据后，能够提炼出大量重要的数据指标，将不同时段每个球员的表现具体化，例如球员过半场的速度、控球时间、传球转化率、触球等。

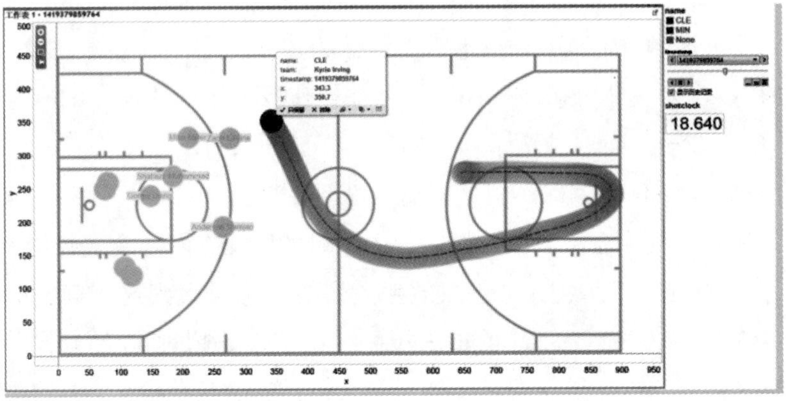

图 18-12　球员运动轨迹

依靠强大的运算能力，SportVU 系统通过预设的模型和大量数据的实时运算，呈现出每个球员的相应赛时指标。当球队难以通过传统手段获取复杂指标作为指导依据时，SportVU 系统向球队提供了强有力的支持。

图 18-13 是掘金对阵火箭的一场比赛中 SportVU 系统通过采集和分析数据而产生的指标的一部分，能够看到包括移动距离、触球次数、篮板机会、二次助攻等传统分析中没有体现的指标。从中可以看到，单以篮板机会而言，掘金队的法里德为 23，火箭队的阿西克为 24，两人冠绝全场，说明两个人对篮板球的把握，对站位的理解非常深刻。这些数据恰恰是球队战术制定，定位一个球员能力的很重要的数据指标。

3. 利用大数据，全面剖析球员的个人能力

2011—12 赛季，通过传统的场次统计方式，人们发现凯尔特人队的球员皮尔斯场均送出了 4.5 次助攻，仅凭这一成绩，皮尔斯可以算作一个不错的小前锋，但在人们来看并没有展现更多亮点。然而，如果利用 SportVU 系统分析皮尔斯的个人移动轨迹，人们会惊讶地发现，皮尔斯在球队中的作用比传统数据所表现出的要重要得多：一名队员接到皮尔斯的传球后，出手投篮的命中率比接到联盟其他任何球员传球后出手的命中率都要高。可见皮尔斯对

球员 Players	时间 MIN	移动距离 DIST	平均速度 SPD	触球次数 TCHS	传球转化率 %PASS	助攻转化率 %AST	传球 PASS	助攻 AST	二次助攻 SAST	罚球助攻 FTAST	攻板机会 ORBC	防板机会 DRBC	篮板机会 RBC	命中率整体 FG%	命中颜射 CFGM	出手颜射 CFGA	命中率颜射 CFG%	命中空档 UFGM	出手空档 UFGA	命中率空档 UFG%
Quincy Miller - F	33:40:00	2.4	4.4	41	56%	17%	23	3	1	0	1	6	7	57.1%	6	8	75.0%	2	7	28.6%
Kenneth Faried - F	38:18:00	2.7	4.3	67	69%	4%	46	1	1	0	7	16	23	41.2%	5	13	38.5%	2	4	50.0%
Timofey Mozgov - C	27:28:00	2.2	4.8	46	65%	0%	30	0	0	0	4	9	13	66.7%	4	6	66.7%	2	3	66.7%
Randy Foye - G	34:51:00	2.3	4.0	40	65%	8%	26	2	0	0	0	3	3	36.4%	3	7	42.9%	1	4	25.0%
Aaron Brooks - G	47:03:00	3.2	4.1	95	57%	31%	54	15	1	1	2	6	8	45.8%	11	18	61.1%	2	10	20.0%
Evan Fournier	38:59:00	2.7	4.1	50	56%	14%	28	4	0	0	2	3	5	56.3%	2	3	66.7%	7	13	53.8%
Darrell Arthur	19:16:00	1.4	4.3	41	71%	10%	29	1	1	1	2	7	9	33.3%	1	2	50.0%	2	7	28.6%
Jan Vesely	19:04:00	1.4	4.6	27	81%	5%	22	1	0	0	4	7	11	50.0%	1	2	50.0%	1	2	50.0%
Anthony Randolph	6:21:00	0.5	4.4	6	67%	25%	4	1	0	0	2	0	2	33.3%	1	3	33.3%	0	0	0.0%
Wilson Chandler	DND - Left groin strain																			
JJ Hickson	NWT - Right ACL tear																			
Ty Lawson	DND - Left ankle sprain																			
Nate Robinson	NWT - Left ACL sprain																			
Totals 合计	265:00:00	18.8	-	413	63%	13%	262	28	4	2	24	57	81	47.7%	34	62	54.8%	19	50	38.0%

Denver Nuggets

球员 Players	时间 MIN	移动距离 DIST	平均速度 SPD	触球次数 TCHS	传球转化率 %PASS	助攻转化率 %AST	传球 PASS	助攻 AST	二次助攻 SAST	罚球助攻 FTAST	攻板机会 ORBC	防板机会 DRBC	篮板机会 RBC	命中率整体 FG%	命中颜射 CFGM	出手颜射 CFGA	命中率颜射 CFG%	命中空档 UFGM	出手空档 UFGA	命中率空档 UFG%
Chandler Parsons - F	42:14:00	3.0	4.4	67	75%	6%	50	3	0	0	3	4	7	45.5%	2	4	50.0%	3	8	37.5%
Terrence Jones - F	23:46:00	1.8	4.5	38	50%	0%	19	0	0	0	2	7	9	37.5%	5	14	35.7%	1	1	100.0%
Omer Asik - C	43:09:00	2.7	3.8	76	71%	6%	54	1	1	1	6	18	24	54.5%	6	10	60.0%	0	1	0.0%
James Harden - G	43:13:00	2.6	3.6	90	62%	23%	56	10	2	1	0	7	7	39.1%	5	10	50.0%	4	13	30.8%
Jeremy Lin - G	34:24:00	2.5	4.3	64	73%	11%	47	5	0	0	2	2	4	58.3%	4	5	80.0%	3	7	42.9%
Donatas Motiejunas	16:29:00	1.2	4.4	28	89%	4%	25	1	0	0	1	4	5	0.0%	0	2	0.0%	0	1	0.0%
Francisco Garcia	31:57:00	2.1	4.0	43	72%	6%	31	1	1	0	2	5	7	45.5%	4	7	57.1%	1	4	25.0%
Isaiah Canaan	18:36:00	1.4	4.5	45	76%	9%	34	2	1	0	1	0	1	62.5%	0	8	0.0%	5	7	71.4%
Omri Casspi	11:12:00	0.8	4.4	23	83%	11%	19	1	1	0	0	4	4	66.7%	0	0	0.0%	2	3	66.7%
Patrick Beverley	DND - Right Knee Sprain																			
Jordan Hamilton	DNP - Coach's Decision																			
Dwight Howard	DND - Left Ankle Strain																			
Greg Smith	DND - Right Knee Surgery																			
Totals 合计	265:00:00	18.1	-	474	71%	10%	335	24	6	2	17	51	68	45.9%	26	60	43.3%	19	45	42.2%

Houston Rockets

图 18-13　SportVU 统计数据

传球时机的把握非常精确，他向队友送出的传球多数都转化成有效的上篮和空位投篮。与其他场均助攻次数更高的球员相比，这样一位球员的价值显然更为宝贵。SportVU 系统向人们揭示了，一个球员的重要性绝不仅限于人们的表面所见。

SportVU 系统提供的数据指标还能改变人们对一个球员的传统看法，重新定位球员的地位及作用。

作为一个控卫，如果持球时间过长，会影响整个球队的进攻流畅度，太过于黏球的控卫也会影响到其他队友的发挥。然而黏球是种非常直观的概念，很难用传统技术统计的数据来加以量化。那么如何判断联盟里到底哪些控卫最黏球呢？

很多人凭直觉认为骑士队控卫欧文持球过多，然而由 SportVU 统计得出的如图 18-14 所示的明星控卫的控球率列表显示，在 12 个明星控卫中欧文排名最后，其个人持球率最低，为 17.56%；场均持球时间也仅高于托尼·帕克和德隆·威廉姆斯，为 6.2min。排名第一的最黏球控卫则是隆多，其个人持球率高达 22.92%。

人们对于欧文的花哨运球印象过于深刻，自然地留下了欧文似乎最黏球的印象，但数据证明了欧文并不黏球，因此曾经流传的欧文是骑士队进攻毒瘤、不喜欢传球的说法是错误的。

	场均上场时间/min	场均持球时间/min	个人持球率(%)
Rajon Rondo (BOS)	33.6	7.7	22.92%
Mike Conley (MEM)	33.7	7.3	21.66%
John Wall (WAS)	36.6	7.8	21.31%
Tony Parker (SAS)	29.5	6	20.34%
Russell Westbrook (OKC)	31	6.3	20.32%
Chris Paul (LAC)	35.3	7.1	20.11%
Damian Lillard (POR)	36	6.9	19.17%
Deron Williams (BKN)	32.3	6.1	18.89%
Kyle Lowry (TOR)	36.4	6.8	18.68%
Stephen Curry (GSW)	36.7	6.7	18.26%
Goran Dragic (PHX)	35.4	6.3	17.80%
Kyrie Irving (CLE)	35.3	6.2	17.56%

图 18-14 明星控卫的控球率

这种具体化的定位，可以进一步作为球员身价的衡量标准，并为球员的转会交易提供了有力的依据。

猛龙队是运用大数据获得球队提升的一个很典型的例子。鲁迪·盖伊作为猛龙队的明星球员，一向是教练制定战术所围绕的核心。然而，当采用 SportVU 系统追踪鲁迪·盖伊在比赛中的个人运动轨迹，并综合分析出他的个人效率和对球队的影响时，结果显示出：如果盖伊不在场上，团队的有效命中率竟能够从盖伊在场时的 46.7% 提升到 50.5%。这说明盖伊在场上对团队效率的负面影响大于其自身得分带来的正面影响。于是球队在综合考虑后，果断地把这位明星交易了出去。通过 SportVU 系统的分析结果调整球员并优化战术之后，猛龙队的战绩由前一个赛季的 34 胜 48 败变为 48 胜 34 败，颠覆了一直以来人们对猛龙队实力的印象。

4. 基于大数据调整战术、提高战绩

经验丰富的教练们能够凭借积累的经验来调整场上的战术变化。现在，SportsVU 采集到的大量数据给教练们提供了新的有力工具。利用 SportsVU 采集到的球员的运动轨迹可以通过 Tableau（一种可视化软件）进行可视化，从而极大丰富了球队的战术体系以及球队的应变能力。

图 18-15 是从一组可视化动态图中截取的一个画面。红色的球员是进攻的一方，红色区域为进攻方直接传球所能覆盖的区域；蓝色的球员是防守的一方，蓝色区域为防守方能够破坏进攻方传球的区域。通过这种可视化，教练可以很清楚地看到两支球队的阵型、战术以及球员的位置变化，由于这个运动过程是可以实时展示的，所以不仅可以在赛后供教练参考以便调整战术，指导球员训练，而且还能在比赛中随时决定球队的战术变化。

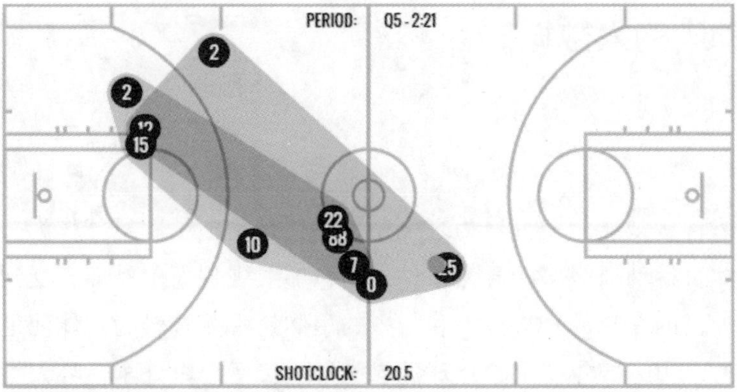

图 18-15　球队战术可视化

另一方面，通过对大量比赛中各种战术的针对性分析，SportVU 系统还能够提供统计意义上的指标分析结果供战术调整参考，教练们可以运用传统方法无法获得的规律来分析并总结战术的优劣，实现球队的整体升级。

比如说：一个 28% 命中率的三分球与一个 42% 命中率的中距离跳投相比，对比赛而言哪个更有效益？

42% 的中距离命中率对于一个投手来说算是不错的命中率了，而 28% 的三分球命中率则是非常的差劲。但事实上，当投手站在三分线外，给球队拉扯的空间会更大，在跑位中出现空位出手的机会也会更多。猛龙队通过大数据分析得出了这样的结论：一个 28% 的三分球比一个 42% 的中距离跳投更有效益，以此作为指导，使球队提高了成绩。

传统数据根本不可能分析这样的数据，也没有意识到三分球和两分球之间到底有着什么样的关联，而大数据恰恰能快速发现这些关联性，这也就是 NBA 一些球队（比如火箭、勇士）的三分球出手比例越来越高的原因。

5. 大数据使 NBA 的未来更加激烈、科学

目前正在为森林狼工作的 SportVU 专家马特 · 博勒洛说："在这之前，我们的真正实力都只能发挥 5% ~10% 。这是一个非常巧妙的系统，而且绝对会改变这项运动。但是，在我们覆盖整个联盟之前，这依然只是一个很伟大的展望"。未来几年对 SportVU 使用和数据的理解会更加深入，以及 SportVU 实时能力的提升，NBA 比赛时的现场数据展示，教练和球员对实时数据的应用也会进一步提高。SportVU 在未来的 NBA 中还有更广泛的应用。运用 SportVU 提供的全面数据，来使球队的球员配置更合理化，球员训练更科学化，球队战术更多样化。或许还有更多我们意想不到的，让我们拭目以待吧。

四、足球运动中的大数据

1. 足球的魅力

要说哪一项体育运动能让全世界为之疯狂，那就是足球了。足球作为一项更为大众化的运动，没有其他体育运动那么多的身体条件限制，加上规则简单易懂，受到了人们的广泛喜爱。优秀足球运动员的高超的个人技术和巧妙的集体战术配合融为一体使足球运动产生了一种令人不可抗拒的魅力。四年一度的足球世界杯是除奥运会以外全世界人类的体育盛宴，足球是世界第一运动的说法毫不为过。

一个职业球队想要取得良好的战绩离不开球员自身的竞技状态以及球队的战术制定。以往球队赛场上的战术安排、球员调整，比赛后的技战术调整优化，球员的训练情况都是教练根据简单的几个数据和自己的“直觉”来制定的。教练的经验固然重要，但在技术快速发展的今天，尤其是大数据的出现，这种经验就显得有些单一了。如果教练想知道最直接和实时的球员跑动距离、热图、接球次数、射门的偏好等数据，这些只靠经验是无法准确得出的。

2. 大数据溯源：更小更快的传感器

2013 年德国人就率先将大数据运用到足球训练和比赛当中。在德国足球国家队的训练场地内，四处都布置了传感器，甚至训练用球和每位球员的护胫（俗称护腿板）中也都放置了传感器，用于捕捉球员动作与位置变化等重要而细致的信息。图 18-16 即为轻薄便携的运动传感器。

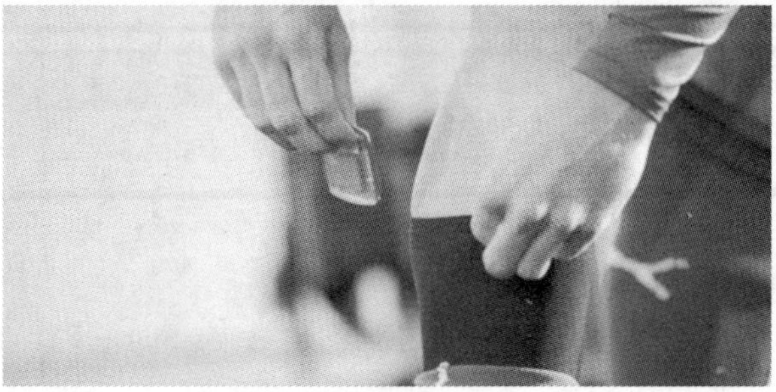

图 18-16　轻薄便携的运动传感器

传统的传感器大多比较大且只能在室内检测，检测系统也比较昂贵。检测运动员动作捕捉装置的使用方式是在身体各个部位配置反射光线的标记，通过拍摄反射光来捕捉对象的动作。测力板则是内置应变计和压电传感器的薄板，检测的对象是运动时施加到地面的力。传感器发展后，体积更小、信号传输更快，能够成功完成可靠的运动捕捉，只需佩戴在身体上即可实时捕捉动作。

曾经席卷足坛的伊布式“胸衣”正是装备了这样的传感器装置。这种可穿戴胸衣能够实现四个方面的功能——精确地检测训练负荷、量化工作效率、对照个体表现、搜集数据资料。

设备的使用者掌握数据之后，能通过移动设备预估伤病恢复时间、精化训练内容（速度、力量、恢复、交叉训练等）、精确制定训练周期、监视球员身体机能恢复，还能够最大化地执行任务，让伤病最小化。这样的胸衣设备已经应用于皇马、巴塞罗那、AC 米兰、尤文图斯、切尔西等世界豪门俱乐部，中超球队中鲁能和恒大等球队也在训练中开始试用这样的装备。荷兰前锋范佩西就使用过如图 18-17 所示的具备传感器和无线通信设备的胸衣，他评价到：“我有一年多没受伤，这个监控系统帮助我更好地了解自己身体状态。”

图 18-17　具备传感器和无线通信设备的胸衣

传感技术给足球带来的影响主要有三个方面。

（1）检测运动员各个动作部位，扩大运动检测的应用范围。

（2）把身体动作与肌肉、肌腱等体内组织的运动挂钩，借此提高训练效果。例如，在数据不健全的时候，运动员左膝关节受伤，就只会围绕他的左膝找问题；但在大数据支持的可穿戴设备在运动员中逐渐普及后，面对相同的问题，球队已经认识到可能是右臂或小腿的肌肉不够。大数据分析可以把运动员全身的肌肉数据做一个统筹，了解其真正的不足，又应该具体加强哪些方面的训练。

（3）对比赛中选手和球的动作进行整体定量化，掌握实战时的表现。2014 年世界杯训练期间，德国队的所有球员都佩戴了具有传感器的可穿戴设备来监测跑步速度、路程和心率。分析师诺曼与他的同事对球员训练完收集的数据进行了仔细研究，观察每个球员训练的表现。然后教练根据分析师得出的结果进行针对性训练以及调动决策。诺曼说：“我们量化每次训练，得出每一个人的基线水平，以便做决策。”（图 18-18 所示为 MEMS 传感器把过去看不到的身体动作显露出来）。

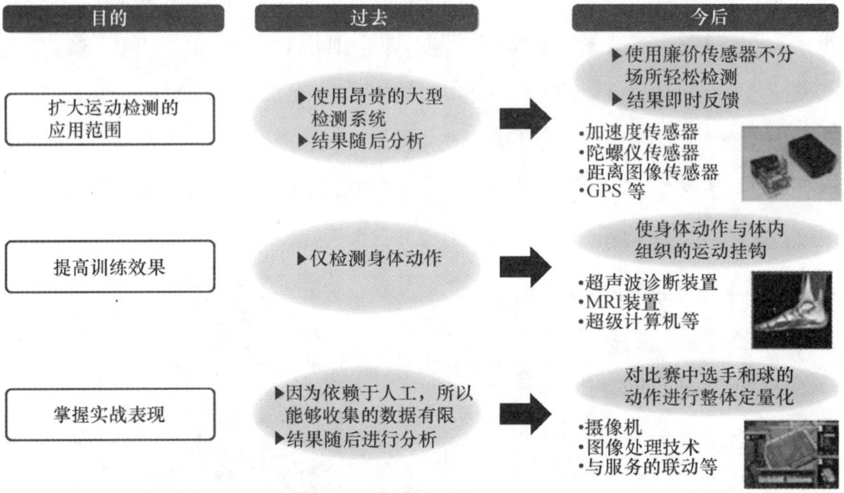

图 18-18　MEMS 传感器把过去看不到的身体动作显露出来

在 2015 年亚洲杯的备战过程中，国足主帅佩兰十分重视球员身体机能的提升。依靠“智能背心”及互连的如图 18-19 所示的实时数据分析系统，佩兰的训练结果让国人看到

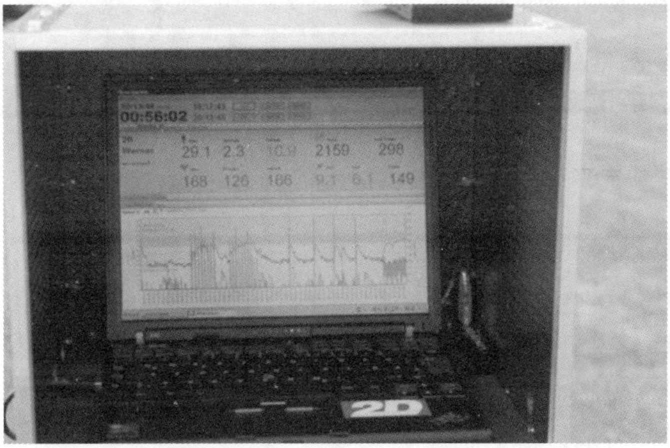

图 18-19　实时数据分析系统

国足打出了“欧洲味道”“控制足球”，更是先后打破了正式比赛中17年不胜沙特阿拉伯队的魔咒和14年不胜乌兹别克斯坦队的魔咒，并在小组赛最后一场战胜朝鲜队，实现了对小组赛全部对手的横扫。

3. 分析海量数据，制定关键战术

足球运动中产生的数据量，远远超出想象。例如，当10个球员用3个球进行训练，10分钟就能产生700万个可供分析的数据点。传感器能够捕捉每秒200000条的海量数据，并实时反映到SAP系统上，通过SAP HANA的超高速分析计算，就能够让教练看到赛场上每分每秒的数据。

2014年世界杯，德国队最终捧得大力神杯，其中离不开大数据的应用。德国队在这届世界杯上所穿的球鞋是阿迪达斯研发的adizeroF50，这款鞋的鞋底设有专门搜集数据的mi-Coach速度传感器。与此同时，球员的鞋内以及护胫装备中也都放置了传感器。这些传感器使用SAP公司的计算设备Match Insights进行数据分析。通过这些传感器，SAP系统得以捕捉球员的各种细节动作与位置变化，他们的跑动及传球路线都被实时传回到SAP HANA平台上。

德国国家足球队数据分析师达西·诺曼曾公开表示，德国队主帅勒夫之所以能在巴西世界杯决赛最后时刻换上格策，并绝杀阿根廷队，就是得益于可穿戴设备的分析。

图18-20中绿色方框显示的是两位球员的数据。这个图片是统计的跑步速度与心率的数据，格策在平局的情况下更有爆发力。诺曼表示，当初教练把格策放入世界杯决赛名单的时候参考了这份数据，而这组数据则来自于可穿戴设备在日常训练中的数据采集和基于海量数据处理的数据分析。最后格策也没有辜负大家的期望。

SAP全球高级副总裁、中国研究院院长李瑞成表示，“这些数据会告诉我们，怎样的团队配置是最优化的，每个球员可以在场上待多少时间，什么时候需要换人上场等。”

4. 大数据分析与足球的未来

对于足球大数据的简单介绍，人们可以得出一个比较清晰的结论：通过大数据能够有效地提升球员和球队的进步。训练中的科学化数据化，比赛中的数据化实时化，都可以改变传统的经验教学主义，使得足球更加职业化。这必将是世界足球的一场革命，而紧紧握住时代脉搏的球队，就能够在世界足坛大放异彩。至于怎样具体运用这些大数据，那就见仁见智了。所有关于大数据的这一切恰恰是国足目前急需的，希望国足也可以借大数据的东风迅速崛起。

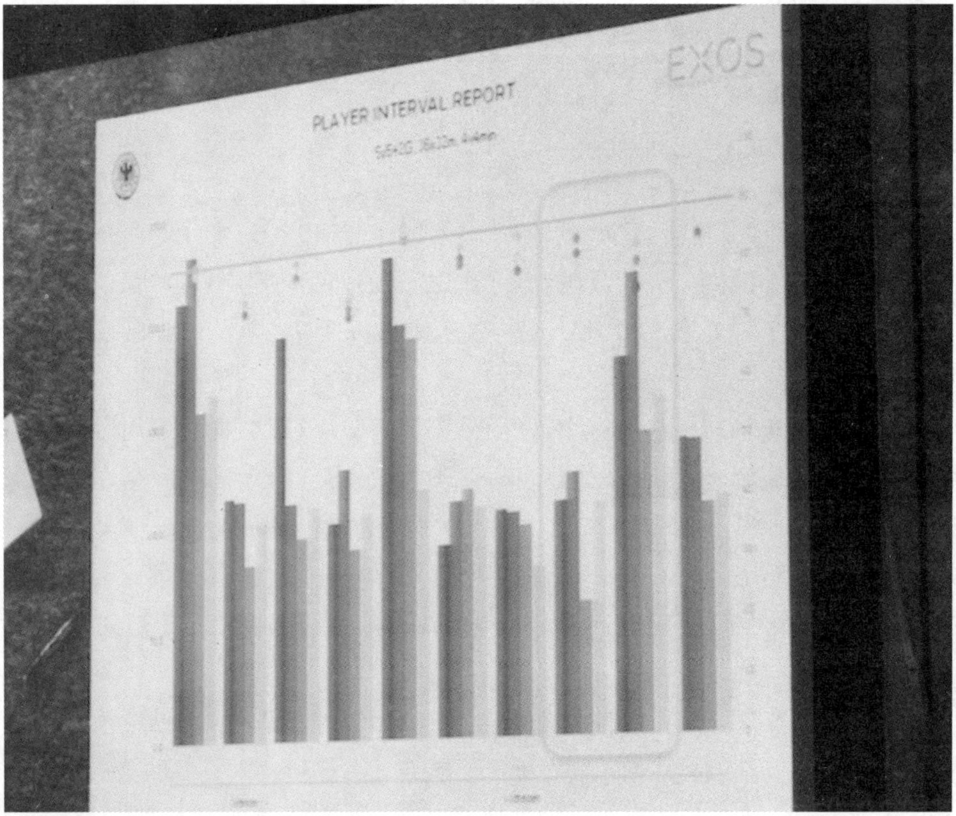

图 18-20　日常训练中的数据

五、利用大数据预测比赛结果

1.“预言帝”与“乌鸦嘴”

四年一度的世界杯是世界人民的体育饕餮盛宴。在世界杯期间，各种预言帝接踵而至，众所周知的预言帝首推章鱼保罗。在 2010 年南非世界杯中，保罗预测了八场比赛，其中七场与德国有关，八场比赛全部预测准确，被人们称为“最伟大的预言帝”。它主要根据爱吃的食物来选择赢方的国旗。另一位预测者则是以场场不中而知名，人称为“乌鸦嘴”的球王贝利。贝利常常对足球比赛进行预测，然而他的预测和比赛结果往往正好相反，他看好哪个国家，哪个国家就会倒下。

无论是章鱼保罗还是球王贝利，他们所做出的预测都是基于个体感觉，具有很大的随机性。那么能否真的对比赛结果做出科学准确的预测呢？2014 年世界杯期间，基于大数据分析，百度、谷歌、微软和高盛等机构各自交出了他们的答卷（图 18-21 为章鱼保罗，图 18-22 为球王贝利）。

图 18-21　章鱼保罗

图 18-22　球王贝利

2. **程序员利用大数据预测比赛**

说到大公司利用大数据做出预测模型前，先来看看程序员自己做出的世界杯预测模型。Andrew Yuan 利用大量数据和分析技术自制了一个如图 18-23 所示的预测信息模型图。首先收集自 1930 年以来的 FIFA 官方比赛比分、自 1993 年以来 215 个不同国家的排名、32 个国家的 Google 地图数据等；然后将 CSV 格式数据汇总，转换为 JSON 格式；之后通过各种公式计算概率；最后使用 D3. js 将结果可视化。

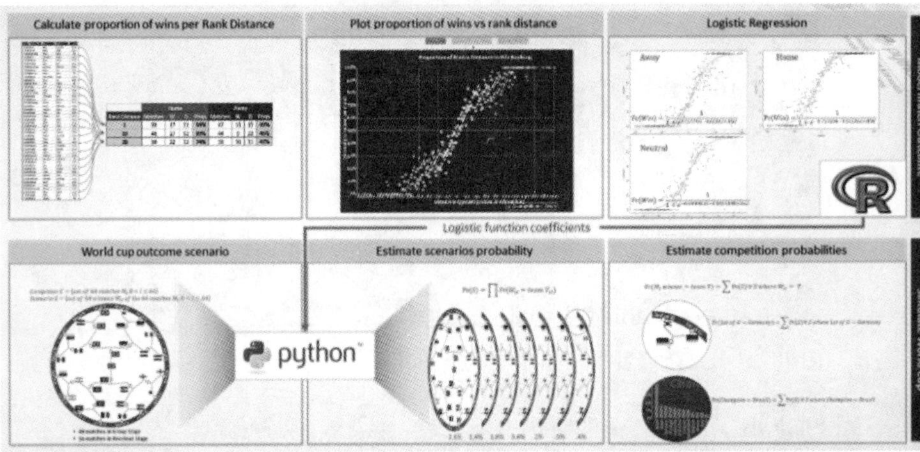

图 18-23　预测模型

在可视化图中点击一个国家，即可看到这个国家晋级下一轮的概率，图 18-24 所示德国晋级下一轮的概率是 36. 2%，晋级总决赛的概率是 7. 5%。图 18-25 中所示为点击圆图中某个圆点，即可看到每支球队晋级的概率，图 18-25 所示的是晋级到半决赛的概率，巴西为最高 22. 7%，德国为 7. 5%。

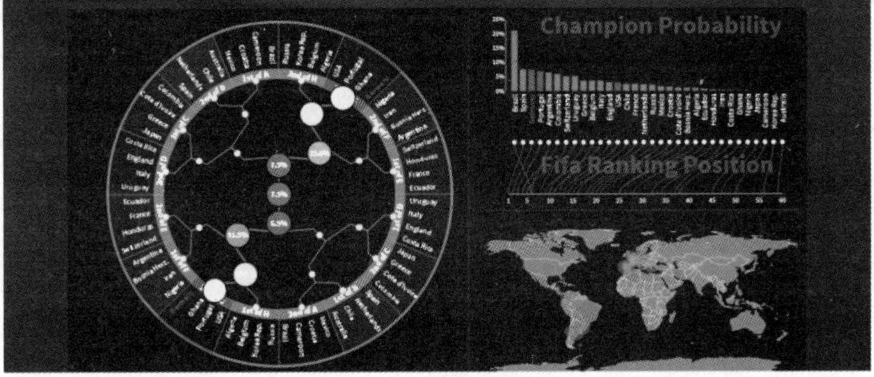

图 18-24　球队晋级下一轮的概率

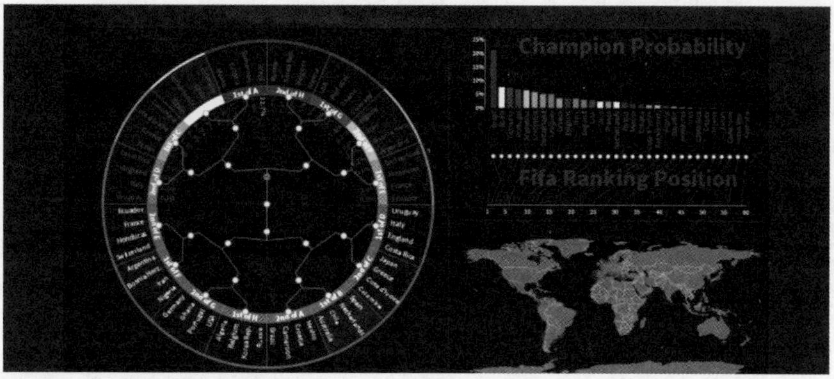

图 18-25　球队晋级半决赛的概率

这只是程序员个人根据特定的数据集做出的预测，而百度、谷歌、微软、高盛等公司所利用的数据更为庞大，数据类型也更多，它们运用更加优化的方法，以做出更加准确的预测。

3. 更大的数据量、更优的算法、更准确的预测

各大机构为了做出更准确的预测，都对世界杯入选球队几十年内的比赛数据以及球员个人能力数据做出了汇总和分析。这些数据不仅包括比赛结果、判罚、持球时间和队形变化等结构化的记录，还参考了世界杯比赛录像、球员能力的动态变化等（可能描述不够准确）非结构化数据。每场比赛的客观条件，例如赛场城市的天气、赛场草坪的状态等，也被各大机构纳入综合考虑的范围内。

图 18-26 列出了对世界杯做出预测的百度、谷歌、微软和高盛等各大公司的预测结果的

	1/4决赛准确率	1/8决赛准确率	小组赛准确率
Baidu百度	100%	100%	58.33%
Microsoft	100%	100%	56.25%
Goldman Sachs	100%	100%	37.5%
Google	75%	100%	/

图 18-26　各大公司做出预测的准确率

比较。总体而言，百度的预测准确率最高，微软紧随其后，高盛排在第三位，谷歌没有预测小组赛，只是准确预测了1/8决赛的全部结果。这些预测结果证明了以大量数据为基础的预测比人们根据个人经验所做出的预测更具可靠性。

百度在世界杯预测中准确率领先于其他公司，这与其所汇集的数据来源以及所采用的影响因素模型密切相关。百度的世界杯预测选择了多源异构数据进行综合分析，在错综复杂的大量数据中，通过建模和比对，提取出五大决定性因素：球队实力、近期状态、主场效应、博彩数据、大赛能力。而后分析影响这五个因素的历史和动态数据，从而得出对阵的两只球队在这五个方面的实力得分，在做出详细比较的基础上得到对阵双方各自的胜率。表18-1显示了与百度相比，各大机构在预测中所涉及的影响因素，可见百度对于球队胜率的影响因素分析更为立体和全面。

表18-1 各大公司作出预测所考虑的影响因素

	球队实力	近期状态	大赛能力	博彩数据	主场效应	其他
百度	√	√	√	√	√	
微软	√			√	√	天气、草坪
谷歌	√				√	
高盛	√		√		√	

在对不同影响因素进行评估时各自的标准包括：球队实力——是通过搜索相应球队近两年的整体和个人表现来评估球队的总体实力。近期状态——则是根据球队在本届世界杯开赛之前的友谊赛以及世界杯已完成的比赛中的表现，来评估当前的球队状态。大赛能力——是针对性的评估球队参加世界性或国际型的重大比赛时所取得的成绩及球队和球员表现，体现了一支球队打硬仗的实力。主场效应——则综合了球队对比赛所在场地、环境和气候的适应度以及球迷的支持度。比如2014届世界杯在巴西举行，作为东道主的巴西的主场效应即被评为100，同为南美洲国家的阿根廷的主场效应分值为86，远道而来的德国主场效应则被评为33。博彩数据——是参考了球队在博彩市场上的赔率，以作为一项重要的辅助和矫正因子。把这五个方面的因素体现在如18-27所示两队数据分析的五方图中，就可以直观地对两个球队的相应实力做出比较和预测。

小组赛中德国对阵葡萄牙一赛，从人们的普遍印象来看，两支球队的硬实力相差无几，仅凭实力较难准确预测两支球队的胜负。而从表18-2所示两队影响因素的评比中，可以清晰地看到，百度预测德国胜率更高，其根据除了球队实力的评分为90∶85外，还综合了其他因素。

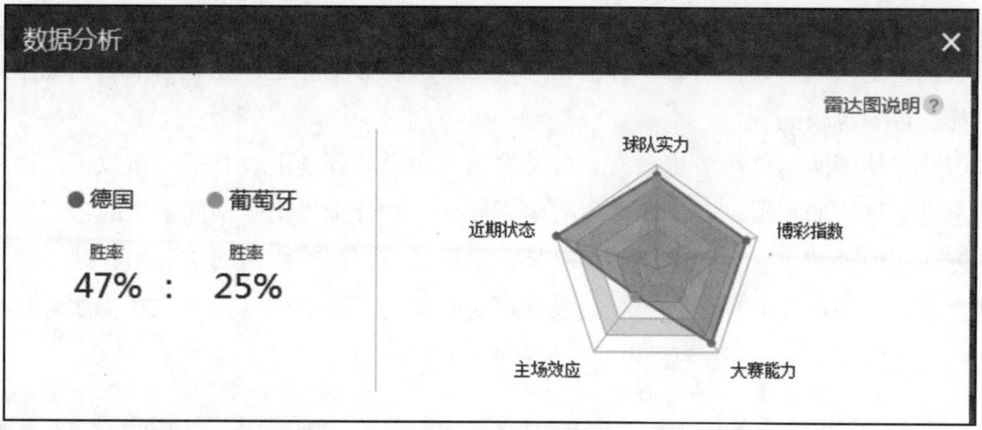

图 18-27　德国队与葡萄牙队数据分析

表 18-2　德国队与葡萄牙队五个影响因素的评分比较

	球队实力	近期状态	主场效应	大赛能力	博彩指数
德国队	90	100	33	89	89
葡萄牙队	85	25	34	31	73

大赛能力方面，从如图 18-28 所示的两队能力比较的历史数据可以看出，德国队共 11 次挺进世界杯三甲，其中获得 3 次冠军、4 次亚军、4 次季军，还曾获得过 3 次欧洲杯冠军和 3 次欧洲杯亚军。而葡萄牙队仅获得 1 次世界杯季军，1 次欧洲杯亚军。相比之下，德国队在世界性和区域性的大赛中能力经验更为丰富，据此将他们的大赛能力因素评估为 89:31。

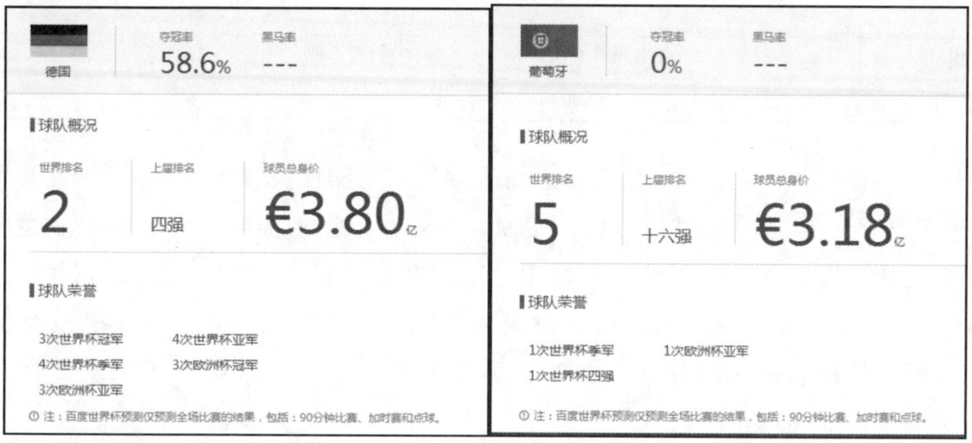

图 18-28　德国与葡萄牙大赛能力比较

此外，考虑到葡萄牙队明星球员C罗近期有伤在身，球队近期状态不是很好，而德国队近期状态正是火热。大赛能力和近期状态显示德国队显著胜出，在博彩市场上德国队更是一路看涨，评分也较高。

法国队和德国队不仅在历史上有着各种恩怨，在足球赛场上也算得上宿敌了。德法大战吸引着全世界球迷的眼球，在这场焦点战中百度和谷歌分别做出了不同结果的预测。下面两图是百度作出的预测，除了主场效应持平外，法国各个方面都略微弱于德国，基于此，百度做出了德国队胜率更高的预测，比赛结果证明这一预测是准确的（图18-29为法国和德国数据分析；表18-3为影响法国与德国的五个因素）。

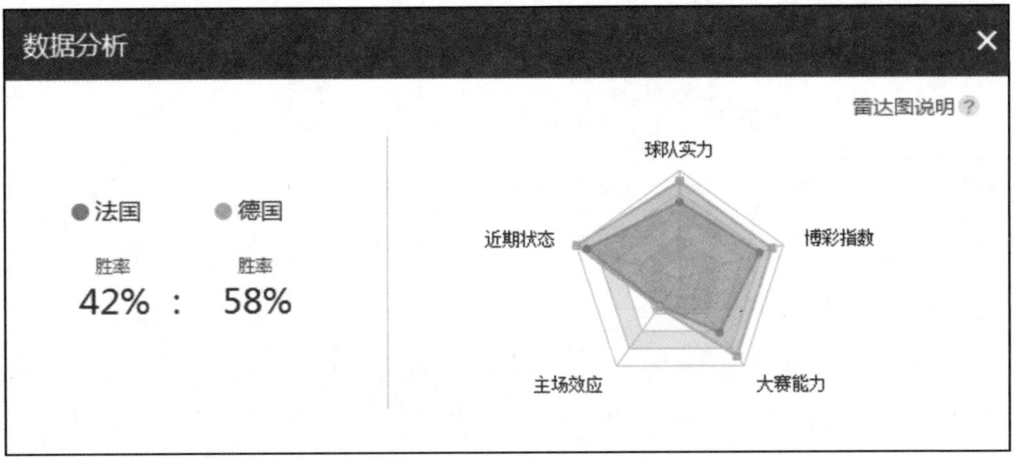

图18-29　法国和德国数据分析

表18-3　德国与法国五个影响因素的评分比较

	球队实力	近期状态	主场效应	大赛能力	博彩指数
德国	90	100	33	89	89
法国	71	90	31	62	77

谷歌也曾预测这一场比赛，并根据法国队曾经与德国队交锋所取得的11胜8平6负战绩，预测该场比赛法国队明显占优。然而，谷歌所依据的上述交锋大多是友谊赛，仅能部分地反映球队实力，在世界杯大赛中，德国队对阵法国队保持着两胜不败的战绩，对法国队拥有强大的心理优势。同时，德国队在近期比赛中也表现出了不俗的状态。由于未能对相关数据做出正确聚类，忽视了多个重要因素，尽管综合了大量数据，谷歌却仍然未能做出准确的预测。

最终决赛由阿根廷队对阵德国队，拥有超级球星梅西的阿根廷队和团队攻防更均衡的德国队谁能更胜一筹？百度根据相关数据分析对此做出了预测。从图 18-30 和表 18-4 中对两国的数据及影响因素的分析可以看出两支球队的球队实力、大赛能力、博彩指数各因素评分不相上下，德国近期状态占优，但主场效应则远逊于阿根廷，孰胜孰负实难预料。

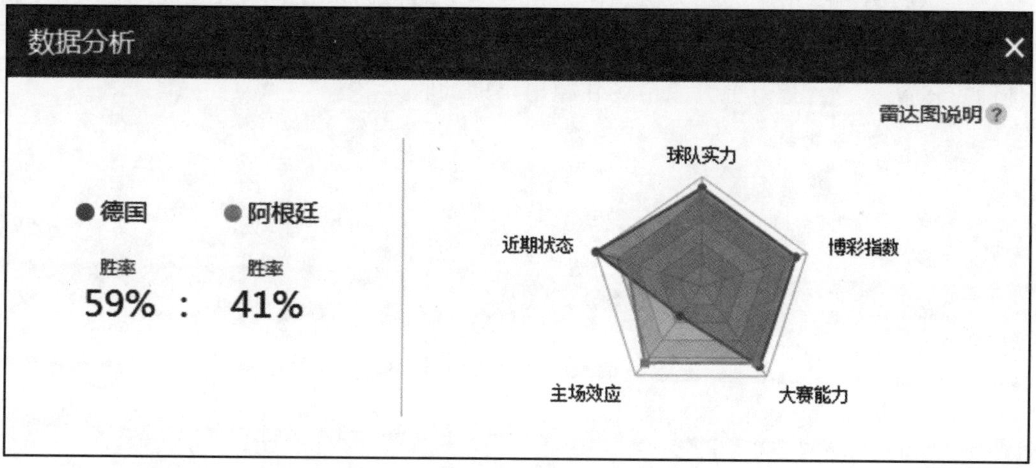

图 18-30　德国与阿根廷数据分析

表 18-4　德国与阿根廷五个影响因素的评分比较

	球队实力	近期状态	主场效应	大赛能力	博彩指数
德国	90	100	33	89	89
阿根廷	84	71	86	85	83

比赛的过程正如预测，两支球队打得难解难分，直到加时赛最后一刻才分出胜负（德国队胜出的具体秘密，可以参考本书上一节内容中德国队在世界杯中对大数据的应用）。

4. 世界杯预测的衍生意义

以数据为基础对世界杯进行可靠的预测，不仅为球迷们增添了乐趣，也给传统行业带来了勃勃生机。世界杯期间，平安保险公司与百度公司合作，彩民只要根据百度预测的结果购买相应场次的足彩，若预测出现错误，平安保险将为彩民提供部分赔付。对于平安保险来说，彩票保险的背后所涉及的复杂的定价过程，能够根据百度所提供的赛事预测结果来进行，这使得保险和世界杯两个看似没有相关性的行业，通过大数据找到了最佳结合点，而平安保险得以有机会分羹“世界杯经济”。

可靠的世界杯预测为传统行业带来的利益不只惠及保险行业，传统制造业也从中发现了商机。当百度预测结果显示：巴西队拥有最高 28.7% 的夺冠概率，德国、阿根廷、法国等劲敌紧随其后，组成夺冠热门的第一梯队，而厄瓜多尔、智利、比利时、加纳、波黑等有望成为黑马的有力争夺者时，与世界杯和体育相关的周边行业，如运动服装品牌、纪念品制造等企业，可以利用百度预测的相关信息作为指导生产的目标，有的放矢地优化各支队伍周边产品的生产比例，例如加倍生产最具冠军相球队、最具黑马潜质球队的周边商品等，就可能比其他商家棋高一着，获得更大的市场和超出预期的收入。

下　篇

数据之思——价值、新思维与建议

第十九章
大数据的应用价值

一、实现定量分析

定性分析和定量分析是人们认识世界的两种分析方法。定性思维是在认识事物时首先就对目标的性质、属性进行确定，这种分析方法早在古希腊时代就得到了很好的演绎。

定量思维是认识主体从事物的量的属性角度，通过对客观对象各种量及量的变化、量之间关系的记录、运算、推导等手段去考察客观对象，以获得对事物本质更为精确、深刻的认识的一种思维方法。定量思维不直接对事物进行简单的最后定性，而是通过数据描述事物特征，从多方面进行数量上的科学分析，这样得出的结果更加客观可靠。

以定量代替定性的科学方法使人类认知对象由模糊变得清晰起来，由抽象变得具体，使得人类的理性在定性之上又增加了定量的特征。从伽利略开始的近代科学，都秉承着这种方式。甚至有观点认为，一门科学只有在成功地运用了数学的时候，才能称得上是一门科学。

定量分析就是数据化的过程，这是指一种把现象转变为可制表分析的量化形式的过程。而大数据则是帮助人们进行定量分析的利器，甚至一些传统上被认为不能去准确衡量的参数，也可以定量。

以消费行为为例，不仅销售数据、价格这些客观标准可以形成大数据，甚至连顾客情绪（如对色彩、空间的感知等）都可以测得。而且 POS 机、网上购物、社交媒体以及各种各样的卡，都是大数据的来源。数据化将所有与现象有关的方方面面均量化为数据进行分析。

将世界看作信息，看作可以理解的数据海洋，这让我们不会再认为世界是由一连串我们认为或是自然或是社会现象的事件，而会意识到世界本质上是由信息构成的。大数据为我们提供了一种新的可以渗透到所有生活领域的世界观。

二、提升认知精度

大数据的应用价值不在于它“大”，而恰恰在于“大中见小”，它避免了传统地抽样统计方法对局部分析的弊端，从而使我们可以更加准确地通过整体对部分进行分析，如同提高了我们认识世界的“分辨率”。

如前面案例分析中提到的罗尔斯·罗伊斯公司，通过对每台发动机工作状况以及所处环境的大数据分析，建立了针对每台发动机个体的数据模型，将原来面向批量、批次的维护管理，细化为了面向个体。

再如亚马逊在海量规模数据基础上，构建了“向不同顾客推荐不同商品”的个性化推荐系统，作为“长尾”商品与顾客匹配的桥梁。将以前只能向一类用户进行的操作，变成了面向单个用户的个性化操作，实现了长尾效应，对双方价值都是提升。

大数据通过个性化分析，降低了人们认知的粒度，提高了认知的精度，提升了信息的维度，从而为更加准确地利用信息，进行决策和资源配置提供了基础。

三、发现相关联系

相关性是人们认识世界的基础，相关分析因其具有可以快捷、高效地发现事物间内在关联的优势而受到广泛的关注，并有效地应用于推荐系统、商业分析、公共管理、医疗诊断等领域。

进入大数据时代，作为度量事物之间协同、关联关系的有效方法，大数据相关分析由于其计算简捷、高效，必将具有更强的生命力。

如农夫山泉的案例中，厂家采集了大量的图片信息，其目的就是得到相关联系，了解矿泉水摆放的高度、数量等模式以及竞争产品的模式与销量之间的关系。并通过把握这些相关性，实现营销决策的优化。

在 ZestFinance 的案例中，厂商通过大量的数据，将相关性扩展到了传统的信贷数据以外的范围，从而开阔了视野，更真实地反映了借款人的风险特征。

四、揭示潜藏规律

任何行为，皆有前兆。但在现实世界中，缺少实时记录的工具，许多行为看起来是

“人似秋鸿来有信，事如春梦了无痕”。在互联网世界则完全不同，是“处处行迹处处痕”。要买商品，必先浏览、对比、询价；要搞活动，必先征集、讨论、策划。互联网的“请求”加“响应”机制恰恰在服务器上保留了人们大量的前兆性的行为数据，把这些数据搜集起来，进一步分析挖掘，就可以发现隐藏在大量细节背后的规律，依据规律，预测未来。收集分析海量的各种类型的数据，并快速获取影响未来的信息的能力，就是大数据技术的力量所在。

事实上，对于未来的不确定性是人类产生恐惧的根源之一，也是各类组织最为头痛的问题。大数据技术让人们看到解决未来预测问题的一丝曙光。通过利用大数据技术，可以预测自然、天气的变化，预测个体未来的行为，甚至预测某些社会事件的发生。它会让我们的生活更为从容，让决策不再盲目，让社会更加高效地运转。这就是大数据技术带给我们的好处。

长期以来，人们传统的思维习惯于将自然界和人类社会看成是二元世界，认为自然界是决定论的，它的运动变化是有必然规律的，是可预测的，而人类社会是非决定论的，它的运动变化充满随机性、偶然性，是不可预测的。

而大数据告诉我们，社会科学领域的规律也可以揭示。在大数据技术条件下，人类拥有了处理非结构性数据的强大能力，人们通过 LBS 采集人在地球上的全部运动轨迹，通过在线支付采集人们的全部支付记录，通过社交网络采集人们的全部网络交往记录，通过电子邮件、文档、时间线、视频监控等采集人们的言行记录。这使得大量随机的、偶然出现的数据可以实时捕获处理，使之变成确定性的、必然性的东西。

雅虎的首席科学家沃茨博士在《Nature》（《自然》）上发表了一篇题为《21 世纪的科学》的文章，认为得益于计算机技术和海量数据库的发展，个人在真实世界的活动得到了前所未有的记录，这种记录为社会科学的定量分析提供了极为丰富的数据。由于能测得更准确，计算得更准确，他认为社会科学将脱下“准科学”的外衣，真正走进科学的殿堂。

五、预测趋势和行为

预测是回报率很高的投资。小到一个企业，大到国家的战略决策，都受到预测的影响。

大数定理告诉我们，在试验不变的条件下，重复试验多次，随机事件的频率近似于它的概率。“有规律的随机事件”在大量重复出现的条件下，往往呈现几乎必然的统计特性。

大数据能够预测体现在很多方面。大数据不是要教机器像人一样思考，相反，它是把数学算法运用到海量的数据上来预测事情发生的可能性。

Farecast 系统基于近十万亿条机票价格的历史记录，能够以专有的预测算法分析 40 天内美国各国内航班的票价变动趋势，为旅客购买机票的时机提供参考，对票价预测的准确度高达 75%，使用 Farecast 票价预测工具来购买机票的旅客，平均每张机票可节省 50 美元。Decide 以影响定价的 100 种不同因素为基础，帮助消费者决定了 300 万种商品的最佳购买时机，其准确率可达 80%。

而 2010 年《Science》（《科学》）上刊登了一篇文章指出，虽然人们的出行模式有很大不同，在对 1600 多万个手机通话日期、时间和位置进行分析后，研究人员综合考虑各种因素后发现，人们的移动很明显遵循一套数学模式。参与研究的科学家们表示，如果能够获得某人足够多的过去移动轨迹信息，他们就能够预测出此人未来所处的位置，精确性可以达到 93.6%。

一个最新的例子就是 Facebook 的 IPO。在此之前，几乎没有人敢说自己有把握去预测 Facebook 上市当天股价的走势，但是 Twitter 却神奇般地做到了。社交媒体监测平台 DataSift 监测了 Facebook IPO 当天 Twitter 上的情感倾向与 Facebook 股价波动的关联。例如，在 Facebook 开盘前 Twitter 上的情感逐渐转向负面，25min 之后，Facebook 的股价便开始下跌。而当 Twitter 上的情感转向正面时，Facebook 股价在 8min 之后也开始了回弹。最终，当股市接近收盘时，Twitter 上的情感转向负面，10min 后 Facebook 的股价又开始下跌。最终的结论是：Twitter 上每一次情感倾向的转向都会影响 Facebook 股价的波动，延迟情况只有几分钟到 20 多分钟。

这仅仅只是基于社交网络产生的大数据进行“预见未来”的众多案例之一，事实上“大数据”所能带来的巨大商业价值已经被人认为将引领一场足以匹敌 20 世纪计算机革命的巨大变革。

大数据预测拉近了可能与现实的距离，使我们有能力逐步做到将好的可能性变成现实，将不好的可能性不变为现实。大数据已成为连接未来世界和现实世界之间的桥梁。人们对事物的认知不仅满足于“已知”，更能精准地认识“未知”，不仅能描写性地分析“现在”，更能预测性地分析“未来”。大数据在“此岸”与“彼岸”之间架通了一座快速便捷的桥梁。

六、优化决策和资源配置

更加量化的分析、更加精细的判断、更为清晰的规律、更为准确的预测，这些都是大数据可以直接带给我们的价值，然而归根结底，大数据的价值体现在对决策和资源配置的优化上，提升的是人们的决策能力和资源配置能力。

数据能告诉我们每一个客户的消费倾向，他们想要什么，喜欢什么，每个人的需求有哪些区别，哪些又可以被集合到一起来进行分类。大数据是数据数量上的增加，以至于我们能够实现从量变到质变的过程。

所以我们说，基于大数据分析的结果，进行资源优化配置，才是大数据应用的落地点和真正价值。

广告行业利用 DMP、DSP 进行广告的精准投放，房地产行业利用大数据分析价值洼地，宜信利用大数据建设征信系统降低坏账率，券商陆续推出大数据基金，全部都是广义的“资源优化配置”的体现。大数据也远远不再停留在学术和“分析现象”的阶段，而是在各行各业实现了落地并发挥着非常非常重要的价值。而“资源优化配置”的价值，又远远超出我们能够想象的层面，在资本寒冬即将来临的大背景下，利用大数据实现资源的高效利用，显得更加重要。

IBM 商业价值研究院与牛津大学赛德商学院共同进行了大数据研究。该项目对全球 95 个国家、26 个行业的 1144 名业务人员和 IT 专业人士进行了调研，采访了 20 多名学者、业务主题专家和企业高管。研究结果显示：近三分之二（63%）的受访者表示，信息（包括大数据）和分析的使用为其组织创造了竞争优势。

麻省理工学院商学院教授埃里克·布伦乔尔森（Erik Brynijolfsson）和他的同事一起进行了一项研究，发现决策依赖数据的公司的运营情况比不重视数据的公司出色很多——这些公司的生产率比不使用数据进行决策的公司高 6%，这个区别是非常重大的，实际体现的就是决策能力和资源配置能力的差距。

从物理和网络世界采集信号，将信号转化为数据，将数据分析为信息，将信息提炼为知识，以知识促成决策和行动。最终，这才是大数据应用的落地点，也是应用价值的核心。

第二十章
大数据的应用工具——数据可视化

一、可视化的意义

除了数据采集、分析、挖掘和因果推断外，在研究实践中我们还必须有效地展示数据结果。一直以来，数据展示存在着千人一面、阅读者难以理解的痼疾，而以简洁、清晰的方式展示数据间的内在模式，使受众对数据及其所代表的现象间的结构关系达到更深的理解，是大数据时代社会科学界的又一重大变革。

大数据时代的数据展示主要以可视化的方式进行。数据可视化是借助图形、图像处理、计算机视觉以及用户界面等多种手段，通过表达、建模以及对立体、表面、属性和动画显示等多种形式，从多角度把海量信息、概念视觉化，直接展示信息背后规律的方式。它能帮助受众迅速了解研究者的观点和思路，快速得到某一问题的答案，从而解决诸如信息过饱和、信息可靠性不足以及信息透明度缺失等问题。

对数据进行可视化处理不仅能够帮助数据的最终呈现，也对发现数据中新的信息起到非常关键的作用。人的大脑决定了人类更容易接受图表等可视化形式，因此，将数据可视化比数字本身能更容易被人所理解和记忆。这主要是由于大脑中有一半功能与视觉处理有关，全身70%的感受器都在眼睛里，处理一个视觉信息只需 0.1s，与大段文字相比，可以更快地了解其含义。而且人们能够记住 80% 的视觉信息，而读过的文字只有 20% 留下印象，因而视觉信息能更容易被记住。

除此之外，数据可视化也可以从表面上看来是杂乱无章的海量数据中，找出其中隐藏的规律，为科学发现、工程开发、医疗诊断和业务决策等提供依据。通过可视化使用，企业可以创建更多的信息图表，使用更多的资源，让人们更快地获得更多的信息，也增加了部门之间的作用，并创建了似乎没有任何联系的数据点之间的连接。这样人们能够分辨出有用和没用的数据，可以最大程度地提高生产力，让信息的价值最大化。而且通过可视化将大数据的潜力发挥到最大时，之前未看到的趋势就很容易被发现，这些趋势可以使“信息”转化成有价值的“见解”。

不仅如此，数据可视化也可以大大加快数据的处理速度，使不断产生的海量数据得到有效利用，在短时间内可以快速实时地分析数据，挖掘并分析其中的价值。并且通过对计算和编程过程的引导和控制，用交互手段改变过程所依据的条件，可以观察条件改变对结果的影响。

数据可视化其实是知识的一种再生产方式，研究者以图形、时间序列、地图、流、矩阵、网络、层次和信息图形为基本元素，通过元素间的多种组合来表达自己对海量信息和数据的理解，进而解释较为宏大和抽象的理论问题。可以预见，大数据时代，数据可视化必将彻底取代传统的数据展示形式，充分展现数据的价值与美感。

二、可视化的广泛运用

1. 全球气象实时风图

2013 年 7 月至 10 月上线的“动态地图”地球风图（Earth Wind Map）展示了全球陆地风到海风的运行状况。运用这个极具视觉冲击力的地球风图，台风“浪卡”和“灿鸿”的运行规律被准确观察和预测。此外，通过这个地图我们还能看到全球哪些地方正在孕育着气旋。

进入图 20-1 所示的地球风图界面，用鼠标单击或拖拽就可以旋转、放大和缩小地球上的各个局部地区乃至全球最宏观的气流运转图，单击某个位置，就可以显示该地点的经纬度。界面上的颜色是用来表示风的强度：弱风是蓝绿色，风力越强，颜色也越深，逐渐由黄色变为红色，表示大风和强风。单击左下角“earth”标识，则能显示图 20-2 所示的点位附近气流的状态详情，包括数据的日期和来源、表面气压值、温度（图 20-3 所示地球热量图）、风速、湿度（图 20-4 所示全球相对湿度）、瞬时风功率密度、总降水量（图 20-5 为全球降水量）、云水量（图 20-6 所示为全球云水量），平均海面压力等参数。

这些实时的大数据来自于美国国家环境预报中心（National Centers for Environmental Prediction），它隶属于美国商业部的国家海洋和大气管理局（NOAA）。地球风图根据其发布的全球实时大气数据，可以实现每 3h 对全球大气流的运动数据的更新。

图 20-1　地球风图（Earth Wind Map）

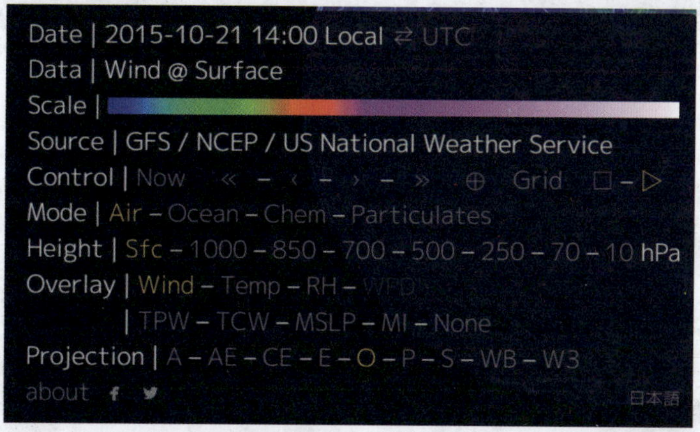

图 20-2　地球风图的控制面板

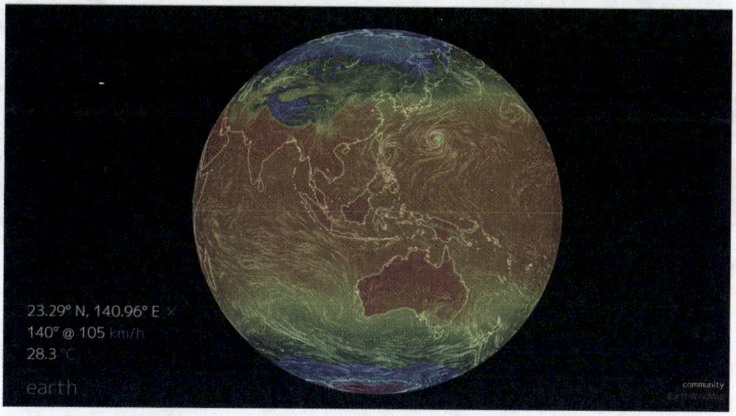

图 20-3　地球热量图（颜色由蓝色到红色表示热量越来越高）

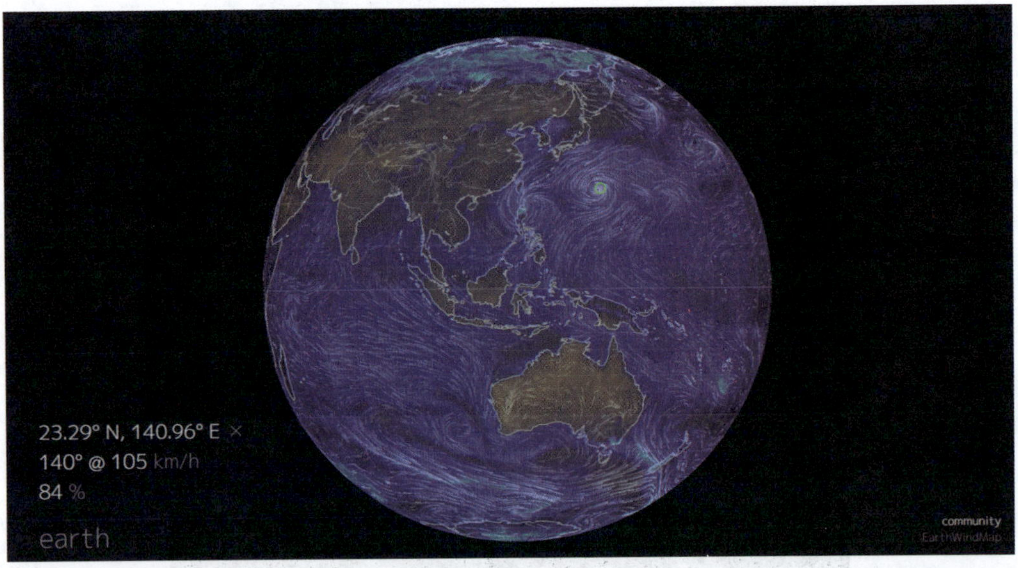

图 20-4　全球相对湿度（颜色由黄色到蓝色表示湿度越来越大）

图 20-5　全球总降水量（颜色由黄色到浅蓝色表示总降水量越来越多）

地球风图利用全球天气大数据，将大气变化的数据以传递和可视化的方式交互呈现出来，使数据可以通过运动展现出来并用于天气预测。它不仅引起了大众和有关部门对环境问题的关注，促进采取相关措施去解决和改善环境质量，同时也揭开了数据可视化的奇妙面纱，让数据可视化走进并展现在人们的生活中。

图 20-6　全球云水量（颜色由蓝色到白色表示云水量越来越大）

2. 华人地理分布地图

2015 年 9 月，中国科学院地理科学与资源研究所和香港大学城市规划与设计学院的科学家们在《Environment and Planning》上发表论文，利用大数据的统计方法，使用微博地理标记图来记录华人在全球的分布情况。标记图不仅使人们可以通过了解华人在世界的分布规律来衡量中国文化分布的地区范围，了解与中国有着紧密联系的海外人口、领土等方面的文化、社会和经济情况，而且微博地理标记的分析结果还可以对管理中国人口的公共和私人组织提供潜在价值。

微博是中国人最常用的社交程序之一，是一个基于用户关系对信息进行分享、传播以及获取的平台。2013 年微博用户高达 3.31 亿，政府部门开通的政务微博认证账号超过 24 万个。仅微博每天发布和转发的信息就超过 2 亿条。因此，微博上有着大量的信息可以用于分析。微博地理标记可以有效反映社会文化进程、经济发展以及数字基础设施的利用率。

研究人员搜集了 2014 年上半年共计 1.49 亿微博的地理标记，利用大数据统计分析法将这些数据进行全球定位。如图 20-7 所示，生成地图的空间分辨率为 0.20°，图中网格的亮度与微博地理标记的数量有关。

通过图 20-7 所示的微博地理标记分布可以看出，它与人们对中国文化的传播印象一致，尽管大多数的微博地理标记是在中国，但在中国之外也有一些热点区域，比如旅游胜地斯里

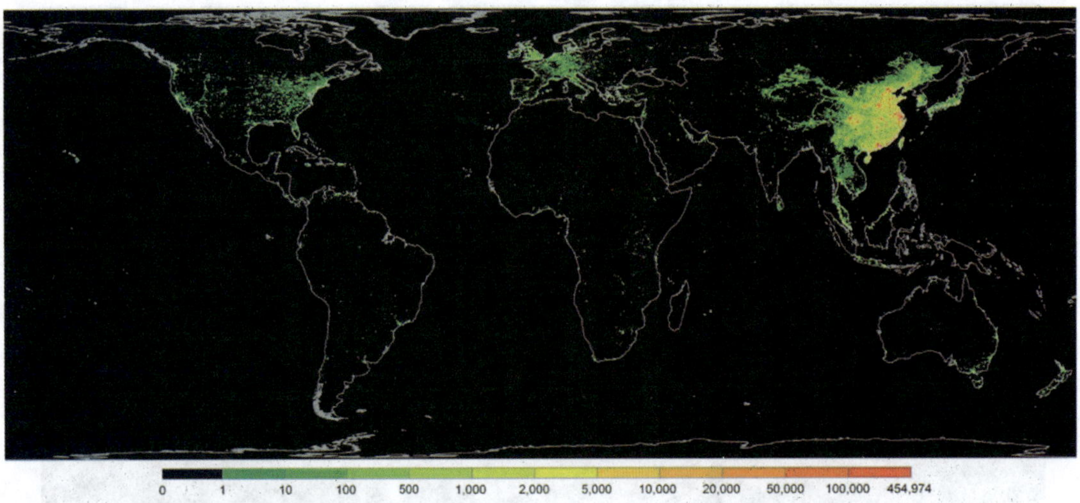

图 20-7　微博地理标记的分布图

兰卡，马尔代夫、与社会经济相关密切的英国，以及分布着中国侨民的美国、泰国、新加坡等。这些区域都与中国人口迁移、经济、文化、旅游等活动相关。

除此之外，研究人员还评估了海外华人的地区分布。虽然大多国家都没有统计海外华人的人口数量，但是美国调查机构皮尤研究中心对华人人口的数量有确切的统计。因此，研究人员将 2010 年美国人口普查统计结果和 2014 年美国各个地区的微博地理标记结果进行比较，尽管美国人口普查是在 2010 年，而微博的数据来源是 2014 年，但是如图 20-8 海外华侨的人口分布情况所示，两者之间的皮尔逊相关系数达到 0.85，为高相关性。这表明微博地理标记可以帮助人们较准确地推算出华人的地理分布。

虽然微博地理标记方法可以在一定程度上反映人口分布情况，但也有其局限性。其中一个原因是中国人中最常使用微博的是年轻人，而在中国 2014 年的全国人口年龄分布中 15 ~ 40 岁之间的人只占 40.78%，其余年龄段的人并非微博的主要用户。另一个原因是微博数量与旅游季节相关，在旅游旺季时，人口向旅游胜地涌入，那么微博地理标记就会聚集在旅游景区，造成微博统计人口分布的误差。这些原因在图 20-7 中可以看出，在旅游胜地比如斯里兰卡、马尔代夫等国家人数较多，在图 20-8 中的美国黄石公园、拉斯维加斯、大学城（宾夕法尼亚大学、普渡大学等）等地的实际人数也要比普查的人数多。

尽管微博地理标记方法有上述的不足之处，但其仍是调查世界华人分布最有效、最直观的方法。由于上网人口数的不断增加，越来越多中老年龄段的人也开始玩微博，相信微博地理标记方法在未来会更加有效地反映出华人的地理分布情况。

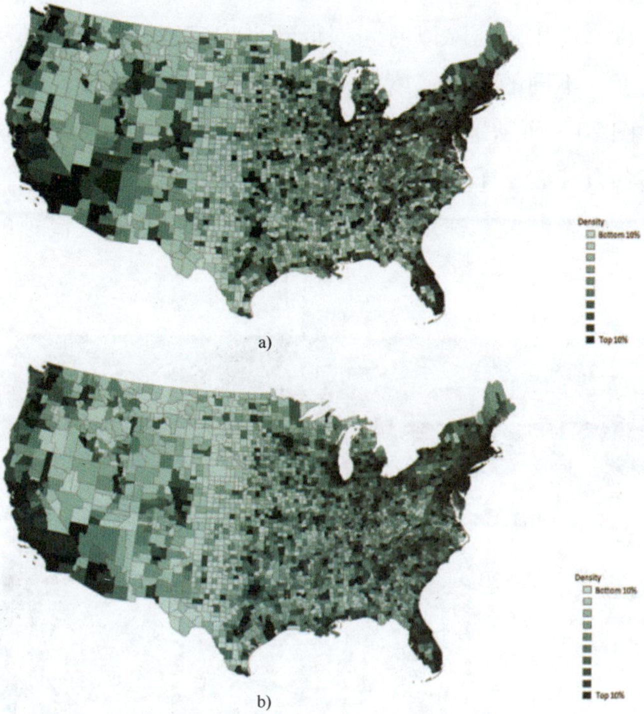

图 20-8　海外华侨的人口分布

a）皮尤研究中心的华人人口普查结果　b）微博地理标记结果

3. 世界城市关注度地图

在 2012 年，Eric Fisher 制作了地理标签爱好者的世界地图（The Geotaggers' World Atlas）。这个地图利用从 Flickr 和 Picasa 等网站上收集的带有“地理标签”的照片和 Open Street Map 提供的开放地图数据及一些软件，绘制出全球 100 个典型的集中城市的矢量地图。地图显示了哪些城市中的景色最美和人们拍照最多的地方和线路，揭示了社区和街道的关注度。

Eric 制作一张地图需要有地理标记的照片平均是 1.6 万多张，照片中的每一条线都由上百张照片组成，这些线以不同颜色标记就组成了地图中的路线。利用这些照片含有的大数据信息，采用数据可视化的方法将信息直观、形象地表现出来，让数据更生动地展现在读者面前。

城市地图的制作其实就是信息处理的过程。以北京市地图为例，Flickr 的一名摄影师需拍摄背景系列的照片进行组图，当他分别在天安门广场和后海拍摄了照片，再调用 Geotag

地理标记信息，就能得知每张照片拍摄的经纬度坐标和时间。通过计算，得出两张照片拍摄的时间差和经纬度距离，再用距离除以时间，得到平均速度，即摄影师从一个地点移动到另外一个地点的平均速度。不同的平均速度取值，意味着拍摄者在两个地点之间的移动采用了不同的交通方式。如图20-9所示地图上的颜色各异和密密麻麻的线条不仅把所有照片的拍摄地点连接起来，还各自代表了不同速度的运动方式，其中黑色表示步行，这个方式速度较慢，红线表示骑自行车或者游艇，速度稍快，蓝色和绿色则代表更高速的移动方式，比如高速公路、高铁等。

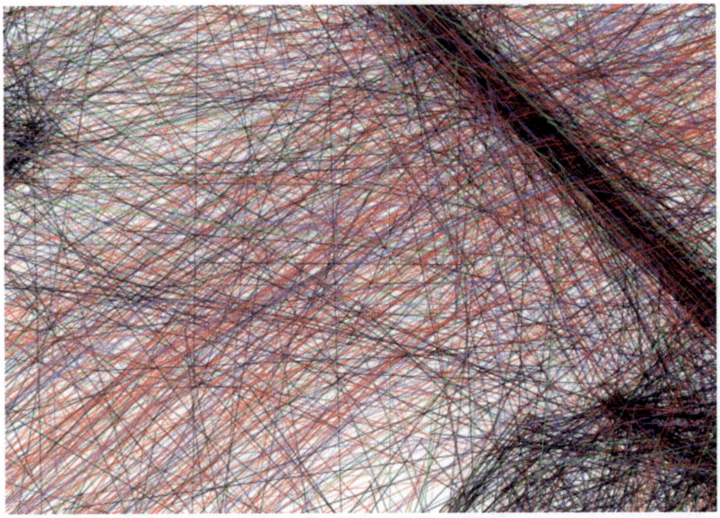

图20-9　地图上的不同颜色的线

每张城市地图的尺寸规模都是15mile（24.14km）×15mile，照片数据都来自Flickr和Picasa网站公开的API（应用程序接口）。这些带有标签地点的照片集是社区和街道关注度的最好指标。线条越密集，就代表其所在地区的景色越美或人气越高。而地图中线条的延续代表人们首先到达某地，发现了某些值得拍照的景物，且付出额外的努力将拍到照片分享给了其他人欣赏。这就显得沿路的一系列照片更为重要，因为这表明了某些地方可以吸引人去，并且维持了一段距离的兴趣和时间，而不是仅仅拍了一张照片就往回走，这更加体现了地区的观赏价值。

图20-10所示的北京市地图表明，在天安门、北海、天坛和前门等三环以内的区域，五环的奥林匹克公园附近，五环外的植物园香山附近以及首都国际机场等地的线条较密，表明了这些地方拍照较多，具有较大的观赏价值。同时也由于这些地方拥有一些著名的旅游景点而且人流量极大，因而照片信息较多。图20-11所示的上海市地图表明在东方明珠、外滩、

南京路步行街、人民广场、静安寺、中山公园、上海虹桥机场等知名度较高的风景胜地的线条较为集中，也再次印证了人流量大而且风景较好的地区比其他地方的关注度和观赏价值高。两个城市照片密集的地方较为集中，表明大城市结构具有特色鲜明的区域化特点。

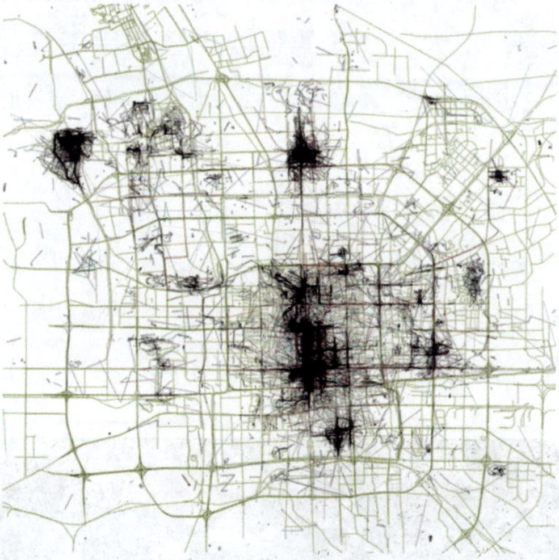

图 20-10　The Geotaggers' World Atlas 的中国北京

图 20-11　The Geotaggers'World Atlas 的中国上海

这些地图含有的大量信息不仅给城市发展带来了全新的思路，同时也勾勒出了一所城市中某一特定人群的人文活动空间。同时在艺术方面有着奇幻之美的地图，通过大数据将真实世界朦胧化，然后放大某些特质，进而理解城市的结构，展现了城市的另一种面貌。将大数据可视化不仅给人们带来了视觉上的惊艳，更揭示了其所蕴含信息的深层含义，这也必将成为未来大数据研究领域的最为璀璨夺目之处。

4. 百度迁徙

百度迁徙是百度在 2014 年上线的以“人群迁徙”为主题的大数据可视化项目。它利用百度地图 LBS 开放平台和百度天眼，对其拥有的 LBS（基于地理位置的服务）大数据进行计算分析，并采用创新的可视化呈现方式，在业界首次实现了全程、动态、即时、直观地展现中国春节前后人口大迁徙的轨迹与特征。它的数据来源是百度地图的数百万商户、数十家数据合作伙伴的数据（包含百度地图覆盖区域的所有地标信息和每天数十亿的定位请求）。

百度迁徙需要定位人群的迁徙，因此百度定位 SDK（软件开发工具包）采用 GPS、网络定位（Wi-Fi、基站）混合定位模式进行定位。当应用程序向定位 SDK 发起定位请求时，定位 SDK 会根据应用者定位（GPS、基站、Wi-Fi 信号）的实际情况（如是否开启 GPS、是否连接网络、是否有信号等）来生成相应依据进行定位。用户可以设置满足自身需求的定位依据：若用户设置 GPS 优先，则优先使用 GPS 进行定位，如果 GPS 定位未打开或者没有可用位置信息，但网络连接正常，定位 SDK 则会生成网络定位（即 Wi-Fi 与基站）的最优结果。基站定位是用户通过 2G、3G 和 4G 网络经过运营商基站而获得位置，此定位方法半径精确范围是 265m 左右。Wi-Fi 定位是最为精准，因为 Wi-Fi 的强度半径相比于其他来说最小，精确范围是 35m 左右。而混合定位方法的定位半径精确范围是 60m 左右。因此，百度迁徙的定位系统是较为准确的。

图 20-12 是 2015 年春节前的迁出城市，可以看出热点城市前十位是北京、上海、深圳、东莞、广州、天津、重庆、杭州、佛山、南京。图 20-13 是在假期结束后第一天的迁入城市，其中排名靠前的为北京、上海、深圳、东莞、广州、天津、重庆、杭州等地。因此可以看出京津冀、长三角、珠三角等发达区域仍然是春节迁出与迁入的热点地区。

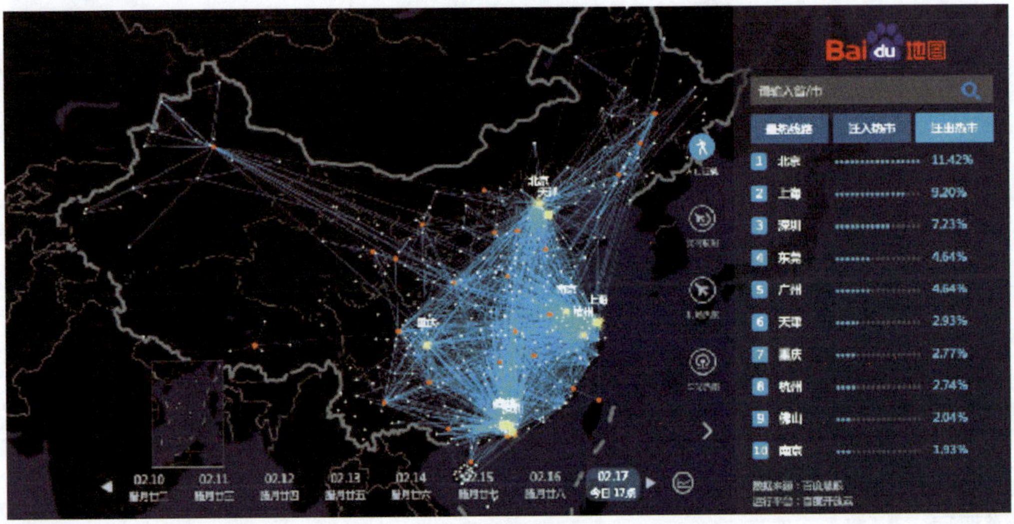

图 20-12　2015 年 2 月 17 日（腊月二十九）迁出城市

春节前，人口从大城市迁往中小城市；节后则相反。而且在春节期间，各大城市纷纷上演“空城计”，平日宁静的乡村却迎来难得的热闹。数以亿计的人口在城市间迁入迁出，折射出我国目前“半城镇化”的现状。大量农村人员进入城市务工，使得维持生计的工作在城市，生活依存的基础在农村，这就造成了农村空村，留守儿童增多等社会问题。

值得注意的是连接重庆、咸阳、成都、贵阳等西部城市的短线条增加了很多。以重庆为例，泸州、自贡、南充、遂宁、内江、资阳等地到重庆的迁徙较为密集；再看西安，咸阳、商洛、渭南、宝鸡等地到西安间的连接线条十分密集，体现出往返西安较为频繁。这就说

图 20-13　2015 年 2 月 25 日（正月初七）迁入城市

明，除已经形成的三大城市群外，中国的中部、西部也相继形成了城市群，中部是湘鄂赣皖“中三角”，西部则是成渝城市群，这一发展不仅将改变中国的经济版图，而且也将引导人口转入中西部地区，促进资源和人口数量的分配均匀，更将成为缓解春运难的重要因素。

百度迁徙是目前观察人口流动以及分析全国人口迁徙路线最有效的工具之一。最新版“百度迁徙”于 2015 年 2 月 15 日上线，功能上较 2014 年实现了全面升级，包含人口迁徙、实时航班、机场热度和车站热度四大板块。百度能做出百度迁徙产品，是由于其在过去几年大规模对云计算的投入，以拥有的大数据中心和自主设计服务器，把数以千亿级的数据实时、安全存储下来，在此基础上建立云计算，并使用海量数据对大规模的调度软件进行处理。云计算、大数据以及物联网技术的联合使用，使得百度迁徙能更准确、直观、快速地反映人口迁移情况。

5. 世界经济变迁

瑞典科学家 Ola Rosling、Anna Rosling Rönnlund 和 Hans Rosling 研究全球经济数据超过 30 年，终于在 2005 年将其研究成果制作成了强大的统计软件 Gapminder World，这才使得人们真正领略到数据的魅力。该软件的目标是利用这些统计数据推动全球可持续发展，实现联合国的千年发展目标。科学家采用国际各大机构，如联合国、世界卫生组织、世界银行等在人口、就业、健康、环境、经济、社会、能源等方面发布的共计 439 项统计指标，使用统计数据动画技术揭示了全球超过 200 个国家在过去 200 年左右的发展情况，并于2007年在TED Talk上将这些数据以可视化的方式展示出来（TED Talk视频：http://blog.sina.com.cn/s/blog_89270ee00102uwxx.html）。

该软件直观地展现了不同国家的情况。不同色彩的圆形象征着不同的国家，圆形的大小代表国家的人口数量，不同国家颜色的分配以大洲为界限，它们就像气球一样，随着时间的变化而浮动或漂移。图表的横纵坐标可以选择各项统计指标，当选择了特定含义的X、Y坐标轴后，这些“气球”的上下浮动和左右漂移就能够直观地展现出不同国家在不同历史时期的发展情况，可以更方便地比较各个国家在相应状况之下的差异（注：由于本文篇幅有限且插图为视频截图，所以只能介绍静态的图像，并不能呈现出“气球”漂移的动态过程，读者如果想了解这个动态过程的话可以看上段链接中的视频）。

Rosling在TED上讲述了用Gapminder World来分析发达国家和发展中国家的人均寿命、经济水平、以及儿童死亡率等指标的区别。如图20-14所示的不同国家在1950年的生育率及人均寿命图，当X轴选择生育率即每个妇女的育儿数，Y轴选择平均寿命年数时，“气球”越靠左上角，表明生育率越低，而平均寿命却越高，人口老龄化越严重。在1950年的发达国家和发展中国家有着明显的区别，各国差距很大，以欧美为代表的发达国家的人均寿命比以中国、印度为代表的发展中国家要多二三十年。但由图20-15显示的不同国家在2003年的生育率及人均寿命看出，随着以中国（红色的大圆）和印度（蓝色的大圆）为代表的发展中国家，不断朝着发达国家的方向发展，最终在2003年几乎赶上美国等发达国家的平均寿命，同时老龄化现象也日益突出。而一些非洲国家（深蓝色小圆）发展水平仍旧很低，庞大的家庭、艾滋病流行等原因均导致了平均寿命的下降。总体来说，这些变化表明发达国家和发展中国家的区别日渐缩小。

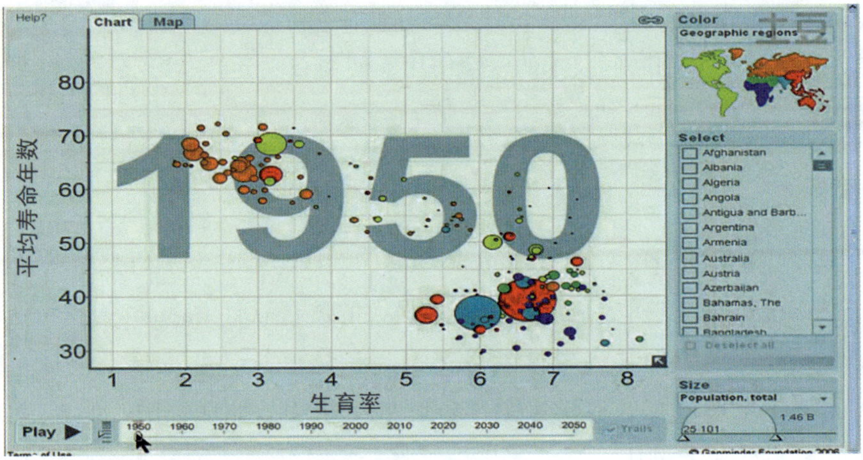

图20-14　不同国家在1950年的生育率及人均寿命

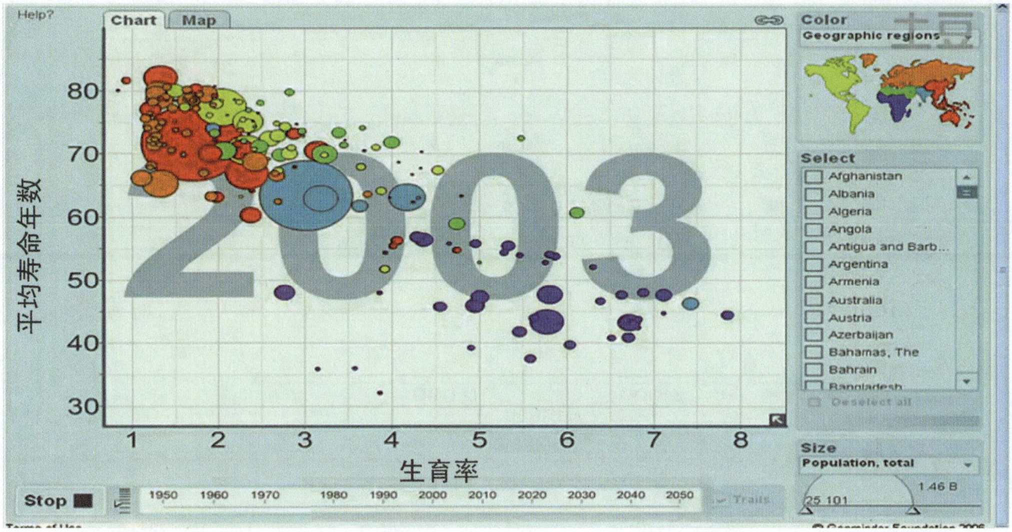

图 20-15　不同国家在 2003 年的生育率及人均寿命

除了人均寿命的变化之外，发达国家和发展中国家的经济格局也在发生变化。如图 20-16 所示的不同时间点，不同国家的儿童死亡率以及人均 GDP，当 *Y* 轴为儿童死亡率（‰），*X* 轴是人均 GDP 时。*Y* 轴越向上，表示死亡率越低。“气球”的位置越靠右上方，表明儿童的死亡率越低，健康状况越好，同时经济和生活质量也越好。在 100 年前除了奥地利和瑞典之外，其他的国家每人只有 1000 美元的年收入，五分之一的孩子活不到 1 岁生日，到 19 世纪末 20 世纪初，欧洲有 90% 的孩子能庆祝 1 岁生日，人的生活水平和健康情况也有了明显提高，随后美国等发达国家的人均 GDP 迅速增长。20 世纪中期以后，中国等发展中国家的

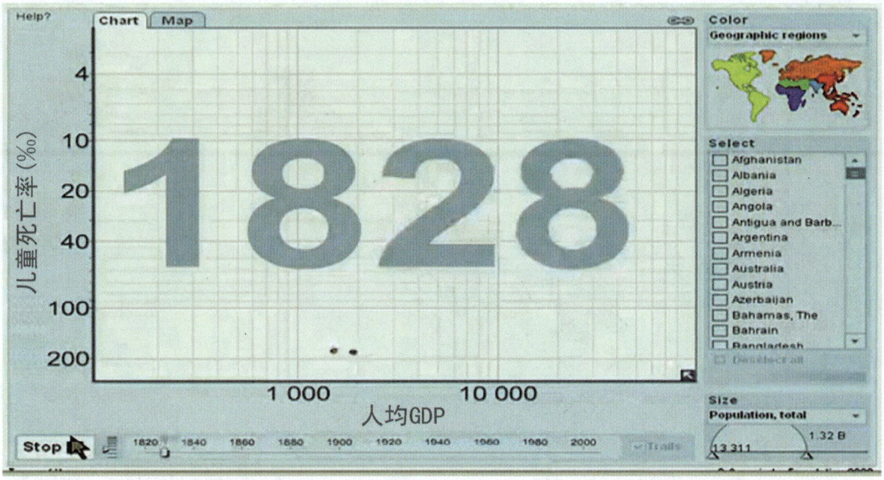

图 20-16　在不同时间点时，不同国家的儿童死亡率以及人均 GDP

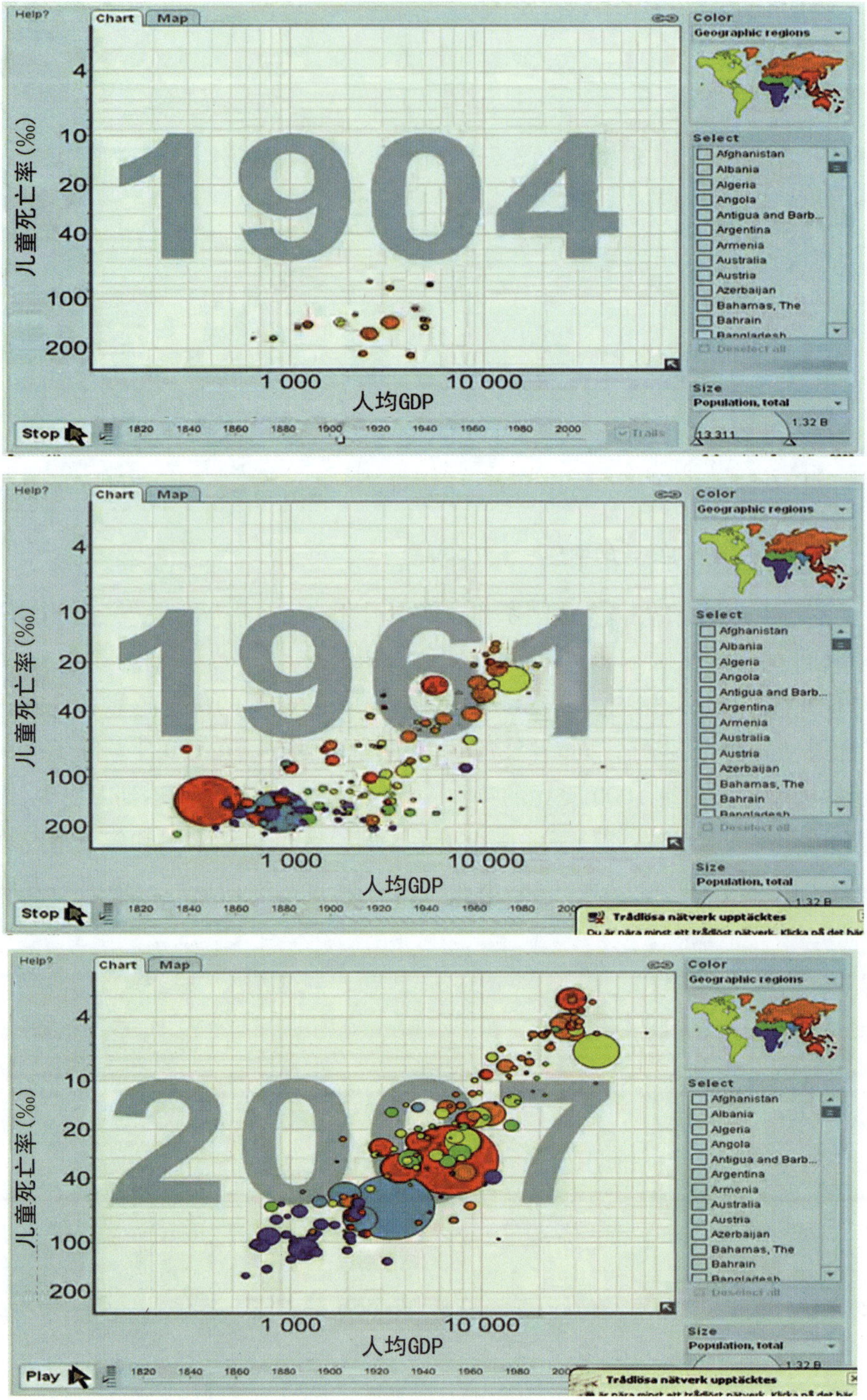

图 20-16　在不同时间点时，不同国家的儿童死亡率以及人均 GDP（续）

经济和生活质量有了显著提升，居民的健康情况也得到了很大改善。到了 21 世纪，所有国家的经济水平和健康情况都有了很大的飞跃，但是总体来看，发展中国家的儿童死亡率和人均 GDP 都比发达国家低，这表明发展中国家和发达国家总体的经济和生活质量以及健康状况还是存在一定的差异。

但是国家经济的发展并不意味着健康水平的进步。以美国为例，将软件中所显示的各个国家在 2007 年视频中所用的最新数据时间静止，然后选定美国，把时间退回到过去的不同年份，就会看到美国在不同时间的经济和健康情况。因此，美国在各个不同的时间点的数据和其他国家在 2007 年的数据之间就有了清晰的比较，这样可以直观地展现：与其他国家相比，美国在经济发展的同时其健康状况的变化。

如图 20-17 所示的 1915 年的美国与 2007 年的印度相比，虽然当时的美国经济水平较高，但是儿童死亡率却与现代印度相差无几。从图 20-18 和图 20-19 所示的两国经济水平与儿童死亡率的变化可以看出，1915 年的美国与 2007 年的菲律宾相比，美国的经济水平与菲律宾相当，但儿童死亡率却较高，直到 1957 年，美国儿童的健康水平才和 2007 年的菲律宾持平。这表明经济的发展和健康水平的进步之间还是存在着很大的差距，而且在亚洲、阿拉伯国家和拉丁美洲，其健康水平的发展速度远远超过了经济发展的速度。总体来说，经济发展和健康水平的差距有三四十年，这主要是由于教育水平、基础设施建设以及人力资源的发展与经济发展相比有着很大的差距。

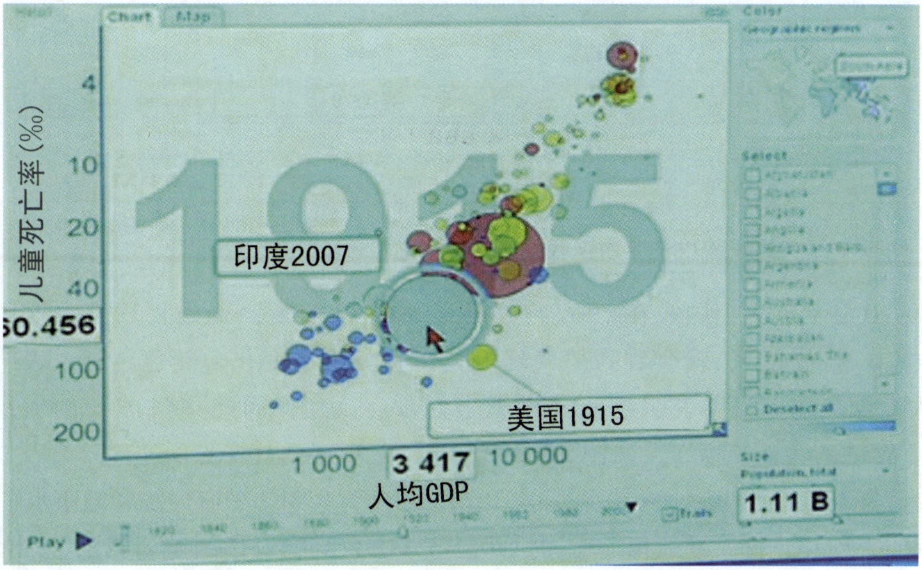

图 20-17　1915 年美国与 2007 年印度的经济水平与儿童死亡率的比较

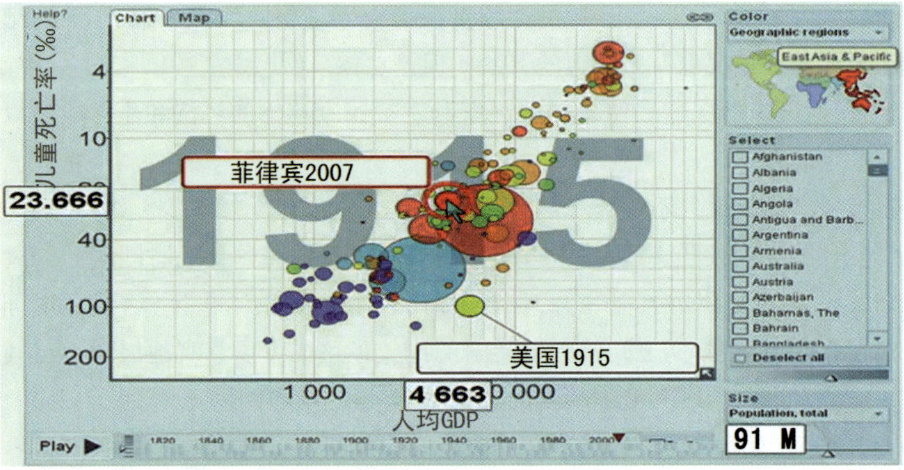

图 20-18　1915 年美国与 2007 年菲律宾的经济水平与儿童死亡率的比较

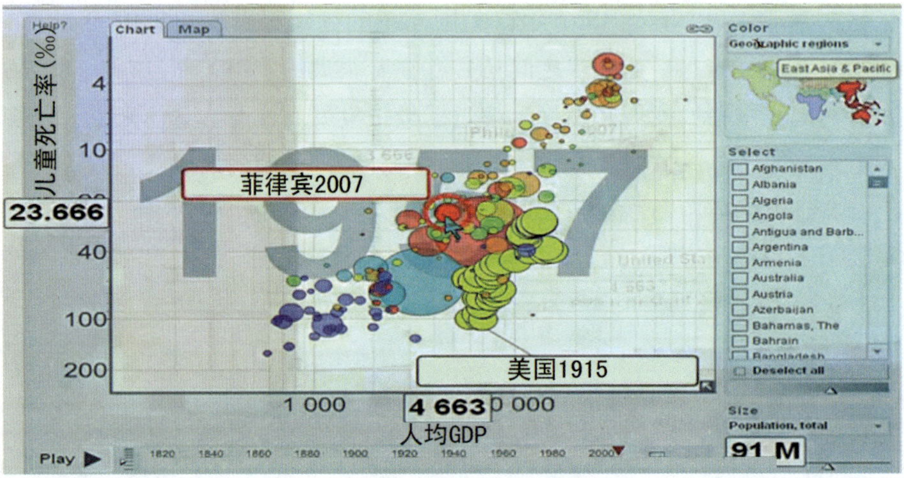

图 20-19　美国直到 1957 年才与 2007 年菲律宾的儿童死亡率一致

图 20-20 显示了三个国家在 1962 年的人均 CO_2 排放量，如果将软件右侧的颜色选项选择“CO_2 排放量”，就会看到“气球”的颜色发生了变化，颜色越红，表明 CO_2 排放量越大，颜色越蓝，则表明越低（横纵坐标没有改变，因此“气球”的大小和位置与 CO_2 排放量的大小无关）。如图 20-20 所示，在 CO_2 排放量方面，1962 年美国的人均 CO_2 排放量为 16t，而中国人均排放量只有 0.6t，印度为 0.3t。随着经济和健康水平的增长，所有国家的人均 CO_2 排放量都相继增加，而经济水平较高的发达国家如美国等国的 CO_2 排放量，与发展中国家相比更高（图 20-21 所示不同国家在 2001 年的人均 CO_2 排放量），因此，发达国家对全球温室效应的影响实际上比发展中国家要大。

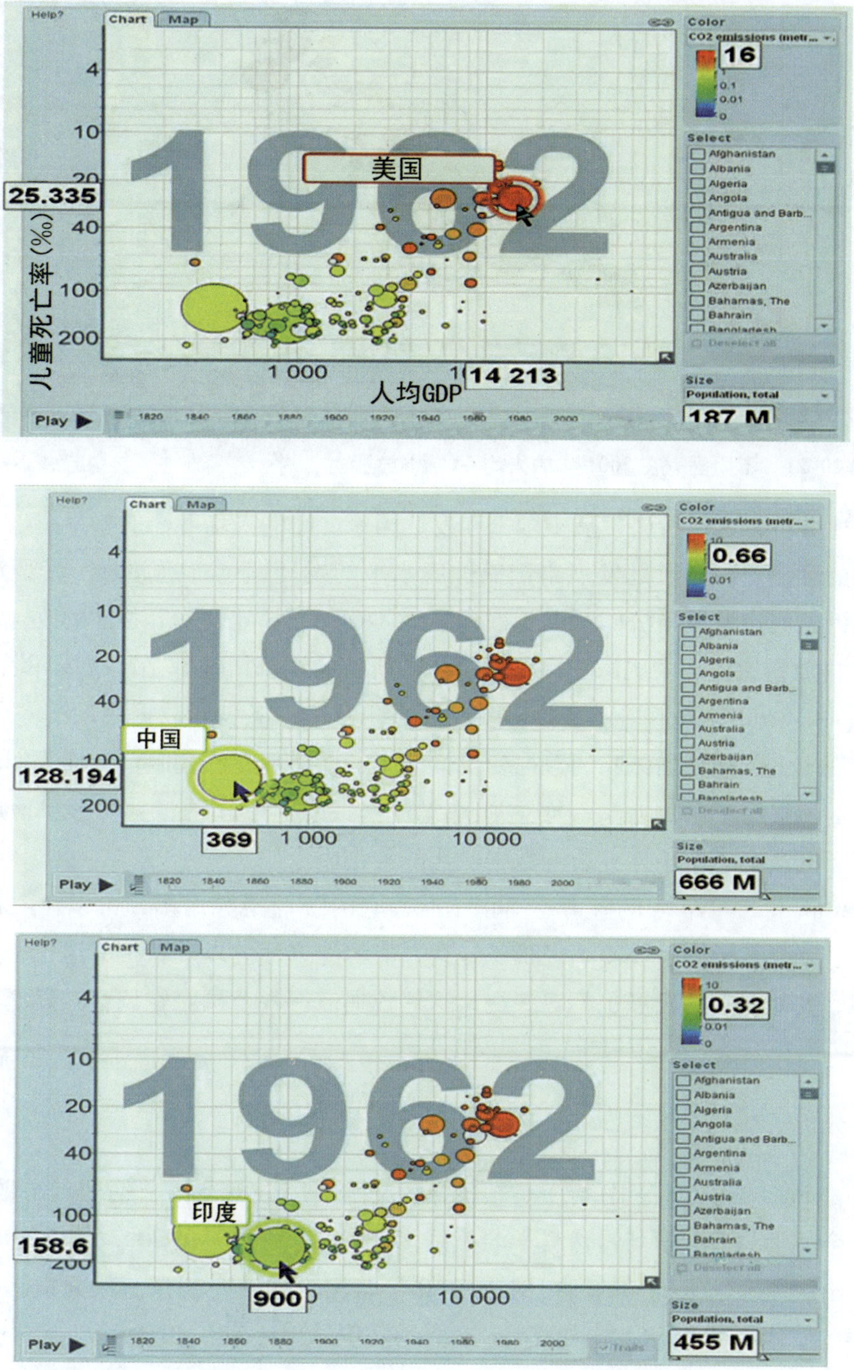

图 20-20　美国、中国和印度在 1962 年的人均 CO_2 排放量

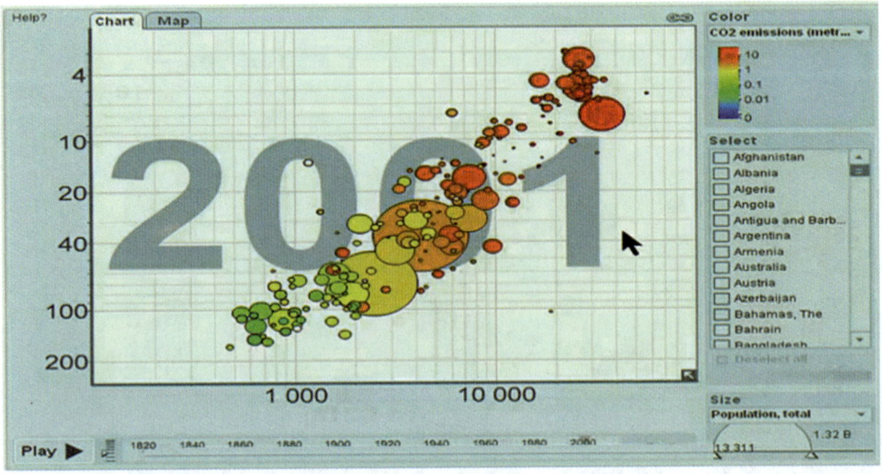

图 20-21　不同国家在 2001 年的人均 CO_2 排放量

通过上述分析，可以看出发展中国家和发达国家之间的人均寿命的差距越来越小，虽然还存在一定的经济差距，但是发展中国家健康水平的发展速度远远超过了其经济发展的速度，这就告诉人们在发展经济同时也要重视健康、教育、基础设施等条件的改善。而且发达国家的 CO_2 排放量比发展中国家更高，这暗示了所有的经济增长都是以破坏环境为前提的。

Gapminder World 给人们展示了数据可视化的魅力，它将统计数据用动态“气球”方式最直观地呈现出来，把枯燥无味的数据变得像动画一样活现在人们眼前，让人们轻松快速地了解数据背后所揭示的深刻含义。而且通过“气球”的上下浮动，生动形象地展示了数据在不同指标下的改变，便于探究影响数据变化的关键因素。

然而，Gapminder World 的魅力还不止于此，它的统计指标之多，可以让人们分析不同国家在人口、就业、健康、环境、经济、社会、能源等方面的发展特征，这也告诉人们除经济发展之外，其他因素的发展也不容忽视，这些数据值得各个国家在调整其发展策略时进行参考。

6. 期刊聚类分析

2009 年，Bollen 等人通过分析学科领域中的文献引用数据，将“期刊点击量”可视化，可以看到社会科学、人文学与自然科学的关系。Bollen 等人收集了 2007 年和 2008 年这两年一些重要的出版商及学术机构的门户网站近 10 亿名用户的交互记录。数据集涵盖了世界范围内最重要的学术门户网站，比如 Thomson Scientific、Elsevier、JSTOR、Ingenta、University of Texas，包含了人文、社会科学和自然科学等各个领域。所谓的期刊点击流模型，就是一阶马尔可夫链（这里涉及矩阵的使用），即从序列中提取用户交互的日志，最后将得到的数据可视化，用以来表示期刊之间的网络关系，概述了社会人文科学和自然学科之间的关联。如图 20-22 所示的期刊聚类，其中小圆圈代表每种期刊，圆圈的大小代表每种杂志的中心度，颜色代表期刊分类，每个期刊的子集群对应与特定的学科领域。

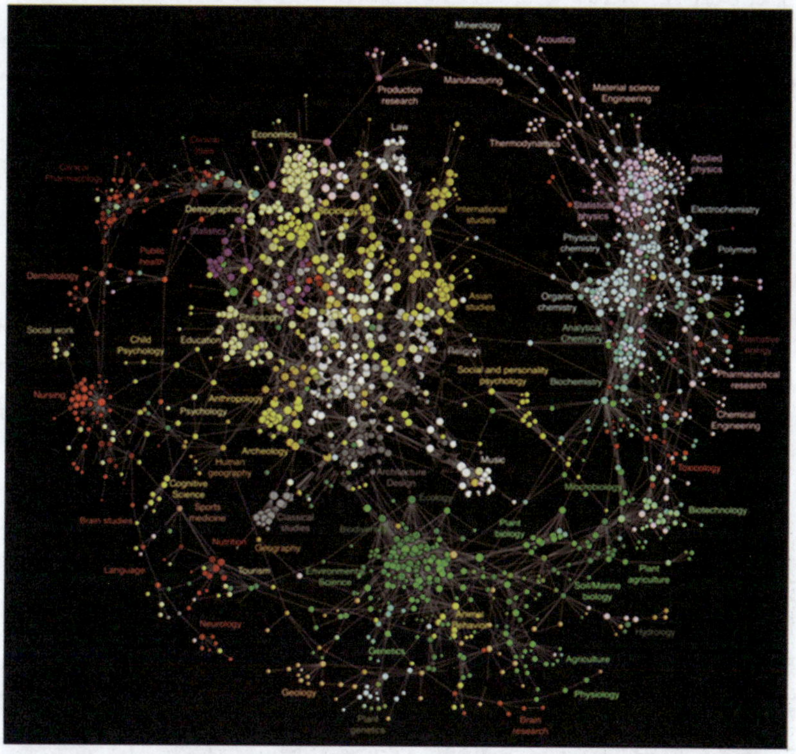

图 20-22　期刊的聚类

如果把这幅视觉化的科学地图比喻成一个轮子，以期呈现出一个形象化的坐标图，轮子的中心由一个大型集群且内部紧密相连的社会科学和人文学科期刊（白色、黄色和灰色）组成。所分出的学科领域包括国际研究、亚洲研究、宗教、音乐、建筑和设计、古典研究、考古学、心理学、人类学、教育、哲学、统计学、社会学、经济学和金融等。图中的点表示某一具体的学科，而点与点之间的连线则表示用户在浏览前一个学科后点击进入另一门学科领域查看相关内容，以此来反映这两门学科之间的关联。轮的外侧状况则是源于自然科学期刊之间无数的连接（红、绿、蓝）。从（顺时针方向）下午 1 点的折角开始，轮子扫过的区域包含物理、化学、生物学、大脑研究、医疗保健和临床研究等期刊。最后连接中央枢纽与外缘期刊的辐条也同样被勾勒出来。

此外，地图边缘的期刊之间的连接横跨多个领域。例如，替代能源（时针 3 点的位置）

连接到医药研究和化学工程，进一步体现了它本身又与毒理学研究和生物技术相连。大脑研究（时针 6 点的位置）与遗传学、生物学、动物行为、社会心理学和人格心理学相连。人文地理研究则连接到地理、植物遗传学以及农业。还有一些学科则与社会科学和自然科学有联系。例如，生态和生物多样性（时针 5 点的位置）既可以连接到生物学领域，又可以连接到架构和设计这一领域。生产和制造（时针 12 点位置）与物理学和工程学以及经济学相连接。

目前几乎所有的科技文献检索和阅览都是通过互联网完成的。各大出版商或科学文献数据库的服务器会记录下每一次浏览和下载，这样的数据流更能反映某一学科的活跃和受关注度。基于这样的方法，Bollen 等人给出了如图 20-23 所示不同领域的期刊分布图。在图上找到“建筑设计”（它与“音乐”离得不远，距“生态学”也很近）。在这张地图中，中央偏上的那一片黄、白点纠结缠绕的区域主要是社会科学的势力范围，而左边红色圆点聚集的区域大抵是生理学、医学的势力范围；它们与社会科学之间有比较紧密的联系。与之相对，右边青色圆点聚集的区域是物理、化学等研究范畴，与社会科学之间有一大片的空白区域。最有意思的是位于地图下方的那一片绿色圆点聚集的区域，主要是各种与环境相关的学科。它们左接红区、右接青区，而与黄白区的社会科学之间的纽带，正是“建筑设计”。

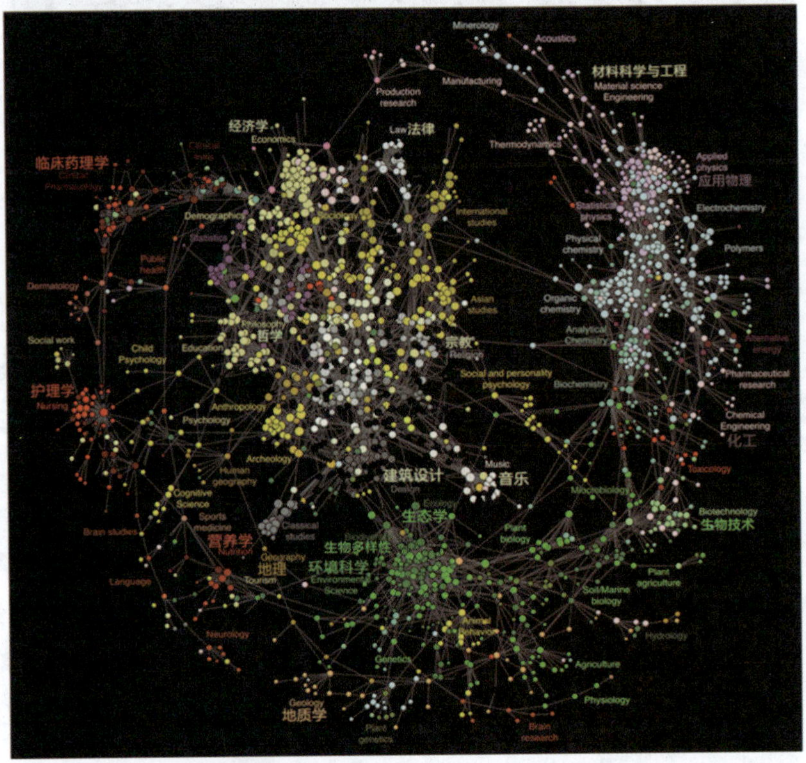

图 20-23　不同领域的期刊

图 20-24 所示自然科学和社会科学的期刊，它们分别用醒目的蓝点和黄点来区分。这样可以清楚地看到中央的社会科学和环绕的自然科学。同时，在左侧，自然科学与社会科学交织在一起，而右侧，则是纯粹的自然科学。在中下部位环境科学从自然科学中向社会科学突出的尖端，正是建筑设计的所在。

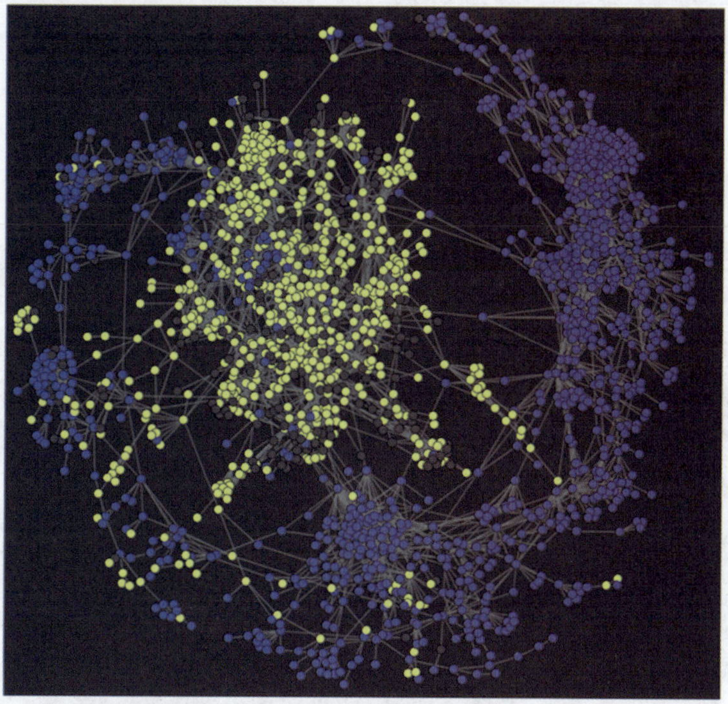

图 20-24　自然科学和社会科学领域的期刊

但这只是“建筑设计”，并不包括“建筑工程”。实际上作者并没有在这张图上标出“建筑工程”的位置，估计是位于右边的纯蓝区域里。建筑被拆分成艺术与工程两块，并且这两块在人类认知体系中相隔遥远。因为建筑中既有属于艺术的创作部分，也需要自然科学技术的支持。而 Bollen 的地图中建筑设计与建筑工程的隔阂，则反映出这样一个现象：结构工程师很少关心建筑师在做什么、想什么；建筑师亦然。

需要说明的是，Bollen 制作的这个地图是从可视化的角度来呈现学术活动结构的，而不带有强制的规定性。该图仅仅是基于网络用户点击流的基础上来演示学科之间的一些已客观存在的联系，而不是妄图去证明这些联系。通过点击流数据地图可以获得许多信息。例如关于科学的点击流地图就可以通过用户的点击流量来揭示科学领域里面正在发生什么，并以图表的形式呈现出来，不仅可以帮助锁定新兴发展的学科与知识，帮助研究人员探索各种学科之间的关系，而且点击流地图通过搜索与推荐量的统计就可得到网络拓扑结构的各种参数，并以此给期刊排名，这样，研究人员就可以很快找到自己感兴趣的学科领域里有影响力的期刊。

7. 百度通勤地图

百度地图利用 LBS 开放平台，为城市的通勤状况绘制了动态的中心变化图。

以北京通勤图为例，其中依照时间顺序，分别统计以“中关村”“西二旗”“国贸”和望京为中心的通勤热点区域，24h 人群流入和留出的来源以及变化情况。

在图 20-25 的通勤地图中可以看到，在早上 10：00 左右，中关村地区流入的人群达到极大值，来自京城东西南北四个方向的人流汇聚到这里，最远甚至有六环外的上班族。

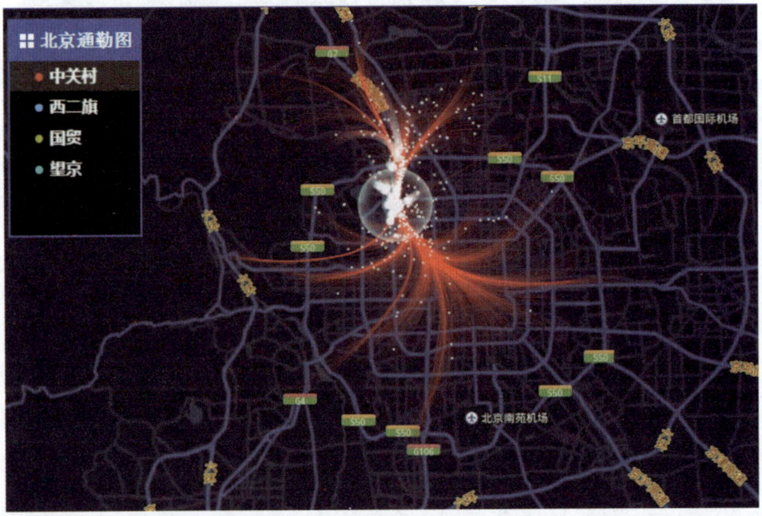

图 20-25　百度通勤地图之中关村

在图 20-26 的通勤地图中可以看到，在早上 11：00 左右，国贸地区流入的人群达到极大值，来自昌平、顺义、大兴、亦庄，以及非常明显的通州方向的人流聚焦于此，在这些方向上的通勤流量密度较高，人群较集中。

在通勤地图网页上可以看到，随着时间流逝，人们聚集到上班地点，而后又从这里散去回到家中的动态过程，清晰指明了在大都市里，上班族通勤的规律、规模和行程范围。

信息可视化图是一种独特的可视化方式，源于数据可视化，但更侧重用图形表现复杂的信息和逻辑关系，这样可以通过图片特有的美观和趣味性，吸引读者通过最优表现形式理解内容。

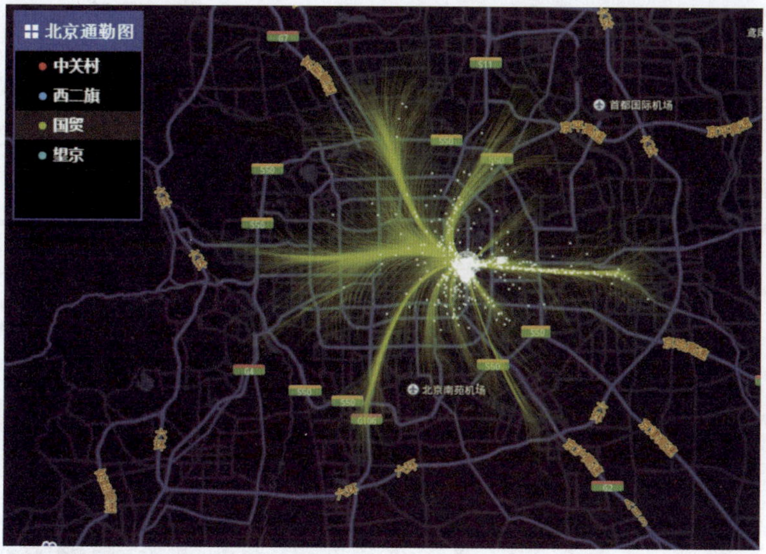

图 20-26　百度通勤地图之国贸

三、可视化的基本方法与思路

数据可视化主要通过图表的形式表现出来，是以凝练、直观和清晰的视觉语言，通过梳理数据构建图形、通过图形构建符号、通过符号构建信息，以视觉化的逻辑语言对信息进行剖析视觉传达方式。图表按照形式特点可分为关系流程图、叙事性图表、树形结构图、时间分布类图及空间结构图五种类型。

关系流程图将事物关系通过图形表现出来，可以将用语言难以表述清楚的东西简单清楚呈现出来，并迅速地找到表述亮点或表述事件的主干。这种流程图一般用于互相有关联的一系列数据。叙事性图表揭示时间维度，随着时间的推移，信息也不断有变化，用于描述事物发展变化的数据。树形结构图具有非常有序的系统特征，可以把数据通过分支梳理的方式表达清楚，运用分组，每组再次分类的主体框架表示主从结构，让数据与示意图有效地结合在一起，可用于层级数据的分析。时间分布类图是以时间轴为中心加入文字数据，挑选重要事件点解读，可以使画面精美，加深理解力度。空间结构图运用设计语言把繁杂结构模型化、虚拟化，用形象的三维空间结构表示清楚数据特点。上述两种结构图主要用于按时间和空间变化的数据。

将数据用上述图表展现的可视化基本方法主要有以下六种。

1. 面积和尺寸可视化

对同一类图形（例如柱状、圆环和蜘蛛图等）的长度、高度或面积加以区别，来清晰地表达不同指标对应的指标值之间的对比。这种方法会让浏览者对数据及其之间的对比一目了然。但需要留意的是制作这类数据可视化图形时，要用数学公式进行计算，来表达准确的尺度和比例。图 20-27 所示的为应用面积和尺寸可视化处理的图表示例。

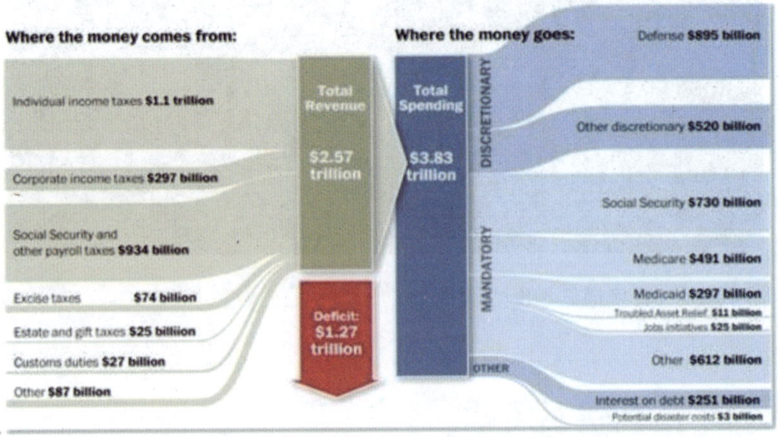

图 20-27　美国联邦预算剖面图

2. 颜色可视化

通过颜色的深浅来表达指标值的强弱和大小，使用户一眼看上去便可从整体上看出哪一部分指标的数据值更突出。图 20-28 所示的就是用颜色可视化方法绘制的美国手机用户城市分布图。图中红点是用 iPhone 的人，绿点是用安卓的人。左图是美国一个城市的情况，右

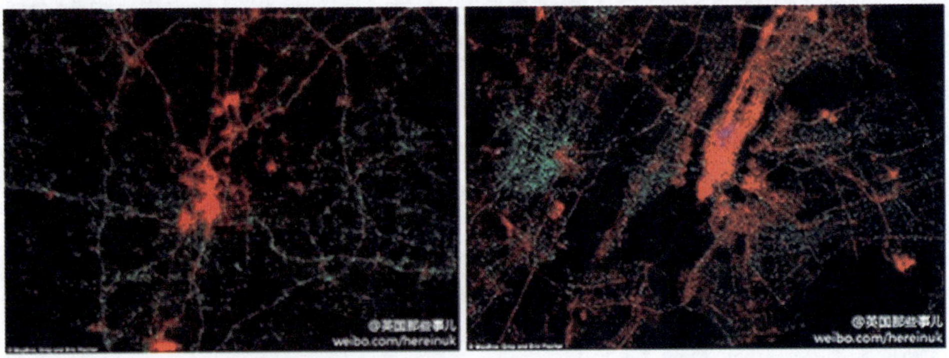

图 20-28　美国手机用户城市分布图

图是纽约的市中心。通过颜色可视化可以清楚看出来在市中心和主干道的人用 iPhone 居多，而用安卓的人都在郊区。

3. 图形可视化

在我们设计指标及数据时，使用有对应实际含义的图形来结合呈现，会使数据图表被更加生动地展现，更便于用户理解图表要表达的主题。可将指标值用柱形图的长度或高度来表现大小，并将指标用与其含义相近的图形来表示，最后借助场景来表现指标之间的关联特征。图 20-29 所示的性别分布线性可视化过程用图形可视化方法绘制。

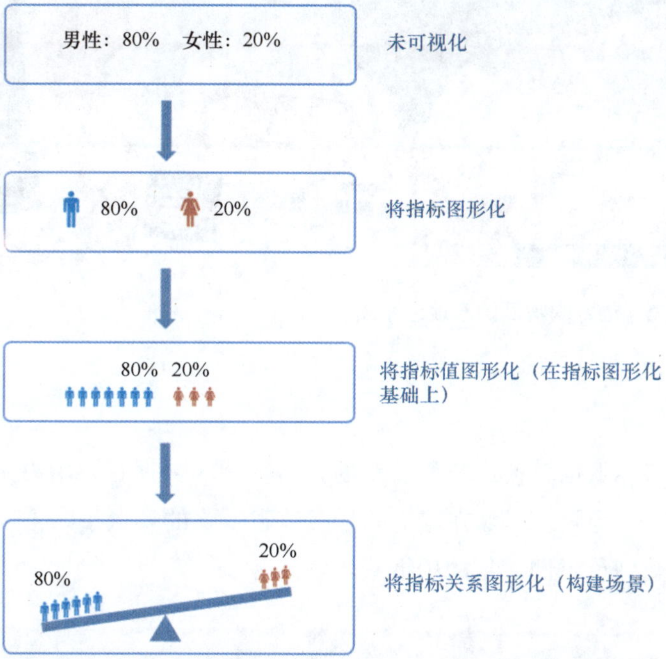

图 20-29　性别分布线性可视化过程

4. 时间、地域可视化

时间可视化就是通过时间的维度来查看指标值的变化情况，一般通过增加时间轴的形式，也就是常见的趋势图。地域可视化是当图表存在地域信息并且需要突出表现的时候，可用地图将空间可视化，地图作为主背景呈现所有信息点。如图 20-30 所示美国最好啤酒产地分布，它清晰直观地展现了不同州所产啤酒在 1987 ~ 2007 年间在美国啤酒节中获得的奖牌累计总数。

图 20-30　美国最好喝啤酒的产地分布图

5. 概念可视化

通过将抽象的指标数据转换成我们熟悉的容易感知的数据时，用户便更容易理解图形要表达的意义。图 20-31 为厕所里贴在墙上的号召节省纸张的环保小贴士，用了概念可视化的方法让用户清晰感受到员工们一年的用纸量之多。

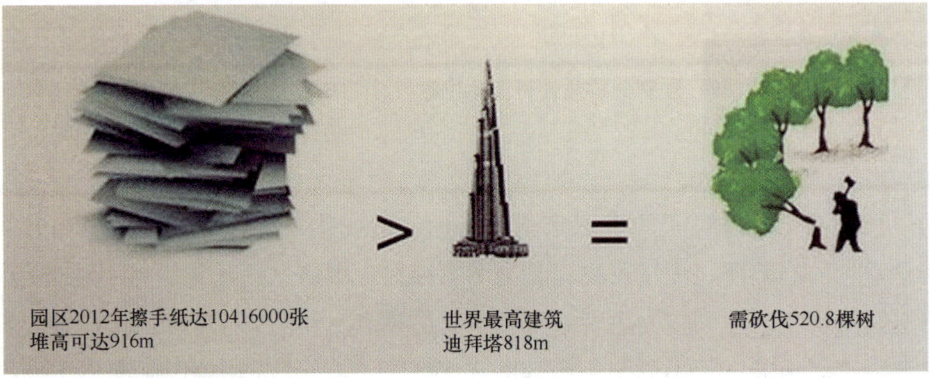

图 20-31　用厕纸量概念可视化

6. 动态可视化

数据图形化完成后，可结合实际情况，将其变为动态化和可操控性的图表，用户在操控过程中能更好地感知数据的变化过程，提升体验。通过交互和动画两种方法来实现动态化。如图 20-32 所示用 Gapminder World 来分析的经济格局和人均寿命的动态变化，通过随时间播放的功能可直观感受到所有数据的变化。

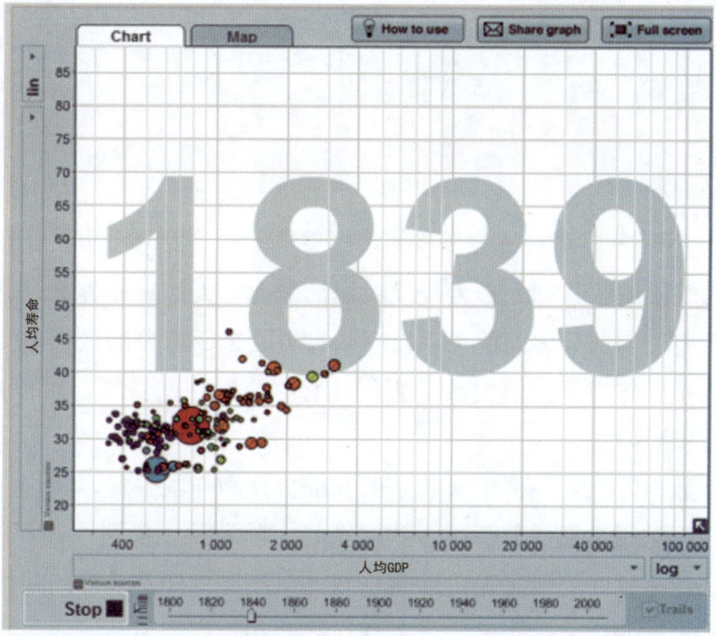

图 20-32　用 Gapminder World 来分析的经济格局和人均寿命的动态变化图

数据可视化形式多样，其思路和绘制方法也不尽相同，但所有的数据可视化的方法主要包括两个层次：一是能够整体展示大的图形轮廓，让用户能够快速地了解图表所要表达的整体概念，二是再以合适的方式对局部的详细数据加以呈现。在进行可视化的过程中，以上的 6 种方法经常混用，通过这些方法实现图表创意、高吸引度与视觉亮点、简洁明了、用图说话的可视化特征。

第二十一章 大数据的应用思维

一、整体思维

传统数据时代，没有收集和处理大规模数据的能力，人们只能尝试，通过认识部分，来认识整体。就利用整体与部分之间的关系发明一种方法来用部分的数据证实尽可能重大的发现。这种方法利用了整体与部分的关系，部分具有整体的一些特征，可以从部分认识整体。这就是统计学的基本思路。

在统计大规模数据时，人们会选取其中的一部分作为样本，对样本进行分析，从而达到对整体数据的推算，这就是采样分析法。抽样统计。随着认识的进一步深入，人们意识到，采集的样本并不是越多越好，而是随机性与精确性成正比，样本选择的随机性比样本数量更重要。从此，随机采样变得非常重要，成为现代社会和现代测量领域的主心骨。

因此，随机抽样一直公认为是一种最有效率的数据分析方法，抽样的目的是用最少的数据得到最准确的信息。而随机分析采用的样本虽具有代表性，但是不能包括整体的特征，也不能帮助人们了解更深层次的细分领域。

在大数据时代，大数据收集分析处理技术使获得接近于整体的数据越来越容易。从数据收集技术方面看，互联网、移动互联网、物联网的广泛应用使网站点击、手机导航传感器以及社交网站能够实时产生海量数据。而大数据技术可以对这些数据进行实时处理，这将出现大数据时代样本 = 总体的“全数据模式”。在某些特定的情况下，虽然依然可以采用样本分析法，但这不再是我们分析数据的主要方式。

总体思维简而言之就是将全部的数据进行总体分析，从中发现数据所揭示的细节信息，从不同的角度更全面地观察和研究数据的方方面面，分析并用于产生实际价值。通过大数据的总体思维分析可以从中预测未来的发展趋势，而且数据量越大，真实性也越大，结果越可靠。

大数据以所有样本为研究对象，而非抽样数据，这反映了以整体性眼光把握对象和研究问题。整体性是事物系统的本质特性，没有整体性就无法维持系统自身的存在及其发展。

不难发现，大数据相比于样本数据的最大优点是，具有巨大的数据选择空间，可以进行多维、多角度的数据分析。更为重要的是，由于大数据的大体量与多样性，样本不足以呈现的某些规律，大数据可以体现；样本不足以捕捉的某些弱小信息，大数据可以覆盖；样本中被认为异常的值，大数据得以认可。这将极大地提高我们认识现象的能力，避免丢失很多重要的信息，避免失去很多决策选择的机会。

二、相关思维

因果关系是解释客观世界事物普遍联系中先后相继、彼此制约的关系。人们在生活中、工作中解释事情的原因和来由经常使用因果关系是非常普遍的，由此，可以看出因果关系在我们的思维模式中占据着非常高的地位。

在大数据时代到来的今天，许多数据中发现的事实难以通过因果关系来解释，这时我们可以考虑用相关关系来尝试解释它们。大数据可以帮我们越过因果关系，直接提取相关性。

由于从因果思维向相关思维的思维方式的转变，避免研究因果思维而产生的复杂性和错误，减少分析成本并提高分析准确率，也让我们注意到以前不曾注意到的联系，提供新的视角，快速清晰地揭示事物的规律。

相关思维在传统数据时代经常使用，但在大数据背景下，相关思维得以大放异彩。相关思维不同于因果思维，不追究“为什么”，而寻求“是什么”。通过关联物来分析一个现象，而不是揭示其内部的运作机制。

从应用层面来看，商业企业作为大数据应用的重要领域，其核心目标是实现利润的增长，因此，其在数据分析与挖掘中的核心任务是探测何种经营策略与利润增长具有相关性，而并不必然要求探究经营策略与利润增长之间的因果关系，即“从数据到价值”的商业范式，而非“从数据到信息再到知识”的科学范式。综合来看，可以肯定，大数据相关分析已经成为大数据分析与挖掘的核心科学问题与关键应用技术。

在传统数据的世界，由于数据不完整，只能借助于关联物或建立在假设基础上考量数据的相关性，即便如此，也常常无法甚至错误地建立数据的相关性。在大数据背景下，特别是具有整体性大数据，相关性分析会更准确、更快，而且不易受偏见影响。

相关性思维将事物与其周边事物联系起来进行考察，既注重内部各部分数据之间的相互作用关系，又重视大数据与其外部环境的相互作用关系，通过数据的重组、扩展和再利用，突破原有的框架，开拓新领域，发掘数据蕴含的价值。

另一方面，目前在大数据领域，广泛存在着矫枉过正的倾向，过于强调相关性，甚至将相关性和因果性对立起来，否认后者的意义，这是片面的。

但是，我们仅仅停留于知道“是什么”是不够的，还必须知道“为什么”，正所谓“知其然，更要知其所以然”，只有这样才能更好地理解“是什么”，因此探求“是什么”背后的原因始终是人类探索世界的动力。

如果我们只知道相关关系而不知道因果关系，那么数据分析的深度只有一半，一旦出现问题或疑问就无从下手。而如果我们知道了因果关系，就可以更好地利用相关关系，就可以更好地掌握预测未来的主动权，就可以帮助我们更科学地进行决策。当然，因果分析是困难的，正因为困难，所以要以相关分析为基础，要更进一步利用好大数据。相关分析与因果分析不是互相对立的，而是互补的，两者必须并重。

三、容错思维

大数据的基本特征就决定了必须采取容错思维。

在传统数据时代，由于收集的样本信息量比较少，所以必须确保记录下来的数据尽量结构化，精确化，否则就“差之毫厘、谬以千里”。但大数据时代，必须要有所改变。前面已经提到，与传统数据相比，大数据不仅体量大、变化快，而且其来源、类型和量化方式都发生了根本性的变化，使得数据杂乱、多样、不规整。

从来源上看，传统的数据收集因为具有很强的针对性，因此数据的提供者大多是确定的，身份特征是可识别的，有的还可以进行事后核对。但大数据通常来源于物联网，不是为了特定的数据收集目的而产生，而是人们一切可记录的信号，并且身份识别十分困难。从某种意义上讲，大数据来源的微观基础是很难追溯的。可以说，大数据是杂乱、不规整、良莠不齐的，但我们不能因此而回避它、拒绝它，只能接纳它、包容它。我们需要将统计研究的对象范围从结构型数据扩展到一切数据，需要重新思考数据的定义和分类方法，并以此为基础发展和创新统计分析方法。

容错思维是指随着大数据时代数据量不断增加，一些错误的数据也混进数据库，忽略这些错误数据，容许一定程度的错误与混杂的计算思维模式。这种模式与传统数据时代的精确思维相反。

而在大数据时代，得益于大数据技术的突破，大量的非结构化、异构化的数据能够得到储存和分析，传统分析方法只能处理5%的结构化信息，而剩下的95%的非结构化数据都需要大数据的容错思维才可以解决。只有接受不准确性，才可以处理大量的数据，也会发现其中很多没有被关注到的细节。

当拥有了大量复杂的数据时，精确性就不那么重要了，同样也可以掌握事情发展的趋势，接受数据的不精确性，反而能够更好地进行预测和理解事情发展走向。从大量混杂的数据中，可以获得传统方法所不能发现的细节特征，其产生的商业利益远远超过增加精确性所带来的效益，也能进一步揭示事实的真相，并且在宏观层面拥有更好地知识和洞察力。

从哲学的层面来看，精确性与模糊性本来也是相对的，也是辩证统一的，具有讨论的适用范围。只有在一定的条件下，精确性才有意义，在另一种条件或不同的层次上，可能又是模糊的。精确和模糊相互包含和转化，精确的信息来自于模糊的。精确以否定模糊为前提，但它的目的是消除模糊，接受模糊，是为了得到精确。

四、多样思维

在传统数据时代，人们获取数据和处理数据都不是那么容易，因此大数据时代真正体现了百花齐放的多样性，而不再是传统数据时代的单调乏味的统一性。多样性，即承认世界的多样性和差异性，由原来的典型性和标准化到如今的“怎样都行”，一切都有存在的理由，真正做到了“存在的就是合理的”。

传统数据基本上是结构型数据，即定量数据加上少量专门设计的定性数据，格式化，有标准，可以用常规的统计指标或统计图表加以表现。但大数据更多的是非结构型数据、半结构型数据或异构数据，包括了一切可记录、可存储的信号，多样化、无标准、难以用传统的统计指标或统计图表加以表现。同时，不同的网络信息系统有不同的数据识别方式，相互之间也没用统一的数据分类标准。再者，现在有的数据库是非关系型的数据库，不需要预先设定记录结构即可自动包容大量各种各样的数据。

五、智能思维

大数据时代最关键的思维转变是从自然思维转向智能思维，随着互联网的不断发展和机器自动化水平的提高，自动控制、人工智能和机器学习等新技术也不断发展。智能思维是指让机器能使用语言，形成抽象概念和观念，拥有人类所独有的解决问题的能力并可以完善自己的思维模式。

随着物联网、云计算、社会计算、可视技术等的突破发展，大数据系统也能够自动地搜索所有相关的数据信息，并进而类似“人脑”一样主动、立体、逻辑地分析数据、作出判断、提供洞见，具有了类似人类的智能思维能力和预测未来的能力，这也造成了大数据思维模式向智能化转变。应用智能化思维可以不断提高机器或系统的社会计算能力和智能化水平，从而获得具有洞察力和新价值的东西。

但目前人类思维和智能思维还存在着巨大差异，智能思维主要是通过收集一些相关的数据，通过统计学习等方法提取一些规则来解决问题的思维方法，而人脑则是一个不断学习、不断进化的信息处理系统，人类思维具有高度的自组织、自主学习和自我演化的能力，这点却是智能思维最缺乏的。因此在未来，使智能思维拥有人类思维一样的自主学习能力是大数据发展的主要方向。现代科学技术为这个发展提供了重要的依据，科学已经能够支持在脑区尺度、甚至深入到神经元及其以下的尺度来观测脑信息处理的部分过程。在多尺度下对人脑信息处理过程进行研究，并探索、总结其中的原理与机制，这样智能思维才有可能让机器获得接近人类的思维能力。

六、开放思维

大数据系统相对传统数据系统，其中一个主要的区别在于，前者包含了很多外源性数据，而后者不包含。随着现在各行各业都不断产生着海量、多种维度的实时大数据，传统产业的边界越来越模糊，多元的数据促使着数据的跨界融合。这种融合使得大数据不只是提供简单的服务，而是通过技术的不断发展与创新，以及在行业中的不断渗透，为客户创造更多价值。利用大数据的开放思维可以留意到不同行业的结合点，并得到不同事物的发展规律，利用一个行业的大数据可以指导另一个行业的发展情况，用以提高收益。

从经济学的角度讲，数据具有强烈的外部性。跨界关键要发挥数据的外部性，实现数据的跨域关联和跨界应用。例如分析国家电网智能电表的数据可以了解企业和厂家的用电情况，判断经济走势；分析淘宝用户的支付数据可以评估用户的信用，帮助银行降低借贷风险；分析移动通信基站的定位数据可以反映人群的移动轨迹，用于优化城市交通设计；分析微信和微博上的朋友关系和内容信息可以用于购物推荐和广告推送。

因此，用自身业务产生的数据，去解决主要业务以外的其他问题，大胆颠覆式创新，或引入非自身业务的外部数据，解决自身遇到的问题，将产生远大于简单相加的巨大价值！这要求我们既是专才又是全才。专才，要求把数据自身的特性即长板发挥到极致，而全才则要求清晰地知道相关领域的协作数据集和需求，还需考虑数据之间连接点的创新，更要随时准备好为协作数据集提供支持，从而实现跨界创新和超越自我。

开放是大数据得以存在和发展的首要条件和本质特性，政府、企业和个人需要克服封闭和保守思想，树立数据开放、共享和共赢的意识。数据只有在不断应用中才能增值，通过各方数据的协同创新，才能产生聚变效应。

七、资源思维

大数据已经被当做资本、劳动力和自然资源以外的第四种生产要素。科技与经济深度融合已经成为经济社会发展最显著的特点。新一轮的信息技术与产业、经济和社会的深度融合使人类社会正逐渐走向数据经济的时代，大数据日渐成为社会发展的战略性资源和资本要素。

从资源应用角度看，大数据是一种海量的数据状态以及应对这种状态的处理技术工具，还是未来社会的一项重要基础设施。工业时代的基础设施是铁路、公路、航空以及水、电等，大数据、云计算和数据中心却成为新一代的基础设施。

大数据时代的资源思维是指将各种各样的数据信息均看作为资源。资源包括文字、图片、视频、音乐等各种形式数据，也包括 IT 行业、电商行业、金融行业、制造业等不同行业所产生的数据。资源思维是利用所有可获得的不同种类、不同行业的数据资源进行大数据分析并指导生产活动的思维模式。

现在人人都无时无刻不在产生着数据，通过手机等移动设备可以随时将各种信息变成数据传入互联网，互联网将这些海量复杂的数据进行传输和存储，这些大数据都是实时的数据资源，如果公司能及时分析这些数据，总结其中的规律，就可以取得更大的收益。但目前不同行业利用的数据资源大部分还是来自于行业内部，跨行业的数据资源还未得到充分的利用。因此，在未来，要想利用大数据分析来取得有效的价值，就需要不断提高资源思维意识，将一切数据资源都看作是可利用的，充分挖掘大数据现象后的本质。

第二十二章 大数据应用中的隐私与信息安全

一、"棱镜门"引发的危机

大数据时代的到来，信息数据经历了前所未有的爆炸式增长，每个人都无时无刻不在产生着大量实时数据。每当我们安装一个手机客户端时，软件都会要求读取通讯录信息、位置信息等；当我们使用电商网站服务时，经常需要填写真实姓名、出生年月、家庭住址、联系电话等个人信息。因此，商业网站掌握着我们的购物习惯；银行等金融服务部门掌握着我们的资产信息和资金往来情况；社交网络运营商掌握着我们衣食住行的各种细节。研究这些数据并挖掘其中的价值可以为人们提供看待世界的新视角，带来无可估量的经济效益的增长，也是现代社会发展的必然趋势。但是在收集数据带来效益的同时，也必然会涉及许许多多的个人隐私信息，如果对这些收集数据的行为不加以规范，一旦与互联网传播相结合，将会导致公众安全和侵害个人隐私的隐患。

隐私安全问题在前几年被炒得火热的"棱镜门"事件中引发了强烈关注。事件起因是2013年6月美国中情局前职员斯诺登对"棱镜"窃听计划进行爆料，棱镜计划始于2007年的小布什时期，美国情报机构一直在微软、雅虎、谷歌、Facebook、PalTalk、YouTube、Skype、AOL、苹果这九家美国互联网公司中进行数据挖掘工作，从音视频、图片、邮件、文档以及连接信息中分析个人的联系方式与行动。监控的类型有10类：信息电邮、即时消息、视频、照片、存储数据、语音聊天、文件传输、视频会议、登录时间、社交网络资料的细节。计划包括两个秘密监视项目，一是监视、监听民众电话的通话记录，二是监视民众的网络活动。

"棱镜门"事件的规模和影响之大牵涉到全球公民的隐私安全，也引发了全球互联网和通信领域的信任危机。因此，在利用数据产生价值的同时，如何有效地对个人隐私方面进行保护是亟需解决的重要问题。

二、大数据时代的隐私挑战

大数据作为一种革命性的新技术形态，对隐私保护提出了独特的挑战。

实际上，隐私与新技术变革之间的冲突贯穿着整个信息技术的发展史。19 世纪以报纸为代表的新型媒体是最早披露个人隐私的信息技术，这类隐私泄露通常利用法律进行保护；20 世纪 60 年代，信息技术的革新使得大型计算机开始挑战人们对隐私的传统观念，针对这类隐私威胁常采用密码技术进行保护；21 世纪前 10 年，网络技术和社交媒体的蓬勃发展使得个人隐私无处可藏，这类隐私泄露通常利用匿名化技术和模糊化技术进行保护。过去这些隐私与新技术之间的冲突往往集中于单一的小数据。模糊化、匿名化、加密、密码学等是防止小数据上隐私泄露的常用技术。

然而，这些技术是基于某些特定的攻击假设和背景知识才能够生效的，是对隐私的被动保护。大数据的大规模性、高速性和多样性等特征，使得它不同于小数据。上述提到的针对小数据的隐私保护方法在大数据上存在着很大的局限性：大数据的多样性带来的多源数据融合使得传统的匿名化和模糊化技术几乎无法生效；大数据的大规模性与高速性带来的实时性分析使得传统的加密和密码学技术遇到了极大的瓶颈。此外，大规模性数据采集技术、新型存储技术以及高级分析技术使得大数据的隐私保护面临更大的挑战。

在大数据环境下，移动轨迹通常蕴含着丰富的个人敏感信息，例如家庭住址与行为模式等，如有研究表明，在 150 万条匿名后的个人移动轨迹数据中，在不依赖外部背景知识的前提下，随机给出 2 个时空数据点，可以甄别出 50% 的个人敏感移动轨迹；随机给出 4 个时空点，被甄别出的敏感轨迹数据可达到 95%。在基因大数据中，基因序列隐含着个人疾病情况。即使对基因工程中十万个志愿者的邮政编码、出生日期与性别进行了匿名化操作，然而通过把基因序列数据与公共选民信息融合后，仍可重新甄别出 84% ~87% 志愿者的身份。

此外，涉及个人隐私的信息并非自愿上传。互联网上很多信息并非是个人自愿上传的，尤其是行为数据，如个人的网页浏览记录、搜索记录等，被无时无刻监控。同时，移动互联网发展迅速，无论在何时何地，手机等各种网络入口以及无处不在的传感器都会对个人数据进行采集、存储、使用，而这一切都是在用户无法控制的情况下发生的。

跟踪数据流动很难。云服务等新技术的广泛应用导致跟踪数据流动很难，云服务中用户无法知道数据确切的存放位置，用户对其个人数据的采集、存储和使用难以有效控制。同时，云环境下数据的传输、存储面临更多的安全威胁，网络攻击、信息窃取等安全事件频繁爆发，存在较大信息安全隐患。

因此，在大数据时代下，保护数据中隐私信息有着独特的意义，传统的隐私保护理论和技术已经无法涵盖大数据隐私的内涵，有必要对大数据隐私保护问题进行重新思考与定位。

三、隐私相关的立法状况

大数据时代催生了各国对于加强个人隐私保护的强烈需求，很多国家或地区已经着手加强立法，应对网络环境下的个人信息保护问题。

1. 欧盟

欧盟现行的《数据保护指令》颁布于 1995 年，是欧盟数据保护规章的核心，规定了一系列需要所有成员国实施的规则。随着网络信息技术的日新月异，现行的《数据保护指令》内容有些过时。2012 年 1 月，欧盟委员会向欧洲议会和欧盟成员国部长理事会提交了一个全面的数据保护立法改革提案，加强网络信息安全保护。该提案立法精神有四大支柱：一是建立全欧洲统一的数据保护法律，改变各国根据《数据保护指令》各自立法具体实施有差别的问题；二是对于在欧洲市场经营但非欧洲本土的公司，同样要求其必须遵守欧洲数据保护法律；三是赋予个人一项被遗忘的权利（ the right to be forgotten)，如没有法定原因保留，个人有权要求删除涉及个人隐私的数据，包括互联网搜索服务商提供的有关个人数据的链接；四是明确单一数据保护监管机构处理机制，个人和企业均可以在本国数据保护监管机构处理涉及欧盟区域其他国家的数据保护诉讼事件，为个人和企业提供便利。

2. 美国

1974 年出台的《隐私法》是美国个人信息保护方面最重要的联邦法律，也是美国个人信息保护的综合性法律，为其他具体领域的个人信息保护确立了基本原则和权利体系。美国目前尚未针对网络环境下隐私保护问题进行专门、系统地立法，涉及网络隐私保护的联邦立法中影响较大的是 1986 年颁布的《电子通信隐私法案》，规定了通过截获、访问或泄漏保存的通信信息侵害个人隐私权的情况、例外和责任，禁止“向公众提供电子通信服务”的供应商将服务过程中产生的通信内容提供给任何未经批准的实体。此外，涉及隐私保护的法律还有 1970 年的《公平信用报告法》、1998 年的《儿童网络隐私保护法》等。

2012 年 2 月，美国白宫发布了《网络世界中消费者数据隐私：全球数字经济中保护隐私及促进创新的框架》，介绍了《消费者隐私权利法案》7 项原则，包括网络用户有权控制哪些个人数据可以被收集和使用，企业必须负责任地使用用户信息等，同时，督促多方利益主体参与推动执行，要求联盟贸易委员会加强执法。这项措施是政府一项更大规模的旨在改善网络隐私工作的一部分内容，互联网公司可以自愿选择是否采用这些原则，但公开承诺过遵守这些原则但事后又违反原则的互联网公司将面临强制诉讼。

3. 中国

在我国，关于隐私权的保护已经有了一些明确的法律规定。在《宪法》的第三十八条规定指出“中华人民共和国公民的人格尊严不受侵犯”，第三十九条规定指出“中华人民共和国公民的住宅不受侵犯”，第四十条规定指出“中华人民共和国公民的通信自由和通信秘密受法律保护”。《民法通则》第一百零一条也规定“公民、法人享有名誉权，公民的人格尊严受法律保护，禁止用侮辱、诽谤等方式损害公民、法人的名誉。”除此之外，还有《治安管理处罚法》《侵权责任法》《民事诉讼法》以及《刑事诉讼法》等法律也同样规定了侵权人应该承担的法律责任和对个人隐私的保护政策。

在 2014 年 10 月 10 日最高人民法院审议通过《关于审理利用信息网络侵害人身权益民事纠纷案件适用法律若干问题的规定》。法规的第十二条提出网络用户或者网络服务提供者利用网络公开自然人基因信息、病历资料、健康检查资料、犯罪记录、家庭住址、私人活动等个人隐私和其他个人信息，造成他人损害，被侵权人请求其承担侵权责任的，人民法院应予支持。在法律上进一步给予公民个人隐私的保护。

虽然我国已经制定了很多法律保护公民的隐私安全，不过目前我国并未建立一个完善可操作性的个人信息法律保护体系。因此，我国在保护公民隐私安全的问题上还应尽快制定统一的个人信息保护法，以明确个人信息的权利便捷，个人信息收集及使用者的责任、义务及侵权救济等问题，同时完善个人信息保护法律的配套实施细则、法律解释，增强个人信息法律保护的可操作性，加大监督检查执法力度，加强企业对个人信息泄露的问责机制和处罚力度。也希望能单独制定一项与大数据和互联网有关的隐私保护条例，加强大数据对泄露隐私问题的法律保护。

除了国家法律的规定和保护隐私权这个解决措施之外，还需要各个企业加强用户隐私的保护意识。作为企业，在享受大数据带来的利益同时，也应该担负起保护用户隐私的职责。这就需要企业把收集到的用户数据进行安全存储和传输，并且在使用用户信息的时候要让用户有知情权和选择权。苹果 CEO 蒂姆 · 库克在美国总统奥巴马举行的网络安全峰会上发表演讲时也呼吁政府和企业联合起来保护消费者利益，这势必会更强有效地防范个人信息的泄露，加强个人隐私的保护。

四、隐私和信息安全的保护建议

个人隐私是指公民个人生活中不愿为他人公开或知悉的秘密，如个人的私生活、日记、相册、生活习惯、通信秘密、身体缺陷等。公民享有隐私权，隐私权是自然人享有的对其个人的，与公众利益无关的个人信息、私人活动和私有领域进行支配的一种人格权。对上述的个人隐私公开或利用个人隐私进行违法犯罪的活动就侵犯了个人隐私权。

为了在互联网上对个人隐私进行极大限度的保护，需要做到以下几点：

首先，不要在网络上提交不必要的个人信息。

然后，使用安全的密码，并且进行分级。一定要使用足够长度和复杂度的密码对自己的账号进行保护，并且对不同安全级别的账号使用不同的密码。

最后，保障个人电脑的安全。自己使用的电脑，要有足够的安全设置，打上最新的操作系统补丁，启用防护墙，安装杀毒软件，不要访问任何钓鱼网站等。

在保护个人隐私方面，我们每个人都需要不断加强防范意识。但仅仅依靠个人的防范保护不能从根本上解决隐私安全问题，还需要从法制建设、技术创新、监督管理、行业自律等多层面进行配套制约，建立长效机制。其中，利用国家法律法规将我国大数据发展过程中产生的个人隐私保护问题落实到实处才是最重要的解决措施。

第二十三章 大数据的应用建议

一、理念上统一认识

无论应用者是政府、企业或其他机构应用大数据。首先，要建立大数据理念，将大数据作为具有战略意义的工作、影响组织关键发展的高度来认识。如同马云所讲“如果你不参与整个大数据的建设，如果你不参与大数据技术、云计算，不把自己的企业真正变成一个互联网的制造业，我相信你一定会像今天一样抱怨和埋怨”。

大数据建设是一项有序的、动态的、可持续发展的系统工程，必须由决策层开始，进行大数据顶层设计，实施大数据发展战略，建立良好的运行机制，以促进建设过程中各个环节的正规有序，推进社区应用和网络资源整合，建立长效的部门间信息共享机制，提高协同管理和综合服务能力。

在决策时，从整体、生命周期的角度，去衡量成本。不应单纯看设备的采购成本，而应该将采购成本与设备长期的运维成本结合起来考虑。对信息系统的建设，初期的设备投资可能会高一些，但是考虑到未来的运维成本，其整体拥有成本相对于整合前还是得到了节省。

二、以价值思维模型为导向

在应用大数据时，要把握大数据的特点，突出大数据的价值，尊重大数据的思维规律，以大数据价值思维模型为导向。在建设中避免南辕北辙，避免“建设即落后”。

如大数据强调开放思维，这就要避免产生新的条块分割和信息碎片。在建设时，就要将原有只存在于垂直业务的单一、分散的数据加了统一清理整合，并与相关其他部门的信息发生关联共享，将不同范围、不同区域、不同领域的数据仓库加以综合，以构建公共集成利用模式，发挥整体性的功能，为各方面带来极大的便利。

如大数据强调容错思维，但我们一些机构在建设时，仍然过于强调追求不同系统数据一致性，如在银行数据质量考核中，性质不同的系统本身就具有差异，如会计核算系统遵循会计准则，信贷管理系统面向客户同时还兼顾内部管理的功能，不同系统在数据折算规则、加工等都不一致等，会导致系统之间的数据存在先天的差异。还是用传统的评价标准进行大数据建设，就会带来根本性的问题。

三、围绕业务中心制定发展规划

最初的大数据举措必须注重能够为企业提供最大价值的领域，这一点势在必行。对许多行业来说，这意味着从客户分析开始，通过真正了解客户需求，并预测未来行为，从而为客户提供更好的服务。

“对于企业来说，不管是大数据还是小数据，我们只关心一点：这些数据能不能帮助企业建立核心竞争力”。这句话或许真正道出了企业对待大数据等一些技术、概念的真实想法。

最有效的大数据解决方案要首先识别业务要求，然后定制基础架构、数据源和分析方法，以支持业务机会。这些组织从现有的和新的内部信息来源中获取新的洞察力，制订大数据技术战略，然后随着时间的推移逐步地升级相应的基础架构。

制订整个企业的大数据蓝图，包含企业内的大数据愿景、战略和要求，对于在业务用户的需求与 IT 实施路线图之间做到协调非常关键。它实现了关于企业如何利用数据改进业务目标的一致理解。

有效的蓝图通过确定大数据适用的关键业务挑战、规定如何使用大数据的业务流程要求，以及包含实现该蓝图所需数据、工具和硬件的架构，从而定义了企业内大数据的范围。这是为指导企业以实用的方式，并以创造可持续的商业价值为出发点，开发并实施大数据解决方案而制订蓝图的基础。

四、即刻行动

数据是极其宝贵的资源，这就意味着要从现在开始，积累这种资源，要开始采集和积累数据，包括自身的和其他相关方的，注重整体性和多样性。

很多单位都拥有大量的实体资料，要让这部分沉睡的数据发挥价值，首先得实现数据的电子化，使其可供查询和分析，这是可以立刻开始的行动。

参考文献

[1] Johan Bollen, Huina Mao, Xiaojun Zeng. Twitter mood predicts the stock market [J]. Journal of Computational Science, 2011 (2): 1-8.

[2] 胡晓林，朱军. 深度学习——机器学习领域的新热点 [J]. 中国计算机学会通讯. 2013: 64-69.

[3] Kelvin Xu, Yoshua Bengio, et al. Show, Attend and Tell: Neural Image Caption Generation with Visual Attention [C]. Proceedings of the 32 nd International Conference on Machine Learning, Lille, France, 2015. JMLR: W&CP volume 37.

[4] Volodymyr Mnih, et al. Human-level control through deep reinforcement learning [J]. Nature, 2015 (2): 529-542.

[5] Wei-Chung Allen Lee, Vincent Bonin, Michael Reed, et al. Anatomy and function of an excitatory network in the visual cortex [J]. Nature, 2016, 532: 370-374.

[6] Hsun-Ping Hsieh, et al. Inferring Air Quality for Station LocationRecommendation Based on Urban Big Data [C]. Proceedings of the 21th SIGKDD conference on Knowledge Discovery and Data Mining. KDD' 15, August 10-13, 2015.

[7] Yu Zheng, et al. Forecasting Fine-Grained Air Quality Based on Big Data [C]. Proceedings of the 21th SIGKDD conference on Knowledge Discovery and Data Mining. August 11 -14, 2015.

[8] Tobias Preis, et al. Quantifying the Digital Traces of Hurricane Sandy on Flickr [J]. Scientific Reports, 2013 (11): 3141.

[9] Jeremy Ginsberg, et al. Detecting influenza epidemics usingsearch engine query data [J]. Nature, 2009 (2): 457.

[10] Peter Sheridan Dodds, et al. Temporal Patterns of Happiness and Information in a Global Social Network: Hedonometrics and Twitter [J]. Plos one, 2011 (12).

[11] 清华大学行为与大数据实验室，新浪微博. 2013 年幸福中国新浪微博大数据研究 [J]. 2013.

[12] 王莉，陈健生，贺金平，苏光大. 超低分辨率人脸图像高速重建方法 [J]. 中国科学：信息科学. 2013 (7): 887-894.

[13] Yu-Xiao Zhu, et al. Geography and similarity of regional cuisines in China [J]. Plos One, 2013 (11).

[14] Jean-Baptiste Michel, et al. Quantitative Analysis of Culture Using Millions of Digitized Books [J]. Science, 2010 (12).

[15] Ricardo Martin-Brualla, et al. Time-lapse Mining from Internet Photos [J]. ACM Trans. Graph, 2015 (34): 62: 1—62: 8.